시는 먼 곳에
"민낭 경험"기사

지은이

허젠밍 何建明

박사지도교수, 중국작가협회 부주석, 중국문학기금회 이사장
중국보고문학회 회장, 전국정치협상회의 위원, 전국노동모범
중국 선전부 '4개 항목' 인재, 국무원 특별수당 전문가
중국 전국 신문출판업계 선도자

옮긴이

류웨이상 劉維尚

박사, 교수, 옌산대학교 예술과디자인대학 부학장
대구가톨릭대학교 사회과학대학 박사과정지도교수
옌산대학교 예술과디자인대학 시각커뮤니케이션과 교수, 허베이성 우수 교수 선정
국가쌍만계획성직속 일류 전문책임자, 허베이성 일류 실천 금수업 책임자
허베이성 디자인혁신 및 산업 발전 연구센터(신형 싱크탱크) 수석전문가 및 총 책임자
중한디자인교육연구센터 주임, 중국고등교육학회 광고교육 전문위원회 이사

이경미 李京美

옌산대학교 예술과디자인대학 시각커뮤니케이션과 교수
대구가톨릭대학교 미술대학 융합디자인학과 박사과정지도교수
옌산대학교 중한디자인교육연구센터 부주임
허베이성 디자인혁신 및 산업 발전 연구센터(신형 싱크탱크) 협력 교수

诗在远方: "闽宁经验"纪事　何建明 著

중국학
총 서
23

시는 먼 곳에 "민닝 경험" 기사

민닝 협력의 역사적 성과를 읊은 감동적인 찬가

허젠밍何建明
지음

류웨이상劉維尚
이경미李京美
옮김

민속원

• 차례 •

PROLOGUE

심장이 요동치다

1. 시하이구西海固, '세계 최악의 빈곤 지역'이라는 오명을 벗다

머나먼 곳에 있지만 항상 내 마음속에 자리하고 있는 그곳, 바로 시하이구西海固이다.

류판산六盤山, 시하이구.

우리 모두의 기억 속 시하이구는 극도로 빈곤한 곳이다. 시하이구 사람조차도 "내생이 있다면 절대 이곳에서 태어나지 않으리라" 한다. 그러나 부모를 선택할 수 없는 것은 누구나 알고 있다.

정도가 극에 달해 이곳을 모르는 사람이 없었고, 사람들이 마음대로 부풀리고 상상의 나래를 펼치다 보니 중국에서 가장 가난한 곳의 '랜드마크'이자 상징이 된 시하이구는 세상에서 가장 척박한 땅으로 정의되었으며 메마른 땅의 대명사가 되었다.

사람이 살 수 있는 곳이 아님에도 어째서 수백 년, 수천 년 전부터 그곳에 터를 잡고 살고 있는 것일까 하는 생각이 들곤 한다. 사실 이는 바보 같은 생각이다. 옛날 사람들이 찾았던 곳은 척박하지 않은, 오히려 먹을 것 입을 것이 풍족한 풍요로운 곳이었다. 다만 그 후에 변화가 일어 났을 뿐이다. 그 변화의 대부분은 자연계의 기후변화였고, 그 외 전쟁과 기타 재난이 초래한 결과였다. 즉 인류가 불가항력적 요소에 직면한 것이 그 이유다. 사람이 어느 한 곳에 정착하면 이주할 가능성이 매우 낮다. 이는 일단 뿌리를 내리면 폭풍과 눈보라에 썩어 부러지는 혹독한 시련에도 뿌리를 뽑아 들어 그 땅을 떠날 수 없는 나무와 같다. 이것이 바로 그들이 힘들어도 생명줄인 시하이구를 쉽사리 포기하지 못했던 또 다른 이유다.

베이징에서 40년 넘게 살아온 나는 풍요로운 쑤저우蘇州에서 자라 닝샤寧夏와 시하이구라는 이름을 오래전부터 들어왔지만 가볼 수 있는 기회를 번번이 놓쳤다. 내가 가고 싶었던 이유는 사실 단 하나, 가난이 도대체 어느 정도인지, 마실 물도 없는 그곳 사람들이 어떻게 살아가는지를 알고 싶어서였다. 물로 윤택한 삶을 살게 된 우리 같은 사람들에게 이 얼마나 불가사의한 일인가!

어쩌면 이런 종류의 불가사의한 것들이 머릿속에 가득차서 내가 닝샤와 시하이구를 '악마화'했는지도 모른다. 사실상 많은 사람들이 나와 같다.

기회가 왔다! 2019년 여름, 약간의 호기심과 조바심을 안고 인촨銀川에 도착한 나는 거기서 다시 우중시吳忠市 퉁신현同心縣 등을 거쳐 내 마음을 사로잡은 시하이구가 있는 남쪽을 향해 곧장 날아갔다.

일주일의 시간 동안 주마간산으로 대충 훑어본 건 아니지만 그렇다고 또 자세히 들여다 본 것도 아니다. 그러나 길을 가다 서다 할 때마다 뭐라 표현할 수 없는 의외의 상황들로 할 말을 잃곤 했다.

이곳이 닝샤란 말인가? 그 역사책에서 늘 말하던 '큰 사막에 외로이 연기만 곧게 솟고, 긴 강물엔 지는 해가 둥글구나大漠孤煙直, 長河落日圓'의 새북塞北 호가胡笳의 땅, 허름하고 궁핍하며 가난한 데다 외진 곳에 위치한 전설 속의 그 빈곤한 서부지역이란 말인가? 그 땅을 밟고 선 나는 잠시 처음 방문한 이곳을 망연자실하게 바라 보았다. 전역을 가로지르는 고속철도가 없다는 것을 제외하면 사방으로 통하는 쭉쭉 뻗은 고속도로는 어느 마을이나 구석진 곳에 도달할 수 있으며, 눈앞에 펼쳐지는 거대한 장관, 깔끔하면서도 아름다운 경치, 활력이 넘치는 현시급縣市級 신도시는 말할 것도 없었다.

주인이 나를 인도한 노선은 (나의 여행은) 선별된 경로가 아닌 전체를 아우르는 포괄식으로 인촨에서부터 남쪽 방향으로 진행되어 닝샤의 모습을 파노라마로 감상할 수 있었다. 그러자 내가 알던 알던 '닝샤'와 '서부'의 이미지를 완전히 바꿔 놓았고 머릿속에는 수많은 '불가사의'가 떠오르기 시작했다.

이 어찌 '척박함'의 땅 닝샤란 말인가? 사방에 돌멩이가 나뒹굴고 맹수들도 벌벌 떠는 새북이란 말인가?

보라, 여기 출렁이는 푸른 물결, 듣기 좋은 새소리, 산들바람에 흔들리는 갈대, 길 양쪽에 핀 이름 모를 꽃들, 지칠 줄 모르고 서로 진심 어린 사랑을 나누는 듯하다. 은하수처럼 길 양단에 흩어져 있는 과농들이 각양각색의 향기로운 과일들을 들고 너에게 손짓하면 너를 매료시키고 미련을 갖게 할 뿐만 아니라, 어쩔 수 없이 가던 길을 멈추고 향을 맡고 맛보게 된다. 이런 것들에 매료되면 이곳이 과거 기억속의 그 '닝샤'라는 것을 믿지 않을 것이다.

인촨성 외곽에서의 꽤 긴 여정 동안 내가 본 것은 착각에 가까웠고, 나

인촨시 베이타 호

는 중얼중얼 말했다. "쑤저우蘇州 수향으로 돌아오다니! 어떻게 강남江南 수향보다 더 아름답고 따뜻한 곳이 있을 수 있지?" 그러나 내 눈앞에서 너울거리는 푸른 물결, 무성한 수초들, 떼 지어 날아가는 새들 모두 내 고향과 다를 바 없었다. 와, 이게 바로 전설의 '새북강남塞北江南(장성 이북의 강남)'이구나! 그래, 새북강남이 있던 거였다. '새북강남'이 진짜 '강남'보다 낫다!

강남 사람인 나는 무엇이라도 찾아내려 눈을 부릅뜨고 사방을 둘러보았지만 새북塞北의 아름다운 경관에 말문이 막혔다. 닝샤의 모습은 내 마음속에 엄청난 파란을 일으켰고 온몸에 느껴지는 전율을 나는 억누를 수 없었다. 닝샤는 변화했다. 설렘과 동경의 닝샤로…….

그렇다. 오늘날 닝샤는 생각했던 모습과 전혀 딴판이었다. 후에 우중시의 퉁신현, 옌츠현鹽池縣, 광활한 사막에 건설된 훙쓰바오紅寺堡 신도시, 그리고 시하이구의 위안저우原州, 시지西吉, 하이위안海原 등지에서 보았던 거리, 빌딩 숲, 도시광장, 도서관, 학교, 꽃들이 만개한 공원들을 둘러본 후 나는 놀라움에 말문이 막혔다. 이곳 도시 경관은 '전국 아름다운 도시 100선' 중 상위권에 위치한 내 고향 장쑤江蘇 남부의 몇몇 도시들에 결코 뒤지지 않았다.

가장 불가사의한 것은 강수량이다. 예로부터 시하이구는 물이 부족하고 비가 적게 오는 곳으로 전해진다. 시하이구 일부 지리서를 봐도, 닝샤 주민들에게서 과거 이야기를 들어봐도 시하이구의 연평균 강수량은 180mm 채 되지 않는다. 우리가 시하이구 시지현에서 퉁신현으로 가기 전날 밤이었던 2019년 7월 21일 밤새 폭우가 쏟아졌는데 이튿날 퉁신현에 도착했을 때 현장縣長 딩웨이丁煒는 이날 지역내 강수량이 168mm에 달한다며 흥분을 금치 못했다.

나는 매우 놀라 "이 정도면 지난 1년간의 강수량과 맞먹는 수준 아닌가요?!"라고 물었다. 딩 현장은 "예년과 달리 강수량이 해마다 늘고 있다"라며 싱글벙글 웃으며 연신 고개를 끄덕였다.

나는 반신반의하여 "이곳 자연 생태계가 이 정도로 좋단 말이에요?"라고 물었다.

딩 현장은 "확실히 그렇다"라며 고개를 끄덕였다.

이러한 변화는 하늘의 뜻이지 누군가에 의한 눈속임일 수는 없을 터 현지인들의 미소에서 그들이 이곳을 얼마나 자랑스러워하는지를 엿볼 수 있었다.

그동안 답사하고 둘러보면서 적잖이 놀란 나는 이번 닝샤행의 목적과 임무에 대한 걱정이 슬슬 밀려왔다. 사실 내가 이번에 닝샤를 찾은 주된 목적과 임무는 이곳의 빈곤 퇴치 사업을 조사하고 탈脫 빈곤에 성공한 가정을 방문 취재하는 것이었다.

"과연 그들이 하루하루를 살아낼 수 있을까"하는 걱정이 줄곧 돌덩이처럼 내 마음을 짓눌렀고, 나는 그들이 고통에서 해방되기를, 또 이를 증명해내기를 기대했다.

첫 번째로 방문한 집은 위안저우구原州區 빈곤퇴치 사업 담당자를 취재한 직후 그가 돌연 근처에 탈 빈곤에 성공한 가정이 있으니 가보겠냐고 제안하면서 이루어졌다. 그가 나를 대동하여 갔던 곳은 왕펑야오王蓬耀라는 노인의 집이었다.

왕펑야오 씨 가족은 2014년에 빈곤 가정으로 분류됐다. 당시 왕펑야오 씨 부부는 슬하에 1남 2녀를 두고 있었는데 왕 씨 가족이 가난해진 건 세 아이의 학비 때문이었다.

왕 씨의 집은 마을위원회에서 2~300m 떨어진 비탈길에 위치해 있었다. 옥수수 밭을 지나자 왕펑야오 씨의 집이 보였다. 새로 지은 그의 집 마당은 널찍하고 깔끔했다. 마당 바깥쪽에는 복스러운 살구나무 몇 그루가 있었고 담장 바로 옆에는 외양간이 있었는데 소 세 마리와 양 일곱 마리를 키우고 있었다. 집주인은 붕괴 위험이 있는 집을 개조해 주는 정부 지원을 받아 2만 5천 위안을 들여 지은 새집이라고 설명했다.

그는 또 세 아이들은 이미 장성하여 졸업 후 객지로 나가 이제 두 노인만 이곳에 남아 농사를 짓고 있다고 했다. 올해 예순이 된 왕 씨는 건강해 보였고 약 4천 평의 땅에 소 사료용 옥수수를 재배하고 있다고 한다.

1년에 한 번 송아지가 태어나면 이를 7~8,000위안에 팔 수 있는데 현재 1년에 한 마리 꼴로 팔고 있으니 2년 후엔 1년에 두 세 마리를 팔 수 있고 아이들도 용돈을 부쳐 오면 먹고 살 걱정은 없을 거라고 했다. 심지어 만 위안 정도의 여윳돈이 생길 테니 과거에 비하면 더할 나위 없이 좋다며 왕펑야오 씨는 환하게 웃었다.

왕펑야오 씨 집의 넓은 마당에 서서 초록이 무성한 나무, 새소리, 꽃향기가 어우러진 주변 경관을 바라보고 있노라니 탄성이 절로 나왔다. "내가 살고 있는 베이징보다 훨씬 멋진 곳이다. 내 고향 쑤저우에 댈 게 아니구나!"

"정말요?" 왕펑야오 씨는 눈이 휘둥그레지며 상기된 얼굴로 내게 묻자 나는 공기, 자연, 유유자적한 삶이 그렇다고 진지하게 대답해 주었다.

"하하……" 왕펑야오 씨는 이내 환하게 웃었다. 이는 그의 마음에서 우러나오는 진심 어린 웃음이었다.

우리는 왕펑야오 씨 집에서 100m 떨어진 곳에 있는 또 다른 빈곤가정인 구청중古成忠 씨의 마당에 도착했다.

구청중 씨의 집은 확실히 왕펑야오 씨 집보다 훨씬 더 위엄 있고 부유해 보였고 마당이 더 크고 넓은 것 외에 외양간의 소도 총 여덟 마리로 왕

고원시固原市 원주구原州區 기름용 모란 생산기지

씨 집보다 더 많았으며 모두 앵거스 순종이었다.

62세의 구청중 씨는 2014년 그의 집이 빈곤 가구로 분류됐던 해 집에는 노부모와 아들 둘, 딸 둘, 거기에 구 씨 부부까지 총 여덟 식구가 살고 있었는데 일년을 죽어라 고생해도 대출금 갚기에 바빠 대부분 주린 배를 채우지 못한 채 살아야 하는 힘든 나날을 보냈다고 한다. 그의 노부모는 일평생 고생만 하다 세상을 떠나셨는데 2, 3년만 버티셨더라면 그렇게 힘들게 살다 가시진 않았을 거라며 당시를 회상하며 눈물을 보였다.

정부에서 빈곤 퇴치 정책을 시행한 후 구청중 씨는 정부의 대출 이자 보조 혜택을 통해 앵거스 소 3마리를 사고 12,000평 규모의 땅에 사료용 옥수수를 심었다. 소 외양간에 있던 소 3마리는 8마리가 되었고 자녀들도 돈을 벌 수 있게 되었다고 한다. 이제 소만 키워도 일년에 2, 3만 위안을 족히 벌 수 있어 온 식구가 먹고 살 걱정 없이 지낸다고 했다.

이 농민 가정이 더 이상 가난에 허덕이지 않고 썩 풍족하게 살고 있음을 구청중 씨 내외의 표정만 봐도 알 수 있었다.

옆에 선 마을 운영위원은 소 7, 8마리를 가진 가정은 연 3만 위안 이상의 안정적 소득이 보장된다며 소 외에도 양계나 과일 재배 등 다른 소득원도 있으니 상당히 유복한 생활수준을 유지하고 있다고 설명했다.

내가 그의 마당에 들어선 후부터 구청중 씨는 줄곧 얼굴에 미소를 머금고 있었다. 그의 부모님이 일찍 세상을 떠나신 것을 이야기할 때 낯빛이 살짝 어두워 지긴 했지만 거의 모든 순간 그는 웃고 있었다.

가장 인상 깊었던 것은 이곳 사람들이 매우 깔끔하다는 것이었다. 집안 모든 가재도구들이 가지런히 놓여 있었고 탁자, 가구, 창문 유리 등이 반짝거릴 정도로 깨끗했으며 집 앞뒤에 심어진 과일나무엔 향기로운 과일이 주렁주렁 달려 있었다. 게다가 마당 안팎에 또 다른 널찍한 뜰이 있었는데 사방이 푸른 나무로 되어 있어 해를 가려주고 바람이 통했다. 구청중 씨와 그의 아내가 멜론과 차를 내오며 마당 밖 과일나무 아래에서 쉬면 어떻겠냐고 묻자 우리는 기꺼이 그러겠다고 했다. 멜론 두 쪽과 차를 맛본 후 맑은 공기를 깊이 들이마셨다. 다시 고개를 들어 한 폭의 그림 같은 마을을 바라보고 있자니 이러한 삶과 터전이 있다면 이것으로 족하겠다는 벅찬 감회가 밀려왔다.

"하 작가님, 잠시 후 우리가 가볼 마을은 더 놀라우실 겁니다!" 옆에 앉은 위안저우구 빈곤 구제실扶貧辦 직원의 말에 나는 한껏 기대에 부풀었다.

"그렇게 말씀하시니 꼭 가봐야겠습니다." 무릉도원 같은 마을 풍광에 매료된 나는 그곳에 꼭 가야만 했다. "진짜 구위안固原에 가보고 싶은 거 아니었어?"라고 닝샤 친구가 웃으며 말했다. "그렇지!" 나는 대답했다. "다음 목적지가 바로 구위안 중의 구위안이야"라는 친구의 말에 나는 "정말?

어딘데?"라고 물었다. 사실 내가 닝샤에 도착한 후 현지 빈곤 구제실 직원에게 시하이구에서 가장 가난한 마을을 가보려고 한다고 말했었다. 후에 닝샤 친구가 그곳이 바로 현재의 구위안시라고 했다. 여기서 바로 '구위안 중의 구위안'이라는 말이 나왔다.

"곧 도착합니다." 차로 한참을 달려 첩첩산중 산골을 넘으니 빈곤 구제실 직원들이 하얀 벽에 붉은 기와를 얹은 마을을 가리키며 "이곳은 구위안시 시지현西吉縣에 속하는데 원래 란니탄爛泥灘으로 불리던 마을이 2017년 한장涵江 마을로 이름이 바뀌었습니다"라고 말했다.

"한장 마을이요?" 빈민촌 모습을 한 '란니탄 마을'의 이름이 뜻을 알 수 없는 현재의 이름으로 바뀌었다는 말에 의아했던 나는 "예전에는 물이 부족했는데 지금은 물부족 문제가 해결됐기 때문인가요?"하고 물었다.

"하하……, 하 작가님, 말 되는데요? 그에 대한 답은 과거 빈곤 가정이었던 집을 방문한 후에 말씀드리도록 하죠." 현지 담당자는 뜸을 들이며 농담조로 답했다.

란니탄爛泥灘 마을의 옛집

"아, '란니탄 마을'에 얽힌 사연이 많은가 봅니다!"라고 말했지만, 마을 이름이 어떻게 변했는지는 이미 관심사에서 멀어지고 나의 두 눈은 어느새 산골짜기에 위치한 척박한 땅 시하이구 마을을 신기한 듯 바라보고 있었다.

"저기 산기슭에 있는 토굴들 보이시죠? 저기가 바로 예전에 마을 사람들이 살던 곳 입니다." 현지 직원이 차창 밖으로 손을 뻗어 산기슭에 모여 있는 동굴들을 가리키며 말했다.

"마을사람들이 언제 이 동굴에서 이사했나요?" 원시인이 사는 듯한 동굴들을 바라보며 나도 모르게 물었다.

"얼마 안 됐죠. 우리도 어릴 적엔 다 이런 토굴에서 살았어요." 마흔이 넘은 현지 간부가 재빨리 대답했다.

"그러니까, 여기 이 많은 사람들이 1970-80년대가 되어서야 여기에서 나와 이사를 했다는 거네요?" 따져보니 이랬다.

"네, 그렇다고 할 수 있죠." 간부가 이렇게 말하는 사이 차는 폐허가 된 곳의 비탈길에 멈춰 섰다. "이곳이 바로 2, 3년 전 란니탄 마을이 있던 터입니다. 내려가서 한번 둘러보시죠."

그래서 나는 동행한 황허 출판미디어그룹 직원들과 함께 차에서 내려 숲 아래에 있는 몇 채의 버려진 민가 마당으로 향했다. 2017년까지 많은 시하이구 서민들이 거주했던 곳을 가까이서 본 것은 이번이 처음이다. 집집마다 서너 개의 방이 있었으며 벽은 흙 벽돌로 쌓고, 기와 혹은 비닐과 짚을 섞어 만든 지붕을 얹었다. 보통 방의 절반은 산속 동굴 안에 절반은 동굴 밖에 노출되어 있었다. 사람이 살지 않아 마당마다 잡초며 나무들이 무성하게 자라 흡사 수세기 이전 인류가 살았던 거주지를 방불케 했다.

"만약 시진핑 총서기께서 전국적인 빈곤 퇴치를 강조하지 않으셨다면 우리 세대는 영원히 이런 곳에서 살아야 했을 겁니다." 동행한 현지 간부가 벅찬 감정을 담아 우리에게 말했다.

"여러분과 그 가난했던 사람들이 이제는 이런 집에서 살지 않는 건가요?" 이는 내가 가장 궁금했던 질문이었다.

"네, 2020년 말이 되기 전에 모든 시하이구 사람들이 이곳을 떠나 새집으로 이사했습니다."

"확실해요?" 나는 지체없이 물었다.

"그럼요! 확실합니다!" 간부는 자신의 가슴을 쿵쿵 치며 말했다.

"정말 잘 된 일입니다!" 나는 그의 손을 거들어 가슴을 한 대 쿵 치고는 손을 흔들며 말했다. "갑시다, 지금 마을사람들이 살고 있는 새집 보러 가야죠!"

2. '란니탄爛泥灘 마을'의 새 이름

"갑시다, 갑시다! 3분 가량 더 가면……" 차에 오른 후 그 간부는 계속 덩실거렸다. "옛날 란니탄에는 귀신이 나올 거 같았는데 한장 마을이 된 지금은 행복한 마을이 되었지요. 하 작가님, 이 타유시打油詩(통속적인 해학시)는 별로지만 잠시 후 란니탄의 새로운 마을을 보시면 깜짝 놀라 눈이 휘둥그레지실 거예요!"

"정말 그렇게 좋단 말이에요?" 그가 그렇게 말하니 오히려 믿기지가 않았다.

"믿고 안 믿고는 하 작가님 마음이죠." 이런 대화를 나누는 동안 차는 이미 드넓고 평평한 땅을 달리고 있었는데 들쭉날쭉한 협곡만 다니다가 탁트인 곳에 도착하니 순간 속이 다 시원했다.

주위를 둘러보니 만개한 감자꽃과 이름 모를 산꽃들이 한가득 눈에 들어왔다. 산을 에워싼 꽃들이 마치 새로 꾸린 환영 행렬이 되어 우리를 반갑게 맞이하는 듯 했다. 뺨을 스치고 지나가는 바람이 그렇게 상쾌할 수가 없었다. 협곡 위 파란 하늘, 하얀 구름이 산 정상과 맞닿아 있어 생각도 생명도 이곳에 머물게 되는 그야말로 무릉도원이었다. 이런 곳에 서 있으면 마음이 상쾌해지고 사색에 잠기게 된다.

"자, 자, 어서 방으로 들어와 앉으세요! 어서요! 어서요!" 멀리서 온 몇몇은 아직도 심호흡하고 있는데 친절하면서도 진중한 분들이 우리를 한 농가로 밀어 넣었다.

"이쪽은 집주인 쑤샤오핑蘇孝平 씨입니다. 몇 년 전에만 해도 마을에서 가난하기로 유명했었죠. 지금 그의 집을 한번 보세요." 우리를 인솔한 현지 간부는 쑤 씨의 역 L형 농촌 주택을 구경시켜 주었다. 거의 30평 대로 안에는 TV, 냉장고, 옷장 등 고루 갖추고 있었다.

나는 특히 두 가지 특징에 주목했다. 쑤 씨 집 벽에 걸려 있던 원단 좋은 새 옷과 겨울 난방용 소형 난방 보일러가 그것이다. "이 보일러는 정부에서 놔준 거예요. 집집마다 다 있어요." 쑤 씨는 일 나가고 없었고, 쑤 씨의 아내가 수박을 자르며 말했다.

"요즘 어떻게 지내세요?" 나는 쑤 씨네가 정말 가난에서 벗어 났는지 알고 싶어 물었다.

"잘 지내고 있어요! 해를 거듭할 수록 좋아지고 있어요!" 쑤 씨 아내는 손이 빨랐다. 딱 봐도 일을 잘할 것 같았다. "저희 집에 애가 둘 다 공부하고 있는데 정부에서 학비를 면제해 줬어요. 지금 소 9마리, 양 10여 마리 키우고 있는데 고기로 먹기도 하고, 일을 할 때 부리기도 해요. 게다가 밭에서 감자도 수확하니 형편이 점점 나아지고 있어요. 시집오고 십여 년 동안 이사를 세 번 했는데 이제 더이상 이사하고 싶지 않아요. 예전엔 너무 가난해서 이사 가고 싶었는데 이젠 잘 살게 되었으니 이사 안 가고 싶어요. 이 집 좋지 않아요? 얼마 전 상하이上海에서 미대생들이 왔었는데 세를 놓지 않겠냐고 물어보더라고요. 1년 집세로 몇 만 위안을 주겠다면서요. 어떤 학생은 그림을 그리는 데 쓴다 하고, 어떤 학생은 아예 우리와 함께 살고 싶다고 하더라고요. 근데 도시가 더 살기 좋지 않아요?"

"그럴 리가요! 절대 아니에요!" 나는 서둘러 대답했다. "여기처럼 안채가 두 개나 있고, 축구장만 한 택지에 아름다운 주변 경관, 깨끗한 공기까지, 2급 공무원도 이런 집에서 못 살아요."

"2급 공무원, 2급 공무원이요?"

"TV에 매일 나오는 국가 지도자분들 말이에요. 그분들의 집도 당신 집보다 좋지 않다고요."

"아하하" 쑤 씨 아내가 손으로 입을 가리며 배꼽을 잡고 웃었다. "놀리시는 거죠?"

"정말이에요. 평범한 사람이 이곳처럼 좋은 환경, 좋은 거주 조건에서 살기란 결코 쉽지 않아요." 나는 진지한 어조로 말해 주었다.

"그럼 나는 세상에서 가장 행복한 사람이네요?" 쑤 씨 아내는 신이 나서 말했다.

"세상에서 가장 행복한 사람이라고 까진 할 수 없어도 분명 행복한 사람인 건 맞아요!" 나는 성심 성의껏 대답했다.

"그렇다면 우리 시주석님께 감사해야겠네요! 정부와 푸젠성福建省 그리고 한장구涵江區에도요." 쑤 씨 아내는 갑자기 여기 저기에 고맙다는 말을 쏟아냈다.

푸젠성? 한장구? 나는 어리둥절해서 물었다. "푸젠성과 한장구에 감사하다니, 어찌된 영문인지 모르겠네요?"

"이곳이 이렇게 변화할 수 있었던 것은 모두 당시 푸젠성 당위원회 부서기였던 시진핑 주석께서 민닝 맞춤형 빈곤 구제 협력 메커니즘을 구축하신 덕분이에요. 푸젠성 푸톈시莆田市 한장구에 대한 맞춤형 지원 덕분에 마을이 지금의 모습을 갖추게 되었죠. 그래서 좀 전에 하 작가님이 란니탄 마을의 이름이 한장 마을로 바뀐 이유를 물으셨는데 그 이유가 바로 이겁니다. "현지 간부가 수수께끼를 풀어주는 순간이었다.

그런 거였구나!

"아주머니, 아주머니 댁이 이렇게 잘 살 수 있었던 것이 모두 시진핑 주석과 푸젠성 시민들 덕분인 거 아시죠? 나는 옆에 있던 쑤 씨 아내에게 익살스레 물었다.

"그럼요, 알죠. 시주석님이 아니었다면 이렇게 호강하고 살겠어요? 푸젠성 시민들의 물심양면 도움이 없었더라면 이렇게 빨리 잘 살 수 있었겠어요? 그래서 몇 년 전 마을 이름 바꾸자고 했었을 때 제가 발 벗고 나서서 동의했던 거예요. 호호호" 쑤 씨 아내는 신이 나서 웃었다.

"그러면, 예전에 비해서 가장 달라진 점은 뭐예요?" 나는 쑤 씨 아내에게 물었다.

그녀는 주저 없이 "내가 란니탄으로 시집오던 첫 해 1년 내내 토굴 속을 파고 또 파며 살았어요. 나중에 화이수린槐樹林으로 이사를 했는데 거기서의 생활은 진창 속에서 뒹구는 것 같았어요. 지금은 운동화 신고 콘크리트 길을 걸을 수 있어 발걸음이 얼마나 가볍고 편안한지 몰라요."

"멋지네요!" 나는 진심을 담아 칭찬의 말을 건넨 뒤 현지 간부에게 손짓하며 "갑시다! 란니탄이었던 곳이 어떤 모습의 한장 마을이 되었는지 보러 가야죠!"

"그럼 마을 위원회 먼저 가야겠네요." 모두 일어나 밖으로 나갔다.

"어어, 가지 마세요! 가면 안 되요~" 쑤 씨 아내가 갑자기 마당으로 따라 나와 나를 붙잡아 세우고는 못 가게 했다. "왔는데 식사도 안 하고 가시게요? 식사하고 가세요!"

"저……, 저……" 나는 어찌할 바를 몰라 헤어나오려 했으나 내 한쪽 팔을 단단히 잡고 놔주지 않았다. 그녀는 우리 일행에게 식사를 대접하기로 작정한 모양이었다.

하지만 인터뷰 일정이 빡빡해서 식사 대접에 응할 수가 없었다. 아무리 설명을 해도 쑤 씨 아내는 놔줄 생각이 없는지 한동안 우리는 붙잡혀 있었다. 내가 가려고 몸을 살짝 구부리자 쑤 씨 아내는 있는 힘껏 내 팔 붙잡고 집안으로 끌고 들어갔다. 이 모습이 재미있어 죽는 닝샤 친구가 휴대폰으

쑤 씨 아내는 저자와 일행이 저녁 식사에 머물도록 열정적으로 설득했다.

로 연신 찰칵찰칵 사진을 찍어 댔다. 친구가 후에 이 '밀당' 사진을 위챗 모멘트에 올렸는데 뜻밖에도 '좋아요'를 엄청 많이 받았다.

현지 간부가 겨우 겨우 설득한 끝에 우리는 그녀의 극진한 손님 대접으로부터 벗어날 수 있었다. 우리가 쑤 씨의 집을 떠나 차를 타려는데 옌閻 여사가 보이지 않았다.

"옌 여사님, 출발합니다~!" 누군가가 그녀를 불렀다. 그때 쑤 씨의 또 다른 안채에서 옌 여사가 몸이 매우 정정해 보이는 한 어르신을 부축하여 나오는 것이 보였다. 그 장면은 매우 훈훈한 모습이었다. "정말 좋은 곳이에요. 사람들도 좋고. 이 곳을 떠나기 싫으네요" 특히 옌 여사는 눈시울을 붉히며 말했다. 이 말을 들은 우리 모두 약간 감정이 북받쳤다.

실은 우리 모두 발길이 떨어지지 않았다. 아무 근심 걱정 없는 이런 곳에서 살 수 있다면 이런 게 곧 행복이지 않을까?

쑤 씨 집과 이 작은 마을이 차츰 멀어지는 걸 보면서 우리 모두 아쉬움을 감추지 못했다. 차는 앞으로 가는데 우리는 계속 뒤를 돌아보았다.

한장 마을 마을위원회가 있는 곳에 도착해 보니 현대화된 새마을활동센터가 있었다. 이곳에는 매우 넓은 광장이 있는데 구위안시固原市의 모든 마을에 이처럼 농민들이 문화생활과 운동을 할 수 있는 장소가 마련되어 있다고 한다. 마을 광장에는 갖가지 운동기구들이 구비되어 있었는데 특히 어린이와 노인들이 놀이와 운동을 즐길 수 있는 기구들을 갖추고 있었다. 이곳 농민들이 중소도시와 견줄 만큼의 문화생활을 하고 있다는 것을 알 수 있었다.

앞으로 새로워진 집들을 몇 채 더 둘러보고 나면 오늘날의 시하이구가 소문과는 다르다는 것을 바로 알 수 있을 것이다. 예전 란니탄이라는 마을 이름 앞에는 '샹鄉'이라는 행정구역 단위가 붙어 '펜청샹偏城鄉'이라 불렸다.

마을의 정식 명칭인 '시지현 펜청샹 란니탄 마을'이라는 정식 명칭에서 이를 확인할 수 있다.

마을 사람들이 소개했다.

외진 곳에 위치한 란니탄 마을이 진흙탕이라고 불리는 이유는 사실 비가 많이 내리기 때문이 아니다. 굽이진 산속에 위치한 이 작은 마을에서 물은 석유보다 귀하다. 이곳 주민들은 5km나 되는 곳에 가서 물을 길어와야 하는데 송아지나 낙타를 타고 종일 산을 타야 그나마 탁한 물이라도 얻을 수 있다. 이처럼 물이 부족한 이 곳에 폭우가 내렸다 하면 산모퉁이는 온통 진창이 되어 산을 빠져나가는 길마저 막혀버린다. '란니탄'은 이래서 붙여진 이름이다.

"너무 가난해서 2016년 이전까지 이 마을 전체 330가구 중 192가구가 이주했어요. 어떤 사람들은 신장新疆으로, 어떤 사람들은 네이멍구內蒙古로 친척이나 친구를 찾아 떠났어요. 거기서 일하며 살길을 찾은 거죠. '이 굽이진 산골만 벗어나면 금광을 찾을 수 있다'라는 옛말이 있어요. 하지만 결국 이곳은 우리 조상들의 뿌리가 있는 곳이라 이곳을 떠나 멀리 간다고 해도 고향에 대한 그리움과 가족에 대한 정을 떨쳐버릴 수가 없는 거죠. 이런 나날들 때문에 란니탄 사람들의 애간장이 녹아 내렸어요." 과거 가난한 삶을 살았던 마을 사람들의 이야기를 하며 마을 제1서기第一書記인 친전방秦振邦이 눈시울을 붉혔다.

"시 주석님께 정말 감사해야 해요. 푸젠성 시민들에게 고맙습니다!" 다시 한번 눈물을 글썽이는 그의 두 눈은 감격과 행복으로 빛이 났다. "3, 4년 만에 란니탄 마을은 완전히 다른 마을이 되었고, 친지 방문 차 고향을 찾은 사람들은 자신이 살던 집을 알아보지 못했어요. 지금 마을로 진입하는 길은 2차선 포장도로여서 다른 차가 지나가길 기다릴 필요가 없지요.

예전에는 마을로 한번 들어가려면 반나절은 족히 걸렸는데 지금은 10여 분이면 됩니다. 집집마다 수도가 설치되면서 수백 년 간 이곳 주민들이 겪었던 맘고생도 이주 고민도 사라졌습니다. 물 부족 문제가 해결되고 길이 뚫리면서 란니탄 전체 가구가 단 2년 만에 가난에서 벗어난 겁니다!"

"2년이요? 사실이에요?" 여기까지 들은 나는 믿을 수 없어 눈이 휘둥그레졌다.

"사실입니다." 친전방은 웃으며 설명을 이어갔다. "지난 몇 년 간 푸젠성 한장구의 전폭적인 지원 덕분에 우리 마을의 빈곤 퇴치 사업이 일사천리로 진행될 수 있었습니다. 정말 감사할 따름이죠."

푸젠성 한장구는 란니탄 마을에 대한 맞춤형 구제방안을 마련하여 마을 진입로 및 집 앞 도로 포장 공사, 수도 설치 공사, 빈곤 가정 대상 양우養牛무이자 대출 지원 및 비닐하우스 설치, 마을에 빈곤 퇴치 사업 사무소를 설치하여 가난한 주민에게 일자리 제공 등 10여 개의 주요 사업을 실시했다. "또한 우리 지방 정부는 중앙 정부가 지원하는 빈곤 구제 혜택을 모든 가정이 고루 누릴 수 있도록 주택 리모델링 및 재건축, 양로 보험 구축, 자녀 학비 지원 등을 시행했습니다. 2년의 시간을 들인 끝에 란니탄은 변화를 거쳐 지금의 모습을 갖추게 되었습니다!" 친전방은 자랑스러운 듯 말을 이어가며 내게 주민 편의 시설을 보여주었다.

마을 위원회 사무실 옆에 위치한 15-18평 남짓의 건물에는 작은 마트 그리고 민원 서비스와 주민 편의를 위한 사무실이 마련되어 있었고 심지어 시지西吉농촌상업은행도 들어와 있었다. 특히 벽에 걸려 있는 '일상생활에 필요한 서비스, 외출 없이 간편하게'라고 쓰여 있는 플래카드가 나의 눈길을 사로잡았다. 도시에 산다고 해서 다 이렇게 편리한 서비스를 누릴 수 있을까? 과거 전국에서 가장 가난한 산골 마을이었던 이곳에서 현재 주민들은 현대화된 도시 못지 않은 삶을 영위하고 있으니 그저 놀라울 따름이었다.

하얀 벽에 파란 기와를 얹은 작업장에는 대여섯 명의 직원들이 전자 부품을 만들고 있었다. 이곳은 자율 출근제로 정해진 시간에 출근할 필요가 없으며 작업 건수로 임금이 지급되기 때문에 원하는 시간에 와서 일하면 된다고 한다. 벽에는 22명의 직원들이 함께 찍은 단체사진이 붙어 있었는데 모두 여직원들이었다. 친전방은 "남자들은 모두 벌이가 더 괜찮은 마을 일을 하러 나가서 애를 키우고 집안일을 하는 부녀자들이 이곳 작업장에서 일하기에 더 적합합니다"라며 설명을 덧붙였다.

"한 달 수입이 얼마나 되세요?" 나는 한 여직원에게 물었다.

서른이 넘어 보이는 여성은 빨개진 얼굴로 "천오륙백 위안 정도 돼요"라고 말했다.

"그걸로 생활이 돼요?" 이 말을 뱉은 나는 이내 후회했다. 바보 같은 질문이지 않은가.

"뭐랄까, 객지에서 일하는 것 보다는 적게 벌지만 작업장에서 집까지 300미터도 채 되지 않으니 편할 때 왔다 갔다 하기 좋아요. 일하면서 애들도 챙기고 집안일도 할 수 있으니 사실 할 만하죠." 여직원이 속삭이듯 가느다란 목소리로 대답했다. 순간 훈훈함이 밀려왔다. 어머니이자 아내로서의 농촌부녀자에게서 희망에 찬 훈훈함을 느낀 것이다. 이러한 훈훈함이 가난한 산골마을 부녀자에게 얼마나 큰 의미를 가지는가 말이다. 수많은 사람들이 이 훈훈함을 느끼지 못해 아이를 잃었고 가정을 잃었고 결국엔 자신까지도 잃었던 것이다.

작업장이 그리 크진 않았어도 어쩌면 세계에서 유일무이한 빈곤 구제 사업 모델일 수 있는 이 작은 작업장을 나설 때 내 마음은 요동쳤다. 전세계에서 인구가 가장 많은 나라이자 과거 빈곤 인구 역시 많았던 이 나라가 어떻게 단 수 십년 만에 전면적인 빈곤 퇴치를 실현할 수 있었을까? 그것은 바로 폭풍우와 같은 시대적 흐름 속에서 중앙 정부와 각 지방 정부를 아우르는 당黨·정政·군軍·학學·상商 등이 모든 전선戰線에 총동원되어 나라와 민족 앞에 놓인 모든 장애물을 순식간에 제거하고 변화를 이끌어 냈기 때문이며 모든 국민들이 가장 평범하면서도 가장 쉬운 소소한 일상에서부터 작은 일도 소홀해 하지 않고 기꺼운 마음으로 임했기에 가능했다. 이렇게 우리는 인류 역사상 가장 위대한 빈곤 퇴치 공격전에서 전면적인 승리를 거둘 수 있었던 것이다.

허, 작은 란니탄 마을을 떠나던 그날 몇 시간 동안 계속된 폭우로 시하이구 전체가 물바다가 됐었는데 우리가 다음 목적지인 퉁신현에 도착했을 때는 비가 그치고 날씨가 활짝 개었다. 하늘은 새파랗게 물들었고 뜨거운 햇살이 리우판六盤산과 그 양쪽으로 뻗은 푸른 대지를 내리쬐고 있는 모습이 순간 선명한 색을 덧입힌 듯한 착각이 들 정도로 아름다웠다.

싱그럽고 상쾌한 공기를 느끼며 나는 이미 많은 사람들 사이에서 전해지고 있는 그 일이 떠올랐다. 그것은 바로 1996년, 당시 푸젠성 당위원회 부서기였던 시진핑 주석이 주도하고 그 후 줄곧 관심을 가졌던 민닝 맞춤 빈곤 퇴치 협력 사업이다. 베이징, 푸젠성을 비롯한 많은 곳에서 민닝 맞춤 빈곤 퇴치 협력 사업이 얼마나 훌륭한지, 어떻게 시하이구와 닝샤를 완전히 변화시킬 수 있었는지를 듣곤 했다. 그렇다. 나는 목도하였다. 정말 절실히 봤다. 여기 있는 모든 것이 나를 어안이 벙벙하게 만들고, 불가사의하게 만들고, 감탄했고 벅찬 환희를 맛보았다.

그것은 시詩이자 노래歌였고, 햇빛이자 희망이었고, 행복이자 아름다움이었다.

또한 그것은 우리 공산당원들의 믿음이자 빛이었고 원대한 포부였으며 민심을 살피는 따뜻한 정情이었다.

CHAPTER 01

산의 눈물
물의 그리움

1. 한때 '식인'을 하던 곳

닝샤에는 큰 산이 두 개 있는데 바로 류판산六盤山과 허란산賀蘭山이다. 허란산은 황허를 끼고 있어 토양이 비옥해 '새북강남' 지역을 '양육'했으나 류판산은 물과 멀리 떨어져 있어 '척박'하고 '극심한 빈곤'의 대명사로 불려 왔다. 중국인 대다수의 류판산에 대한 이미지는 마오쩌둥의 〈칭핑러清平樂·류판산六盤山〉에 잘 드러나 있다.

칭핑러清平樂 · 류판산六盤山

—

하늘은 높고 구름은 엷게 깔려 있는데 남녘을 바라보니

아득히 기러기가 날아가네(天高云淡, 望斷南飛雁)

장성에 오르지 않으면 대장부가 아니라 하는데

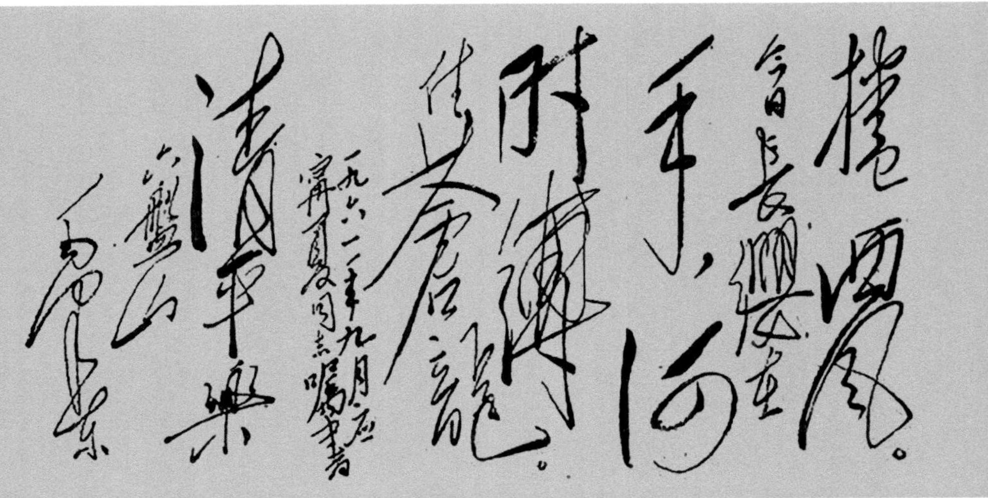

손꼽아 헤아려 보니 2만리(不到長城非好漢, 屈指行程二萬)

류판산 높은 봉우리에 붉은 깃발이

서풍에 나부끼네(六盤山上高峯, 紅旗漫卷西風)

지금 손에 밧줄이 있는데

언제쯤 창룡을 잡을 수 있을까(今日長纓在手, 何時縛住蒼龍)

마오쩌둥의 시에서 우리가 알고 있는 류판산은 산하를 삼킬 듯한 웅장한 기세로 충만한 혁명의 산이다.

사서와 현존하는 유적을 통해 마오쩌둥이 말한 만리장성이 실제로는 가장 오래된 진秦나라의 만리장성을 가리키는 것을 알 수 있는데, 이는 간쑤성 징닝현靜寧縣에서 닝샤시 시지현西吉縣에 다다른 후루허葫芦河 동안을 따라 북쪽으로 이어져 시지현 장타이바오진將臺堡鎮의 동파촌東坡村, 바오린촌保林村, 밍룽촌明榮村을 거쳐 장타이바오진의 동남쪽에서 동쪽으로 꺾여

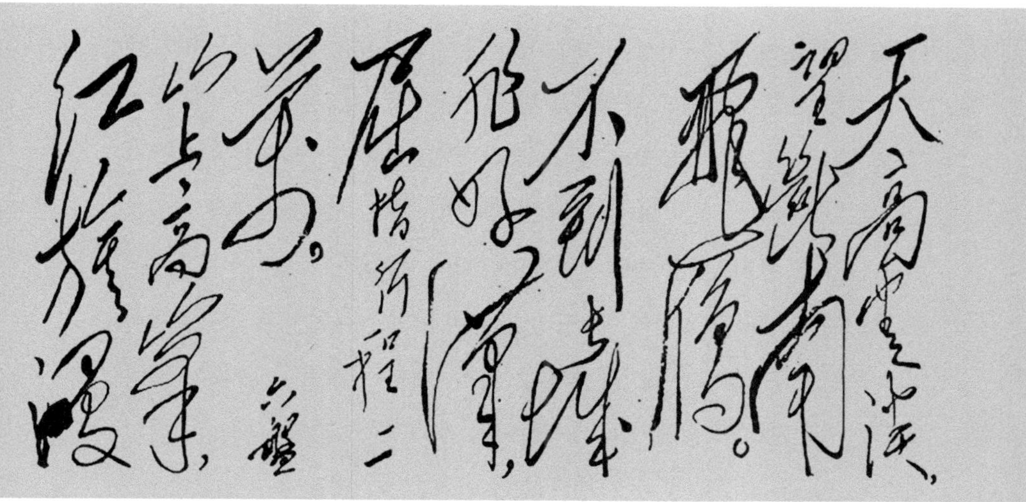

마롄향馬蓮鄉으로 들어간 뒤 마롄천馬蓮川을 따라 북동쪽으로 올라가 해자협을 거쳐 우좡吳莊의 북쪽에 이른 후 관팅진官廳鎮의 창청량長城梁, 밍좡明莊, 궈좡郭莊을 돌아 칭수이강淸水河 서쪽 기슭에 다다른다.……1935년 10월 5일 마오쩌둥은 중국공농홍군中國工農紅軍 산간지대陝甘支隊의 제1종대 핵심 인력을 이끌고 간쑤성 징닝현의 지에스푸진界石鋪鎮에서 출발해 시지현의 쟝타이將臺, 마롄馬蓮 일대를 거쳐 동쪽으로 향해 그날 밤 싱룽진興隆鎮 단쟈지촌單家集村에서 숙영했다. 7일, 마오쩌둥은 홍군과 함께 대장정의 마지막 고산인 류판산을 넘었다. 당시 홍군 장병들이 극한의 어려운 환경 속에서 이겨낸 승리의 정신에 고무되고 격동되어 일시에 시적 감흥이 폭발하여 영회詠懷를 쓴 〈칭핑러·류판산〉은 혁명의 필승한 호의를 유감없이 드러냈는데, 류판산은 이때부터 중국 인민들의 마음속에서 혁명의 산이었다.

그러나 사람들의 눈에 비치는 류판산 시하이구는 어떤 산일까.

닝샤, 특히 시하이구의 지식인들은 눈을 반짝이며 이곳은 중화문명의 발상지 중 하나로 한때 황제가 '지터우산雞頭山'을 순행한 적이 있다고 말한다. 이 '지터우산'은 〈사기史記〉에 기록이 있으며 〈닝샤백과전서寧夏百科全書〉에 '징위안현涇源縣의 류판산은 징수이涇水의 발원지이다.……산봉우리가 닭의 볏처럼 생겼기 때문에 멀리서 보면 닭 머리처럼 보인다고 해서 붙여진 이름이다.'라고 기록되어 있다. 당시 징허 양안은 '수초가 무성하고 바람이 절벽으로 떨어지는 곳'이었다. 징허는 산시陝西 가오링현高陵縣에서 웨이수이강渭水으로 흘러 들어가며, 역사적으로 '징수이涇水는 맑고 웨이수이渭水는 탁하다'고 알려져 있는데 즉, 류판산의 징수이는 수초가 무성해 물결이 맑고 푸른 반면 웨이수이는 토사가 많아 혼탁하다는 것이다. 〈시경詩經〉의 '경수는 위수 때문에 탁해져도, 청정하니 맑은 곳이 있으나, 그대는 신혼의 재미로, 이 몸을 상관도 안 하네(天涇以渭濁, 湜湜其沚. 宴爾新昏, 不我屑以)'라는 구절도 이러한 특성을 잘 담아내고 있다.

그러나 수천 년간 이어진 바람의 침식과 전쟁의 불길로 이 '용산龍山'(룽산隴山, 유사한 발음)과 여기에서 바라다 보이는 지역은 점점 황폐하고 척박한 곳으로 변해가 '물은 짜고 풀은 메말라 말이 먹지 않고 행인들은 만리장성 아래에서 통곡하는' 풍경이 펼쳐지기에 이르렀다. 비옥하고 촉촉했던 대지는 극도로 척박하고 가뭄이 극심한 곳으로 변했으며 설상가상 재난이 끊이지 않았다.

하늘은 메마르고 땅은 괴로움으로 가득하며 사람들은 죽어가고 있다. 그러나 바로 이러한 '닝샤 고삼색古三色' 덕분에 중화민족사에서 슬픔과 애잔함의 색채를 띠는 수많은 뛰어난 변새시(변경을 배경으로 하는 시)들이 탄생하게 되었다 '서늘한 가을인 8월 소관蕭關 길에는 북풍이 불어 천산의 풀을 찢어 버리고(凉秋八月蕭關道, 北風吹斷天山草)……호가의 슬픔을 그대에게 보내고자 태산秦山에서 아득히 룽산隴山의 구름을 바라보니(胡笳怨兮將送君, 秦山遙望隴山云)……' 당나라 시인 잠삼岑參이 친구를 배웅하며 연주했던 '호가가胡笳歌'의 '변방에서 밤마다 수심 가득한 꿈을 꾸리니邊城夜夜多愁夢'라는 구절에서는 절절한 애잔함과 슬픔이 느껴진다.

'세 국경을 손쉽게 통제하니 하늘이 찬란히 빛나고 황제의 위세가 만리에 이르렀으며 군기가 하늘을 찌른다.……갑옷을 입고 비론을 일삼았다. 첫 번째 전투는 동쪽에서 벌어졌고 넓고 황량한 곳이었다. 두 번째 전투는 서쪽에서 벌어졌고 적의 기세가 사나웠다. 세 번째 전투는 남쪽이었는데 호랑이를 묶고 늑대를 잡았다! 양종진楊宗震의 〈어포이첩송御虜異捷頌〉을 들어 보아라, 그 기세가 얼마나 대단한지.'

명나라 때 병부상서兵部尚書에 올라 삼변三邊의 군무를 관장했던 당용唐龍이 지은 〈홍석협가紅石峽歌〉에서는 '수천 수만 마리의 말이 달리며 돌진하고, 장병과 단병이 서로 공격한다(千騎萬騎馳且突, 長兵短兵相摩擊). 나팔을 불며 적군을 사로잡고, 도요새 깃털을 머리에 꽂고 필사적으로 성벽을 공격한다(口吹牛角生捉軍, 頭插鶡毛死攻)……사나이의 북치기는 일당백이고 긴 창을 빗겨 든 용맹한 장수의 기세가 드높다(健兒鼓行一當百, 猛將橫槊氣如虹)'고 읊으며 전쟁의 불길이 작렬하며 사람들을 두려움에 떨게 하는 모습을 묘사했다.

류판산과 시하이구의 슬픔과 정은 중화민족의 별이 총총한 하늘에 매달려 있는 별과 같으며 마치 소관 성벽의 벽돌 하나하나를 갈아서 가루로 만든 것처럼 역사책의 글자 속에 면면히 떠다니고 있다.

그러나 군대도 끊임없이 이동하고 국가의 영토도 나라의 흥망성쇠에 따라 후퇴하고 이동했지만 이곳에 거주하는 서민들만은 뿌리를 옮기지 못하고 열악해진 자연환경과 인간으로 인한 고통을 고스란히 겪을 수밖에 없었는데, 수천 년 전의 과거는 말할 것도 없고 불과 100여 년도 안 된 1920년 12월 6일에 발생한 '하이위안 대지진'만 해도 이 땅에 사는 사람들이 겪었던 고통을 묘사하기에 충분하다. 이 대지진의 충격파는 지구를 두 바퀴나 돌아 전 세계 96개 지진 관측소에서 모두 기록되었고 지진의 중심 진도는 12도, 진도가 10도 이상인 지역의 면적이 10만km²에 달해 시하이구 전 지역이 대부분 지진 범위에 포함되었다. 이듬해 미국 내셔널 지오그래픽은 이 지진이 세계 지진 역사상 최악의 대지진 중 하나이고 지진으로 인한 피해 역시 '가장 끔찍한 재난'으로 손꼽힌다고 언급했으며 당시 〈산이 움직이는 곳在山走動的地方〉이라는 기사에서 지진에 대한 현지 이재민의 말을 인용해 '산봉우리가 밤새 아래로 이동하면서 산사태가 폭포처럼 쏟아지고 거대한 땅이 갈라지면서 집과 낙타, 마을이 부드러운 흙 바다에 파묻혀 흔적도 없이 사라져 버렸다……'라고 전했다.

하이위안 대지진은 중국 역사상 유례가 드문 대지진으로 지진의 규모와 파급 면적이 상상을 초월하는 수준이었다. 기록에 따르면 지진 발생 당시 베이징에서는 '전등이 심하게 흔들려서 현기증이 날 지경이었다'라고 하며 상하이에서는 '시곗바늘이 멈추고 조명이 흔들렸다'라고 했으며 광저우에서는 '지붕이 날아가고 벽돌이 떨어졌다'라고 하고 홍콩에서는 '대부분의 사람들이 지진을 느꼈다'라고 한다. 지진의 진원지에서 수백 마일 떨어진 시안西安 북쪽 콴저우寬州의 한 탄광에서는 400명 이상이 매몰되었고 수천 마일 떨어진 쓰촨성 광위안현廣元縣에서도 1,000여 명 이상이 지진으로 인해 갈라진 틈에 빠지거나 무너진 가옥에 깔려 죽기도 했을 정도이니 대지진의 한가운데 있던 시하이구 지역의 피해는 얼마나 끔찍했을까! 지진에서 살아 남은 지역 주민에 따르면 지진이 일어나기 전에 길을 걷고 있었는데 갑자기 누군가가 자신을 바닥으로 밀어 넘어뜨려 '3미터 정도 떨어진 곳으로 굴러 떨어지는' 느낌을 받았고 그대로 기절했는데 깨어나 보니 길 양쪽에 있는 집들이 모두 폐허로 변해 있었고 하늘은 온통 먼지로 뒤덮여 있었으며 도시 전체가 쥐 죽은 듯한 적막으로 휩싸여 있었다고 한다. 또 다른 사람은 '지진이 발생했을 때 갑자기 강한 바람이 불고 검은 안개가 보였으며 땅이 솟구쳐 오르며 붉게 빛나고 천둥소리가 들리며 발 밑이 미친 듯이 출렁거렸다'라며 '거대한 산이 움직이고'나 '강물의 물길이 바뀌었다'와 같은 실제 장면을 묘사하는 표현에서 대지진의 강력한 위력을 느낄 수 있다'라고 말했다. 시지현西吉縣 인터뷰에서 나이 지긋한 한 노인은 이 고난의 땅에 아직도 남아있는 당쟈차黨家岔 언색호堰塞湖를 가리키며 이것이야말로 '강물의 물길이 바뀐' 살아있는 예라고 말했다. '산이 움직이는' 광경은 시하이구의 수많은 단층과 겹겹이 겹쳐 있는 산악지대 어디에서나 쉽게 찾아볼 수 있다. 하이위안 출신의 한 작가는 자신의 고향 사람들이 1920년의 대지진에 대해 이야기하는 것을 꺼려 한다는 것을 어릴 때부터 알고 있었다고 한다. 하이위안 현지 사람들의 말에 의하면 그것은 당시 지진으로 인해 하이위안현 인구의 59%가 사망했기 때문이라고 한다. 그렇게 많은 사람들이 죽은 것은 그 당시 지역 주민들이 오랫동안 비가 내리지 않아 벽이 지나치게 건조하게 말라붙은 동굴에 살았기 때문으로, '이러한 이유로 대지진이 발생했을 때 동굴 지붕과 벽이 갑자기 동굴 안으로 무너져 내리면서 안에 있던 사람들을 거대한 주먹으로 꽉 움켜쥐는 것처럼 쥐어짜면서 죽음에 이르게 한 것'이라는 말을 대지진에서 살아남은 할아버지에게서 들은 적이 있다고 했다.

이 같은 상황을 생각해 보면 당시 시하이구 사람들에게 닥친 지진의 치명적인 영향을 어렴풋이 짐작할 수 있을 것이다. 그렇다면 대지진으로 도대체 얼마나 많은 사람들이 죽은 것일까? 이것은 계속해서 풀리지 않는 수수께끼로 남아있는 것 같다.……과거 중국 정부는 뒤늦게 신문을 통해 사망자 수가 약 25만 명 정도라고 발표했으나 외신에서는 '30만 명 이상'이라고 하는 등 정확히 몇 명이 사망했는지 아직까지도 명확하지 않다. 다만 현지縣志와 시지市志에 '시신이 너무 많아 지진 발생 후 3개월이 지나도록 인력이 부족해 외곽에 매장되지 못한 시신이 934구나 되었다'라는 기록이 남아있을 뿐이다. 이와 같은 일들이 비일비재했는데 가장 안타까운 것은 재난 지역의 면적이 너무 넓고 정부의 지원이 부족해 재난 지역의 생존 주민들이 '옷도 음식도 거처도 없이 정처 없이 떠돌아 다니고 있어 차마 눈 뜨고 볼 수 없을 지경'이었으며 심지어는 '산 사람이 죽은 사람의 시신을 먹는다'거나 '강자가 약자를 죽인다'라는 등의 비극적인 장면들이 잇따라 펼쳐졌다는 것이다.

대지진이 일어난 지 이미 백 년이 흘렀고 이제 지진의 생존자는 거의 남아있지 않지만 닝샤 사람들, 특히 시하이구 사람들에게 있어 하이위안 대지진이라는 역사적인 재난은 아직도 '지진 이야기라면 안색이 변할 정도'로 끔찍한 기억이다. 지진이 일어난 후 얼마 지나지 않아 시하이구 일대를 지나던 한 미국 여성 기자는 폐허로 변해버린 땅을 보고 눈물을 글썽이며 '사방이 황량하다處處蒼凉'는 네 글자를 써 내려갔는데 바로 훗날 유명 인사가 된 안나 루이스 스트롱 기자이다.

이 미국 여성 기자는 나중에 산시陝西와 옌안延安에도 갔는데, 그가 시하이구에 도착한 이듬해 겨울부터 그 다음 해 봄, 여름까지, 즉 1928년 말부터 1929년 상반기까지 시하이구는 여전히 대지진으로 인한 피해를 완전히 복구하지 못했고 그런 상황에서 대지진보다 더 심각한 가뭄이 다시 한 번 이 찢어지게 가난한 대지를 덮치면서 전 지역이 피와 눈물로 얼룩지는 아픔을 겪었다.……

역사 기록에 따르면 1928년 시하이구에서는 살구나무가 1년에 두 번 꽃을 피웠지만 열매를 맺지 못했고 봄 밀은 한 그루에 두 개의 이삭이 열렸지만 수확할 알맹이가 없었다고 한다. 그해 겨울과 이듬해 봄에는 가뭄이 시작되어 1929년 여름까지 시하이구 일대에 수개월간 비가 내리지 않아 땅 전체가 거북이 등껍질처럼 쩍쩍 갈라질 정도로 메말라 농작물이 죽고 나뭇잎이 말랐으며 류판산의 돌까지도 뜨겁게 달아올라 부서지기 직전이었다. 전례 없는 대기근이 갑자기 현실이 되었고, 남쪽으로는 류판산 일대까지, 그리고 허란산 양쪽을 거슬러 닝샤 지역 전체와 황허 수역에 이르기까지 물이 메말라 '가느다란 오줌 줄기'처럼 되어버렸다. 당시 공식 통계에 따르면 주변 60개 현이 가뭄으로 인한 피해를 입었고 가뭄으로 인한 사망자와 이재민이 100만 명 이상이었다. 중국국제기근구호위원회(CIFRC) 관계자는 재난 지역을 시찰한 뒤 '천재지변의 심각함이 전례 없는 수준이다', '사람을 먹는 것이 흔한 일이 되어 이상하지 않다'라는 보고서를 썼다.

당시 구위안현固原縣의 한 문인은 〈기사기근기己巳饑饉記〉에서 다음과 같이 서술하였다.

……천재지변과 인재를 겪은 닝샤 남부 민중들의 굶주림은 이루 말할 수 없을 정도였다.

—외지에서 기근을 피해 구위안固原으로 피난 온 사람들은 사람을 곡식과 바꾸고 결혼할 나이가 된 소녀들은 식량을 주는 낯선 사람에게 시집가기도 했다. 젊고 아름다운 여성들은 자진해서 남의 집 일을 하고자 했으며 배고픔을 해결할 음식만 구할 수 있다면 더 바랄 것이 없었다. 중년 여성들은 타향을 떠돌며 입에 풀칠을 하기 위해 차라리 누군가의 아내나 첩이 되고자 했으며 아이들은 몸값에 상관없이 누군가에게 입양될 수 있기만을 바랐다.

구위안 난자오향南郊鄉 칭스협青石峽에 손씨 성의 과부가 절개를 지키며 재가하지 않고 어린 세 자녀를 데리고 살았는데 나흘 동안 밥을 주지 못하자 세 아이가 어머니를 둘러싸고 울음을 그치지 않았다. 참담한 마음에 어쩔 수 없이 흙으로 떡을 빚어 솥에 넣고 아이들에게 떡을 만들어 주겠다고 속인 후 뚜껑을 덮어 아이들이 보지 못하게 했더니 아이들은 그 말을 믿고 울음을 그쳤다. 그러나 한참이 지나도 어머니가 솥뚜껑을 열지 못하자 아이들은 또다시 솥 주변을 둘러싸고 울며 뚜껑을 열려고 하였고 어머니가 열지 못하게 하였지만 아이들은 아랑곳하지 않고 서둘러 뚜껑을 열었다. 도저히 어쩔 방도가 없자 어머니는 슬픔을 이기지 못하고 뒷마당에 있는 살구나무로 달려가 목을 매었다. 아이들은 솥뚜껑을 열고 '흙으로 빚은 떡'을 보고는 덥석 베어 물었지만 먹어도 먹어도 맛이 없자 울면서 엄마를 찾았고 뒷마당에서 이미 숨이 끊어진 엄마를 발견했다. 아이들이 어머니의 두 다리를 잡아당기며 울부짖는 소리에 하늘도 가슴이 미어지고 눈물이 날 지경이었다.……

구위안 베이향北鄉에 외아들만 하나 둔 부자가 있었는데 큰 재난이 닥쳤을 때 두 거지에게 속아 아들이 목이 졸려 죽었다. 소식을 들은 이 부자는 두 거지를 끝까지 쫓았고 두 거지는 붙잡혀서 아이의 시신을 빼앗길까 두려워 도망치면서 아이의 허벅지와 팔뚝의 살을 뜯어 먹었다.……마침내 부자가 거지를 잡았는데 뜻밖에도 두 거지는 무릎을 꿇고 빨리 죽여 달라고만 할 뿐 더 이상 말이 없었다. 부자는 원래 찔러도 피 한 방울 안 나오는 것으로 유명한 사람이었지만 아들을 죽이고 시신을 먹은 거지를 마주하고는 그저 펑펑 울기만 하고 손을 뿌리치고는 가버렸는데 그 마음이 얼마나 허탈하고 애절했을지 짐작이 간다.

구위안 성에 굶어 죽은 사람들이 너무 많아 한동안 관과 멍석이 부족했고 사람들이 앞다투어 관을 짊어지고 시체를 묻는 사람을 찾았는데 나중에 이 관을 나르던 사람들마저도 도중에 목숨을 잃은 사람들이 생겨났다. 이로 인해 사망자들의 시신이 현도에 점점 더 쌓이게 되었고 결국 정부에서 어쩔 수 없이 〈아사자 매장에 관한 통지〉를 발표해야 할 정도였으니 당시 기근이 얼마나 심각했는지 알 수 있다.

역사와 자연재해로 인한 심각한 빈곤은 이처럼 시하이구라는 고난의 땅에 깊이 뿌리를 내리고 다시 북쪽으로 향해 닝샤 중부와 북부 지방까지 마수를 뻗쳤는데……이 땅의 척박함과 고통을 그 누가 알 수 있을까? 대지진과 대기근이 발생하기 이전에도 좌종당左宗棠은 조정 이곳이 '세상에서 가장 척박하고 비참한 곳'이라고 말했다. 만약 두 차례의 큰 재난을 겪은 이후의 시하이구를 다시 방문할 기회가 있다면 이 나이 지긋한 대신은 과연 어떤 말을 할까?

'시하이구의 고통은 세상 모든 고통을 압도한다!' 나는 이 말로 좌종당의 답변을 대신할 수 있을 것 같다.

2. 꿈과 꿈의 끝은 바다보다 더 넓은 '바다'……

인류 문명 발전의 과정에서 우리는 지구상의 많은 것들에 대해 획기적인 변화를 이루었고 수많은 기적을 만들어냈다. 그러나 가장 바꾸기 어려웠던 두 글자는 바로 '고난苦'과 '가난窮'이었다. 세상은 여전히 혼란 속에 요동치고 있는데 대부분은 바로 이 두 글자로 인한 것이다. 혁명의 스승 마르크스는 일찍이 '사회주의 이전의 어떤 지배계급도 어떤 정권이나 정당도 국가와 민족을 이 두 가지에서 벗어나도록 할 수는 없으며 설령 위대한 프롤레타리아 정당인 공산당 정권이라도 '오랜 기간의 끈질긴 노력'을 통해서만 가능하다'라고 예견했다.

'세계 최악의 빈곤 지역'이라 불리는 시하이구는 중국 공산당의 영도 하에 '고난苦'과 '가난窮'이라는 두 글자를 지워낼 수 있을까?

인류의 이 세계적 난제는 마르크스주의의 영향력 아래 있는 프롤레타리아 정당인 중국 공산당을 시험하고 있다. 그러나 세계 최초의 공산당 집권 국가인 소련은 레닌과 스탈린의 통치하에서 오랫동안 빈곤과 고난에서 벗어나지 못했다. 중국은 과연 이러한 사명을 완수할 수 있을까?

우리가 해낼 수 있을까? 한때 세계적으로 빈곤 인구가 수억 명에 달했던 중국이라는 국가를 운영하는 중국 공산당은 스스로에게 이렇게 자문하고 있다. 더욱이 공산당이 해야 할 일은 경제적으로 가난하고 문화 과학 수준이 낮은 상태에서 중국인들을 전반적인 빈곤과 낙후된 수준에서 벗어나게 하는 것, 그중에서도 닝샤처럼 광범위한 극빈 지역과 유엔으로부터 '인류가 생존하기 가장 적합하지 않은 지역'으로 지정된 시하이구와 같은 지역을 빈곤과 낙후에서 벗어나게 하는 것이다. 중국 공산당은 이러한 국가의 면모를 바꾸는 중책을 감당할 수 있을까?

'어렵더라도 이 중대한 임무를 짊어져야만 한다!' 중화인민공화국이 건국되던 날 마오쩌둥을 중심으로 하는 중국 공산당원들은 이 책임을 스스로 자신의 어깨에 짊어졌다.

과거의 닝샤, 특히 시하이구 지역에서는 빈곤에 따라 나타난 사회의 암적인 존재인 비적들이 들끓었기 때문에 민중을 이끌고 자신의 정치권력을 확립한 공산당에게 있어 중화인민공화국 건국 후 처음 몇 년 동안은 현지의 비적들을 진압하고 소탕하는 것이 주요 임무 중 하나였다. 닝샤에서 비적을 진압하는 기본 임무를 완수한 후 공산당이 이끄는 인민정부는 시하이구 사람들이 겨울을 날 옷이 있는지 배를 채울 식량이 있는지를 생각했다(이때는 배가 덜 부르다는 것은 감히 말할 수도 없었다). 그다음으로 제일 먼저 생각한 것은 이곳 사람들에게 물 한 모금을 먹일 수 있을까 하는 것이었다.……

시하이구에서는 물이 목숨보다 귀하다. 그러나 물이 극도로 부족한 시하이구는 그 지명에 '바다海'가 숨겨져 있는데 아마도 그것이 이곳 사람들의 마음속 깊은 곳에 물에 대한 영원히 사라지지 않을 갈망을 심고 심지어 대대로 이러한 바람을 품고 마음속의 꿈, 영원히 좇을 수 없는 덧없는 꿈을 좇게 만드는 것일 것이다. 그리고 이렇게 머릿속에서 자라나는 '바다'라는 글자는 수많은 시하이구 아이들이 꿈속에서 눈물을 닦게 만들고 수많은 어머니들의 젖가슴을 죽은 말 가죽처럼 쪼그라들게 했으며 많은 노인들이 세상을 떠날 때까지 꿈을 이루지 못하게 만들었다.…… 이 꿈은 또한 류판산을 벗어나려는 수많은 사람들을 중도에서 좌절하게 만들었으며 더욱이 류판산으로 들어오려는 무수한 사람들을 뒷걸음질 치게 만들었다.

예전에는 닝샤에 시하이구라는 곳이 있다고 말로만 들었는데 나중에 닝샤의 작가인 스수칭石舒清과 마진롄馬金蓮을 알게 되었다. 이들은 모두 시하이구에서 자란 신세대 닝샤 사람들로 그들의 작품과 그들과의 대화를 통해 닝샤와 시하이구에 대해 많은 것을 알게 되었다. 필자는 스수칭의 사진을 본 적이 있는데 화면에 끝도 없이 광활하게 펼쳐져 있는 모래 언덕에서 파도가 일렁이는 것 같은 모래 언덕의 윤곽을 제외하면 바로 발가벗은 모래 언덕의 형체가 보인다.…… 이것은 흡사 거센 파도가 몰아치는 바다 같지만 푸른빛이 아닌 탁한 누런빛으로 보는 사람으로 하여금 엄청난 위압감을 느끼게 한다. 풀과 나무가 거의 자라지 않는 이런 모래 언덕에는 비가 거의 오지 않고 가끔 폭우가 쏟아진대도 물의 흐름이 수압이 아주 약한 수도꼭지처럼 잠시 몸에 한 번 흩뿌리고 떠다니는 먼지를 조금 쓸어가는 정도라 그 뒤에는 더욱 거친 표면이 드러날 뿐이다. 모래언덕은 메마른 바다처럼 일 년 사계절 대부분의 시간에 태양이 내리쬐인다. 태양이 머리를 내리쪼이면 광활한 모래언덕 전체가 타오르는 대지와 같아 고온의 난로에서 찌고 짜내는 것처럼 건조해질 수밖에 없으며 숨 쉬는 것조차 극도로 힘들어진다.

이것이 바로 평소 시하이구의 모습으로 이러한 시하이구가 현지인들과 현지 작가들의 눈에는 '바다'로 비친 것이다.

거친 물결이 일고 사나운 파도가 몰아친다.

파도가 끊임없이 출렁이고 포효하는 이 바다의 세계에서는 모든 것이 혼란에 빠져있는 것 같기도 하고 또 동시에 영원하고도 깊은 적막에 빠져있는 것 같기도 하다.

거센 물결 속에서 고요히 스스로를 지키고, 고요함 속에서 끝없이 용솟음친다.

작가 스수칭의 고향은 시하이구의 하이위안현海原縣인데 그는 자신의 고향을 '바다의 본래 자리, 바다의 근원, 원래의 바다'라고 생각한다. 그는 우리에게 다음과 같이 이야기했다.

이곳에 와본 사람만이 이 이름이 얼마나 말이 안 되는 것인지 느낄 수 있을 것입니다.

이곳은 세상에서 물이 가장 부족한 바다입니다.

이곳에 사는 많은 사람들이 평생 배가 어떻게 생겼는지 본 적이 없고 당연히 물고기를 본 적도 없습니다.

물고기는 고사하고 이렇게 광활하고 가슴 벅찬 땅에 나무 한 그루 조차 보이지 않습니다. 초목도 자라지 않고 절망뿐인 헐벗은 산들과 이렇게 메마른 바다가 있을 뿐이죠.……

스수칭은 유명해진 후 시하이구를 떠나와 진짜 바다를 본 적이 있다. 그래서 자신의 고향 시하이구의 '바다'를 '메마른 바다'에 비유할 수 있었던 것이며 이것은 시하이구에서 나온 현자의 비유라 할 수 있다. 그러나 바다를 한 번도 본 적이 없는 시하이구 사람들에게 있어 그들 마음속의 '바다'는 이와 같지 않다.

'바다? 바위에서 나오는 땀방울이 모여서 된 게 바다예요!' 학교를 다닌 적 없는 한 아이가 내게 말했다. 아이의 집에는 TV도 없고 태어나서 본 세상이라고는 그저 대문 밖의 끝없이 펼쳐진 모래언덕과 벌거벗은 산들뿐이었다. '바다는 …… 소리쳐도 메아리가 돌아오지 않는 곳이에요!' 한 어린 소녀는 나에게 이렇게 말했다. 굽이치는 모래언덕을 가리키며 허리가 꺾일 정도로 크게 소리쳤지만 메아리는 들리지 않았다. 나도 소녀를 따라 목청껏 소리를 질렀지만 역시 마찬가지로 메아리는 들리지 않았다.

이것이 바로 시하이구 아이들 마음속의 '바다'이다!

어른들은 어떨까? 어른들의 눈에 '바다'란 어떤 모습일까? 과거에도 지금도 대부분의 시하이구 사람들은 실제로 바다를 본 적이 없지만 '바다'에 대한 이해는 당연히 아이들보다 훨씬 풍부하고 신성하다.

시하이구에 사는 거의 여든이 된 한 할머니에게 마음속의 '바다'가 어떤 모습인지 물었더니 눈빛이 밝아지고 서리를 맞은 것 같은 얼굴이 잔꽃처럼 활짝 피는 것처럼 생기를 띠며 '예전에 산을 넘고 언덕을 넘어 맑은 샘물을 만나 당나귀에 물을 가득 싣고 집에 돌아왔고 그 뒤로도 몇 번이나 물을 길어 왔었지. 그 물을 가득 싣고 오는 길에 내 마음속에, 눈 속에, 그리고 두 발로 딛는 땅에 바다가 있었어……'라고 말했다.

이 노부인의 마음속의 '바다'는 내 마음을 뒤흔들었다. 이 노부인과 같은 수많은 시하이구 사람들의 마음속의 '바다'는 대대로 먼 곳에서 물을 찾아 싣고 돌아올 때 느끼는 기쁨과 근심인 것이었다!

'바다'에 대한 인식과 사상이 정말 숭고하지 않은가! 이 '바다' 보다 인류와 생존 사이의 의존 관계를 더 풍요롭고 충만하게 만들어 주는 것이 또 있을까? 바다에서 나와 육지로 올라와 생활한지 이미 오래된 사람들은 바다가 우리에게 주는 진정한 의미를 잊어버렸다. 시하이구 사람들의 '바다'에 대한 인식과 이해는 바닷가에 사는 사람들보다도 훨씬 더 깊고 애틋하다.

시하이구, 시하이구야, 너의 그 '바다'가 중생들의 눈에는 얼마나 숭고하고 위대하며 얼마나 신성하고 장엄하던지. 너의 어디에 물이 있더냐, 그저 순전히 정신의 결정이자 생각의 개화이고 영혼의 물음이며 마음의 승화일 뿐!

류판산 기슭의 이 메마른 '바다'는 이곳에서 대를 이어 살아가는 사람들을 태어나게 하고 타격을 주고 심지어 고통스럽게 하고 있다. 그들은 고통을 겪으면서도 고통스럽다 말하지 않고 물이 부족한 현실에서 마치 불 속의 고통을 견디고 새롭게 태어난 것처럼 긴 세월을 보내왔다.…… 오랜 세월이 흐르고 별들이 생겨났다 사라지고 지구가 봄, 여름, 가을, 겨울을 반복할 때까지……

그러나 이들의 이러한 한없이 숭고한 행동을 기억하고 소중히 여기는 외지인들은 많지 않은 것 같았고 중화인민공화국이 건국된 이후에야 비로소 큰 변화가 일어났다. 중난하이中南海의 정책 결정자들과 인민의 대변인들이 매일같이 닝샤와 물을 갈망하는 시하이구 사람들에 대해 생각하기 시작한 것이다.……

먼저 부대에서 겨울을 나기 위한 솜옷을 보내주었고 아이들의 설 음식도 대부분 보내주었지만 30여 년이 지난 지금, 아직도 깨끗한 물 한 모금 마시지 못한 시하이구 사람들이 너무나도 많다.…… 1972년 신정이 막 지났을 때 중난하이의 총리 집무 회의에서 농업부, 닝샤후이족 자치구 등의 간부들이 저우언라이周恩來 총리에게 하나하나 업무 보고를 했다.

수척해진 저우언라이는 힘겹게 소파에서 허리를 펴고 수건으로 이마의 땀을 훔치며 자치구 지도자들에게 "지난해 시하이구 농민들의 연간 평균 수입은 얼마였나?"라고 물었다.

"47위안입니다." 자치구 지도자가 대답했다.

"한 달 평균 3위안 9마오, 하루에 1마오 30……이라" 저우언라이는 미간을 찌푸리며 혼잣말을 했다.

"그걸로는 소금 한 줌, 밀가루 반 대접 사기에도 빠듯하겠구먼, 아……"

"총리님, 제가 시하이구에 내려갔을 때 그곳 사람들이 말하기를 그 사람들에게 있어 가장 무서운 것은 배고픔이 아니라 마실 물이 없다는 것이라고 했습니다.……땅굴 속의 흙탕물조차도 마실 수 없다는 것이야말로 그들의 가장 큰 근심거리입니다!"

"물, 물이라.……그래, 어떻게 사람이 물 없이 살 수 있겠어!" 저우언라이는 찻잔을 들고 물을 한 모금 마시려다가 물 잔을 한참 동안 손에 들고만 있다가 다시 테이블에 올려놓았다. 그러고는 "어찌 되었든 조속히 시하이구 주민들의 식수 문제를 빨리 해결합시다! 여러분은 신속히 방안과 조치를 마련하십시오! 중앙 정부에서도 특별 회의를 열어 시하이구 문제를 논의할 것입니다"라고 말했다.

저우언라이는 간곡하게 "시하이구 작업은 먼저 민족 정책의 전면적 이행과 반란 사건 확대 처리 문제에서부터 착수해야 합니다. 정치, 이데올로기, 간부 문제가 잘 해결되어야만 서민들의 생활과 물 문제를 근본적으로 해결할 수 있을 것이야"라고 말했다. 회의를 마칠 무렵 그는 자치구 지도자들에게 "돌아가서 서둘러 물 문제를 해결하기 위해 전문가를 초빙해 방법을 강구하도록 하시오"라고 당부했다.

"알겠습니다, 총리님. 조속히 지시를 이행하도록 하겠습니다."

자치구 지도자들은 인촨銀川으로 돌아온 뒤 신속하게 방안을 강구하고 수리 전문가 우샹셴吳尙賢이 이끄는 팀을 시하이구로 파견해 관련 작업을 수행하게 했다.

그해 여름 시하이구 사람들은 전국 각지에서 의료팀, 가뭄 구호팀 등이 속속 도착하는 것을 볼 수 있었다.……물론 무엇보다 주민들을 감동시켰던 것은 우샹셴을 비롯한 전문가 팀이 제시한 '인경제청引涇濟清'이었다. 모두가 잘 아는 '경위분명涇渭分明'이라는 성어가 있는데, 바로 앞서 언급했던 '맑은 징수이涇水와 탁한 웨이수이渭水가 서로 섞여 흘러도 맑음과 탁함이 분명하다'라는 의미의 '경칭위탁涇清渭濁'을 말하는 것이다.

징수이涇水는 시하이구 사람들에게 있어 중요한 생활의 수단이 되는 젖줄로 징위안현涇源縣 서남부의 얼룽허二龍河, 라오룽탄老龍潭 일대에서 발원하여 남동쪽으로 간쑤성甘肅 핑량平涼, 징촨현涇川縣을 거쳐 산시성陝西 가오링현高陵縣의 웨이허강渭河으로 유입된다. 고대의 징허 유역은 유량이 풍부해 세차게 흐르고 한때 그림처럼 아름다웠던 이 대지를 풍성하게 윤택하게 했다. 이후 자연 기후 변화와 지진으로 인해 길이가 40km가 안되는 황허의 3급 지류 하나만이 남았지만 그럼에도 불구하고 이는 여전히 시하이구에서 가장 중요한 수원이었다. 하이위안 대지진이 일어나던 해에 태어난 수리 전문가 우상셴은 닝샤 출신의 수리 전문가로 고향 사람들의 물에 대한 갈망을 누구보다 잘 알고 있었다. 1946년 충칭 국립 중앙대학 수리 공학과를 졸업한 후 고향으로 돌아와 황허 수리 위원회 닝샤 공정 총대에서 보조 엔지니어로 근무하면서 닝샤 인황引黃 관개 지구의 측량 설계 작업에 참여했다. 중화인민공화국 건국 이후 우상셴은 서북 야전군 제3군 수리 공정처에서 기술자로 근무했으며, 닝샤 후이족 자치구寧夏回族自治區 설립 이후에는 수리 공정의 책임자로 자치구 각지를 누벼 '닝샤 수리의 살아있는 백과사전'이라고 불렸다.

닝샤 사람들은 우상셴에 대해 이야기할 때 항상 그가 1951년 참여했던 신중국 건국 이후 닝샤의 첫 번째 수로 시공 작업을 언급한다. 당시의 우상셴은 임시로 다른 부서로 파견되어 고향인 닝샤로 돌아와 작업에 참여했는데 자리를 잡자마자 곧바로 친취秦渠 수로 상단의 확장과 제1농장 수로 건설에 뛰어들었다. 제1농장 수로는 총 길이가 31.6km에 달했으며 우상셴이 제안한 여러 신기술과 신소재를 적용한 이 수로가 개통된 후 이 지역은 흰 모래가 깔린 알칼리성 모래사장에서 도랑이 가로, 세로로 나 있고 논밭길이 서로 이어져 있으며 녹음이 우거지고 벼와 보리의 향기가 풍기는 풍요로운 땅으로 변모했다. 지금까지도 이 수로는 여전히 정상적으로 운영되고 있다. 제1농장 수로 건설 이후 우샹센과 그의 동료들은 2년 동안 인촨 시먼교西門橋 위의 곡류 절단된 탕라이취唐徠渠 수로를 이전보다 10km 이상 단축하여 이 오래된 수로의 유속과 유량을 크게 늘렸고 이로써 닝샤 수리부서에 오래된 수로 개조의 성공 사례 하나를 남겼다. 그 후 우샹센은 시하이구 여러 지역을 돌며 칭수이허清水河, 후루허葫芦河, 징허涇河의 3대 수계水系의 수리 계획과 산간지대의 댐 건설에 직접 참여했다. 그는 수리 기

징위안涇源 현 징허涇河 생태 보호 구역

술자들과 함께 토굴에서 생활하면서 기장쌀을 먹고 쓴 물을 마시는 등 고생을 마다하지 않고 여러 수계를 바쁘게 뛰어다니며 불과 1년 반 만에 류판산 지역의 첫 번째 댐을 건설하여 현지 일부 주민들의 물 부족 문제를 완화시켜 주었다. 1960년 칭퉁샤靑銅峽 수리 센터 프로젝트에서 방죽을 연결한 후 황허의 수위가 높아져 허란산 동쪽 기슭의 물 부족 지역에서 황허 자류 수로를 굴착할 수 있는 여건이 조성되었고 이로써 시간취西干渠 수로가 건설되었다. 이 프로젝트 역시 우샹셴이 제안하고 주도한 것인데 이 수로는 많은 산골짜기를 통과해야 해서 시공이 매우 까다로웠다. 우샹셴은 유도, 저장, 방류 방식을 적용하여 홍수 방지 구역을 활용해 홍수 최고 수위를 낮추고 홍수를 세류細流로 바꾸는 것을 제안했다. 겨울과 봄의 고된

작업 끝에 총 길이가 112.7km에 달하고 30만 묘 이상의 토지에 관개가 가능한 서간선 수로가 개통되면서 우샹셴은 닝샤의 수리 역사에 또 하나의 선례를 남겼다.

베이징으로부터 저우언라이 총리의 지시가 내려오자 이 '닝샤의 베테랑 수리 전문가'는 현지에서 재료를 조달할 수 있는 방안인 '인경제청引涇濟清' 프로젝트를 먼저 떠올렸다.

"그것은 시하이구에서 유일한 깨끗한 수원으로 시하이구 사람들이 좋은 물 한 모금을 마실 수 있도록 목숨을 걸고 최선을 다할 것입니다.……" 저우언라이 총리의 지시로 시하이구의 물 부족 문제를 논의하는 회의에서 우샹셴은 주먹을 불끈 쥐며 이같이 말했다. 그리고 그는 수자원이 상대적으로 풍부한 징허의 물을 산과 계곡을 통해 칭수이허로 끌어들여 칭수이허 상류 일부 지역의 농업용수와 도시 생활용수 문제를 해결하는 방안을 제시했다.

"아주 훌륭하고 전문적인 방안입니다." 우샹셴의 '인경제청' 방안이 결정 단계에서 논의되던 당시 자치구 지도자들과 관련 부처 책임자들은 모두 입을 모아 칭찬을 아끼지 않았다. 그러나 모두들 곧 "아쉽습니다! 아쉬워요!"라고 말하며 한숨을 쉬었다.

대체 무엇이 아쉽다는 것인가?

그것은 바로 아쉽게도 자금이 부족하다는 것이었다! 자치구는 돈이 없고 국가도 이렇게 큰 규모의 프로젝트를 지원할 자금 여유가 없었다! 더구나 '인경제청'으로는 시하이구 지역 전체의 100만여 명(당시의 전체 인구)의 용수 문제를 해결할 수 없었기 때문에 우샹셴의 방안은 잠시 보류되었다.

"기회가 된다면 우상셴의 '인경제청' 방안을 조만간 실행할 것입니다!" 자치구와 수리부의 책임자들은 모두 이같이 말했다.

우샹셴은 이 말을 듣고 눈물을 흘렸다. 그해 그의 나이 56세였고 그해 저우언라이가 세상을 떠났다. “총리님, 아직 당신이 맡기신 중차대한 임무를 완수하지 못했으니 저는 죽어도 눈을 감지 못할 것입니다!” 저우언라이 총리를 추모하는 자리에서 우샹셴은 눈물을 흘리며 이같이 말했다.

계획이 좌절된 후에도 우샹셴은 ‘물이 풍부한 닝샤’를 만들겠다는 포부를 포기하지 않았다. 환갑이 지난 나이에도 불구하고 그는 스스로 자청하여 인베이銀北 지역에 가서 알칼리성 토지 정비 사업에 참여했고 2년 동안 그가 이끄는 팀은 인베이에서 6,000개의 우물을 파고 200개의 짧은 도랑과 작은 배수 시설을 구축했으며 96개의 전기 펌프장을 보수하고 190km에 달하는 배수 도랑을 준설했으며 7개의 홍수 방지 구역을 구축하여 인베이 지역의 토지 알칼리화로 인해 밀 묘목이 누렇게 되거나 자라지 못하고 죽는 현상을 효과적으로 개선했다.

1980년 봄, 황허 강둑에 선 60세 우샹셴의 세월의 흔적이 가득한 얼굴은 상서롭게 빛났다.……그의 발 아래 펼쳐진 황허 융닝현永寧縣 동성東升 구간은 그가 직접 계획하고 설계한 둑으로 붕괴 문제를 해결한 곳이었기 때문이다. 견고한 황허의 새 강둑을 바라보다가 돌아서 봄 햇살 아래 펼쳐진 고향의 대지에 푸릇푸릇한 풀과 알록달록한 꽃들이 가득 피어난 아름다운 풍경을 바라보던 우샹셴은 〈아름답다, 닝샤천寧夏川〉이라는 시를 썼다.

닝샤천, 아름다운 강과 산. (寧夏川, 好河山)

만리장성은 사막에 닿고, (長城連朔漠)

황허는 하늘 사이로 나오는데, (黃河來天間)

허란산에 가로막혔다. (屏障自有賀蘭山)

멀리 바라보니 (展目望)

오아시스가 눈 앞에 가로놓여 있고, (綠洲橫眼前)
나무 그늘이 마을집을 덮고 있다. (樹蔭遮村屋)
도랑은 논밭 길을 가로질러 연결되어 있고, (溝渠縱橫阡陌連)
물 댄 논에 해마다 농사지어 수확하네. (年種年收水澆田)
가뭄도 홍수도 없어 쌀과 밀도 풍년이니, (無旱無澇稻麥盡高產)
서북 지방이 최고구나. (西北冠)
봄은 늦고 가을은 일러 조금 춥지만, (春遲秋早半高寒)
낮은 따뜻하고 밤은 시원하니 과일이 달콤하다. (晝暖夜涼瓜果甜)
여름에는 무더위가 없어 부채가 필요 없고 (夏無溽暑免搖扇)
겨울에는 향기로운 석탄으로 방이 따뜻하다, (冬有香煤暖房間)
천하의 황허가 닝샤를 풍요롭게 하니 (天下黃河富寧夏)
새북강남이 빈 말이 아니구나. (塞上江南不虛傳)
모두가 고향이 좋다고 말하니, (人人都說家鄉好)
나 역시 그러하다. (我亦然)
누가 선경仙境을 보았는가?
아름답다, 닝샤천! (美哉, 寧夏川!)
강남 같진 않지만, (不似江南)
강남보다 낫다. (勝似江南)
저것 좀 보게!

시를 읊고 난 우샹셴의 얼굴이 갑자기 굳어졌다. 남녘을 한참 물끄러미 바라보던 그는 "언제쯤이면 맑은 징허의 물이 내 마음속의 '바다'로 흘러 드는 것을 볼 수 있을까……"라고 중얼거렸다.

우샹셴 마음속의 '바다'는 바로 류판산 기슭의 메마르고 척박한 대지,

백만여 명의 사람들이 조상 대대로 '바다'를 갈망하며 살아온 고난의 땅 시하이구였다.

2001년 '닝샤 수리의 살아있는 백과사전'으로 불렸던 우샹셴은 향년 81세로 그의 지식과 함께 고향 땅에 묻혔다. 비록 생전에 '인경제청'을 실현해 그의 마음속의 '바다'로 맑은 물이 흘러 드는 모습을 직접 보지는 못했지만 그가 세상을 떠난 지 15년이 흐른 2016년 10월 8일 구위안固原 중좡中庄 저수지의 수문이 '수문 개방' 명령과 함께 열리면서 용솟음치는 징허의 맑은 물이 고삐가 풀린 야생마처럼 산과 계곡을 넘고 수로와 상수도관을 따라 들판으로 흘러 들어가 오랜 세월 고대하던 주민들의 집으로 흘러 들어가게 되었다.……이 순간 시하이구와 닝샤 사람들의 '40년의 염원, 백만 주민들의 바람'이 깃든 민생 프로젝트인 닝샤 중남부 도시와 농촌 식수 안전 프로젝트가 공식적으로 물꼬를 텄고 113만 시하이구 주민들은 드디어 식수난과 작별을 고할 수 있게 되었다!

우샹셴의 '살아있는 수리 백과사전'은 이 페이지를 넘기지 못했지만 닝샤 사람들과 시하이구 사람들은 맑은 물이 쑤관蕭關 안팎까지 닿기를 고대했던 이 수리 전문가의 류판산, 허란산처럼 의연한 두 눈동자를 결코 잊지 않았다.

우샹셴은 닝샤, 특히 시하이구 사람들의 마음속에서 태산 같은 존재였고 그의 눈 속의 맑은 물은 저 멀리 '바다'를 바라는 순수하고 선한 마음이었다.

나는 시하이구에도, 닝샤에도 우샹셴과 같은 사람이 많이 있고 대부분의 사람들의 마음속에 '바다'가, 사실상 꿈과 꿈의 끝자락에서 한 번도 실제로 본 적이 없는 '바다'가 자리 잡고 있다는 것을 알고 있다.

3. 진짜 바다가 보이자 그와 그녀는 무릎을 꿇은 채 울었다

인류의 생명은 바다로부터 '걸어 나온 것'이기 때문에 바다에 대한 인간의 애정은 다른 모든 생명체를 능가한다. 그러나 무수한 변화들을 겪고 인류 스스로가 '문명화'된 이후 많은 사람들이 바다에서 점점 더 멀어지면서 바다가 낯설어지기 시작했고 심지어는 바다가 어떤 모습인지도 알지 못하게 되었다.

바다는 도대체 어떤 것일까? 요즘은 바다가 있는 곳에 가지 않아도 다양한 미디어 기술을 통해 바다가 어떤 모습인지 알 수 있지만 실제로 바닷가에 가 본 적이 없는 사람들이 아는 '바다'는 결코 진짜 바다가 아니다.……

진짜 바다를 처음 본 사람은 미칠 듯한 흥분과 걷잡을 수 없는 두려움을 느낄 것이다. 왜냐하면 바다는 크고, 넓고, 웅장하고, 기묘하고, 몽환적이며 바다와 땅이 '맞닿을' 때 그 기세가 엄청나고 눈부시게 아름다우며, 바다와 하늘이 하나로 합쳐질 때 석양은 화려하고 웅장하며 힘차게 불타오르는 것 같고, 지는 태양은 피처럼 아름답기 때문이다.

바닷가를 걷는 사람은 해변에 부딪치는 파도를 손이나 발로 가볍게 만지고 모래 위를 타고 가는 파도를 쫓거나 짭조름하고 서늘한 바닷물이 뺨을 스치게 하는 등 바다를 만져보고 싶어 한다. 이것은 바다를 처음 보는 사람들이 흔히 하는 행동들이다. 더 나아가 이들은 자신의 몸이 바다와 하나가 되어 다정하게 포옹하고 심지어 모든 감정과 영혼의 세계를 바다에 두어 영원히, 영원히 침묵하게 하고, 마침내 한 번 더 세속으로 윤회를 하고 싶은 욕망을 가질 것이다.

이것은 바닷가에서 바다를 본 적이 있는 사람들의 바다에 대한 욕망이자 행동이다. 그러나 '바다'를 일종의 신성함과 꿈과 꿈의 끝이라고 여기는 닝샤 사람들, 특히 시하이구 사람들은 바다를 처음 봤을 때 과연 어떤 느낌이었을까? 그 사람들과 이야기를 나눠 보고 함께 해보지 않은 사람은 아마 상상할 수 없을 것이다.

하지만 그전에 우리는 먼저 그들이 왜 갑자기 진짜 바다를 보러 갈 생각과 기회를 가지게 되었는지를 분명히 알아야 할 필요가 있을 것이다.

"너무 오랫동안 목이 말랐어요! 너무 목이 말랐어! 다시는 갈증을 느끼고 싶지 않아요!" 닝샤 사람이 나에게 이렇게 고백했다.

물이 없으면 어떤 말도 소용이 없다. 가난에서 벗어나고 싶은데 물이 없다면 그것은 공허한 이야기일 뿐이다.

오늘날의 닝샤 사람들은 너무 오래전의 일은 잘 기억하지 못한다. 그럼 40여 년 전인 1978년 중국 개혁개방이 시작되던 해부터 이야기해 보도록 하겠다.

남쪽의 광동에서는 홍콩의 친척들에게 몰래 일제 전자시계와 카메라를 집으로 가져다 달라고 부탁한 사람도 있고 장쑤성과 상하이 일대의 농촌 지역에서는 집에서 짠 스웨터, 셔츠, 작은 쇠붙이들을 버스 정류장이나 길가에 늘어놓고 장사를 시작한 사람들도 있었으며 심지어 일부 마을(당시에는 생산대生產隊라고 불렸다)의 농민들은 작은 서양식 건물을 짓기도 했다!

그러나 1978년 새해 시하이구가 위치한 구위안 지역의 간부들은 신정 후 출근 첫날 자치구 지도자에게 "우리 주민들 좀 살려 주십시오! 작년에 또 큰 가뭄이 들어 벌써 여러 집이 세밑을 넘기지 못하고 있습니다!"라고 읍소했다.

'가을걷이를 한지 이제 겨우 두 달인데 벌써 먹을 것이 없다고?" 그 말을 들은 자치구 지도자 역시 애가 타서 말했다.

"그러니까 말입니다! 최소 절반 정도의 가정이 이번 춘절을 날 음식이 없어요.……" 구위안 지역 위원회의 간부는 울먹이며 자치구 지도자에게 하소연했다.

"지금 당장! 즉시 보고서를 올려서 우리 구와 나라에서 긴급 지원이 가능한지 알아 보십시오! 당신은 벌써 몇 년 간 계속해서 도움을 요청하고 있는데 스스로도 방법을 강구해야 합니다. 자치구의 다른 지역들도 어렵기는 마찬가지입니다!"

"알겠습니다. 저희도 어떻게든 해보겠습니다."

이것은 지역 지도자와 자치구 지도자 간의 대화이다. 지금 보면 황당하고 터무니없는 것처럼 들리지만 40여 년 전 닝샤, 구위안 등지에서는 이런 대화가 흔했다.

구조 요청 보고서에서는 자치구에 2,460만 근의 식량을 다시 되팔아 줄 것을 요청했고 시하이구에 줄 식량이 정말이지 더는 없었던 자치구 정부 지도자들은 숨을 몰아쉬며 간신히 승인했다. 그렇다면 이 2,460만 근의 식량을 시하이구 전체에 나누어 준다면 한 사람에게 얼마나 돌아갈까? 며칠이나 버틸 수 있을까? 당시 시하이구 사람들의 생활이 어땠는지 누구도 감히 생각해 보지 못했다.

이듬해인 1979년 닝샤후이족 자치구 당 위원회에서는 1인당 평균 식량 배급량이 140근 미만인 산간 지역 농민들에게 농업세를 면제해 주는 대담하고 '규정을 위반'하는 것과 다름없는 결정을 내렸다. 국가에서 27년 후인 2006년 1월 1일에서야 농업세를 면제하기 시작했다는 것을 감안하면 자치구 당 위원회가 시하이구 농민들에게 얼마나 큰 '자비'를 베푼 것인지 알 수 있다.

당시 공출미와 농업세를 납부하는 것은 중국 농민들에게 있어서 가장 중요한 '정치적 임무'였다. 그런데 시하이구 주민들의 빈곤과 생활고가 얼마나 심각했으면 자치구 당 위원회와 정부에서 이런 결심을 했는지 가히 짐작할 수 있을 것이다! 시하이구 지역의 빈곤과 고통은 너무나도 유명했기 때문에 중앙 정부는 닝샤 정부의 결정을 충분히 이해하고 있었고 중앙 정부 역시 이 땅에서 살아가는 사람들을 결코 잊은 적이 없었다.

1980년 후야오방胡耀邦 중국공산당 중앙 위원회 총서기는 닝샤를 시찰하고 시하이구를 특별 방문했다. 그는 이곳 사람들의 생활에 깊은 인상을 받았는데 이 산간 지역 사람들의 생활상에 대한 보고를 듣고는 얼굴이 굳어졌다. 이곳을 떠나기 직전까지 후야오방 총서기는 간부들에게 아주 격앙되고도 무거운 어조로 매우 엄격한 요구를 남겼다.

1981년 봄, 세계식량계획(WFP) 관계자들이 시지현을 방문하여 132.75무의 방호림을 조성 지원 계획을 제안했다. 후야오방은 관련 부서에 "이는 당신들의 중차대한 임무이자 국가의 명예가 달린 중요한 문제"라며 "나라 망신을 시키지 말고 나라를 빛내라는 이 두 마디 말을 시지현 당 조직의 모든 사람들이 명심하고 최선을 다해야 할 것"이라고 엄중히 지시했다. 당 총서기가 이런 말을 한 것은 실로 이례적인 일로 시하이구가 당과 국가 지도자들의 마음속에 얼마나 큰 무게로 자리하고 있었는지를 보여주는 대목이라 할 수 있다.

옛말에 겨울이 오면 봄 또한 멀지 않다고 했던가. 이때 이미 개혁개방의 봄바람은 바다에서부터 서서히 서쪽의 닝샤와 닝샤의 시하이구로 불어오고 있었다.……

기회가 찾아왔다. 이 역사적인 순간은 1982년 중반으로, 이 시점은 한 인물과 관계가 있는데 바로 당시 농목어업부 부장이자 중국 빈곤 구제 사업의 아버지라 불리는 린후지아林乎加이다.

중화인민공화국 건국 역사에 있어 린후지아는 개혁개방 전 중앙 고위층 사이에서 '실력자', '능력자'로 정평이 나 있었다. '4인방'이 축출된 후 각 지역과 전선에 희망에 찬 시간이 다가오고 있었다. 린후지아는 중앙 정부와 덩샤오핑의 직접적인 영도하에 여러 차례 '진화'에 나서 상하이, 톈진, 베이징 등 직할시의 지도자를 맡아 어려운 문제들을 해결하고 국면을 전환하기 위한 중요한 작업들을 수행했다. 특히 늘 '문제를 해결'하고 '문제를 질서 있게 처리'하여 이들 지역의 질서를 회복하고 정상적인 발전의 궤도에 올려놓았다. 린후지아에 대한 중앙 정부의 긍정적인 평가는 그의 재능과 실무 역량을 설명하기에 충분하다.

1980년대 들어 덩샤오핑을 주축으로 하는 당 중앙위원회는 빈곤 구제 사업에 주목하기 시작했고 빈곤 지역 주민들의 삶과 발전에 큰 관심을 기울이기 시작했다. 이에 따라 1981년 2월, 당시 베이징시 당서기였던 린후지아를 농업부 부장과 당조직 서기로 임명했다.

중국은 농업 대국으로 당시 농민이 9억 명이 넘었다. 린후지아가 맡은 것은 이러한 9억 명의 농민들이 기본적으로 '소수의 사람들은 배불리 먹을 수 있고, 일부 사람들은 밥술이나 뜰 수 있고, 절반 이상은 먹고사는 게 문제'인 가난한 농업 대국의 농업부였다.

린후지아의 비서였던 자요우링賈幼陵은 그에 대해 "마치 전속력으로 달리는 기계처럼 매일 필사적으로 일했고 매일 1분도 허비하지 않으려 했습니다"라고 회고했다.

농업부는 베이징 농업전시관 옆 창홍차오長虹橋 동쪽에 있다. 당시 린후지아의 집은 시단西單의 원창 후퉁文昌胡同 11호원號院에 위치한 삼진사합원三進四合院으로, 왼쪽에 있는 2개의 방이 비서의 사무실이었다. 린후지아는 중원의 본채에 기거했고 자녀는 동편과 서편의 곁채에서 생활했다. 그 시대에는 많은 지도자들이 집에서 일을 했고 린후지아 역시 집에서 일하는 것에 익숙했다. 부서 판공청 주임은 두 차례나 린후지아에게 부서에 출근할 것을 요청했지만 린후지아는 불같이 화를 내며 "하루 왕복하는 데만 한 시간이 걸리는데 1년이면 얼마나 많은 시간이 낭비되겠나? 자네가 이 시간을 보상해 줄텐가?"라고 말하고는 그 말에 따르지 않고 부서에 회의가 있을 때만 부서로 출근했다.

린후지아는 '컴퓨터 두뇌'로 유명하다. 그는 숫자에 매우 민감해서 차이가 있으면 바로 알아차릴 수 있다. 한 간부가 후룬베이얼呼倫貝爾에서 1,000만 마리의 젖소를 키우라고 지시하자 린후지아는 그 말을 듣자마자 "전혀 계산을 할 줄 모르는군!"이라고 말했다. 또 그는 호불호가 뚜렷하고 빈말을 하지 않는 지도자이기도 하다. 한 번은 부서에서 구이저우貴州의 축산업 발전에 대해 논의하는 자리에서 한 지도자가 당나귀 사육 산업을 발전시키자고 제안하자 그는 "구이저우黔에는 당나귀가 없었는데 호사가가 있어서, 배에 실어 들어왔다. 들여와서 보니 곧 쓸모가 없어……"라고 대꾸했다.

린후지아가 농업부 부장으로 부임한 후 늘 그의 마음을 흔들던 일이 한 가지 있었는데 그것은 바로 덩샤오핑을 비롯한 중앙 지도자들이 항상 걱정하던 빈곤 구제 문제였다. 〈사상 노선과 정치 노선의 실현은 반드시 조직 노선에 의해 보장되어야 한다〉에서 덩샤오핑은 "우리의 정치 노선은 사회주의 현대화 건설을 수행하는 것"이라고 언급했다. '4인방'은 부유한 자본주의보다는 차라리 가난한 사회주의를 택할 것이며, 사회주의가 늘 가난하기만 하다면 성립할 수 없을 것"이라고 주장했다. 당시 전국 농촌의 빈곤 인구는 약 2억 5,000만 명이었다. 당시 중앙정부가 내놓은 국가 발전의 큰 그림은 2000년까지 기본적으로 4가지의 현대화를 달성하겠다는 것이었다. 중앙 전체 회의에서 전란의 시대를 지나온 중국 공산당 원로들은 10년 동안의 '문화대혁명'으로 국가 발전의 중요한 시기를 놓쳤다고 한탄하며 중화인민공화국 건국 이후 30년이 넘도록 빈곤 문제를 근본적으로 해결하지 못한 것을 매우 부끄럽게 여겼다.

"농업부 부장님, 간쑤성의 허시河西나 딩시定西 한번 가 보셨으면 좋겠습니다. 그곳 주민들은 아직도 온 가족이 낡은 이불 하나를 같이 덮고 자매가 바지를 돌려 입고 번갈아 외출하는 형편입니다.…… 너무 열악합니다! 과거와 전혀 달라진 것이 없어요!" 전국인민대표회의에서 한 대표가 린후지아에게 말했다. 그는 또 "우리는 그곳의 소녀들이 외출할 때 마음 편히 옷을 입고 나갈 수 있도록 해야 합니다! 그렇지 않으면 우리 공산당이 무슨 면목으로 국민들을 대하겠습니까!"라고 말했다.

이 말은 늙은 혁명가 린후지아의 마음을 아프게 했다. "내가 직접 간쑤의 허시, 딩시에 가서 보고 조치를 취하도록 하겠오!" 속전속결로 한다면 하는 것, 바로 린후지아가 늘 해오던 방식이다.

이렇게 하여 1982년 봄, 서북 지역에 아직 눈발이 날리고 있을 때 린후지아는 간쑤성의 허시, 딩시로 달려가 조사 및 시찰을 하였다. 린후지아는 아주 꼼꼼하고 성실하게 시찰했고 현지 간부들의 준비 없이 가장 빈곤한 농가들을 방문하고 아이들이 다니는 학교, 부랑자들을 돌보는 수용소 등을 방문했으며, 다시 란저우로 달려가 간쑤성 지도자들 및 관련 부서와 연속해서 회의를 열어 허시, 딩시의 빈곤 구제 사업을 지원하기 위한 조치들을 논의했다. 동시에 그는 국무원 지도자들에게 직접 보고하고 국가가 간쑤성의 이 두 극빈 지역의 빈곤 구제 사업을 지원하기 위한 특별 계획과 조치를 마련할 것을 건의했다.

"그 당시 란저우에서 있었던 일들은 멀리 인촨의 닝샤후이족 자치구의 기관 간부들에게까지 빠르게 전해졌고 누군가 이 상황을 당시 자치구 당서기였던 리쉬에李學에게 보고했습니다. 서기는 보고를 받자마자 '간쑤성의 허시와 딩시가 가난한 것은 사실이지만 딩시와 바로 붙어 있는 시하이구의 빈곤함이 그보다 더하면 더 했지 절대 못하지는 않다'라며, '지금 중앙 정부는 허시와 딩시 지역을 조사하고 지원해야 하지만 우리 닝샤의 시하이구를 내버려 둬서는 안 된다'라고 말했습니다. 그래서 우리는 리쉬에 서기의 지시에 따라 신속히 자치구의 핵심 지도자 몇 명을 란저우로 파견하여 린후지아에게 특별 보고를 하려고 했습니다……" 현재 닝샤 후이족 자치구 빈곤 구제 사무실의 2급 순시원으로 근무하고 있는 마쩐지앙馬振江은 닝샤의 빈곤 구제를 위해 수십 년간 헌신해 온 산증인으로서 당시의 상황을 이같이 이야기했다.

"닝샤에서 왔다고요? 린 부장님은 조사를 위해 우리 간쑤에 오셨고 회의가 비공개로 진행되고 있어서 마음대로 당신들을 들여보낼 수 없습니다!" 간쑤 측에서는 닝샤에서 온 동지들이 린후지아 부장을 만나지 못하게 했다.

"린 부장님을 만날 수 없다고? 만나지 못한다면 돌아오지 마!" 리쉬에 서기는 린 부장을 만나러 간 사람들에게 이 같은 서릿발 같은 명령을 내렸다.

이에 인촨에서 란저우로 온 간부들도 초조해졌고 린후지아 부장과 만날 수 있는 방법을 찾기 위해 백방으로 노력했다. "비서를 찾으면 됩니다." 마침내 란저우에 있던 닝샤의 간부는 베이징의 린후지아 부장의 비서와 연락이 닿았다.

"좋습니다, 잠시 기다리십시오. 부장님께 보고 드리겠습니다.……" 린후지아의 비서는 신속하게 닝샤 동지들이 린 부장을 '만나지 못하고 있는' 상황을 린후지아에게 보고했다.

"그래, 그럼 내가 시하이구에 한번 가보지!" 린후지아는 닝샤의 동지들을 만나 시하이구의 빈곤 상황에 대한 대략적인 설명을 듣고 표정이 굳어졌고 잠시 후 즉시 이 같은 입장을 밝혔다.

이 시하이구 시찰은 린후지아에게 너무나도 깊은 인상을 남겼다. "예전에는 그곳의 사람들의 생활이 고되고 땅이 메마르다고 말로만 들었는데 직접 가서 보고 나서야 비로소 시하이구의 고통이 어떤 것인지 진정으로 알게 되었습니다. 그 고통스러움에 가슴이 아리고 눈물이 저절로 흘러내릴 지경입니다.……신중국 건국 이후 벌써 30여 년의 세월이 흘렀지만 그곳 사람들을 대할 면목이 없습니다!" 베이징으로 돌아온 린후지아는 중앙 지도부에 시하이구에서 보고 들은 것들을 보고하면서 눈물을 펑펑 쏟았으며 몇 번이나 목이 메었다고 한다.

"우리는 확실히 관료주의에 빠져 있는 것 같습니다! 그곳에 다시 가 봐야겠습니다." 당시 중국 공산당 총서기였던 후야오방은 탄식하며 이같이 말했다. 간쑤성 딩시, 허시, 닝샤의 시하이구의 상황에 대한 린후지아의 설명은 수많은 중앙 지도자들의 마음 속에도 큰 파장이 일으켰다.

그 해 연말에 국무원은 특별회의를 소집하고 '삼서三西' (간쑤의 허시, 딩시와 닝샤의 시하이구를 줄여서 '삼서'라 함) 지역의 빈곤 구제 계획을 수립하고 '삼서' 지역을 위한 특별 기금을 조성했는데 당시 이것을 '농업건설보조기금'이라고 불렀다. 마쩐지앙은 "처음 시작할 당시에는 2억 위안이 조성되었고 우리 닝샤가 3,000만 위안, 나머지는 모두 간쑤에 배정되었습니다. 현재 이 기금은 6억 위안에 달하며 지금까지 한 번도 중단된 적이 없습니다"라고 말했다.

이듬해 1월 국무원 '삼서' 지역 농업 건설 영도소조 제2차(확대) 회의가 란저우(11일~18일)와 인촨(23일~25일)에서 각각 열렸고, 린후지아가 참석해 회의를 주재했다. 2개월 후인 3월 24일, 닝샤후이족 자치구 당 위원회 관련 회의의 정신에 입각해 자치구 정부는 공식적으로 닝샤 시하이구 농업 건설 지휘부와 빈곤 구제 개발 영도소조를 조직했다.

마잉량馬英亮 자치구 부주석이 지휘부의 주요 책임자이자 자치구의 초대 빈곤 구제 개발 영도소조 조장을 맡았고 마쩐지앙 등 닝샤의 '베테랑 빈곤 구제' 그룹은 이 단계에서 차례로 빈곤 구제 사무실에 와서 근무했다. "당시 시하이구는 빈곤 구제 사업의 주요 대상 지역으로 우리 사무실 입구에는 시하이구 농업 건설 지휘부, 자치구 빈곤 구제 사무실이라는 2개의 간판이 걸려 있습니다." 대학을 갓 졸업하고 빈곤 구제 사무실에 지원했던 마쩐지앙은 당시 상황이 눈에 선했다.

린후지아가 닝샤를 방문한 후 중앙 정부에서도 닝샤 주민들, 특히 시하이구 주민들에 대한 관심이 시작되었다. 1983년 춘절을 전후하여 많은 시하이구 사람들이 옷깃과 모자에 휘장이 없는 녹색 군복을 입었고, 많은 가정에서 군용 솜 이불을 덮을 수 있게 되었는데 이는 중앙 군사 위원회가 중앙 정부의 요청에 응해 육·해·공군을 동원해 '삼서' 빈곤 지역의 주민들에게 옷과 물자를 지원한 데 따른 것이었다. 녹색 군복은 당시 시하이구의 아름다운 풍경이 되었다. 남녀노소 할 것 없이 해방군의 의복을 기부 받으면 이 군복을 입었고 시하이구 사람들은 난생처음으로 따뜻함을 느꼈다. 이곳 사람들은 이때부터 해방군을 사랑하게 되었고, 특히 겨울이 되면 사방에서 중앙 정부와 각지의 온정이 전해지길 기대하게 되었다.

마쩐지앙은 "중국 정부의 조직적인 개발식 빈곤 구제의 역사적 서막이 열렸습니다"라고 말했다. 자치구 빈곤 구제 사무실에서 근무하고 있는 마쩐지앙은 곧 정년을 앞두고 있다. 그는 평생을 닝샤의 빈곤 구제에 몸 바쳐 온 닝샤 빈곤 구제 역사의 산증인으로 닝샤의 빈곤 구제가 그 어떤 지역의 빈곤 구제보다 더욱 전형적인 의미를 가지고 있다고 말한다. 청나라 때 좌종당左宗棠은 우리 모두가 잘 알고 있는 유명한 글귀가 담긴 상소문을 조정에 올렸기 때문인데 그것은 바로 "간쑤의 빈곤함은 천하제일이다(隴中苦, 瘠苦甲于天下)."라는 것이다. 그러나 오늘날 중국공산당과 현지 주민들을 포함한 중국 전역의 인민들의 노력으로 이 말은 이미 "간쑤의 행복함은 우리의 마음속 깊은 곳까지 행복하게 만들었다(隴中甜, 甜到你我心底)……"로 바뀌었다.

마쩐지앙은 이런 말을 할 자격이 충분하다. 시하이구의 아들로 농업 학교를 졸업하고 곧바로 빈곤 구제에 뛰어든 이 '베테랑 빈곤 구제' 전문가의 경험들은 분명 가장 진실하고 설득력이 있을 것이다.

1980년대 초, 닝샤 시하이구를 포함한 '삼서' 지역의 빈곤 구제를 위한 중앙 정부의 지침은 '물이 있으면 물길로 가고, 물이 없으면 육로로 가고 물길도 육로도 막혔다면 다른 길을 찾아라. 길이 없으면 '다른 길을 찾으라'는 것은 이민 또는 주민 전체의 이주를 의미하는 것이다'라는 것이었다.

당시 간쑤에는 간쑤만의 계획이 있었고 닝샤 시하이구에는 '물이 있는 지역에서 산간 빈곤 지역을 지원하고, 산간 지역과 물이 있는 지역이 협력하여 공동 발전을 도모한다(以川濟山, 山川共濟)'는 방안이 마련되어 있었다. 닝샤는 물이 전혀 없는 지역이 아니라 북쪽의 황허 일대는 '물'이 있는 지역이었고, '산'이라고 하는 곳은 시하이구 주변의 건조한 산간 지대를 가리키는 것이었다.

닝샤의 구세대 빈곤 구제 종사자들은 사뭇 진지한 어조로 "이 역사적 시기는 중앙 정부가 닝샤, 특히 시하이구에서 빈곤 구제 사업을 위해 기반을 다지던 시기이며 매우 중요한 기본 작업이 이루어지던 시기인 만큼 결코 잊을 수가 없습니다. 지금 우리가 보고 있는 '새북강남塞北江南' 인촨 일대의 신황허新黃河 관개 지역의 '수운북국水韻北國'이나 남부 산간 지역의 '우물 굴착 공정'은 모두 그 성과입니다."라고 말했다. 연로한 닝샤의 간부는 줄곧 다음과 같은 내용을 똑똑히 기억하고 있었다.

1982년부터 1989년까지 7년 동안 시하이구가 중앙 정부의 관심을 받으면서 이 시기를 전후로 상황에 변화가 있었는데, 1989년의 1인당 곡물 생산량은 1982년의 185.6근에서 509근까지 증가했고 농민 1인당 순소득은 22.4위안에서 211.5위안까지 늘어났으며, 곡물 재방출은 2억 5,500만 근에서 5,000만 근으로 감소했다.

이러한 진보와 변화는 부유한 지역에서는 별것 아닐 수 있지만 가난한 시하이구에 있어서는 단연코 '거대한' 변화라고 말할 수 있을 것이다. 이 기간 동안 닝샤는 빈곤 구제 역사에서 결정적인 영향을 미친 혁신적인 프로젝트를 수행하였는데 이것이 바로 닝샤 사람이라면 누구나 알고 있는 '조장吊庄' 이민이다.

그러나 닝샤의 빈곤 구제의 길은 그리 녹록지 않았으며 특히 극도로 빈곤한 시하이구 지역의 빈곤과의 전쟁은 매번 앞으로 나아갈 때마다 험준한 류판산을 오르는 것과 같았다. 도도히 동쪽으로 흘러가는 황허의 물은 지형 때문에 남부 산간 지역으로 끌어올 수 없었고, 수리 부서에서 황허 양수 프로젝트를 닝샤와 시하이구 빈곤 구제 계획에서 가장 중요한 프로젝트로 포함시켜 수리 전문가 치엔정잉錢正英이 이를 위해 오랜 세월 공을 들였음에도 불구하고 끝내 완성하지 못했다. 산지에 우물을 파는 것으로는 수십 미터, 심지어 100미터를 파도 인간과 가축의 일상적인 수요도 충족시키기 어려웠고 관개는 더 말할 것도 없었다.……

'4대 현대화'의 역사적 수레바퀴는 앞으로 나아가고 있고 중국 동부와 남부의 현대화 건설이 세계의 주목을 받으면서 이 지역에 큰 변화가 있었다. 이때 중국은 2000년까지 7년 동안 전국 농촌의 8,000만 빈곤층의 빈곤 구제 과업을 완수하겠다는 '87 빈곤 구제 계획'을 수립하고 '빈곤을 다음 세기까지 끌고 가지 않겠다'라는 슬로건을 내걸었다.

8,000만 빈곤층을 대상으로 하는 빈곤 구제 계획은 전 세계의 이목을 집중시켰다. 이 위대한 과업을 완수할 수 있을 것인지 중국의 행보와 방식에 전 세계가 주목하고 있었다.

"동부와 서부가 짝을 이뤄 서로 지원하라!" 덩샤오핑은 이 같은 전략적 행동 방안을 제시했고, 이렇게 인류 역사상 가장 위대한 빈곤과의 전쟁이 그 막을 올렸다.……

덩샤오핑의 의견과 제안에 따라 중국 공산당 중앙위원회와 국무원은 1996년 9월 23일부터 25일까지 베이징에서 중국 공산당 역사상 최초의 고위급 중앙 빈곤 구제 개발사업 회의를 개최했다. 회의의 목적은 당 전체의 인식을 통일하고 사회 전체의 힘을 동원하며 빈곤 구제 및 개발 노력을 강화해 국가 차원의 빈곤 퇴치 계획을 위한 구체적인 계획을 수립하는 것이었다. 당시 중국 공산당 총서기였던 장쩌민江澤民과 국무원 총리였던 리펑李鵬은 각각 당 중앙위원회와 국무원을 대표해 중요한 연설을 했다. 중앙정부는 당시 국가의 실태를 바탕으로 2000년 말까지 중국 농촌 빈곤층의 기본적인 의식주 문제를 해결할 것을 제안했다. 당시 빈곤 기준에 따르면 중국 농촌의 빈곤층 인구는 6,500만 명으로 세계 빈곤 인구의 약 1/20을 차지했다.

장쩌민은 주어진 시간이 불과 5년이라는 것에 대해 "앞으로 5년 동안 빈곤 구제 임무가 아무리 어렵고 시간이 촉박하다고 해도 우리는 이 힘든 전투에서 반드시 승리하겠다는 결심으로 이 막중한 임무를 반드시 완수해야 합니다.……"라고 말했다. 이 회의에서 그는 빈곤 지역의 발전에 박차를 가하고 가난한 농민들의 의식주 문제를 해결하는 문제를 처음으로 '국가의 장기적인 안정과 직결된 정치적 문제이자 국가를 통치하는 데 있어 중대한 사안'이라는 국가 전략적 안보 차원의 문제로 격상시켰다.

이에 앞서 국무원은 '87 빈곤 구제 계획'을 수립하고 닝샤의 8개 현을 포함한 전국 592개 국가급 빈곤 현縣을 확정했다. 중앙 빈곤 구제 개발사업 회의는 사실상 이 계획을 실행하기 위한 동원 회의이자 중국의 지혜와 세계적 의의를 지닌 중국의 방안, 즉 전통적인 '수혈식 빈곤 구제'에서 '조혈식 빈곤 구제'로 나아가기 위한 새로운 행동 방안을 처음으로 제시한 자리이기도 했다. 훗날 시진핑 동지가 말했듯이 이 방안은 '전 세계에서 오직 공산당과 중국만이 해낼 수 있는 것으로 우리의 정치적, 제도적 우위를 여실히 보여준' 인류 역사상 위대한 조치였다. 마쩐지앙은 "장쩌민 동지는 이번 빈곤 구제 회의에서 총 네 가지 항목을 언급했는데 그중 두 가지는 아직도 그대로 읊을 수 있습니다."라고 말하고는 이어서 열정 어린 목소리로 "장쩌민 동지는 '개발식 빈곤 구제 방침을 견지하고 빈곤 지역의 자기 발전 능력을 강화한다. 구제식 빈곤 퇴치에서 개발식 빈곤 퇴치로 전환하는 것은 빈곤 구제 작업의 중대한 개혁이자 빈곤 구제 작업의 기본 방침이기도 하다'라고 말했으며, 또한 '경제가 발달한 지역이 빈곤한 지역을 지원하는 것은 전 사회적 역량을 동원해 빈곤을 퇴치하는 중요한 조치이다. 경제가 발달한 모든 성과 시는 그것을 정치적 과제로 삼고 성의 주요 지도자들이 직접 나서 파악하고 가시적인 성과를 내야 한다. 지원 임무를 현(구)까지 이행하고 기업에까지 미치도록 하고 목표와 임무를 명확히 하며 목표에 도달하지 못하면 관계를 끊지 않도록 한다'라고 했습니다"라고 말했다. 마쩐지앙은 "바로 중앙 정부의 계획으로 인해 나중에 우리 닝샤와 푸젠 두 성 간의 민닝 맞춤 빈곤 퇴치 협력이 20여 년간 지속될 수 있었으며 그에 따른 풍성한 결실을 얻을 수 있었습니다"라고 말했다.

"베이징의 지도자들이 동부 지역의 발전된 일부 성 및 시와 우리 서북 지역의 저개발 성에 대한 분배 방안을 마련하고 있다고 들었습니다! 우리 닝샤는 어느 성, 어느 시와 연결될지 모르겠군요?……" 그해 5월 말 자치구 빈곤 구제 사무실에서 누군가 빈곤 구제 사무실의 궈잔위안郭占元 주임을 찾아와 이렇게 이야기했다.

4년째 주임을 맡고 있던 궈잔위안은 웃으며 "소식 한번 빠르구먼! 그 '정보'는 어디서 들었나?"라고 말했다.

그는 궈 주임에게 "지난번에 베이징에서 열린 빈곤 구제 개발사업 회의에 참석하지 않았습니까! 국무원 빈곤 구제 사무실 '내부자'가 앞으로 이틀 안에 방안이 확정될 것이라고 했습니다!"

"이 일은 매우 중요합니다. 우리 닝샤가 비록 작지만 가난한 형제 자매들이 많으니 좀 더 형편이 나은 곳을 찾아 짝을 이루는 것이 꼭 필요합니다!"

"맞습니다. 부유한 상하이上海나 광둥廣東 같은 곳에서 우리를 지원해 준다면 우리 닝샤로서는 복이 굴러 들어오는 것이나 마찬가지죠. 장쑤江蘇도 괜찮고요!"

"그럴 것이 아니라 내가 당장 자치구 지도자들에게 보고하고 바로 베이징으로 가서 국무원 지도자들을 만나 보라고 요청해야겠어……" 궈잔위안은 이를 앞으로의 닝샤의 빈곤 구제에 있어서 '중요한 일환'이라고 보고 자치구 지도자들에게 직접 나서서 행동을 취해달라고 해야 한다고 판단했다.

그러나 궈잔위안이 빈곤 구제를 담당하는 지도자를 찾아가 이 같은 말을 하자 칭찬은커녕 오히려 "중앙 정부에서 우리 닝샤의 빈곤 퇴치 사업에 이렇게 많은 관심을 기울이고 이미 다방면으로 우리 자치구에 많은 지원을 보내주었는데 어떻게 상부에 이런 요구를 할 수 있겠나? 응? 자네는 정치 규율을 잊었는가? 절대 안 될 일이네! 한마디로 우리는 중앙의 계획을 따라야만 해"라며 호된 질책을 받았다.

"알겠습니다, 중앙 정부의 결정에 따르죠.……" 궈잔위안은 질책을 받고 낙심했지만 다시 생각해 보니 지도자의 말이 일리가 있다고 생각했다. 우리 아랫사람들이 어찌 중앙 정부의 결정에 함부로 간섭할 수 있겠나?

며칠 후, 베이징에서 전화가 걸려왔는데 국무원 빈곤 구제 사무실에서 자치구 빈곤 구제 사무실 사람들에게 국무원 판공청에서 전달한 〈국무원 빈곤 구제 개발 영도소조領導小組(Leading Small Group)의 경제 발전 지역과 경제 낙후 지역 간의 빈곤 구제 협력 조직에 관한 보고〉를 수령하고 상대 기관의 구체적인 업무 계획을 들어보라는 것이었다.

"우리는 베이징에 갔었고 베이징에 도착해서야 신장, 간쑤 등의 다른 저개발 지역들이 이미 상하이, 광둥, 장쑤 같은 부유한 성과 시를 일찌감치 자신들의 파트너 도시로 선점했다는 사실을 알았습니다. 국무원 빈곤 구제 사무실의 동지들은 웃으며 우리에게 '누가 이렇게 늦게 오라고 했습니까? 지금 남은 것은 여러분과 푸젠성뿐입니다'라고 말했고 우리는 한동안 멍하니 아무 말도 할 수 없었습니다. 누구를 탓할 수 있을까? 그저 자신을 탓할 뿐! 이미 은퇴하고 집에서 노년을 보내고 있던 궈잔위안은 당시 상황을 회상하며 "솔직히 당시에 푸젠성이라는 말을 들었을 때 속으로 실망스러웠습니다. 동부 지역의 비교적 발전된 성과 시 중에서 푸젠성은 '꼬마' 같은 격이라 푸젠성 자체에도 국가급의 여러 빈곤 지역들이 있어 그렇게 부유하지 않은 지역에서 우리 닝샤를 지원하러 온다는 것에 대해 많은 사람들이 과연 마음처럼 도움이 될까 우려했습니다!"

"하지만 다른 일을 할 때와 마찬가지로 차분히 줄을 서서 기다렸다가

자기 차례가 되어서야 하고 싶은 일을 하는 것, 여기에서도 우리는 닝샤 사람들이 본분을 지킬 줄 알고 성실하다는 것을 알 수 있습니다." 궈잔위안은 이렇게 말하면서 다소 자조적인 어조로 닝샤의 동지들이 무슨 일을 할 때 개방적이고 대담하지 못하다는 것을 보여준다며 동부 사람들의 말을 빌려 '머리가 좋지 못한 것'이라고 했다.

이 '머리가 좋지 못한' 사람들이 실사 조사를 위해 닝샤후이족 자치구를 대표해 처음으로 푸젠성의 '사돈' 집을 방문했는데 그 이름하여 '닝샤후이족 자치구 푸젠 시찰단'이었고 궈잔위안은 시찰단의 사무총장을 맡았다. 인촨을 떠날 때 자치구 정부의 지도자는 그에게 '먼저 가셔서 푸젠성 빈곤 구제 사무실을 찾아 상대방의 속 사정, 즉 그들이 닝샤를 어떻게 지원할 계획인지, 얼마나 관심이 있는지 알아보십시오. 아, 솔직히 말해서 푸젠성 측에서 우리에게 어떤 '재정 경비'를 준비했는지 어느 정도인지 살펴보시라는 겁니다! 그런 다음 자치구 지도자들이 푸젠성을 공식적으로 방문해서 제1차 협력 회의 개최를 준비해야 합니다.'라고 말했다.

"저는 자치구 지도자로서 바로 이런 사명을 안고 '선발 정찰병'으로 미리 푸젠성에 갔습니다" 이제 80세가 넘은 궈잔위안 선생은 이 푸젠행을 생생하게 기억하고 있었다. "일 때문에 중국 동부 해안 지방과 연안 도시에 가본 적이 있어 전에도 바다를 본 적이 있지만 예전에는 시간에 쫓겨서 바다를 흘끗 한번 쳐다보고 말았을 뿐 바다가 어떤 곳인지 자세히 보지 않았어요. 이때 푸젠성에 간 것이 처음으로 푸젠 땅을 밟은 것이었는데, 젊었을 때는 그곳이 대만과 바다를 사이에 두고 마주 보고 있는 해안 방어의 최전선이라는 것을 알고 푸저우福州에 가면 꼭 바닷가에 가보고 싶다는 마음이 강했습니다.……"

바다에 도착해서 바닷물이 두 발로 밀려드는 해변에 다다랐을 때 환갑을 바라보던 궈잔위안의 눈시울이 뜨거워졌다.……그의 눈에 비친 바다는 끝이 없이 넓고 멀리 하늘과 이어져 있었기 때문이다. 그런 광활함과 장엄함은 그의 가슴을 넓히고, 넓히고, 또 넓혀 순식간에 온 세상과 세상 모든 것을 담을 수 있을 정도로 커졌다고 느끼게 했다! 그렇다, 이 순간 사람은 과거에 쌓인 모든 고통과 원한, 미움과 원망, 근심과 번뇌를 모두 한편에 던져두게 되고, 명예, 발전, 돈 등 육신 이외의 모든 것들이 바다와 비교하면 아무것도 아니라는 생각이 들면서 오직 이타심, 무한함, 장엄함, 이 세상을 그리워하는 사랑만이 마음과 눈에서 솟구치게 되는 것이다.……

그 순간 궈잔위안은 겹겹이 쌓인 바닷물이 자신을 향해 넘실넘실 밀려오는 것을 보았고 그것은 마치 석양빛 아래 자신의 장난꾸러기 어린 외손자와 손녀가 그를 향해 활짝 웃으며 폴짝폴짝 뛰어오르는 것 같았다. 그들의 몸은 금빛을 띠고 있었고 또랑또랑하고 맑은 목소리로 '할아버지', '할아버지'하고 불렀다. 그 순간 그는 마음과 정신이 취하는 것 같은 느낌을 받았다.……

갑자기 눈시울이 촉촉해지고 눈앞이 뿌예지기 시작했으며 심지어는 아찔한 느낌까지 들었다.……그는 맨발의 자신을 보았고 모래밭을 달리고 달렸지만 뛰어봤자 계속해서 물은 없고 모래만 있는 '바다'가 이어졌다.…… 그러다가 그는 쓰러졌고 목구멍이 타들어 가는 것 같아 힘겹게 모래 한 줌을 집어 입에 넣으려고 했다.……그러다 허공에서 손을 멈추고는 갑자기 쉰 목소리로 "물, 물이 필요해!"라고 외쳤다.

하지만 물도, 대답하는 사람도 없었고 눈물 두 방울만이 그의 눈에서 흘러나왔다.……

나중에서야 그는 그의 옆에 수많은 사람들이 누워있는 것을 발견했다.……그들은 자신과 마찬가지로 모두 모래의 '바다'에 넋을 잃고 판단력을 잃고 심지어는 눈물조차 흘리지 못하고 있었다. 그들은 같은 문제, 즉 왜 고향의 '바다'에는 '물'이 편방에 있는데도 눈물 한 방울만큼의 물조차 없는가 하는 생각을 하고 있었다.……

그래서 그와 고향 사람들은 한숨을 쉬며 '진짜 바다는 어떤 곳일까'하고 상상했다.

바다는 어떤 모습일까? 바다는 엄청나게 크고 엄청나게 위대해서 우리 닝샤 전체가 들어갈 수 있을 만큼 크지 않을까? 물이 부족한 시하이구 전체가 들어갈 수 있을 만큼 엄청난 물의 세계가 바로 바다는 아닐까?

그래요, 이것이야말로 진짜 바다에요, 푸젠이 바로 바다입니다.……우리 닝샤는 복 받았어요! '바다'와 맺어지게 되었으니 말이에요. '바다'와 맺어진 닝샤는 바다 같은 깊은 정과 두터운 우정, 바다 같은 풍요로움과 아름다움을 가지게 될 것이고 사막과 메마른 언덕은 오아시스가 될 수 있을 것입니다.……

아, 바다는 끝이 없고 우리 닝샤에 대한 푸젠과 푸젠 사람들의 사랑도 바다처럼 끝이 없습니다.…… 푸젠, 우리 닝샤 사람들은 축복받은 새로운 세기를 맞이할 것입니다!

이번에 바다를 본 것은 궈잔위안의 인생과 영혼, 심지어 생명에도 질적은 변화를 가져왔는데, 그의 말을 빌자면 닝샤 사람들에게 특별히 적합한 '가족' 즉, 바다처럼 웅장하고 아름다우면서 광활하고 깊은 사랑을 품은 '가족'을 알게 되었다고 했다.

그리고 그 이후 20년이 넘는 세월이 흘러 바다를 품은 궈잔위안의 꿈이 이루어졌음이 증명되었다!

"기자회견을 열어서 닝샤를 소개한다고요? 그거 좋은 생각이네요! 우리 푸젠 사람들 중에 닝샤라는 지명은 알아도 사실 닝샤가 어떤지는 잘 모르는 사람들이 많거든요.……누가 소개해 줄 필요가 있어요!" 바다를 한 바퀴 돌고 푸저우로 돌아온 궈잔위안은 자신의 상대 부서 책임자인 당시 푸젠성 빈곤 구제 사무실 린웨찬林月嬋 주임을 찾아가 자신의 생각을 전했고 이에 젊고 재기 발랄하며 시원시원한 성격의 린웨찬은 "좋습니다, 제가 도와드리죠."라며 단번에 승낙했다.

"행사는 매우 성공적이었습니다. 100명이 넘는 기자들이 와서 우리 닝샤의 상황, 특히 빈곤 상황에 대해 푸젠 측에 소개했고 아마 푸젠성 당 위원회, 성 정부 지도자들도 모두 보셨을 거라 생각됩니다." 궈잔위안은 당시 〈푸젠일보福建日報〉가 '닝샤 기획 보도' 형식으로 대대적인 보도를 했기 때문에 자신이 선발대로 가서 기획했던 이 일에 매우 만족했다.

"닝샤의 동지들이 온 지 얼마 되지 않아 우리 푸젠 측에서는 시진핑 성위원회 부서기省委副書記를 조장으로 하는 민닝 맞춤 빈곤 구제 협력 영도소조를 조직했습니다. 저는 이 영도소조의 사무실 상무 부주임을 맡았고 주임은 성위 사무총장이 겸임하고 있었으며 구체적인 업무는 저에게 맡겨졌습니다. 어느 날 시진핑 동지가 저에게 '사람들을 데리고 닝샤에 가서 살펴보고 우리가 어떻게 닝샤를 지원할 것인지 다시 상의해 봅시다.……'라고 했는데 이는 1996년 중앙 정부가 우리 푸젠이 닝샤를 맞춤 지원하는 것을 결정한 후 시진핑 동지가 푸젠 성 위원회와 성 정부를 대신해 저에게 처음으로 당부한 일이었습니다. 이때 닝샤와 맺은 인연이 계속 이어져 벌써 20년이 넘었고 무슨 일이든 기세등등하게 해치우던 40대의 여성 동지였던 저도 이제 반송장 할머니가 다 됐네요……"

푸젠에 인터뷰를 간 것은 닝샤를 여행한 이후였다. 닝샤의 북쪽에서 남쪽으로 향하던 길에 민닝 맞춤 빈곤 구제 협력 사업에 대해 이야기하면 린웨찬이라는 사람을 모르는 사람이 없었으며 닝샤의 빈곤 구제 담당 간부들과 닝샤 사람들의 눈에 그녀는 여신이나 다름이 없었다. 어째서일까? 그것은 20년이 넘게 이어진 민닝 빈곤 구제 협력이 닝샤 사람들에게 너무나도 크고 많은 혜택들을 가져다 주었기 때문이다. '이러한 맞춤 빈곤 구제 협력을 푸젠과 닝샤를 샤오캉小康 사회로 인도해 주는 행복의 다리에 비유하자면 린웨찬은 바로 이 다리의 튼튼한 교각이라 할 수 있다'라고 말할 수 있을 것이다.……

"한번 무…물어보세요…, 내가 몇 번…을 갔었는지. 저…적어도…4…40번은 갔을 겁니다! 40여 년 동안 글을 쓰면서 인터뷰 대상자가 이렇게 말을 하는 경우는 처음이었다. 한마디 한마디 할 때마다 그녀가 앉아있던 의자가 잉어가 뛰어오르듯 파닥 파닥거렸다.……이것이 닝샤 사람들의 마음속의 그 '여신'이란 말인가? 이것이 정말 당시 '닝샤의 일이라면 물불 안 가리고 용감히 나서던' 그 푸젠성 빈곤 구제 사무실 주임 린웨찬인가?

그렇다. 하지만 눈앞의 린웨찬은 과거 사진이나 뉴스에서 봤던 그 린웨찬과는 너무나도 달랐다! 중증 파킨슨병을 앓고 있는 린웨찬을 바라 보자니 놀랍기도 하고 마음이 아프기도 했다.……

"제, 제…가 은퇴……한…지가 벌써 몇, 몇 년이나 됐는데…… 아직도…… 저를 인터뷰하러 오시네요!" 그녀가 너무나 흥분해서 평소보다 증상이 더 심하다고 옆에 있던 가정부가 귀띔했다.

"저는 한, 한 평생…… 그러니까, 가난한 사람들을…… 도…돕는 일을 했어요……" 린웨찬은 말을 멈추지 못했고 떨림 역시도 멈출 수가 없었다.

나는 정말이지 적응이 되지 않았고 이렇게까지 인터뷰를 하는 것이 비인간적이라는 생각마저 들었다.

"아, 아니야 괜찮아요……" 그녀가 앉아 있던 의자의 떨림이 더 심해졌다. "내…여, 여생의…… 마음은… 그, 그냥 니, 닝샤에 줬어!" 그녀는 웃었고 눈에서 영롱한 빛이 반짝였다.

내가 인터뷰한 이 여성 빈곤 구제 간부는 만수천산을 사이에 두고 멀리 떨어져 있는 두 성의 맞춤 빈곤 구제 협력을 위해 자신의 모든 지혜와 열정을 바친 분이다. 인터뷰를 마친 후에야 나는 비로소 닝샤 사람들이 왜 그토록 린웨찬을 우러러 보는지 깨달았고, 민닝 맞춤 빈곤 구제 협력이 어떻게 시작되고 이어졌는지도 알게 되었다.

푸젠성은 혁명의 근거지이자 중앙 소비에트 지구의 주요 지역이었으며 한때 중국 혁명에 중요한 기여를 했지만 경제적으로는 발전하지 못한 빈곤 지역이기도 했다. 푸젠성의 혁명 근거지 건설 위원회 사무실('푸젠성 혁명 근거지 사무실'라고도 함)은 옛 혁명 근거지의 빈곤층의 발전을 지원하는 전담 부서였다. 린웨찬은 원래 이 기관에서 근무했다. 사랑하고 사랑해야 하는 것이 이 여성 간부의 업무의 전부가 되었고 나중에 그녀가 성 민정청 부청장이 되었을 때도 그녀가 하는 일은 여전히 '사랑'과 관련된 일이었다. 그 후 '혁명 근거지 사무실'과 새로 설립된 '빈곤 구제 사무실'이 통합되면서 그녀는 은퇴할 때까지 푸젠성 빈곤 구제 사무실의 주임으로 일했다.

1996년 5월 말, 국무원 빈곤 구제 사무실은 린웨찬에게 베이징에서 열리는 회의에 참석하라고 통지했고 그제야 닝샤에서 온 동지들과 두 성의 맞춤 협력 지원에 관한 구체적인 문제를 논의해 달라는 요청을 받았다는 사실을 알게 되었다.

"동부의 다른 경제가 발달한 성과 시에 비해 푸젠은 규모가 작아 규모가 큰 빈곤 성 지역을 지원하기에는 부담스러울 수 있는데, 닝샤는 규모가 작으니 푸젠이 맡도록 합시다." 국무원 빈곤 지원 사무실의 책임자가 중앙 정부의 결정을 린웨찬에게 전했고 그제야 그녀는 상황이 어떻게 돌아가는지 알게 되었으며 자신의 '상대'가 닝샤라는 것을 알게 되었다.……

두말할 필요 없이 받아들이자. 린웨찬은 속으로 이것은 푸젠에 대한 중앙 정부의 신뢰이며 중앙 정부가 푸젠에 부여한 중책이라고 생각했다.

닝샤의 빈곤은 대체 어느 정도일까? 가장 가난한 현은 몇 곳이나 될까? 린웨찬이 처음으로 닝샤의 동지들을 만난 후 가장 관심을 가졌던 것은 바로 이런 문제들이었다.

"가장 빈곤한 사람들은 기본적으로 시하이구에 집중되어 있고 중부 지역까지 더하면 총 8개 현이 있습니다." 닝샤의 동지들은 이렇게 말했다.

"그럼 성으로 돌아가 보고하고 저희 측의 형편이 상대적으로 나은 8개 현과 닝샤의 8개 현을 연계하는 방안을 준비하도록 하겠습니다."

"정말 감사합니다!"

이것이 민닝 맞춤 빈곤 구제 협력의 원래 취지로, 이는 나중에 두 성 지도자들에게 인정을 받고 20여 년 동안 맞춤 지원의 기본 노선이 되었다.……

1996년 10월, 닝샤와 푸젠은 각각 맞춤 지원 영도소조를 조직하였고 푸젠 측에서는 당시 성위원회 부서기였던 시진핑이 조장을 맡았다. 바로 이 기구의 성립으로 20년 이상 이어진 민닝 맞춤 빈곤 구제 협력은 비로소 위대한 중국 빈곤 구제 역사에 있어서 시진핑의 새로운 시대의 중국 특색 사회주의 이데올로기가 빛을 발하는 특별한 표본이 될 수 있었다.

"그, 그가 나를…… 닝샤에 가……, 가라고 해서, 내가…… 갔어." 린웨찬은 시진핑의 지시를 받고 처음으로 닝샤에 갔던 당시의 전체 과정을 떠올렸다.

"나…… 나, 나는 예상치 못한…… 많은 일들이 있었어……" 그녀는 매우 흥분했고 의자는 다시 격렬하게 흔들렸다.

린웨찬은 그녀가 현직에 있을 당시 할 일은 반드시, 그리고 잘 해내야만 하는 사람이었다고 말했다. 시진핑의 지시를 받고 그녀는 "맞춤 지원을 하려면 두 성의 농업, 공업, 과학, 교육, 보건, 교통 등 관련 부처 간에 깊이 있고 세밀한 이해가 바탕이 되어야 구체적인 지원 방안을 세울 수 있다"라고 생각하고 서둘러 '시진핑 동지'의 지령을 가지고 14명의 일행을 모아 '닝샤후이족 자치구 푸젠 시찰단'에 대응되는 '푸젠 닝샤후이족 자치구 시찰단'을 조직했다.

닝샤까지 어떻게 갈 것인가? 1996년 말의 푸젠은 이미 매우 개방된 지역이었으나 이 10여 명의 성 직속 기관 각 부처의 책임자들 중 어느 누구도 닝샤에 다 본 적이 없었고 아무도 닝샤에 가는 방법을 알지 못했다.

확인을 해 본 후 누군가 혀를 내두르며 "린 주임님, 닝샤와 푸저우 사이에는 항공편이 없습니다!"라고 말했다.

천하의 린웨찬도 닝샤와 푸젠 사이에 항공 통로가 없을 거라고는 전혀 예상하지 못했다! 나중의 일이지만, 이 일은 그녀의 마음에 깊이 새겨져 나중에 두 성 간의 '하늘길'을 만드는 것을 적극 추진하는 계기가 되었다.

사무실의 동지들은 린웨찬에게 푸저우에서 인촨으로 가려면 두 가지 경로가 있는데 하나는 푸저우에서 베이징으로 가서 다시 베이징에서 인촨으로 가는 방법이고, 다른 하나는 푸저우에서 시안으로 간 뒤 다시 시안에서 인촨으로 가는 방법이라고 했다. 후자의 경우가 조금 더 짧고 빨랐지만 린웨찬은 전자를 택했다. "허궈창賀國强 성장이 베이징에서 회의를 열고 있으니 그에게 보고하고 지시를 듣고 싶습니다." 그렇게 린웨찬 일행은 푸저우에서 베이징으로 향했고 도착한 후 허 성장을 만나러 갔다.

"그것 참, 이렇게 많은 사람들을 데려왔는데 그쪽도 가난하긴 마찬가지구먼! 폐나 끼치지 않으면 다행일세! 린웨찬이 10여 명의 시찰단을 이끌고 왔다는 소식을 들은 허궈창은 이렇게 말했다.

"저, 저는 닝샤의 각 방면의 상황을 전반적으로 파악해야 할 필요가 있다고 생각해서, 그래서……" 린웨찬은 엄청난 부담감을 느끼고는 속으로 이번 학습 시찰단은 반드시 허 성장의 분부에 따라 절대 닝샤에 폐를 끼치지 않아야 할 것이며 특히 접대에 있어 혁명 근거지 인민의 색깔을 드러내야 하겠다고 생각했다.

닝샤 측에 폐를 끼치지 않기 위해 린웨찬 일행은 베이징에서 출발할 때 닝샤 측에 통보하여 마중 나오도록 하지 않고 비행기에서 내려 스스로 숙소를 찾아갔다.

베이징에서 탄 비행기는 매우 늦은 시간에 인촨에 도착했다. "택시를 탑시다!" 린웨찬은 닝샤 땅을 밟는 순간순간 "현지에서 폐를 끼치지 말라"라는 허궈창의 말을 생각했고 학습 시찰단은 공항에서 택시를 타고 인촨 시내로 향했다.

"닝샤 사람들은 너무 선량하고 착실합니다." 처음 닝샤에 와서 처음으로 닝샤 택시를 타본 후 린웨찬은 만나는 사람마다 이렇게 이야기했다.

"먼저 인촨에서 가장 번화한 곳을 둘러본 뒤 목적지로 가고 싶은데요.……그렇게 해주시면 몇 위안 더 드리겠습니다!" 린웨찬은 택시에 탄 뒤 기사에게 정중하게 말했다.

"푸젠에서 오셨다고요? 저를 너무 우습게 보시는 것 같군요! 생각지 못하게 택시 기사는 불편한 기색을 내보였다.

"다른 뜻이 아니라 저희가 기사님을 번거롭게 하는 것 같아서요.……저희 모두 닝샤는 처음이라 인촨의 번화한 야경이 너무 보고 싶거든요.……" 린웨찬은 서둘러 해명했다.

"오, 알겠습니다! 기사는 기뻐하며 능숙한 솜씨로 가속 페달을 한 단계 더 올리고는 운전대를 잡은 채로 린웨찬과 열정적으로 이야기를 나누기 시작했다. "당신들 억양을 듣자마자 푸젠에서 온 줄 바로 알았다니까요!"

"푸젠에 와 본 적이 있으신가요?" 린웨찬이 약간 놀라며 물었다.

"아니요, 예전에 여기서 사업을 하던 푸젠 출신 사장님에게 운전을 해 준 적이 있거든요.……" 기사가 말했다.

"여기에 푸젠에서 온 사장님도 계신가요?!" 기사의 말에 린웨찬은 매우 놀랐다.

"있고 말고요. 여기 저장에서 오신 사장님들 외에 푸젠에서 온 사장님들도 많은데 저는 특히나 푸젠 사람들을 좋아합니다. 우리 닝샤 사람들이랑 비슷하거든요, 정말로요!"

"하하……" 이 기사의 말에 좋은 인상을 받은 린웨찬은 자신의 일행의 정체를 밝히며 인촨에 있는 푸젠 출신 사업가들을 만나보고 싶다고 말했다. "식구들이 왔으니 얼굴을 보고 얘기를 좀 하고 싶으니 체면 좀 세워 달라고 전해주세요!"

"그런 일이라면 저한테 맡기십시오!" 택시 기사는 시원스럽게 약속했다. 나중에 이 택시 기사는 정말로 인촨에서 사업을 하고 있는 푸젠 출신 사업가 40명을 한자리에 불러 모았다. "고맙습니다 여러분, 이렇게 먼 곳에 우리 푸젠 사람들이 있을 줄은 몰랐네요! 감동입니다!" 린웨찬은 인사말을 나눈 후 동향 사람들에게 자신들 일행이 온 이유를 설명하고 앞으로 푸젠성의 닝샤 빈곤 구제 사업을 지원해 주길 희망한다는 뜻을 밝혔다.

"제가 제안을 하나 드리겠습니다. 여러분이 타지에서 사업을 하는 것이 쉽지 않을 텐데 여러분이 우리 성의 지원 업무에 참여해 닝샤와의 협력이 잘 이루어지고 이곳 주민들이 부유해진다면 여러분이 사업을 하는 데 있어서도 좋은 여건이 조성될 것입니다. 그래서 저는 여러분께서 이 자리를 빌려 푸젠성 기업가 협회 같은 조직을 하나 만들면 어떨까 하는데 여러분 생각은 어떠신가요?"

"좋습니다! 린 주임의 의견에 동의합니다. 우리는 지금까지 각자가 자기 일만 했고 일이 생겨도 의지할 곳이 없었는데 이런 조직을 만든다면 푸젠에 돌아가지 않고도 '가족'을 찾아갈 수 있을 것입니다!" 푸젠성 사람들 모두가 이에 호응했다.

"저도 이 협회 설립을 두 손 들고 환영합니다만 '빈곤 구제'라는 말은 빼야 하지 않을까요? 우리는 주로 사업을 하지 않습니까! 누군가 의견을 제시했다.

린웨찬은 웃으며 말했다. "이 '빈곤 구제'의 의미는 다릅니다. 첫째, 우리 푸젠 사람들은 당과 정부의 부름에 응해야 하며 사업도 빈곤 구제와 빈곤 탈출을 위한 싸움에 기여할 수 있어야 합니다. 즉, 여러분이 닝샤에서 하는 사업도 현지 주민들의 빈곤 문제를 해결하는 데 도움이 되어야 하고 이익을 위해 나쁜 마음을 먹어서는 안 됩니다. 둘째, 사업을 잘 영위하기 위해 최선을 다함과 동시에 우리 푸젠 사람들의 이타심과 자애로운 마음으로 우리의 화교 지도자 천자겅陳嘉庚 같은 사람이 되어야 할 것입니다. 제 말에 동의하십니까?"

"맞습니다! 린 주임의 말을 듣고 보니 이제 '푸젠 빈곤 구제 기업가 협회'라는 이름이 훌륭하고 의미가 깊다는 것이 이해가 갑니다!" 이들 기업가들은 속속 손을 들어 찬성의 뜻을 밝혔다. 나중에 린웨찬의 이러한 제안이 푸젠성 사람들이 닝샤에서 사업을 더 잘 할 수 있는 좋은 환경을 만드는 데 일조했음이 입증되었고 20여 년 동안 많은 기업가들이 민닝 맞춤 빈곤 구제 협력의 모범이자 훌륭한 공헌자가 되었다.

다시 린웨찬 일행이 공항에서 택시를 탔을 때의 이야기로 돌아가 보자. 인촨 시내로 들어온 후 린웨찬의 요청에 따라 택시 기사는 일행을 인촨에서 가장 번화한 화롄 쇼핑몰 거리로 데려가서 한 바퀴 돌았다.

"그곳을 보고 닝샤가 기본적으로 어떤 생활 조건을 갖추고 있는지 알았습니다. 불과 저녁 8~9시 정도였는데 거리에는 사람이 거의 없었습니다. 우리 푸젠성이었다면 샤먼은 말할 것도 없고 그 아래의 시나 현급 도시라도 불빛이 휘황찬란하고 인촨보다는 훨씬 활기찼을 것입니다. 하지만 인촨에는 기본적으로 야시장이 없고 가장 번화한 화롄 쇼핑몰 앞의 거리를 제외하고 다른 거리는 모두 썰렁했습니다. 거리 풍경을 보면서 닝샤에는 아직 시장에 대한 인식이 없고 서민들의 생활 수준이 우리보다 훨씬 뒤떨어져 있음을 알 수 있었습니다." 린웨찬은 탄식하며 이렇게 말했다.

그 후 10여 일 동안 인촨과 자치구 빈곤 구제 사무실 등과 연락하는 것 외에도 그녀는 쉬지 않고 남쪽의 가장 빈곤한 시하이구와 다른 두 곳의 가난한 현 지역으로 시찰을 갔다.

"당시 저는 마음에 큰 충격을 받았습니다. 그 지역의 가난한 서민들의 생활은 정말이지 '눈 뜨고는 볼 수 없을 지경'이었고 '듣도 보도 못하던' 수준이었습니다." 린웨찬은 나중에 성으로 돌아와 시진핑 등 지도부에 이같이 보고했다.

그날 나는 린웨찬의 집에서 인터뷰를 했는데 이 상황에 대해 이야기할 때 그녀가 앉아 있던 의자가 쿵쿵 소리를 내며 흔들렸고 말이 자주 끊겨 보는 사람의 마음을 아프게 했다. 나는 그녀가 당시에 보고 들은 것을 묘사할 때 평소 쓰던 방식으로 바꿔서 쓸 수밖에 없었다.

"서민들이 거주하는 어둡고 더러운 토굴에 들어가 그들이 무엇을 먹는지, 저장해 둔 곡식이 있는지 확인하기 위해 솥을 열어 보았는데…… 대부분의 솥은 비어 있었고 간혹 이미 차갑게 식은 감자 몇 알이 있을 뿐이었습니다. 다시 토굴 안에 다른 곡식이 있는지 찾아 보았지만 찾을 수 없

시하이西海 구산촌固山村의 옛 모습

었습니다. 보통 가정에는 작은 생감자 한 무더기만이 한편에 쌓여 있었는데 이것이 한 가족 식구 네댓 명이 먹을 양식이었습니다. 동굴 안에는 작은 등불만이 하나 있었는데 심지가 너무 작아서 불을 붙여도 동굴 안 사람들의 얼굴이 잘 보이지 않았습니다. 많은 가정들이 어린이, 심지어 큰 처녀까지도 번갈아 일어나거나 외출할 수밖에 없었는데 집에 옷이라고는 군대에서 기증한 군복 한 벌뿐이라 번갈아 가며 입을 수밖에 없었기 때문입니다.……"

린웨찬은 누런 구덩이 속 물에 구더기가 기어 다니는 것도 보았고 심지어 말로만 듣던 아랫목에 구덩이를 파서 밥그릇으로 쓰는 가정도 보았다.

"현의 작은 게스트 하우스에 묵고 있던 어느 날 아침 일찍 바깥에서 나는 소리에 잠에서 깨어 창문을 열었더니 길게 줄을 서서 감자를 파는 농민들이 보였습니다. 그 당시 날씨가 엄청 추웠는데 얇은 옷 한 겹만 걸치고 어깨에 자루를 메고 있는 사람도 있어 그 모습을 보자 눈물이 났습니다.……"

그날 린웨찬의 집에서 그녀는 닝샤에서 본 수많은 눈물겨운 광경들에 대해 이야기해 주었는데 이는 이 선량하고 동정심 많은 푸젠성 빈곤 구제 사무실 주임이 닝샤 사람들에 대해 특별한 감정을 가지고 있었기 때문이었다. 그녀는 닝샤에서 10일 동안의 시찰을 마친 후 푸저우로 돌아오자마자 시진핑 등 지도자들에게 특별 보고를 했다.

그 후 그녀는 성 위원회, 성 정부가 닝샤 맞춤 빈곤 구제 사업 방안을 연구할 때 계속해서 자신의 의견과 건의사항을 제시했고 심지어 다른 사람들이 자신에게 "어째 하루 종일 입만 열면 '닝샤 저쪽', '닝샤 저쪽' 타령입니까, 당신은 우리 '이쪽'의 수많은 어려움들은 안중에도 없습니까!"라고 말하는 것도 아랑곳하지 않고 이런 말을 들을 때마다 가차 없이 "왜요? 닝샤 '저쪽'을 위한 것이 우리 '이쪽' 푸젠을 위한 것 아닌가요? 서부 지역과 소수민족 지역의 발전과 번영 없이 푸젠과 동부 지역이 앞으로도 계속 빠르게 발전할 수 있을까요?"라고 맞섰다.

"대부분은 제가 이겼는데 모두들 저의 뜻을 이해해 주시고 저희가 하는 일이나 좋은 의견을 지지해 주셨기 때문입니다." 린웨찬은 기분 좋게 말했다. 닝샤에서 돌아온 후 어느 날 허궈창 성장이 그녀를 보고는 기쁜 얼굴로 그녀의 어깨를 두드리며 "린웨찬, 잘 하고 있습니다. 마땅히 더 많은 사람들을 닝샤로 데리고 가서 상황을 정확히 파악해야 합니다. 그쪽 상황을 잘 파악해야 맞춤 빈곤 지원 업무를 어떻게 해 나가면 좋을지, 어디에 초점을 맞출 것인지 알 수 있을 테니까요." 허궈창 동지는 나중에 린웨찬에게 특별히 '앞으로 '저쪽'에 더 자주 가서 '저쪽'에게 좋은 일을 더 많이 해주시고 실질적으로 도움이 되는 일을 해달라'고 당부했다.

푸젠성 측의 닝샤 맞춤 빈곤 구제 영도소조 조장이었던 시진핑은 더 직접적으로 린웨찬의 업무를 지도하고 챙기며 매번 린웨찬을 만나거나 전화 통화를 할 때마다 세심하게 '저쪽' 상황이 어떤지, '저쪽'에 또 더 필요한 일은 없는지 등을 물었다.

이렇게 '저쪽'의 일은 지금까지 계속 린웨찬이 짊어지고 마음을 써야 하는 책임이자 걱정거리가 되었다. 1996년 겨울, 시진핑의 지시로 닝샤를 시찰한 이후 린웨찬은 매년, 때로는 1년에 한번, 또 때로는 1년에 여러 번 닝샤를 방문해 도대체 지금까지 몇 번이나 '저쪽'에 갔는지 그녀 자신조차도 기억하지 못한다.

2016년 7월, 시진핑 주석은 인촨에서 동서부 빈곤 구제 협력 좌담회를 주재했고 린웨찬을 초청했는데, 이는 그녀가 빈곤 구제 사업에서 은퇴한 뒤 처음으로 초청을 받아 닝샤에 가게 된 것으로 병을 앓기 전에 '저쪽'에 간 것이었다……

"나, 나……는 이제……가, 갈…… 수가 없어요…… 하지만 나, 난…… 항상, 항상…… 저, 저쪽…… 아……" 그날 인터뷰를 마치고 린웨찬의 집을 나설 때 그녀는 가정부의 부축을 받아 나를 계단 입구까지 배웅하겠다고 고집을 부렸다.

"제 대신……저, 저쪽…… 동네……어……어르신과 마을……사람들에게 안부 좀……전해줘요, 그리고 또, 또 뭐……우리의……도움이……필요한 게……있는지…좀 봐……봐줘요……" 나는 이미 여러 번 린웨찬에게 배웅하지 말고 방으로 돌아가라고 만류했지만 그녀는 여전히 덜덜 떨면서 그 자리에 서서 힘겹게 더듬더듬 말을 내뱉었다.……나는 걸음을 재촉해 그녀의 집을 나올 수밖에 없었다. '저쪽'의 빈곤 구제, 빈곤 퇴치 업무에 모든 애정과 노력을 쏟은 빈곤 구제 간부의 쇠약해진 몸과 한없이 애틋한 눈빛을 차마 다시 돌아볼 수가 없었기 때문이다. 나는 고개를 숙이고 걸음을 재촉하며 "걱정마세요, 린 주임님. '저쪽'에 가면 꼭 당신의 마음을 그들에게 전해 드리겠습니다……"라고 되뇌었다.

나는 지금 가지 않으면 눈물이 흘러내릴까 걱정이 되었다.

"당신이…… 허, 허젠밍 동지입니까? 다, 당신과……'저쪽'……'저쪽'의 일……에 대해 이야기를…… 좀 하고 싶은데요.……" 푸젠에서 인터뷰를 마치고 베이징으로 돌아온 지 5,6일쯤 지난 어느 날 갑자기 전화가 걸려왔는데 낯설고도 불편한 목소리가 휴대폰을 타고 들려왔다.

"누구세요? 정확히 말씀해 주시겠어요? 무슨 일이시죠?" 나는 잠시 반응을 하지 못한 채 물었다.

"'저쪽'에…… 갔어요? 나, 나…… 아직도 그쪽한테…… 할…… 말이…… 많이 있는데……" 나는 마침내 '저쪽'에 온 마음을 쏟으며 집에서 요양 중인 린웨찬이라는 것을 알았다.

수화기 넘어 그녀가 무슨 말을 하고 있는지, 무슨 말을 하고 싶은지 잘 들리지 않았지만 그녀가 '저쪽'이라고 말하는 것만큼은 또렷하게 알아들을 수 있었다.

'저쪽'은 푸젠에서 멀리 떨어진 '닝샤'를 말하는 것이며, 수많은 푸젠 사람들의 마음속에 아주 요원한 곳이자, 훗날 공산당 총서기이자 국가 주석이 된 시진핑이 늘 그리워하는 바로 그곳이었다.……

'저쪽'이 도대체 뭔가요? 린위에지아의 집에 가서 언제나 '저쪽' 걱정뿐인 푸젠성 빈곤 구제 사무실의 주임을 만난 후 나는 왜 닝샤 사람들이 린위에찬을 '닝샤의 딸'이라고 부르는지 알게 되었다. 린웨찬은 병에 걸려 몸과 다리가 떨리면서도 '저쪽'에서 전화가 오면 직접 받으려고 했다. 가정부는 나에게 린웨찬이 전화를 받다가 쓰러진 적이 있는데 그럼에도 그녀는 꿇어앉은 채로 한참이나 '저쪽'의 전화가 끊어지기를 기다렸다가 부축하게 했다고 했다.

"하아, 나, 나……는 이제…… 아무것도…… 할 수가 없어요.…… 그저 마음속으로…… 그곳의…… 일들을…… 사람들을…… 걱정…… 하는 것 밖에는!" 린웨찬의 이 말은 계속해서 내 귓전을 맴돌았고 그녀가 이 말을 할 때의 모습은 계속해서 내 마음속에 파란을 불러 일으켰다.

어떤 사람들은 바다가 하늘보다 더 끝없이 크다고 말한다. 바다는 정말 하늘만큼 넓고 우리 인간 중 그 누구도 평생을 걸어도 바다 끝에 닿을 수 있는 사람은 없다. 하지만 바다보다 더 넓은 것이 있다고 한다면 나는 그것은 바로 인간의 마음이라고 말하고 싶다.

20여 년 동안 린웨찬과 푸젠 사람들의 닝샤 빈곤 구제, 닝샤 사람들을 빈곤으로부터 벗어나게 하고자 하는 마음은 끝없이 넓고 격동적인 '바다'와 같다.……이 '바다'는 시진핑의 직접적인 배려와 시진핑 시대의 중국 특색 사회주의 이데올로기의 빛 속에서 따뜻하고 찬란하게 빛났으며 장엄하고 격동적인 이 '바다' 속 한 방울 한 방울의 물방울은 중국 공산당 지도자와 경제 발전 수준이 좀 더 높은 동부 지역의 수백만 인민의 깊은 우의로 중국 서부의 척박한 대지를 적시고 중국 빈곤 구제 역사와 세계 문명사의 빛나는 한 페이지를 장식했다.……

CHAPTER 02

‘마조媽祖’ 애절하게 돌아보는 머나먼 곳의 ‘당신’…

다음과 같은 〈설레임〉이라는 제목의 노래가 있다:

설레임

—

내 마음은 정말 움직여 널 향한 마음이 있어
빨리 행동해야 해 내 마음 속이 두근거려
비록 내가 가벼울 수는 없지만 평범하진 않을거야.
나에게 bingo라고 말해줘……

'설레임'을 말하는 또 다른 노래도 있다.

당신은 내 마음을 움직이는 유일한 사람, 당신은 내가 바라보는 하늘,
미래가 흐릴지라도
봄, 여름, 가을, 겨울에도 난 여전히 당신과 함께해요
w내 마음을 움직이는 건 당신뿐이에요
난 무지개를 찾고 있어요 평범한 관중이 되고 싶지 않아
난 그저 당신과 내 마음을 나누고 싶어요
나는 사랑을 완성하고 영원을 약속할 거예요.
비와 바람으로부터 당신을 보호하고 모든 여행에 함께하고 싶어요 ……

어떤 사람들은 사람과 사람 사이에만 사랑이 존재한다고 생각하지만 사실 자연 속의 만물은 모두 사랑을 가지고 있다. 동쪽과 서쪽, 남쪽과 북쪽, 땅과 하늘, 달과 태양 등 만물 사이에는 사랑이 존재하고 이러한 자연적인 사랑으로 인해 지구와 우주가 영원히 존재하게 되는 것이다.

그래서 사람들로 하여금 '너'와 '나', 지역 간의 사랑을 생각하게 하는 것은 과연 불가능한 것일까?

나는 우리가 살고 있는 이 지구상에는 땅 위를 걷고 있는 우리들이 늘 서로 사랑하도록 만드는 두 가지 대조적인 자연의 형태가 있다고 믿는다. 이 힘이 합쳐지면 강력한 위력을 발휘할 수 있고 무엇과도 견줄 수 없으며 그 아름다움이란…… 마치 해와 달, 낮과 밤과 같은데 은은한 달빛이 없이는 작렬하는 햇빛의 뜨거움과 비교할 수 없고, 밤의 쓸쓸함을 모르고서는 낮의 찬란함을 알 수 없는 것과 같다.

어쩌면 지구와 다른 천체의 자연계에서 '너'와 '나' 사이에 생겨날 수 있는 이러한 사랑의 관계는 가장 강렬하고 완벽하며, 가장 웅장하고 위대한 것으로, 산과 바다 사이의 특별한 감정 관계도 이와 같을지 모른다.

산과 바다, 하나는 높게 우뚝 솟아 있고 다른 하나는 평평하며 산과 바위는 웅장하고 단단하나 바닷물은 부드럽고 포용적이다. 파도가 해안에 부딪힐 때면 수천 개의 절벽 사이로 메아리치는 파도 소리가 들리고 산이 무너져 내리면 바다에서는 성난 파도가 하늘 높이 솟아오른다.……

산이 해일을 불러 산과 바다가 서로 부르고 화답하니 마치 천인합일과 같으며 이것이 선현들이 말하는 '길道'과 '화합'이다. '길'이 올바르면 일이 순조롭고 원만하게 완성된다. 여기에서의 '길'이란 우리가 행동하고 일을 할 때 명확하고 올바른 방향과 규칙을 의미한다. 공존과 상생을 이루기 위해서는 화합해야 하며 균형을 잃으면 세상이 뒤집히게 된다.

1. 사랑을 단단히 고정시킨 첫 번째 '악수'

중국의 빈곤 구제와 빈곤 퇴치는 인류 역사상 가장 짧은 기간에 가장 많은 사람들을 빈곤에서 구제해 부유하게 만들고자 하는 위대한 혁명이자 역사적인 전투로, 어떤 방법과 방식인지, 즉 어떤 '길道'인지에 따라 성패가 결정된다.

우리는 또한 중화인민공화국 건국 이후 70여 년 동안 빈곤 구제와 지원 사업이 중단된 적이 없으며, 이는 중국 공산당의 기본 취지에 의해 결정된 것이라는 것을 분명히 볼 수 있다. 그러나 사업이 중단되거나 중단된 적이 없었다고 해서 그것이 꼭 당과 인민의 뜻이 하나로 합치되었다는 것을 의미하는 것은 아니다.

아마도 중국 공산당 지도자들은 많은 인민 대중, 특히 오랫동안 가난한 생활을 벗어나지 못하고 있는 인민 대중에 대해 특별히 관심을 기울이고 있을 것이다. 신중국 건국 이래 빈곤 구제와 지원 문제는 각급 당 위원회와 정부의 중요한 업무 중 하나였으며, 늘 많은 지도자들과 간부들이 마음에 걸려 하는 문제였다. 그러나 일부 빈곤 지역과 가난한 사람들은 아직도 빈곤에서 근본적으로 벗어나지 못하고 있는데 이는 중국이 원래 빈곤과 낙후에서 변화되는 과정에 있는 대국으로 경제적 기반이 취약하기 때문이며, 다른 한편으로는 신중국 건국 이후 20여 년 동안 국가의 발전이 가다가 멈추기를 반복하며 굴곡진 길을 걸어왔기 때문이다.

위대한 개혁개방의 역사적 흐름은 중국 사회의 발전 방식을 변화시켰을 뿐 아니라 사회의 전반적인 형태도 변화시켰다. 바다와 인접해 있는 동부 지역이 발전했고 날이 갈수록 하루가 다르게 발전하고 있다.…… 이에 발전하고 있는 동부와 여전히 낙후되고 빈곤한 서부 지역 사이의 격차가 날로 벌어지고 있으며 심지어 비교조차 할 수 없을 정도인 '천양지차'에 이르렀다. 이러한 상황에서 동부와 서부의 발전 속도를 조절하여 균형을 맞춤으로써 서부 지역 사람들도 빈곤에서 벗어나 행복과 번영을 향해 나아갈 수 있도록 하는 것이 집권 공산당의 핵심적인 전략적 사고이자 포석이 되었다.

개혁개방의 총 설계자인 덩샤오핑은 생전에 이를 위해 '양개대국兩個大局' 전략을 제시했다.

방향은 명확히 정해졌고, 이제 이 '길'을 어떻게 갈 것인지, 얼마나 멀리 갈 수 있을 것인지, 얼마나 밝을 수 있을지를 탐색하고 실천하기 위해 신세대 중국 공산당원들은 정신을 바짝 차리고 노력해야 할 것이다.

이 광명의 '길'이 있으면 이 '길'을 걷는 사람이 많아지는데 이때 사람마다 방식이 제각각이다. 손을 잡고 함께 걸어가는 것을 선택하는 사람들도 많고, 성공하고 행복하며 화목한 사람들이 있는가 하면 중간에 포기하고 불화하고 반목하며 시작은 했으나 끝이 없거나 용두사미인 사람도 있는 등 말로 할 수 있는 모든 형태가 현실에 모두 존재한다. 그렇다면 투쟁의 목표, 공동의 이상을 실현하고 아름다운 미래를 향해 나아가려면 어떻게 해야 할까?

의심의 여지없이 협력하여 함께 노력하는 것이야말로 낙후된 지역의 수많은 민중들의 생활고를 해결하기 위한 조치 중 가장 존경받고 높이 평가받을 만한 가치가 있는 훌륭한 행동일 것이다. 이 세상에서 모든 것을 변화시키거나 창조하거나 파괴하고, 타락하거나 도약하는 것은 모두 인간 자신의 힘이다. 그러나 인간의 강력한 힘 중에서도 오직 내면에서 우러나오는 사랑의 힘만이 가장 크고 무너지지 않으며 가장 큰 기적을 만들어 낼 수 있다.

나와 당신은 어떻게 될까?

그런데, 당신은 누구인가? 또 나는 누구인가? 우리는 또 어떻게 될까? 우리는 함께 손을 잡고 동행하며 서로 아끼고 함께 행복한 미래를 만들어 갈 수 있을까?

하늘은 지켜보고 있고, 사람들은 생각한다.……

당신은 누구인가? 멀리 있는 당신은 바다와 함께 있고, 바다 옆에 있는 사람들이 당신을 그들의 수호신이라고 하였고 이에 '멀리 있는 나'는 '멀리 있는 당신'을 알아가기 시작했으며 천천히 나와 우리의 아이들과 노인들은 당신을 알게 되었다. 당신은 전설의 바다 여신이기 때문에 당신의 이름은 연해 지역의 집집마다 다 알고 있고 세계 곳곳의 중국인들에게도 알려져 있다. 그리고 당신의 마조媽祖라는 이름 자체가 자비와 사랑으로 가득 차 있다('자비와 사랑의 창시자'라고 이해하면 될까)

바닷가에 도착해서야 우리는 당신의 전설이 허구가 아니라는 것을 깨달았다. 당신에게는 임묵林默라는 진짜 이름이 있으며 당신의 아버지는 명성이 자자한 5대 민왕閩王의 도순검都巡檢이었던 임원林愿이다. 오늘날 푸젠성 메이저우다오湄洲島에서는 대대로 바다에서 장사를 하던 임씨 가문의 흔적을 아직도 찾을 수 있다. 전설에 따르면 당시 임씨 집안의 어르신이 막 세상을 떠났고, 그때부터 출항의 임무는 아들 임원이 수행하기 시작했다고 한다.

그러나 임원은 첫 출항부터 순탄치 못했다. 알고 보니 관청의 도움 없이 바다에 나가 장사를 하는 것은 쉬운 일이 아니었고 임원은 그제야 아버지가 생전에 왜 도순검의 관직을 사야만 했던 것인지 알게 되었다. 아버지를 따라 임원도 큰 돈을 들여 장사에 도움이 되는 도순검의 관직을 샀다. 그리하여 임원도 서민 신분에서 관리 나리로 변모하여 그의 가족은 세금을 내지 않아도 될 뿐만 아니라 지나가는 배에서 세금을 징수할 수도 있게 되었으며, 임씨 집안의 장사는 급속도로 번창하기 시작했고 가산도 나날이 늘어나기 시작했다.

후에 임원은 샤오화小華라는 여자를 아내로 맞이했다. 샤오화는 몇 년 되지 않아 네 명의 아들을 낳았지만 어찌 된 일인지 네 아들은 외모도 출중하지 않고 몸도 허약했다. 임원은 대가 끊길까 걱정되어 아내를 데리고 멀리 떨어진 보타산普陀山을 찾아가 관세음보살에게 아들을 하나 더 점지해 달라고 기도했다.

관세음보살은 임씨 집안이 많은 선행을 베풀었으며 청렴하고 자비로운 마음을 가지고 있을 뿐 아니라 고생을 마다하지 않고 보타산까지 와서 소원을 빌자 바로 곁에 있던 제자 용녀龍女에게 "용아, 네가 임가로 환생해서 인연을 맺도록 해라. 가서 사랑을 베풀고 중생을 복되게 하며 바다에서 요괴를 굴복시켜 하늘을 대신해 정의를 행하거라!"라고 했다.

이 말을 들은 용녀는 매우 당황하며 "하지만 사부님, 임씨 집안에서 바라는 것은 아들인데요!"라고 말했다.

"이것이 하늘의 뜻이다." 관세음보살은 대답했다.

용녀는 다시 물어봐야 소용없다는 것을 깨닫고는 임씨 집으로 환생했다.

임원 부부가 보타산에서 소원을 빌고 돌아온 지 얼마 지나지 않아 아내가 임신을 했다. 이듬해 3월 23일 오후, 청명한 하늘에 갑자기 큰 소리가 났고 임씨 가문의 집 앞뒤로 붉은빛이 번쩍이고 집 주변에 맑은 향기가 가득했는데 알고 보니 임씨 집안에 '딸'이 태어난 것이었다! 귀엽고 잘 울지 않는 딸아이를 보고 임씨 가족들은 '임묵'이라는 이름을 지어주었다.

어린 임묵은 자라면서 자주 바다를 보러 갔고 장사를 위해 자주 바다로 나가는 아버지의 평안을 기원했으며 바다로 나가는 모든 동네 어르신과 마을 사람들을 위해 기도했다. 나중에 사람들은 점차 임묵이 바다의 폭풍을 예측하고 어디에서 해난 사고가 발생할지 알 수 있는 신기한 능력을 가지고 있다는 것을 알게 되었다. 이러한 기이한 일이 수십 번, 수백 번, 수천 번이나 되자 바닷가 사람들은 임묵이 범상치 않다고 생각하고 그녀를 하늘에서 내려온 선녀라고 말했다.

북송 선화宣和 연간에 조정의 한 고관이 고려高麗에 파견되었다가 돌아오던 길에 바다에서 풍랑을 만났는데 마조의 가호를 받아 재난을 피해 무사히 고국으로 돌아올 수 있었다. 이 관리는 나중에 송나라 황제에게 임묵을 해신 마조로 봉해 달라는 상소를 올렸다. 송나라 휘종徽宗은 임묵에 대해 일찍부터 들어서 알고 있었기에 임묵을 '메이저우 신녀湄洲神女'로 봉하고 사당에 '순제順濟'라는 편액을 하사했는데 이는 사람들을 고난에서 구하고 천하를 복되게 하라'라는 뜻이다. 조정에서는 또한 메이저우다오에 특별히 사람을 보내 마조묘媽祖廟를 짓게 했다.

그 이후로 마조와 마조묘는 중국 해안 지역은 물론 전 세계 중국인이 거주하는 지역으로 전파되었고 심지어 다른 나라에서도 받아들여졌으며, 마조는 '바다의 여신'으로 추앙받기 시작했다.

'마조'라는 호칭은 처음부터 있었던 것이 아니라 오랜 역사적 과정을 거쳐 생겨난 것으로 초기에 대만으로 이주한 민난閩南 사람들이 쓰던 '낭마娘媽'라는 호칭에서 변천된 것이다. '마媽'는 할머니나 어른 여성에 대한 존칭으로 민난 방언에서 발음이나 성조가 '말 마馬' 자와 동일하다. 또 다른 설로는 '마조'가 대고모라는 말이 있는데, 신자들이 이 호칭을 선택한 것은 바다에 나가는 사람들이 가장 자비롭고 직접적인 보호를 갈망하기 때문에 인간 세상의 윤리적 관계에 비추어 신과 인간 사이의 거리를 좁히고자 했기 때문이라는 것이다. 시진핑 총서기가 지적했듯이 민족 문화는 한 민족을 다른 민족과 구별되게 하는 독특한 상징이다. 마조는 중화 민족의 전통적 미덕과 전통문화의 중요한 정수로서 풍부한 동양적 도덕의 아름다움과 사랑에 관한 심오한 내용을 담고 있다.

한 여자가 향을 피워 메이저우를 향기롭게 하니
오늘도 마조의 정은 멀리 퍼져 나가고…

마조 문화는 중국 문화에서 가장 널리 퍼진 사랑과 자비로 충만한 동양 문명의 상징이 되었으며, 일찍이 서구 세계에 뿌리를 내려 심지어 마조를 전통적인 여신과 비교하기도 한다.

그러나 사람들은 아마 잘 모르겠지만 '마조'는 사실 20여 년 전에 이미 다정한 눈길과 인자하고 향기로운 손을 먼 곳에 있는 '당신'에게 내밀고 있었다.……

멀리 있는 '당신'은 누구인가? 그것은 바로 하늘을 떠받치고 서 있는 '황허黃河의 아들'이자 '진산秦山의 형제'인 류판산인 것이다!

'말이 발을 삐고, 수레축이 부러지고, 사람은 발을 헛디뎌 넘어지고, 산은 무너지고, 북쪽에서 남쪽으로 날아가는 기러기 소리에 진눈깨비가 날린다!' 청나라 말기의 투사 담사동譚嗣同이 쓴 이 시는 류판산의 장엄한 기세를 아주 호탕하게 묘사했다.

류판산의 원래 이름은 '위판산玉盤山'이고 옥황상제의 북방의 아들로 황실의 혈통을 가지고 있다고 전해진다. 하지만 현지 사람들은 주변에 우뚝 솟은 이 산을 '루판산鹿盤山'이라고 부르는 것을 좋아한다.……

나는 이 명칭이 다음과 같은 전설에서 유래했다고 알고 있다.

전설에 따르면 아주 먼 옛날 변방을 지키던 세 명의 장군이 군대를 이끌고 서쪽을 정벌하러 가는데 우뚝 솟은 높은 산을 지날 때 때마침 겨울이 찾아왔다. 군대가 산을 내려갈 때 폭설로 길이 막혔는데 이 황량하고 인적이 끊긴 곳에서 물어볼 사람이 없었다. 난처한 상황에 갑자기 야생 사슴이 세 번 우는 소리가 들렸고 장군들이 고개를 들어 보니 산모퉁이에 꽃사슴 한 마리가 그들을 향해 기웃거리고 있었다.

장군 하나가 활을 쏘아 그 꽃사슴을 맞혔고 불쌍한 사슴은 화살을 맞아 다친 채로 도망을 쳤다.…… 물러날 곳이 없던 장군은 그 뒤를 바짝 좇았고 반나절도 안 되어 군대를 이끌고 눈앞의 큰 산을 넘었지만 그 사슴은 온데간데 없었다. 이때 날이 어두워져 그들은 쉬기 위해 막사를 쳤다.

자정 무렵 세 장군 모두 잠이 들었는데 갑자기 얼굴이 검고 갑옷을 입은 남자가 손에 쇠칼을 들고 침대 머리를 세 번 내리치며 장군들에게 큰 소리로 "내 집은 마오저우茂洲 송판松盤에 있는데, 황건족을 이끌었다. 그리고 칼 한 자루만 들고 적장의 연회에 가는 부왕을 도왔고, 사슴으로 화해 길을 인도해 산을 넘도록 하려고 한다"라는 말을 남기고 홀연히 사라져버렸다. 세 장군은 놀라 꿈에서 깨며 병사들에게 "어제 막사에 낯선 사람이 침입한 일이 있었는가?"라고 다급히 물었고 병사들은 그런 일이 없었다고 했다. 세 장군은 서로 꿈에서 본 것에 대해 이야기했고 뜻밖에도 세 사람의 꿈이 정확히 같았다. '아이고!' 장군들은 의아하게 여기며 앉아서 꿈속의 남자가 한 말을 곰곰이 생각해 보기 시작했고 불현듯 꿈속의 그 남자가 바로 관성제군關聖帝君 옆에 있는 주창周倉이라는 것을 깨달았다! 어제 그 꽃사슴은 바로 주창의 화신으로 그들을 산에서 빠져나오도록 인도하려고 온 것이었다! 세 장군은 정신을 차리고 즉시 하늘을 향해 절을 했다. 절을 마친 장군들은 군대를 이끌고 꽃사슴이 가리키는 길을 따라 산을 파고 도랑을 메워 위로 여섯, 아래로 여섯 개의 사람과 말이 지날 수 있는 길을 만들었고, 훗날 사람들은 이 산을 '루판산鹿盤山'이라고 이름 지었다.

'루판산', 사슴이 길을 안내하는 거대한 산, 이 얼마나 아름답고 시적인가. 그리고 나는 또한 이 거대한 산이 험준하고 웅장하게 우뚝 솟은 봉우리뿐 아니라 격렬한 소리를 내며 쏟아지는 폭포, 기쁨으로 가득 찬 짐승과 새들, 형형색색의 꽃들이 아름다움을 뽐내는 수많은 비경을 가지고 있으며, 요염하고 아름다운 꽃의 정기와 안개에 감싸인 과실들이 그야말로 다시없을 선경을 만들어내고 있다는 것을 알고 있다!

닝샤에는 류판산만큼이나 험준하고 웅장한 '형제' 허란산賀蘭山'이 있다. 〈원화군현도지元和郡縣圖志〉에 따르면 '허란산은(바오징保靜)현에서 서쪽으로 93리 떨어져 있으며 산과 숲이 많고 회백색을 띠어 멀리서 보면 마치 얼룩말처럼 보여 북방 사람들이 허란賀蘭이라 불렀다'라고 기록되어 있다. 그 후 〈독사방여기요讀史方輿紀要〉, 〈삭방도지朔方道志〉 등의 사기에 서로 전사하기를 하란산은 얼룩말 또는 준마를 의미하며 심지어 '하란'은 몽골어로 '준마'를 뜻한다고 직접적으로 언급한 것도 있다.

한 마리 준마가 룽상隴上을 달리고 큰 산 위에서 신령스러운 사슴이 다정하게 뒤를 돌아본다.……이런 '미래인설' 구상에 바닷가 저 멀리 있는 먼 '당신'을 매료시키지 않을 수 있겠는가?

"왔어요, 왔어! 멀리서 귀한 손님이 왔어요!" 1996년 11월 초, 푸저우는 여전히 화창하고 따뜻했다.

"정말 축복받은 도시입니다. 우리 지역은 벌써 얼음과 눈으로 뒤덮였는데 이곳은 여전히 봄처럼 따뜻하네요! 복 받은 거예요, 이번에 우리가 푸젠성과 맞춤 빈곤 지원 사업을 함께 하게 되었으니 정말 운이 좋았어요!"

처음 푸젠에 와서 민닝 맞춤 빈곤 구제 협력 회의에 참석한 닝샤후이족 자치구 대표단은 공항에서 차를 타고 푸저우 시내로 향하는 내내 모두가 전에 없이 몸과 마음이 모두 상쾌한 느낌을 받았다!

다음날 푸젠과 닝샤의 첫 번째 맞춤 빈곤 구제 협력에 관한 공동 회의가 푸저우에서 개최되었다. 천밍이陳明義 푸젠 성 위원회 서기는 민닝 맞춤 빈곤 구제 협력에 대해 "우리 두 지역은 수천 개의 산과 강을 사이에 두고 떨어져 있지만 개혁개방과 현대화 건설은 이미 우리를 긴밀하게 연결시켜 왔습니다. 당 중앙과 국무원의 배치에 따라 두 지역이 짝을 이뤄 맞춤 빈곤 구제 협력 사업을 하는 것은 공동 발전을 실현하고 공동 번영을 향해 나아가기 위한 중차대한 일이며, 우리는 반드시 이 신성한 임무를 함께 완수하고 빈곤 퇴치를 위해 함께 노력해야 합니다."라고 말했다. 바이리천白立忱 당시 자치구 주석은 푸젠성 측의 따뜻한 환대와 아낌없는 지원에 진심어린 감사를 표함과 동시에 간곡한 어조로 닝샤가 당 중앙위원회의 지도하에 수십 년에 걸친 자치구의 각급 당 위원회, 정부, 인민들의 노력으로 일부 성과를 거두기도 했지만 일부 지역은 여전히 빈곤에서 벗어나지 못하고 있어 지역 전체를 빈곤에서 벗어나게 하는 것은 아직도 갈 길이 멀다고 말했다. 또 이제 중앙 정부의 주도와 계획에 따라 푸젠과 맞춤 빈곤 구제 협력 사업을 진행하게 되어 닝샤는 한층 더 자신감을 가지게 되었다며, 닝샤에게 푸젠과 같은 도움을 줄 수 있는 가족이 생겼으니 닝샤 사람들은 분명 빈곤에서 벗어나 공동 번영이라는 목표를 달성하기 위한 더 큰 결의와 역량을 가지게 될 것이라 믿는다고 말했다.

"시진핑 동지께서 푸젠성 측의 닝샤 맞춤 빈곤 구제 지원 영도소조 조장을 맡으셨군요! 정말 잘 됐네요, 이 일을 얼마나 중요하게 생각하는지 보세요! 게다가 시진핑 동지는 허베이河北에서 현 위원회 서기를 지냈고 푸젠성의 샤먼厦門, 닝더寧德, 푸저우福州 등 여러 지역에서 중책을 역임했었고 지금은 농업과 간부를 관할하는 성 위원회 부서기를 맡고 계신만큼 경험이 풍부하니 이는 맞춤 협력에 있어 정말이지 큰 희소식이 아닐 수 없습니다!" 회의에서 닝샤 측 동지는 앞으로 두 지역의 맞춤 빈곤 구제 협력 사업을 책임질 푸젠 측 지도자가 시진핑 동지라는 사실을 처음 알게 되었을 때 매우 흥분했는데, 닝샤 동지들은 시진핑에 대해 이미 익히 들어 잘 알고 있었기 때문에 그가 푸젠 측의 맞춤 빈곤 구제 협력 사업의 지도자를 맡게 되자 자연히 흥분할 수밖에 없었던 것이다.

"얼마나 주셨나요?"

"1,500만 위안입니다!"

"와, 첫 만남부터 이렇게 큰 선물을 주시다니요!" 두 지역 지도자의 '첫 악수'에 푸젠 측이 내놓은 '상견례 선물'은 닝샤에서 온 동지들 흥분하게 했다. 그러나 몇몇 사람들은 작은 소리로 "적지는 않지만 우리 지역에는 빈곤한 지역이 너무나도 많아서 참깨 한 줌을 뿌리려고 해도 마대에 담아야 하는데 이 1,500만 위안을 누구한테 줘야 할지……"라고 소곤거렸다.

"함부로 지껄이지 마시오! 남의 집에 처음 와서는 시뻘건 입을 쩍 벌리고 있는 모양이 어떤 줄 아시오? 사람들이 놀랄까 봐 걱정되지 않소? 그리고 푸젠의 동지들이 건네 준 맞춤 협력 '영수증'을 좀 보시오. 얼마나 무게감이 있는지!" 자치구 지도자는 아래 사람들이 수군거리는 것을 듣고 이같이 질책했다.

방금 전까지 속닥거리던 사람들은 금세 수그러들었다. "이것 좀 보세요. 아직도 기쁘지 않나요!" 지도자는 아직 잉크 냄새가 가시지 않은 문서를 대표단 앞에 내놓았다.

"이게 뭔가요?"

"푸젠 측이 배치한 8개의 맞춤 기관입니다.…… 보세요, 모두 현재 개혁개방 수준이 가장 앞선 현과 시에요!

"어디 봅시다! 푸저우 푸칭시福清市와 닝샤 옌츠현鹽池縣, 푸저우 창러시長樂市와 룽더현隆德縣, 취안저우泉州 진장시晉江市와 구위안현固原縣, 취안저우 스스시石獅市와 퉁신현同心縣, 샤먼시廈門市 카이위안구開元區와 징위안현涇源縣, 샤먼시 퉁안현同安縣과 하이위안현海原縣, 푸톈현莆田縣과 시지현西吉縣, 장저우漳州 룽하이시龍海市와 우리 평양현彭陽縣이 각각 짝이에요! 보세요, 푸젠에서 배치한 지역들은 전부 푸젠의 '에이스'들이에요!"

"당연하지요! 푸젠은 이번 맞춤 협력의 모든 측면에 적절한 계획을 세웠고 이 일을 매우 중요하게 보고 있어요. 푸젠에서 이 일을 누구한테 맡겼는지 아시오?" 지도자는 잠시 뜸을 들였다.

"누군데요?"

"시진핑! 성 위원회 부서기! 시중쉰習仲勳의……"

"정말 잘 됐네요! 잘 됐어! 듣자 하니 아주 서민 친화적인 사람이라던데요. 특히 닝더에서 빈곤 퇴치에 상당히 큰 성공을 거뒀다고 들었어요!

"우리 닝샤의 복입니다!" 민닝 맞춤 빈곤 구제 협력 합동 회의에 참석하기 위해 푸저우에 온 닝샤 대표단은 화제를 시진핑으로 돌렸다. "지도자님, 우리 언제 한번 시진핑 서기를 우리 닝샤에 모셔올 수 있을까요? 그러면 우리 두 지역의 맞춤 빈곤 구제 협력에 큰 힘이 될 것입니다!"

"맞습니다, 시진핑 서기와 푸젠성의 다른 지도자들을 우리 닝샤에 초청해서 현장을 둘러보게 하면 맞춤 협력에 더 효과적일 겁니다.……"

"걱정 마세요! 이번 합동 회의에서 두 지역 지도자들이 매년 한 차례씩 합동 회의를 개최하고 양측의 주요 지도자들이 팀을 이끌고 한쪽이 상대방 측에 가서 회의에 참석하기로 이미 합의했습니다. 이번에는 우리 닝샤 동지들이 푸저우에 오지 않았습니까. 그러니 내년에는 푸젠의 동지들이 우리 인촨에 와서 회의를 할 겁니다. 이 계획에 대해 어떻게들 생각하시오?"

"정말 잘 됐네요!"

"이보다 더 좋을 수가 있나요!"

"우리 중국에서는 당 위원회와 지도자들이 중요하게 생각하는 일이라면 못할 것이 없죠!"

"그렇다면" 대표단 중 한 명이 곧바로 다시 "그 말은 내년에 시진핑 일행이 우리 닝샤에 올 수도 있다는 말입니까?!"라고 물었다.

자치구 지도자는 "특별한 사정이 있지 않는 한 우리 닝샤에 한번 오셨으면 합니다. 맞춤 협력 영도소조 조장님 아닙니까!"라고 말했다.

"이 해변에 '복福'자가 붙은 지명이 왜 이렇게 많나 했더니 마조가 옆에 있어서 복을 타고 태어났나 봅니다! 안되겠어요, 기왕 이렇게 왔으니 어떻게 해서든 마조를 한번 보러 가야겠어요." 누군가 이렇게 제안했다.

"그거 좋은 생각입니다! 누구든 시간이 되는 사람이 있으면 가서 마조를 좀 보고 우리 닝샤에 복을 좀 가져다 주십시오!"

푸젠성 해변에서 마조를 보는 것은 매우 쉬운 일로, 현지 향촌과 도시의 거의 모든 마을과 거리에서 크고 작은 마조묘를 찾아볼 수 있다. 그러나 독실한 닝샤 사람들은 가려면 꼭 마조의 고향에 가봐야 한다고 했다.……

"마조에게 정말 집이 있나요?"라며 믿지 않는 사람들도 있었다.

"물론이죠, 못 들었어요? 마조는 실존 인물이에요! 나중에 신격화된 거라고요.……"

"그럼 마조의 집은 푸저우에서 머나요?"

"안 멀어요, 푸톈시에 있다고 하던데요.……불과 100km 정도 거리예요.

"내일 바로 가 봅시다! 우리 '사돈'을 만나러 가야죠!" 임무를 마친 대표단은 흥분을 가라앉힐 수가 없었다.

닝샤의 동지들은 팀을 이뤄 부푼 기대감을 안고 푸톈시와 취안저우시의 경계에 위치한 꿈에 그리던 '사돈'의 고향 메이저우만湄洲灣에 도착했다. 바다 건너편에는 조국의 보배 섬寶島 대만台灣이 있으며, 특히 지룽 항基隆港과 타이중 항台中港, 가오슝 항高雄港이 바다를 사이에 두고 마주 보고 있다. 메이저우만 항구는 그 자체로 '중국에서 드물고 세계에서도 드문' 다중 정박지 천연 심해 항구이다.

마조의 고향이 바로 여기에 있다. 이곳은 산과 바다로 둘러싸인 매우 아름다운 곳으로, 웅장한 장관을 자랑하는 후공산胡公山과 맑고 깨끗한 쥬리호九鯉湖, 우아하고 아늑한 매봉사梅峰寺, 굽이굽이 고즈넉히 흐르는 무란강木蘭溪 등이 함께 마조 고향만의 독특하고 수려한 연해 풍경을 이루고 있다. 물론 가장 이목을 끄는 것은 바다를 마주 보고 있는 애정 어린 마조상과 그 뒤로 보이는 고풍스러운 마조각媽祖閣이다.

"하, 알고 보니 마조가 이렇게나 아름답고 수려했구나!" 땅의 향기와 상쾌한 바닷바람에 둘러싸여 있던 닝샤 동지 일행 중 누군가가 갑자기 두 손으로 가슴을 감싸고 마조상을 보며 소리 높여 읊조리기 시작했다.

내가 그대를 사랑한다면 ──
나무를 올라가는 능소화처럼,
그대의 높은 나뭇가지를 빌려 자신을 자랑하진 않겠어요.
내가 그대를 사랑한다면 ──
사랑에 넋 나간 새처럼
그렇게 말하지는 않을 거예요

차라리 그치지 않는 샘물처럼
매년 맑고 시원한 위로를 전하겠어요
차라리 험준한 산봉우리처럼
그대의 높이를, 그대의 위엄을 받쳐 주겠어요
심지어 햇볕도.
심지어 봄비도.
아니, 이 모든 것으로도 부족해요!
나는 한 그루 목면나무처럼
나무의 모습으로 그대 곁에 머무르리니.
뿌리는, 땅 밑에서 굳게 잡고,
잎새는, 구름 위까지 닿은 채로
매번 한 줄기 바람에도
서로 안부를 전하지만
어떤 누구도
우리의 언어를 알아듣지 못할 거예요
그대의 구리같이 단단한 가지는
칼 같고, 검 같고,
또 창 같아요.
내가 가지고 있는 나의 빨간 꽃은
무거운 탄식 같고
용감한 횃불과도 같아요.
우리 함께 한파, 우레, 벼락을 이겨내고
우리 함께 안개, 산 안개, 무지개를 즐겨요,
영원히 헤어진 것 같지만

평생 서로 의지할 거예요.

…………

"이봐요 이봐, 뭘 그렇게 웅얼웅얼하고 있어? 어서 갑시다, 베이징으로 가서 인촨으로 가는 비행기를 타려면 서둘러야 해요! 대표단의 누군가가 시흥에 젖은 멤버를 잡아 끌었다.

"봐봐요, 잘 모르나 본데! 내가 방금 읊은 시는 당대 최고 여류 시인이자 푸젠이 낳은 유명한 시인 슈팅이 지은 〈상수리나무에게致橡樹〉라고요.……"

"어쩐지 귀에 익더라니……내 당신이 어째 이런 시구를 읊을 수 있나 싶었지!" 누군가 시를 읊던 사람을 끌고 가면서 이해가 안 간다는 듯이 "슈팅의 시가 우리 두 지역의 맞춤 빈곤 구제 협력과 무슨 관계가 있다는 겁니까? 너무 멀리 간 것 아니오?"라고 반문했다.

"거봐거봐, 그래서 당신이 무식하다고 하는 거요! 슈팅의 이 시는 유명한 희미한 사랑의 시로 보기엔 두 사람의 사랑을 노래하는 것 같지만 사실 우리 닝샤와 푸젠 간의 빈곤 구제 협력에도 딱 들어 맞는다니까요!"

"그래요?"

"그럼요, 시의 마지막 구절을 한번 들어봐요.……" 이에 닝샤 동지들이 돌아오는 길에 이 〈상수리나무에게〉의 시구는 시흥 넘치는 몇몇 대표단원들에 의해 반복해서 낭송되고 해설되었다.

이것이야말로 위대한 사랑이에요,

굳건하게 바로 여기에 있어요.

사랑 ——

그대의 위엄 있는 겉모습뿐 아니라,

그대가 단단히 머무르고 있는 그 자리,

발 밑의 대지도 사랑할 거예요.

…………

그렇다, 우리의 류판산, 허란산, 우리의 시하이구, 우리 닝샤의 대지가 바로 위용 있는 몸인 것이다! 지금, 마조와 푸젠성 사람들이 바다에서 우리가 살고 있는 이 땅을 사랑의 눈빛으로 돌아보니 닝샤 사람들은 축복받았다!

마조가 '복'과 '행운'을 우리에게 가져다 줄 것이다!

1996년 11월 초 푸젠에서 돌아온 닝샤 대표단 동지들은 첫 합동 회의의 정신을 계승하여 17개의 협력 프로젝트를 체결했으며 푸젠성 홍콩그룹香江集團에서는 닝샤 시지현 희망 초등학교에 100만 위안의 현금을 기부했고 마조와 푸젠 인민들의 깊은 사랑 등 많은 성과가 있었으며 이는 또한 민닝 맞춤 빈곤 구제 협력의 역사적인 서막이 열렸음을 의미하기도 한다.

이때의 닝샤 사람들은 더 따스한 햇살이 내리쬐는 다가올 봄을 손꼽아 기다리고 있었다.……

2. 유난히 따뜻했던 그해 봄

봄이 왔다! 1997년 닝샤의 봄은 예년보다 빨리 왔고 유난히 따뜻한 것 같았다.……

푸젠에서 돌아온 후 닝샤의 빈곤 구제 사업에 속도가 붙었다. 지난해

'100개 우물百井 빈곤 구제' 프로젝트를 통해 시하이구 주민들이 달콤한 우물물을 맛볼 수 있게 되었다.

닝샤 군구는 구위안에서 중요한 의미가 담긴 '100개 우물百井 빈곤 구제' 프로젝트의 준공을 축하하기 위한 경축 대회를 성대하게 개최했고, 수리부와 해방군 총정치부, 국가민족사무위원회, 란저우 군구와 자치구 지도자들이 모두 참석해 축하했는데 이는 '우물'과 '우물 물'이 시하이구 일대 주민들을 위해 절실하게 필요하고 기대했기 때문이다. 국가 관련 부처의 공조에 힘입어 란저우 군구의 급수단給水團은 10개월 동안 장병을 파견하여 닝샤 남부 산간 지역의 8개 현에서 100개의 기계식 우물을 뚫었는데, 우물의 총 깊이는 12,000m에 달했고 일일 총 유량은 104,000m³로 20만 명의 인구와 200만 마리의 가축의 식수 문제를 해결할 수 있고 동시에 34,000무의 토지에 관개할 수 있는 양이었다. 예로부터 '물 한 방울이 기름만큼 귀하다'던 닝샤 남부 산간 지역에서 단숨에 이렇게 많은 물을 보유하게 된 것은 정말이지 엄청난 희소식이었던 만큼, '100개 우물 빈곤 구제' 프로젝트의 준공 축하 대회가 성대하게 개최되어야 하는 것도 당연했다.

내가 이 일에 특별히 마음이 쓰였던 이유는 닝샤 사람들이 한 가지 모르는 사실이 있었는데, 바로 이 란저우 군구의 모 급수단이 필자의 옛 부대 소속의 영웅적인 선진연대였기 때문이다. 이 급수단은 원래 기본 건설 공병대基建工程兵 수문 지질水文地質 조사 지휘부 소속 기관이었고 나는 이 부대의 보도관이었다.

1983년 전군이 대규모 군축을 감행한 후 이 연대는 란저우 군구로 편입되었고 임무도 일부 변경되어 가뭄에 고통받는 산간 지역의 인민들을 도와 우물을 파서 물을 찾는 것이 이 인민군대의 목표가 되었다. 나는 장병들이 '물 한 방울이 기름처럼 귀한' 시하이구의 산중에서 매일 10만m^3의 맑은 물이 샘솟는 우물을 파기 위해 얼마나 고생을 했을지 짐작이 갔다!

당시 이 부대에 대한 에세이를 썼던 것을 기억한다. 물이 부족한 시하이구 사람들을 위한 우물을 파기 위해 동계 훈련과 정비 훈련 시간을 포기하고 추위가 매서운 12월에 황토 농경지에 우물을 파기 위해 급히 달려간 이들은 이른 아침 너무 추운 나머지 추위를 쫓기 위해 시추 중대 지도원이 모두를 이끌고 해가 동쪽에서 떠오를 때까지 시추장 주위를 돌았다고 한다.……이 이야기가 너무 감동적이어서 나는 이 이야기를 나중에 〈신관찰新觀察〉에 다큐멘터리로 실었다.

벌써 20년도 더 지난 일이지만 류판산 일대에서 물을 찾아 우물을 파던 전우들의 고생담을 생각하면 만감이 교차하는데, 한마디로 정리하자면 '그곳은 물 부족도, 추위도, 가난도 정말 보기 드물게 심각한 지역이었다……'라고 할 수 있을 것 같다.

이제 푸젠 사람들은 맞춤 빈곤 구제 지원이라는 무거운 책임을 어깨에 짊어졌다. 그들이 얼마나 큰 애정으로 조국의 서북 땅을 품어 줄 것인지, 전국의 인민들, 특히 닝샤 사람들은 간절한 마음으로 기다리고 있다.……

"말을 아끼고 우선 할 일을 잘 하자." 이것이 푸젠 사람들의 스타일이다.

아니나 다를까 1997년 신정이 막 지났을 때 두 지역의 첫 번째 협력 프로젝트인 시지-푸젠 감자 전분 가공 협력 프로젝트가 인촨에서 체결되었다.

"닝샤 감자가 이렇게 맛있을 줄 몰랐네요!" 푸젠 사람들은 계약을 체결한 후 시지 사람들이 가져온 구운 감자를 받고 먹을수록 더 맛있다고 생각하며 "이렇게 좋은 감자를 우리 지역에 가져가면 감자 하나를 해삼 한 마리와 바꿀 수 있을 거야!라고 호언장담했다.

"그래요?!" 닝샤 사람들이 가장 듣기 좋아하는 말이다. 감자는 시지 농가가 생존하는 주요 식량 중 하나로 해발 고도가 높고 기온이 낮은 기간이 길어 식감이 좋고 저장하기 쉬우며 전국 감자 중에서 품질이 우수해 시지는 '중국 감자의 고향'으로 불린다. 시지 감자는 예전부터 유명해 한 현의 감자 재배 면적이 100만 무에 달하고 1무당 수확량은 거의 2,000kg에 달하며 농가의 거의 80~90%가 감자를 재배해서 먹고 있다.

닝샤 사람들이 푸젠에 도착한 후 현지 사람들이 자신들이 좋아하는 해산물을 먼저 대접하는 것과 마찬가지로 푸젠 사람들이 닝샤에 와서 가장 먼저 주목한 것이 바로 감자였다.

첫 번째로 '맛있다', 두 번째로 '외국 감자칩보다 몇 배는 더 맛있다'는 이 '첫인상'과 닝샤의 산과 들판에 가득하고 어디에서나 볼 수 있었기 때문에 사업을 하러 닝샤에 온 푸젠 사람들의 눈길은 자연히 감자에 집중될 수밖에 없었다.……

이것은 사업가의 안목으로 양측 모두에게 이익이 되면서 동시에 민심에도 부합하는 것이었다.

하지만 푸젠성의 지도자들은 가장 도움이 절실한 부분과 지역을 찾아 닝샤의 메마르고 척박한 땅으로 애정 어린 시선을 돌렸다. 1997년 3월 류판산에 쌓인 눈이 채 녹기도 전에 푸젠성 정부 관공서의 당 조직원이자 닝샤의 맞춤 빈곤 지원 사무실 상무 부주임인 린웨찬이 이끄는 일행이 닝샤에 도착했다.

"시진핑 동지의 부탁으로 두 지역의 맞춤 빈곤 구제 협력 프로젝트를 파악하고 시찰하기 위해 선발대로 왔습니다.……" 린웨찬은 비행기에서 내리자마자 닝샤 동지들에게 자신의 임무를 알렸다. 그 후 10일 동안 이 시원시원한 성격의 푸젠성 여성 간부는 그녀가 인솔해 온 시찰팀을 이끌고 시진핑 동지의 지시에 따라 두 지역 협력 예정 노선을 중점적으로 시찰했다. 이 전면적인 현지 조사를 통해 린웨찬을 비롯한 푸젠 동지들은 당시와 그 이전 닝샤 전 지역의 빈곤 상황에 대해 보다 종합적으로 파악할 수 있었다.

"황허는 백 가지 해악을 끼치지만 오직 닝샤에만 부를 가져다 줍니다." 린웨찬을 인터뷰할 때 그녀는 한숨을 쉬며 이 말을 되뇐 후 "하지만 닝샤에도 엄청난 빈부 격차가 존재합니다!"라고 말했다.

원래 닝샤는 지형이 완전히 다른 두 지역으로 나뉘는데, 북부 닝샤 평원은 황허 자류 관개 지역이고 남부는 류판산 산지와 건조 지대이다. 북부는 역사적으로, 특히 중화인민공화국 건국 이후 황허의 혜택으로 농업이 상대적으로 발달했으며 유명한 '닝샤 쌀'의 산지로 '새북강남塞北江南'이라고 불린다. 그에 비해 남부는 건조한 지역이 많은 척박한 땅으로 특히 시하이구 지역은 연평균 강수량이 180mm도 되지 않는다. "이 정도면 우리 푸젠 연해 지역의 태풍 시즌에 한 번에 내리는 비의 양과 같은데, 이 정도면 사람이든 가축이든 목말라 죽는 것도 당연하죠!" 닝샤 현지 사람들에게서 물 부족 상황에 대한 설명을 처음 듣고 난 푸젠성 사람들은 한동안 벌어진 입을 다물지 못했다.

"가뭄이 든 해에는 수확이 없습니다." 닝샤 사람들이 말했다.

"정말 수확이 없습니까?" 푸젠 사람들은 믿기지가 않았다.

"그렇습니다." 퉁신현 사람들이 린웨찬 일행에게 "멀리 말할 것도 없이 1980년부터 1982년까지 3년 동안 현의 50만 무의 밭농사가 쫄딱 망했습니다."

"그럼 주민들은 무엇을 먹나요?" 이런 일은 푸젠 사람들에게는 상상조차 할 수 없는 일이었다. 그러나 더 예상하지 못한 것은 이런 해에 이 건조한 지역의 사람들이 깨끗한 물을 먹고 쓰기 위해서는 10위안, 심지어 20위안 이상을 써야 물 한 통을 살 수 있다는 것이었다.……

"아이고, 원래도 가난하고 먹을 식량도 없는데 또 그렇게 비싼 돈을 주고 물을 사 마셔야 하다니 어떻게 살죠!" 린웨찬 일행은 여기까지 듣고 발을 동동 굴렀다.

닝샤 사람들은 난처한 표정으로 손을 비비며 고개를 떨구고 한숨을 쉬었다. "하아, 우리는 그동안 이렇게 살아왔습니다.……"

"닝샤의 가족들이 앞으로도 이렇게 살게 할 수는 없습니다!" 푸젠 사람들은 안타까워하면서도 정중하게 말했다. 곧 열릴 민닝 맞춤 빈곤 구제 협력 제2차 합동 회의에서 양측 지도자들이 구체적인 협력 프로젝트를 결정할 수 있도록 린웨찬 일행은 닝샤 빈곤 구제 사무실 등 관련 부처의 동지들과 '우물과 지하 저장고 파기, 비탈 언덕 계단식 밭으로 개간하기, 생태 이민, 희망 초등학교' 등 네 가지 방향을 잠정적으로 확정했다.

우물을 파는 것은 앞서 이미 소개한 바 있다. 란저우 군구의 급수단과 주민들의 자구 활동에는 많은 사례들이 있다. 저장고 건설 역시 닝샤 산간 지역 농민들과 과학 기술 인력들이 고안해 낸 일종의 가뭄 대비 방안으로 산비탈에 구덩이를 파고 도랑을 막고 우기 동안 도랑, 황토 구릉의 빗물, 눈, 얼음을 저장한 후 사람과 가축이 마시거나 땅에 물을 주는 데 사용하는 것이다. 이러한 저장고 하나를 건설하는 데 드는 비용은 약 400위안 정도였다. 린웨찬 일행이 방문하기 전인 1996년, 닝샤가 이 프로젝트를 시작한 후 사람들은 저장고 건설에 매우 적극적이어서 계획 중인 42만 개의 저장고 중에 10만 개가 3년 안에 만들어졌고 자치구 각급 정부는 자금과 시간으로 인해 큰 압박을 받았다. "저장고 하나에 저장할 수 있는 물이 한 가구가 사용하기에도 절대적으로 부족하기 때문에 얼마나 많은 자금이 필요한가 하는 것은 우리 닝샤에게 있어 풀기 어려운 숙제입니다." 닝샤의 동지는 민망해 하며 린웨찬 등 푸젠성 사람들에게 고충을 토로했다.

생태 이민은 닝샤가 빈곤 지역의 이민을 실행하던 중 강구해 낸 혁신적인 조치로 두 가지 형태가 있다. 하나는 현 내부 '이주'로 가난한 농민들이 현을 벗어나지 않고 가까운 곳으로 이주하도록 한 뒤 이주한 사람들의 소속을 바꾸지 않은 채로 새로운 지역에 도착한 후 현에서 1인당 2무의 경작지를 배정하고 각 가구마다 방 2칸, 물 저장고 1개와 1년간의 생활 배급과 종자, 비료를 제공한 뒤 2년 차에 생활이 안정되고 생산 준비가 완료되었을 때 온 가족이 이주하여 정식으로 정착하도록 하는 것이다. 다른 하나는 현 외부 이주로 자치구에서 지정한 장소를 농사를 지을 수 있는 황무지에 분배해 주고 현 밖으로 이주하여 새로운 촌村과 진鎭을 조성하고 개발과 건설을 지도하며 현 외부로 이주했으나 원래 현의 일부로써 소속은 바뀌지 않도록 하는 방식이다. 두 가지 방식에는 다음과 같은 공통점이 있었다. 첫째, 새로운 지역으로 이전한 후 원래의 도급지를 회수하지 않고 원하는 사람의 경우 계속해서 경작할 수 있다는 것이다. 둘째, 이민을 간 사람들이 새로운 지역에서 생활할 수 있는지 알아보고 계속 거주하고 싶은 사람은 남고 원치 않는 사람은 이주하지 않아도 된다는 것이다. 셋째, 가족 중 일부는 이사를 원하고 일부는 원치 않을 경우 원하는 가족만 이주하도록 하여 한 가구가 두 지역에 따로 거주하면서 서로 돌볼 수 있다는 것이다. 그리고 넷째는 집단 이주를 하더라도 원래의 이웃 관계나 친척 관계를 유지할 수 있으며 특히 소수민족의 경우 자신의 관습을 자유롭게 유지하거나 바꿀 수 있도록 했다는 것이다.

희망 초등학교 건설은 당시 전국적으로 추진되고 있던 큰 프로젝트로, 아무리 가난해도 교육을 가난하게 해서는 안 되며 아이가 학업을 중단하지 않도록 해야 한다는 취지에서 국가가 큰 결심을 하고 추진한 것이 바로 '희망공정希望工程'이다.

"하지만 저는 닝샤 산간 지역 주민들의 상황을 살펴본 후 의료 보건 및 교육 지원 프로젝트를 제안했습니다." 린웨찬은 이 일에 대해 이야기하면서 다시 흥분했고 의자에 기대고 있던 온몸이 심하게 떨리기 시작했다. 그는 "제가 처음 산간 지방의 농가에 갔을 때, 특히 여자들과 이야기를 나누다 보니 물과 위생 상태가 열악해 부인과 질환 비율이 매우 높다는 것을 알았습니다. 심지어 생리를 시작한 지 얼마 안 돼 부인과 질환에 걸린 소녀들도 있어서 너무 안타깝고 마음이 아팠어요!"라고 말했다.

"가난에는 객관적인 이유가 있지만 교육을 받지 못하면 영원히 가난한 운명에서 벗어날 수가 없습니다. 저는 시찰을 하면서 비록 9년 의무 교육은 국가에서 보장하지만 중학교 교육은 교사의 부족과 자질 부족으로 인해 현 이하의 중학생 수가 점점 줄어들고 있었으며, 고등학교, 대학교에 진학하는 아이들 비율이 극도로 낮다는 사실을 발견했습니다. 교육에 힘쓰지 않으면 빈곤 가정은 영원히 가난에서 벗어날 수 없습니다. 그래서 저는 나중에 성 정부와 시진핑 서기에게 두 지역의 빈곤 구제 프로젝트에 의료보건과 교육 지원을 추가해야 한다고 여러 차례 요청했습니다.…… 다행히도 시진핑 서기와 성 지도자들은 이 두 분야에 대해 전폭적인 지원을 해주었습니다."

린웨찬의 이번 시찰은 사실 시진핑 동지로부터 위임을 받아 두 지역의 맞춤 빈곤 지원 프로젝트를 더욱 현실 상황에 맞춰 수행할 수 있도록 하기 위한 것 외에도 성 지도자들이 처음으로 닝샤에 와서 민닝 맞춤 빈곤 구제 협력 2차 합동 회의에 참석하기 전에 미리 초석을 다지기 위함이기도 했다.

"왔어요! 왔어! 허 성장님과 시진핑 부서기 모두 오셨어요.……" 4월 15일 오후 푸젠 대표단이 인촨에 도착했다. 35명으로 구성된 푸젠 대표단은 신중국 건국 이래 닝샤에서 맞이한 가장 급이 높은 당정 대표단으로, 닝사 사람들은 "바닷가에 사는 친척이 찾아왔다"라고 했다. 그 며칠 동안 인촨시 전체가 이런 '집에 친척이 온 것' 같은 가족적인 분위기로 화기애애했다.

다음날 오전 민닝 맞춤 빈곤 구제 협력 제2차 합동 회의가 공식적으로 개최됐다. 당시 닝샤후이족 자치구 당서기였던 황황黃璜, 바이리첸白立忱 자치구 주석과 마치즈馬啓智, 캉이康義, 장리즈張立志, 저우생셴周生賢, 우상셴吳尚賢 등 자치구 지도자들과 허궈창賀國強 푸젠성 성장, 시진핑習近平 성위원회 부서기 등 푸젠성 대표단 전원이 참석했다. 이 회의에서 시진핑 푸젠성 닝샤 맞춤 빈곤 구제 지원 영도소조 조장은 열정적이면서도 애정 어린 연설을 발표했다.

시진핑의 연설은 당시 회의에 참석했던 닝샤 빈곤 구제 사업에 참여했던 옛 동지들의 기억 속에 생생하게 남아 있다. 그들은 시진핑의 연설이 위에서 내려다 보는 오만한 느낌 없이 수준이 높으면서도 매우 현실적이었다고 말했다.

시진핑은 1996년 9월 열린 중앙 빈곤 구제 개발 사업 회의에서 '푸젠성과 닝샤를 맞춤 협력 상대로 정했다'라며, '이는 당 중앙과 국무원의 높은 신뢰를 보여 주는 것이자 역사가 우리에게 부여한 영광스러운 책임'이라고 말했다.

닝샤의 동지들은 나에게 당시 시진핑의 연설을 듣고 남다른 느낌을 받았다며 "예를 들어, 그가 한 말 중에 '높은 신뢰', '영광스러운 책임'이라는 말이 다른 사람의 입에서 나왔다면 아마도 과장되고 상투적인 말이었을 수도 있지만 그의 목소리와 어조에서 우리는 진정성과 진실함, 그 안에 담긴 힘을 느낄 수 있었습니다. 이 말에 두 개의 '임任'자가 있지 않습니까? 이것이 바로 우리의 친근하고 존경하는 당 지도자가 마음속에 짊어지고 있는 역사적 중책이 아니고 무엇이겠습니까?

대임, 대임, 대임을 부여 받았다! 중국의 수억 빈곤 인구의 빈곤 구제와 빈곤 퇴치라는 중책이 중국 공산당원들에게 주어졌는데 누가 이 중책을 의식적으로 어깨에 짊어지고 목표를 달성하기 위해 노력할 것인가?

바로 시진핑이다! 역사는 오늘에 이르러 가장 우렁차고 힘 있는 답을 주었다. 2020년 전국의 절대 빈곤 퇴치라는 과업은 시진핑 총서기가 제시한 것이자 그가 당 총서기와 국가 주석직을 맡으면서 이뤄낸 것이다. 그런데도 '대임'이 무슨 의미인지 모르겠는가?

'하늘이 사람에게 큰 책임을 맡길 때'라는 옛 성현의 말처럼 중국의 빈곤 구제 및 빈곤 퇴치의 위대한 전투는 시진핑과 시진핑 동지를 중심으로 하는 당 중앙에 '하늘이 내린 것'이다. 이것은 역사의 선택이자 중화민족의 큰 행운이기도 하다.

1997년의 닝샤 사람들 중에는 아직 시진핑에 대해 잘 알고 있는 사람이 거의 없었고 그저 시진핑이 푸젠성 성위원회 부서기이자 민닝 맞춤 빈곤 구제 협력 지원 영도소조의 조장이라는 것, 그리고 아주 젊다는 것(당시 44세) 정도만 알고 있었다. 사실 거의 대부분의 닝샤 사람들은 시진핑이 푸젠과 닝샤의 맞춤 빈곤 구제 지원 영도소조의 조장이 되기 8년 전에 푸젠성 닝더寧德 지역에서 당 서기로 재직했다는 사실을 모르고 있었다.

1988년 6월부터 1990년 4월까지, 젊은 시진핑 동지는 닝더라는 푸젠 동부의 가난한 지역에서 '약한 새가 먼저 난다', '낙숫물이 댓돌을 뚫는다'와 같은 빈곤 구제, 빈곤 퇴치 경험들을 모색했다. 옛 혁명가이자 푸젠성 당위원회 서기였던 샹난項南은 당시 시진핑과 그 주변 인사들의 행적에 대해 '당시 허풍, 빈말, 상투적인 말을 일삼던 폐해를 일소했다'라며 '그가 남긴 이런 정신적 자산은 후임자가 과거를 계승하고 미래를 창조해 나가는 데 큰 역할을 할 것'이라고 평가했다. (시진핑 〈빈곤 탈출·서문〉 p.1 참조)

"닝샤와 푸젠은 지리적 위치와 자연환경이 확연히 다르며 상호 협력에 있어 상호 보완성이 강합니다. 양측은 '서로의 장점으로 단점을 보완하고, 서로 이익과 혜택을 얻으며, 장기적으로 협력하고 함께 발전한다'라는 원칙에 따라 빈곤 지역의 경제 발전에 중점을 두고 빈곤 지역 주민들의 의식주 문제 해결을 중요한 과제로 삼아 다양한 형태의 빈곤 구제 협력을 폭넓고 깊이 있게 전개하여 푸젠과 닝샤의 공동 발전을 추진할 것입니다."

4월 16일 오전 푸젠성 측을 대표해 발표한 연설에서 시진핑이 '앞으로 3년 동안 푸젠성이 매년 1,500만 위안을 양측이 합의한 빈곤 구제 협력 프로젝트를 위해 지출할 것이며 더 많은 국유, 향과 진, '화교 자본·외국 자본·중외 합자', 민간 기업의 기업가들이 닝샤에 투자해 공장을 설립하도록 할 계획'이라며, '광범위한 경제 무역 협력, 빈곤 구제를 위한 기간 산업 육성, 노동력 수출 확대, 자원과 산지 종합 개발 강화, 사회 공익 사업 창설 및 간부 교류 강화, 인재 육성 등 다양한 경로를 통해 닝샤 빈곤 지역을 조속히 빈곤에서 벗어나도록 하고 푸젠과 닝샤 두 성의 경제 및 사회의 지속적이고 빠르고 건전한 발전을 촉진할 것'이라고 밝히자 닝샤 측 인사들의 얼굴에 화색이 돌았다.

"사실 당시 시진핑 서기의 이런 말들이 우리 닝샤 사람들에게는 아주 신선하게 느껴졌는데요, 우리가 경제적으로 낙후된 지역이었기 때문입니다. 1997년까지 개혁개방이 시작된 지 이미 20년이 흘렀지만 닝샤의 진행 속도는 매우 느렸고 특히 빈곤 구제, 빈곤 탈출 측면에서 경제적 지렛대와 사회의 종합 기능 측면을 어떻게 활용해야 하는지에 있어서 거의 백지상태나 다름없었습니다. 그래서 시진핑 서기의 말은 우리가 듣기에 신선하고 호기심을 자극했으며 마치 맑은 샘물이 마음속에 쏟아지는 느낌이었습니다.……" 닝샤의 빈곤 구제 사무실의 옛 동지는 나에게 이렇게 말했다.

"진심이세요?" 나는 웃으며 물었다.

"그럼요, 당연히 진심이죠." 닝샤의 동지는 진지하게 받아들이고는 큰 소리로 대답했다. "시진핑 동지의 당시 연설은 정말 봄바람처럼 우리 닝샤 사람들의 마음속에 불어왔습니다.……이 합동 회의에서 '푸젠성 위원회, 성 정부와 성의 모든 인민들과 함께 중앙의 요구와 민닝 맞춤 빈곤 구제 협력 제2차 합동 회의의 정신에 따라 '만리장성에 오르지 못하면 대장부가 아니다'라는 호탕한 기개로 닝샤의 각 민족들과 함께 맞춤 빈곤 구제 협력 업무를 전력을 다해 착실하고 효과적으로 수행함으로써 우리 당이 전 세계를 향해 했던 금세기 말에 전국의 절대 빈곤을 청산하고 21세기 중화민족을 세계 강국의 숲에 우뚝 서게 하여 역사에 부끄럽지 않도록 확실한 공헌을 하겠다는 엄중한 약속을 실현할 것입니다! 이것은 20여 년 전 시진핑 동지가 한 말입니다! 이 말은 지금 들어도 여전히 피가 끓어오르는 느낌이 듭니다! 당시 국가 차원의 빈곤 구제가 막 시작되었고 모두가 정말 닝샤의 시하이구 같은 극빈에 가까운 사람들을 빈곤에서 벗어나게 할 수 있을지에 대해 회의적이었고 확신이 없었습니다. 이것은 당시의 비교적 정상적인 마인드로 우리 닝샤, 특히 시하이구 일대에서 빈곤 구제에 관한 업무는 9년 전에서야 시작된 것이 아니라 거의 신중국 건국 이후부터 계속해서 외치며 해 오고 있지만 이렇다 할 성과가 없었고 사람들의 삶도 근본적인 변화가 없었으며 빈곤은 여전히 심각했습니다. 이번 민닝 맞춤 빈곤 구제 협력은 효과가 있을까요? 저희도 지켜보고 있는 중입니다. 하지만 시진핑 동지의 말은 우리를 분발하도록 했습니다! 특히 '만리장성에 오르지 못하면 대장부가 아니다'라는 호방한 기개와 굳은 결심으로 우리 닝샤의 빈곤 탈출을 지원하겠다는 믿음과 기개, 대충대충 처리하는 것이 아니라 한다고 한 것은 반드시 철저히 해내고, 해내지 못하면 철수하지 않겠다는 의지와 진정성은 우리 닝샤 사람들을 감동시키고 고무시켰습니다. 그래서 그때 우리 닝샤에서는 푸젠에서 가족이 와서 우리 닝샤의 이번 봄은 그 어느 때보다도 따뜻해졌습니다. 저는 푸젠 사람들이, 시진핑 동지가 그들의 진정 어린 마음이 우리의 봄을 따뜻하게 해 준 것이라 생각합니다.……"

마음은 세상에서 가장 민감한 기관으로 이 세상의 모든 진실과 거짓, 선과 악, 아름다움과 추함을 분별할 수 있다. 이것이 바로 우리 인간의 마음이 위대한 이유이며 따뜻함과 차가움을 가장 분명하게 느낄 수 있는 것이다.

시진핑 동지와 푸젠 사람들의 진심은 닝샤와 닝샤 사람들에게 깊은 감동과 따스함을 느끼게 해주었다.

1997년의 그 봄, 닝샤의 대지 곳곳이 봄바람에 젖어 따스하고 화사했다. 류판산과 허란산의 눈도 예년보다 일찍 녹은 듯했고 부드러운 녹음이

4월 일찌감치 작은 머리를 내밀고 멀리서 귀한 손님이 와서 봄 같은 빛이 자신의 몸을 비춰 주기를 기다리고 있었다.……

3. 시詩이고, 정情이고, 금金이다

오래된 만리장성의 잔해처럼 오랜 시간 동안 얼어붙은 설산과 황무지는 봄 햇살이 오래오래 내리쬐고 빗물에 흠뻑 젖지 않고는 그 부드러운 가슴을 열기 어렵다. 서북부, 닝샤, 시하이구에서의 빈곤 구제의 길 역시 이와 마찬가지로 고되다.

닝샤 사람들은 오래전부터 눈이 녹은 후 따뜻한 봄을 기다려 왔으며 빈곤 구제와 경제발전, 옛 모습의 개혁과 같은 역사적인 변화를 기다리고 있다.

이때, 큰 키에 다부지고 의기양양한 한 사람이 친절과 관심을 가지고 닝샤 사람들에게 다가와 그들 사이로 걸어왔으니……

그는 바로 당시 푸젠성 당 위원회 서기였고 푸젠성 닝샤 맞춤 빈곤 구제 영도소조 조장이었으며, 닝샤 사람들이 말하는 가족, 시진핑이었다.

1997년 4월 16일부터 17일까지 민닝 맞춤 빈곤 구제 협력 제2차 합동 회의가 끝난 후 현지 사람들은 이드 알 아드하(Eid al-Adha) 축제를 열었고 축제 분위기 속에서 푸젠성에서 온 가족들도 문득 '새북강남'과 황토 고원의 독특한 정취를 느꼈다. 〈민닝 맞춤 빈곤 구제 협력 제2차 합동 회의 회의록 및 5개 세부 사항〉에 서명한 다음날 자치구 지도자 바이리젠, 마치즈, 저우셩센은 허궈창, 시진핑 일행과 함께 북쪽에서 남쪽으로 빈곤 지역에 대한 심층 현장 방문을 시작했다.……

닝샤의 빈곤은 도대체 어떤 것일까? 닝샤의 가난한 백성들이 먹고 사는 문제를 해결하고 빈곤에서 벗어나게 하려면 어떻게 해야 할까? 어떻게 하면 낙후 지역의 빈곤 지원과 빈곤 탈출이 과거와 다른 길을 갈 수 있을까? 이는 시진핑이 말은 하지 않았지만 오랫동안 고민해 온 문제였다. 그래서 그는 아주 조심조심 걸으며 논두렁과 언덕에서 이따금씩 발걸음을 멈추고 때때로 웅크리고 앉아 굳은 황토와 갈라진 물 저장고를 어루만지기도 하고 가끔씩 고개를 숙이고 허리를 굽혀 농가로 들어가 솥뚜껑을 열어보고 온돌 위의 얇고 낡은 이불들을 툭툭 쳐 보기도 했다.……

"저는 5~6일 동안 시 서기와 함께 북쪽에서 남쪽으로 이동했는데, 그는 모든 지역을 아주 열심히 깊이 있게 둘러봤으며 수시로 자신의 의견과 제안을 제시했습니다." 당시 시진핑이 처음으로 닝샤를 방문했을 때 전 일정을 동행했던 린웨찬은 1997년의 봄 '닝샤 방문' 당시의 세세한 부분까지 모두 기억하고 있었다.

린웨찬은 "두 지역 간의 제2차 협력 회의의 공식 회기는 이틀이었지만 닝샤 측은 우리 푸젠 지도자들에게 닝샤의 상황을 최대한 알려주기 위해 16~17일 하루 반나절씩 인촨과 주변 지역을 방문해 시찰했고, 16일 오후에는 허궈창 성장과 시진핑 부서기와 함께 인촨의 난관 칭전다쓰清真大寺를 방문해 대중들과 간담회를 열고 그들의 생활 특성과 습관 등을 파악했고, 17일 오후에는 시진핑 서기의 제안으로 푸젠의 맞춤 빈곤 지원에서 닝샤의 특성에 맞는 좋은 방법을 찾아낼 수 있는지 알아보기 위해 주변 지역을 방문했습니다. 시진핑 서기는 16일 저녁 저에게 특별히 이번 푸젠의 닝샤 맞춤 빈곤 지원을 위해 우리의 작업이 반드시 효과를 거두어야 한다고 강조했습니다. 그래서 그날 저녁 서둘러 닝샤에 있는 우리 푸젠성의 닝샤 건설을 지원하는 현직 간부에게 연락했고 우리 동지들은 저에게 '전베이바오鎮北堡의 화시춘華西村이 성공 사례로, 이곳은 생태 이민 지역으로 장쑤 화시춘의 도움으로 1~2년 만에 큰 성공을 거두었습니다'라고 했습니다. 제가 시진핑 서기에게 이 사실을 보고하자 그는 신이 나서 그곳에 가보자고 했고, 이렇게 해서 17일 오후에는 시 서기와 함께 전베이바오를 시찰했습니다.……"

이날 오후 시진핑 서기는 인촨 교외의 허란산 기슭에 있는 진베이바오의 화시춘을 찾았다. 퇴역 군인 치우완취안秋万全은 지난해 이 촌의 당 지부 서기를 지낸 사람으로 시진핑은 치우완취안에게 "이곳이 장쑤성 화시촌

1997년 인촨시 화시춘華西村의 모습

과의 맞춤 협력을 통해 지어진 마을입니까? 이름도 같은 '화시촌'이라고요?" 라고 물었다.

당시 치우완취안은 서른을 갓 넘긴 활기가 넘치고 군인 정신이 충만한 젊은이로 몸을 꼿꼿이 펴고 시진핑에게 "우리 화시촌은 1996년 초 장쑤 화시촌과 우리 닝샤가 합작해 실시한 '조장吊庄' 이민 프로젝트를 통해 조성된 마을로, 현재 마을 전체에 남부 시하이구 일대의 가난한 산간지역에서 자발적으로 이주해 온 농민들이 600여 명 정도 됩니다. 당시 원칙상의 요건은 중학교 이상의 학력에 35세 미만이었고 장쑤성 화시촌에서 이전 비용으로 1인당 300위안을 지원받아 집을 짓는 데 사용했습니다. 또 장쑤 화시촌에서는 마을의 공공시설 건설도 담당했습니다. 우런바오와 장쑤 화시촌의 우정을 생각해 우리 자치구는 이 '조장' 이민 마을을 닝샤 '화시촌'이라고 부르기로 결정했으며, 자치구 농업 건설 위원회 지도부의 직속 관리하에 있습니다"라고 말했다. 그는 또 "이민자들이 처음 이곳에 왔을 때 이곳은 봄, 가을, 겨울 세 계절에 걸쳐 수시로 황사가 해를 가리고, 어두컴컴한 땅에는 바람이 크게 부는 것이 남부 산지의 기후와는 달라 적응이 어려웠습니다. 봄이 되면 사방에 흰 염분이 나타나고 도로가 축축한 진흙투성이로 생활하기도 농사를 짓기도 매우 어려웠습니다. 당시 마을에는 트랙터 두 대가 유일한 교통수단이었으니 생활이 정말 팍팍했다고 할 수 있을 것입니다. 그러나 마을 지부와 마을 위원회는 장쑤성 화시촌과 우런바오의 도움과 자치구 농업 건설 위원회의 도움으로 힘겨운 싸움을 시작했습니다." 치우완취안은 계속해서 "저와 마을 간부들은 마을 사람들에게 '어려움은 잠시 뿐이고 견디면 반드시 승리할 것입니다!'라고 힘을 북돋아 주었습니다. 나중에 우리는 도로를 건설하고, 나무를 심고, 도랑을 파는 것부터 시작해서 아름다운 새 터전을 짓기 위해 차근차근 나아갔습니다. 이곳은 사방이 알칼리성 토지였기 때문에 생존을 위해서는 먼저 토양을 개량해야 했습니다. 때문에 마을 전체를 동원해 한 달 동안 깊이 3m, 길이 1,000m의 알칼리 배수로를 파고 한 무 한 무 농작물을 심을 수 있는 새로운 토지를 파냈습니다.……이제 겨우 1년 남짓 지났지만 이제 새로운 토지에 구기자 등 작물을 성공적으로 재배하고 있는 사람들도 있고 산동에서 들여온 우수한 품종의 돼지와 현지 면양 등으로 수익을 내고 있는 사람들도 있는 등 마을 사람들은 더 이상 이곳에서 있을 수 없을까 봐 두려워 하지 않습니다. 이제 마을 전체의 생활이 안정되고 사람들의 마음도 안정되면서 마을도 안정적으로 자리를 잡으며 발전하고 있습니다"라고 말했다.

치우완취안의 보고를 들은 시진핑은 고개를 끄덕였다. 린웨찬을 비롯한 푸젠 사람들은 흥미진진해하며 치우완취안에게 "당신 본인은 어떻게 가난에서 벗어났습니까?" 하고 물었고 치우완취안은 웃으면서 "저는 아마도 군대를 다녀온 덕분인지 바깥세상을 봐서 그런지 머리가 좀 잘 돌아가는 것 같아요! 1989년 군대를 제대한 뒤 처음에는 고향에서 사는 게 참 힘들었습니다. 그래서 작년 연초에 자치구에서 '조장' 이민을 시작한다는 소식을 듣고 그 길로 아내와 아이들을 데리고 이곳으로 왔습니다. 당시에는 다들 '빈손'에 생활도 형편없었어요"라고 말했다. 치우완취안은 자신이 마을당 지부 서기이기는 하지만 집안은 매우 가난하다고 말했다. "저희 집은 산간 지역이었는데 처음 이곳에 왔을 때 끝없이 펼쳐진 평원을 보고 설레는 마음으로 '여기가 고향보다 훨씬 더 낫구나! 가족들을 데려와서 살면 분명 부자가 될 수 있을 거야.' 그래서 속으로 결심을 했습니다.……" 치우완취안은 처음에는 아내를 데리고 흙벽돌을 쌓아주고 돌을 나르는 등 아르바이트로 생계를 유지했고 나중에 1,000위안을 모아서 그 돈으로 돼지 8마리를 사서 정성껏 키웠더니 그해 수입이 3,000위안으로 늘어났고 나중에는

8,000위안을 벌었다고 했다. 그 후 그 돈으로 자동차 수리 기술을 배우고 공구를 사서 자동차 정비소를 차렸고, 정비소로 더 많은 돈을 벌었다. 그러고는 다시 주변의 건설 기술을 가진 일부 마을 사람들을 이끌고 건설 팀을 조직해 인촨 시내와 주변 지역에서 건설 공사를 수주했고 이 일은 성공적이었다! "마을이 부유해지려면 마을 서기가 남보다 먼저, 빨리 부자가 되는 능력을 키워야죠!" 치우완취안은 이제 그는 마을 사람들 모두를 부유하게 만드는 일에 집중하고 있으며 이곳을 '만리장성 밖의 화서華西'로 만들 것이라고 자랑스럽게 말했다.

시진핑 동지는 "좋습니다! 하루빨리 '만리장성 너머의 화서'가 되기를 기대하겠습니다!"라고 말했다.

"저는 이 '조장' 이민과 '만리장성 너머의 화서'가 시진핑 서기에게 깊은 인상을 남겼다는 것을 확실히 느낄 수 있었습니다. 진베이바오 화시촌을 둘러보고 돌아오는 차에서 그는 저와 닝샤의 다른 동지들에게 '우런바오의 화시촌이 이곳에 이렇게 훌륭한 '조장' 촌을 조성했으니 우리 푸젠성도 닝샤와 손잡고 '조장' 촌을 만들고 이것이 장차 '조장' 진鎭으로 발전한다면 의미가 크지 않겠습니까!'라고 말했습니다." 또 린웨찬은 "당시 우리 모두가 시진핑 서기의 제안과 생각이 훌륭하다고 생각했고 닝샤의 동지들은 적극적으로 '시 서기, 그 제안 정말 훌륭합니다! 우리 인촨 외곽에 광활한 사막 땅이 있는데 그곳이라면 수천 명의 사람들이 이전해 와 새로운 마을, 향진을 건설하는 데 문제가 없을 것입니다'라고 말했고, 그 말을 들을 시진핑 서기는 매우 기뻐하며 '이 새로운 마을은 수원지에서 가까운 곳에 조성하는 것이 가장 좋습니다. 그러면 물 문제를 해결할 수 있을 것입니다'라고 말했습니다. 닝샤의 동지들은 그 말을 듣자마자 그에게 '있습니다! 그런 곳이 있어요. 인촨 서남부의 위취안잉玉泉營 일대가 황허에서 10리 정도 떨어져 그리 멀지 않은데 그곳에 넓은 공터가 있습니다'라고 했고 시진핑은 그 말을 들으며 연신 고개를 끄덕이면서 저에게 닝샤의 동지들과 그가 제안한 방안을 자세히 연구해 보라고 지시했습니다. 나중에 저는 신속하게 자치구와 인촨시 등의 동지들과 함께 지도와 관련 자료를 구해 시진핑 서기에게 건네주었고 장소를 정해달라고 했습니다. 시진핑 서기는 곧바로 푸젠성과 닝샤후이족 자치구가 위취안잉에서 '조장' 이민 빈곤 구제 프로젝트를 실시하는 계획에 동의하고 승인했으며, 그의 이 결정은 훗날 민닝 맞춤 빈곤 구제 협력, 나아가 중국 전역의 서부 지역 빈곤 구제, 빈곤 탈출의 모범 사례가 되었습니다……"라고 말했다.

이 일을 회상하면서 린웨찬이 너무 흥분해 나는 그녀의 몸이 조금 걱정되었다. 그러나 그녀는 나를 향해 힘겹게 손을 내저으며 부들부들 떨면서도 외치듯이 "이……이, 이……것은……온……전히, 진핑, 진핑……서기가 당, 당……당시에……제안한 일로, 완, 완전히……그……, 그 스스로……주, 주장……하고 확정, 확정해서……이루어진 일……이었어요"라고 말했다.

"린 주임님 걱정하지 마세요. 저도 잘 압니다. 민닝진閩寧鎭은 저도 한 번 가본 적이 있는데 정말 성공적인 민닝 맞춤 빈곤 구제 협력 모델이더군요. 아마도 중국 동서부 빈곤 구제 협력에서 가장 성공적인 사례이자 전 세계 개도국 빈곤 탈출의 표본일 겁니다!"

"맞아요! 맞아!" 나는 갑자기 린웨찬이 이 말을 할 때는 더듬거리지 않고 단숨에 말했다는 것을 발견했다.

"19년 후인 2016년 7월, 시진핑 총서기가 다시 당시 그가 낙점했던 민닝진을 다시 찾았을 때 그가 아주 중요한 말을 했던 것을 기억하고 있습니다! 총서기는 '민닝진은 탄탄대로를 찾아냈고 우리는 이 귀중한 경험을 전국적으로 확산시켜야 합니다!'라고 했었죠"

"맞아요! 맞아.……그때 나는 이미 몸이 안 좋았지만…… 그, 그래도 총서기가……나를 초청해서 같이……민, 민닝진……에 갔었어요……" 린웨찬이 여기까지 말했을 때 두 눈에서 눈물이 흘러내렸다.

이것은 그녀를 특히 흥분하게 만드는 일이며 20년 동안 민닝 맞춤 빈곤 구제 협력에 있어 매우 빛나는 성과이기도 하다. 나는 민닝진이 무에서 유를 창조하고 유에서 눈부신 발전을 이룩하기까지 시진핑 총서기의 20년에 걸친 민닝 맞춤 빈곤 구제 협력에 대한 관심과 피와 땀이 스며들어 있다는 것을 알고 있으며, 이것이 민닝 맞춤 빈곤 구제 협력의 모범 사례이자 시진핑의 빈곤 구제에 대한 정서와 중국의 빈곤 구제 사상이 빛을 발하는 지점이기도 하다는 것, 또한 20여 년 동안 린웨찬으로 하여금 마음을 닝샤에 두고 계속해서 마음을 놓지 못하게 하는 마음속 응어리라는 것도 알고 있다.

"나……는 눈을 감으면……그것이 생각나요……그것이 생각나면……그러면……" 린웨찬은 뒷말을 잇지 못했다.

"무슨 말씀을 하시려는지 압니다.……" 나는 서둘러 그녀에게 반드시 총서기의 요청에 따라 민닝진의 이야기를 이 책의 주요 부분에서 다루고 민닝진의 경험을 잘 요약하겠다고 말했고 그제야 린웨찬은 조금 진정되었다.

이에 우리의 생각은 다시 1997년 봄 시진핑이 인촨에서 '남하'했던 길로 다시 돌아가기 시작했다. ——

4월 18일 아침 일찍 자치구 지도자들과 허궈창, 시진핑 등 푸젠성 대표단은 인촨을 출발해 남부 빈곤 지역으로 시찰을 떠났다.

첫 번째 도착지는 퉁신현이었다.

인촨에서 퉁신현까지 현재는 고속도로가 있어 3시간이면 도착하지만 1997년에는 4시간 정도가 걸렸다. 주최 측의 계획에 따라 푸젠성 대표단은 지역 내 두 곳을 방문했는데 하나는 현도 옆의 허시진河西鎮으로 형성된 지 얼마 안 된 '조장' 이민 마을이고, 다른 한 곳은 한지아오수이샹喊叫水鄉의 몇몇 빈곤 가정이다.

"왜 이곳을 '허시'라고 부르죠?"

"칭수이 강 서쪽에 있기 때문입니다.……"

"아, 칭수이 강은 오랜 세월 계속 물이 끊기지 않았나요?"

"아뇨, 하지만 저희에겐 그것도 큰 수원입니다!"

"'조장' 이전에 이곳에 살던 주민들은 얼마나 됐었나요?"

"아주 적었습니다, 농장 몇 곳이 전부였어요.……"

시진핑은 허시진의 '조장' 이민에 대해 잘 알게 되었다. '알고 보니 닝샤는 푸젠과는 달리 평원이 많지만(사실 알칼리성 토지였지만), 인구가 적어 만약 토양 문제가 해결된다면 이민하기에 좋은 장소라는 것'이다. 푸젠의 해안 지역을 성공적으로 매립할 수 있다면 새로운 양질의 농토와 새로운 마을을 형성할 수 있는 것처럼 말이다.……

깊이 있는 연구와 세밀한 관찰, 실제 상황을 바탕으로 현지의 이점을 파악하고 사고를 확장해 옛 모습을 바꾸고 빈곤 지역을 발전시킬 수 있는 길을 개척하는 것, 이것이 푸젠성 닝더에서의 시진핑의 정치적 접근법이자 바로 이러한 실천과 탐색으로 훗날 민닝 맞춤 빈곤 구제 협력을 포함한 중국 빈곤 구제와 전국 빈곤 퇴치 투쟁을 이끄는 데 바탕이 되는 위대한 사상이 형성된 것이다.

시진핑과 늘 동행했던 린웨찬은 시진핑 동지가 처음으로 닝샤를 시찰할 때 늘 어떤 장소에 도착하면 먼저 살펴본 다음 질문을 하고 그러고 나서 묵묵히 생각을 한다는 것을 발견했다. 린웨찬은 "이것은 그의 일관된 스타일로 당시 닝더에서 빈곤 문제를 해결하고 현지 경제를 발전시켰을 때도 역시 마찬가지였습니다……"라고 말했다.

1983년부터 1988년까지 푸젠성 닝더 당 서기를 지낸 루쥐융呂居永의 뒤를 이어 시진핑이 닝더의 당 서기를 맡았다. 90세가 넘은 고령의 루쥐융은 인터뷰에서 당시 시진핑이 자신의 후임으로 왔을 때의 상황을 똑똑히 기억하고 있다고 했다.

그는 '시 서기는 닝더에 도착하자마자 현장으로 나가 조사를 시작했고 불과 한 달 만에 푸젠 동부 지역의 9개 현을 모두 돌아봤으며 자신의 연구를 바탕으로 닝더의 3가지 특징, 3가지 약점, 3가지 장점을 빠르게 정리했다'라고 말했다. 이 세 가지 특징은 '첫째, 9개의 현이 모두 핵심 구 혁명 기지였다는 것이고 둘째, 소수민족인 사족畲族이 푸젠성에 집중되어 있으며 푸젠성에서도 동부 지역에 집중되어 있다는 것이었으며 셋째, 닝더는 성 전체에서 가장 가난한 지역이자 전국 18개 집중 인접 빈곤 지역 중 하나로 '혁명 근거지·소수민족 지역·변경 지역·도서 지역·빈곤한 지역'이 모두 집중되어 있다. 닝더에는 다음과 같은 세 가지 약점이 있다. 첫 번째 약점은 교통이 막혀 있다는 것으로 당시 푸저우에서 닝더까지 도로는 푸안福安 고속도로 하나뿐으로 총 4시간이 걸렸고 닝더 내부의 교통 여건은 더욱 열악했다. 두 번째 약점은 석탄이 없고 전기가 부족하다는 것이었다. 당시 닝더에는 소형 수력발전소 하나가 전부였고 저수지가 없어 하류에 의존에 발전을 해야 했기 때문에 풍수기에는 전기가 있고 갈수기에는 전기가 없는 등 발전은 기본적으로 하늘에 의존할 수밖에 없었다. 세 번째 약점은 사람들의 사상 관념이 낡았다는 점으로, 대부분의 사람들이 농사를 짓는 것은 배를 채우기 위해서이고 돼지를 키우는 것은 설을 쇠기 위해서이며 닭을 키우는 것은 기름과 소금을 사기 위함이라는 소농 경제 사상이 심각했다. 그러나 시진핑 서기는 닝더의 3가지 강점도 정리했는데, 첫째는 정치적 이

점으로 옛 혁명 거점 지역으로서 영광스러운 전통을 가지고 있다는 점이고, 둘째는 산과 바다의 자원이 풍부하다는 것이며, 셋째는 닝더 사람들이 순박한 성향과 시련을 이겨내고 있는 힘을 다해 노력하는 정신을 가지고 있어 인적 자원 측면에서 강점을 형성하고 있다는 것이었다.

어느 철학자는 인생의 궤적이 한 사람의 이상적인 방향을 결정한다고 말했다. 외국 정치가들은 중국의 빈곤 퇴치 투쟁과 인류 역사상 보기 드문 위대한 전투를 이끈 시진핑 총서기를 높게 평가하며 시진핑과 당대 중국 공산당을 민족의 운명을 바꿀 수 있는 이상주의자라고 보았다.

그러나 그들이 언급하지 않은 다른 한 가지는 시진핑과 당대 중국 공산당은 보다 실용적인 일을 하고 실질적인 효과를 추구하는 선진 생산력의 실천자 이미지에 더 가깝다는 것으로, 심도 있는 조사를 통해 문제를 발견하고 중국의 국가 상황에 따라 신속히 조정하고 올바른 결정을 내린 후 결정한 목표를 달성하기 위해 최선을 다하는 것에 능하다는 점이다.

중국은 여전히 인구가 많고 경제가 낙후된 국가로 지역 간 격차가 매우 커 대부분의 산간 지역과 중서부 지역의 경우 자연조건이 상당히 열악해 이들 지역의 빈곤과 낙후된 상황을 개선하기는 지극히 어려운 일이다. 그렇다면 어떤 방식으로 어디에서부터 시작해야 할 것이며 결과는 또 어떻게 될 것인가 등의 문제들로 빈곤 구제와 빈곤 퇴치가 가장 어렵고 심지어 후퇴하기도쉽다. 유엔에서 빈곤 문제를 '세계적인 난제'라고 하는 것도 어쩌면 이런 이유 때문일 것이다.

아무리 어렵더라도 반드시 해결해야 한다! 마오쩌둥, 덩샤오핑에서 시작된 역대 중국 공산당 정권에서는 이 '세계적 난제'를 자국에서 인민들의 행복을 위한 탄탄대로로 풀어내겠다고 결심했다.

이러한 역사적 중책은 시진핑 동지를 중심으로 하는 중국 공산당원들의 어깨에 짊어지게 되었다. 정말 손쓸 방법이 전혀 없는 것일까? 노력해도 결실을 얻을 수 없는 것일까?

"시 서기는 퉁신현에 도착하자마자 현지의 빈곤 가정을 찾아가 현지 조사를 하고 그들의 의견을 듣고 이야기를 나누었습니다.…… 매번 주민들의 가정에 갈 때마다 솥에 음식이 있는지, 물이 있는지, 아이들이 어떤 옷을 입고 있는지, 등교는 했는지 등을 살펴보았습니다. 그저 평범한 일상인 것 같았지만 저는 시 서기가 현지의 빈곤 원인을 면밀히 관찰하고 분석해 빈곤 문제를 해결할 수 있는 실질적인 해결책을 찾고 있음을 느낄 수 있었습니다. 우리는 시 서기가 닝더에 있을 당시 이렇게 했었다는 것을 알고 있고, 바로 이 같은 착실한 업무 스타일과 진심으로 서민들의 빈곤을 개선해 주겠다는 굳은 의지 덕분에 닝더에서 불과 2년 만에 푸젠 동부 땅이 빈곤선에서 벗어나도록 할 수 있었던 것입니다.……" 시진핑을 따라 퉁신현 한지아오수이샹喊叫水鄉 저우단터우촌周段頭村의 빈곤 가구 네 곳에 들어갔을 때 린웨찬의 감정은 더욱 격해졌다.

"한지아오수이샹? 지명 참 재미있네요. 이곳은 물이 엄청 부족한 게 틀림없어요! 그렇지 않고서야 어째서 외치고 부르고 하겠어요.……" 외지에서 온 손님들이 하나같이 그랬듯이 푸젠성 대표 일행들이 이곳에 도착하자마자 역시나 이 특이한 지명에 대해 묻는 사람이 있었다.

"왜 아니겠어요! 이곳은 칭수이 강에서 불과 수십 리 거리에 있지만 맑은 강물이 이곳까지 닿지 않기 때문에 조상들이 산꼭대기에 서서 외치고 부르고 할 수밖에 없었다는 데서 이런 지명이 유래되었답니다.……" 한지아오수이샹의 주민들이 이렇게 말했다.

"우리 마을 서쪽에 샤류수이향下流水鄉이라는 곳이 있는데 그들은 심지어 외치는 소리조차 들리지 않습니다. 우리가 소리를 질러 칭수이 강의 물을 움직여야 물 몇 방울이 겨우 그곳까지 흘러 들어갈지 모릅니다!" 마을 사람들은 뒤편의 서쪽을 가리키며 자조적인 어조로 말했다.

물! 물이 없는 대지는 모래언덕과 사막, 혹은 알칼리성 토지였다. 묵묵히 앞뒤로 끝없이 펼쳐진 알칼리성 모래 언덕을 바라보던 시진핑의 눈빛에 엄숙함이 묻어났다. 하지만 아득한 알칼리성 모래 언덕을 바라보던 눈길을 돌려 가까운 마을을 바라보며 두 손을 꼭 맞잡을 때는 다시 따뜻하고 다정한 모습으로 돌아왔다. 늘 시진핑의 곁에서 일하던 린웨찬에게는 이 같은 장면이 매우 익숙했다. 마을 사람들의 집을 찾아가 이야기를 나눌 때마다 시진핑은 항상 친근하게 다가가 그를 처음 본 사람들로 하여금 집에 가까운 친척이 찾아온 것 같은 느낌을 받게 할 정도로 허물없이 대화하고 친절하고 상냥해 오만한 느낌이 전혀 없었다. 이런 태도는 서민들이 그에게 진심으로 자신들의 실상과 희망을 털어놓을 수 있도록 했으며 덕분에 시진핑은 여러 사람의 의견과 조언을 경청하고 이를 바탕으로 문제를 해결하기 위한 '다리'와 '길'을 찾아낼 수 있었다.

"지도자의 책임은 주로 '다리'와 '길'의 문제를 해결하는 것입니다." 1989년 1월 시진핑은 〈안후이일보安徽日報〉 기자와의 인터뷰에서 이같이 말했다. (〈빈곤 탈출〉 p.76 참조)

'다리'와 '길'의 문제에 대해 시진핑은 다음과 같이 설명했다.

> '다리', 즉 다리를 건설하는 것은 대중이 상품을 생산하고 개발할 수 있도록 교량을 만드는 것입니다. 예를 들어, 지역 경제를 합리적으로 배치하고 올바르게 지도하며 효과적인 서비스를 제공하는 것입니다. 하지만 이것만으로는 충분하지 않으며 개혁개방의 과정에서 나타날 수 있는 대중의 인식의 모호함을 해소하고 관계를 바로잡는 데에도 주의를 기울여야 합니다. 예를 들어 중

국 공산당 13기 3중전회에서 '경제 조건 관리, 경제 질서 확립, 개혁' 방침을 제시했는데 건설과 개혁을 거둬들이고 중단해야 한다고 생각하는 사람들이 많습니다. 이는 3중전회의 정신을 긍정적인 관점에서 이해하지 못했기 때문입니다. 교통질서를 바로잡고 노면을 정비하는 것이 차량의 통행을 원활히 하도록 하기 위한 것인 것처럼, 경제 조건을 관리하고 경제 질서를 바로잡는 것은 개혁을 심화하는 데 필요한 조건을 마련하기 위함입니다. 이를 위해서는 전반적인 상황을 고려함과 동시에 현지 실정도 고려해야 하며, 특수성을 강조하여 중앙 정부의 방침을 실행하지 않아서는 안 되며 '일률적으로' 처리해서도 안 됩니다. 따라서 우리는 혼란이 있으면 혼란을 다스리고, 열이 있으면 열을 식히고, 추우면 따뜻하게 하고, 보호와 동시에 억제하고, 촉진함과 동시에 통제함으로써 경제를 건전하고 안정적으로 발전시킬 수 있습니다. 이것이 바로 '다리' 문제를 해결하는 것입니다.

'길'은 지역 경제 발전의 길을 결정하는 것을 의미하는 것으로 중앙 정부와 성의 전반적인 배치, 전체적인 작업의 큰 배경, 대전제, 해당 지역의 실질적인 상황을 고려해야 합니다. 푸젠성 동부 지역은 혁명 근거지·소수민족 지역·변경 지역·도서 지역·빈곤한 산간 지역에 속하며, 해안선 길이는 913km이고 섬은 300개가 넘는데 건국 이후 모두가 알고 있는 이유로 국가에서 이곳에 거의 투자를 하지 않아 지금까지 경제가 상당히 낙후되어 있습니다. 어떻게 해야 할까요? 현실적인 측면에서 연해 지역의 강점을 발휘하고 기회를 포착하여 연안 경제 발전 전략을 수립 및 시행하며 비교하지 않고, 소극적이거나 무모한 행동을 하지 않으며, 어려운 가운데서 생존을 추구하고 생존 속에서 발전을 추구해야 합니다. '천 리 길도 한 걸음부터'라고 했습니다. 첫 걸음은 가까운 시일 내에 할 수 있는 일을 하는 것이며 이것이 바로 우리가 나아가야 할 길입니다. (〈빈곤 탈출〉 pp.76~77) 참조)

닝더에서 시진핑과 함께 일했던 전 닝더 지구 책임자 천쩡광陳增光은 주변 사람들에게 당시 불과 35세였던 시진핑과 처음으로 푸젠성 동부 농촌 지역에 갔을 당시의 두 가지 일화를 자주 이야기하곤 한다.

그해 여름, 시진핑은 지방 위원회 간부 몇 명을 데리고 푸안현福安縣의 반중 사족坂中畲族 마을을 찾았다. 현지 사족 사람들의 손님을 맞는 최고의 예우는 찹쌀을 익혀서 땅콩, 참깨를 넣어 둥글게 뭉쳐 덩어리로 만들어 대접하는 것으로 '때가 되어 운이 트인다'라는 행운의 의미를 담고 있다. 이런 음식을 준비하는 데 많은 에너지를 소모해야 하기 때문에 귀한 손님이 오면 사족은 재료를 준비하는 데만 며칠이 걸린다. 그리고 찹쌀을 먹을 때는 반드시 손으로 집어서 먹어야 하는 풍습이 있다. 당시 시진핑 서기와 함께 있던 천쩡광은 시 서기가 먹기에 불편할 것 같기도 하고 비위생적이라는 생각이 들기도 해서 젓가락을 갖다 주려고 했지만 시진핑이 이를 제지했다. 시진핑은 '그래서야 되겠습니까? 다른 사람들이 손으로 집으면 우리도 손으로 집어야지 젓가락을 가져오면 관료는 백성들과 먹는 것도 다르다는 인상을 주지 않겠습니까?'라고 말하며 다른 마을 사람들처럼 책상다리를 하고 찹쌀을 집어 입에 넣고는 정말 맛있다며 사족들을 향해 엄지손가락을 치켜세웠다. 현지 주민들은 이 지방 위원회 서기는 어쩌면 이렇게 소탈하냐며 먹는 것이 우리랑 똑같다고 시진핑을 칭찬했다. 그러자 사족 마을 사람들이 몰려와 둘러싸고 너도나도 처음 만난 이 '대간부'와 잡다한 이야기를 나누기 시작했다.……

닝더 핑난현屏南縣에서 시진핑이 한 옛 간부를 방문했을 때의 일이다. 이 지역에서 최고의 예우는 쑥잎으로 차 계란을 만드는 것이었다. 쑥잎은 한약재의 일종으로 지역 주민들은 물을 끓인 다음 이 끓는 물을 바로 달걀물에 탄 뒤 설탕을 넣는다. 이를 쑥잎차 계란이라고 부르는 귀한 손님이

푸젠성 닝더시 구톈현古田縣은 "중국의 식용 균류의 수도"로 알려져 있다.

왔을 때 대접한다. 현지 사람들은 시진핑 서기가 온다는 소식에 매우 반가워하며 쑥잎으로 차 계란을 만들어 대접하자고 했다. 천쩡광 등 수행원들은 끓인 물이 충분히 뜨겁지 않으면 계란 물이 잘 익지 않기 때문에 외부인이 마셨을 때 소화가 잘 안된다는 것을 알고 있었다. 그들은 막 닝더에 온 시진핑이 물갈이를 할까 걱정되어 그냥 마시는 척만 하고 진짜 마실 필요는 없다고 했다. 시진핑은 웃기만 하고 아무 말도 하지 않았다. 집 주인이 쑥 잎 차 계란 한 그릇을 내왔을 때 그것을 받아 들고는 조금도 망설이지 않고 한 번에 다 마셨다. '좋았어! 시 서기는 꼭 우리의 오랜 친척 같네!" 그를 본 현지인들은 기뻐서 어쩔 줄 몰랐다.

"시진핑 서기의 일 처리 특징은 조사를 하면서 동시에 연구하고 문제를 해결할 방법을 고민하는 것입니다." 천쩡광은 시진핑이 처음 닝더에 왔을 당시 단숨에 9곳을 돌아보고 각 지역마다 발전 방향을 제시했던 것을 떠올렸다.

첫 번째 목적지는 구톈현古田縣이었다. 이 현은 구톈강古田溪에서 이름을 딴 옛 혁명 기지이자 빈곤 지역이다. 시진핑은 현지 주민들이 식용 균류 생산을 위해 숲의 나뭇가지와 면실피를 원료로 사용하는 것을 보고 확신에 찬 어조로 '농민들이 이루어낸 기술적 성과로 반드시 잘 발전시켜야 한다'라고 말했다.

시진핑은 핑난현屏南縣에 가서는 '핑난핑난, 빈곤하고 어렵다는 말이 있다고 들었다며, 핑난현이 지금은 경제적으로 낙후되어 있지만 그렇다고 '빈곤하고 어렵다'라고 말하는 대신 큰 잠재력과 큰 희망이 있음을 보고 자조적인 말 대신 동기를 부여하고 사기를 북돋울 수 있는 말을 해야 한다'라고 지적했다.

저우닝현周寧縣에서는 이곳에 자연 생태 환경이 아주 양호한 잉어 계곡이 있다는 사실을 알고 현지인의 소개를 흥미롭게 경청했다. 알고 보니 이 잉어 계곡에는 사연이 있었다. 수백 년 전 연안에 두 마을이 있었는데 사이가 좋지 않아 늘 다퉜다고 한다. 그래서 그들의 조상은 개울에 잉어를 키우는 방법을 생각해냈는데, 이는 상대방 마을이 물에 독을 타지 않을까 두려워한 나머지 물고기가 있는데 독을 넣으면 물고기가 죽어 마실 수 없는 물이라는 것을 바로 알 수 있을 것이라 생각했기 때문이다. 그 후 이 개울에 점점 잉어가 늘어나 잉어 계곡이 되었다는 것이다. 시진핑은 '잉어 계곡은 문화와 전통이 있으니 관광 산업을 발전시켜 현지 경제 발전을 이끌 수 있을 것이다'라고 말했다. 이어 그는 특별히 황쩐팡黃振芳이라는 임업 농가를 찾았는데, 이 산민이 산에 큰 숲을 조성하고 온 가족이 산 위로 이주했다는 것을 듣고 무더위를 무릅쓰고 직접 산에 올라 방문할 것을 고집했다. 황쩐팡을 만난 후 그는 '당신의 접근 방식은 산간 지역에서 부를 창출할 수 있는 좋은 방법이고 당신은 그 선두주자이니 반드시 인내하며 지속해 나가길 바라며 어려운 점이 있으면 도와줄 것'이라며 격려했다. 나중에 시진핑은 그의 저서 〈빈곤 탈출〉에서 황쩐팡에 대해 "저우닝현의 황쩐팡 가족 삼림 농장은 잘 운영되고 있으며 임업 발전을 위한 토대를 마련해 주었다"라고 언급했다. 천쩡광은 훗날 시진핑의 '녹수청산이 바로 금산은산이다'라는 이론도 사실 그 무렵 비슷한 개념이 싹튼 것이라 보고 있다.

서우닝현壽寧縣에서 조사를 할 때 시진핑은 풍몽롱馮夢龍이 이곳에서 지현知縣을 지내며 〈수녕대지壽寧待志〉라는 저서를 남겼다는 이야기를 들었다. 시진핑은 많은 책을 읽어 풍몽롱의 문화적 공헌에 대해 익히 알고 있었으며 〈수녕대지〉에 대해 이야기할 때 '풍몽롱은 이 책을 쓸 때 특별히 신경을 썼다'며 '자신이 일을 잘 해내지 못했다고 생각해 후세 사람들이 이를 보완하도록 하겠다는 뜻을 담아 '기다려서 뜻을 이루다待志'라는 제목을 지은 것으로 이는 풍몽롱이라는 사람의 문화적 수준과 경지를 보여주는 것이다'라고 했다. 또 풍몽롱은 남녀평등을 옹호하는 사람이기도 했다. 과거에 수녕에는 반드시 아들을 낳아야 하는 악습이 있어 태어난 아이가 여자아이면 아이는 버려졌다. 풍몽롱은 지현으로 있을 당시 이런 일들을 수없이 겪였고 매우 불만스러워하며 현의 정자에 '남자나 여자나 다 똑같다. 너의 어머니도 여자이고 너의 어머니가 없었다면 어떻게 네가 있겠는가'라는 내용의 포고문을 써붙였다. 시진핑은 이 이야기를 마친 후 '봉건 왕조 시대의 유명한 역사적 문인이 이러한 민주 정신과 진보적 관념을 가지고 있다는 것이 정말 감탄스럽다'라고 감동 어린 어조로 말했다. 풍몽롱은 또한 유교의 '무송無訟' 이념을 실천하여 갈등을 기저층에서 해결하자고 주장하였는데 이렇게 되면 제소하는 사람이 없게 되어 '무송', 즉 '소송이 없는 사회'가 될 수 있다는 것이다. 일부 현지 간부들은 시진핑에게 서우닝의 낙후된 상황을 언급할 때 미래 발전에 대한 두려움을 내비치기도 했는데 시진핑은 간곡하게 '서우닝의 기초 여건이 열악하고 서민들의 생활도 어려운 것이 사실이나 허난河南의 란카오蘭考에 비하면 훨씬 낫다'라며 '여러분께서 쟈오위루焦裕祿처럼 인민을 위해 봉사한다는 생각과 정신으로 몇 년 동안 전심전력을 다한다면 반드시 지금의 모습을 바꿀 수 있을 것'이라고 말했다.

천쩡광은 "9개 현에 내려갔을 때 시 서기는 푸젠성 동부 지역 전체에 대해 마음속으로 계산을 하고 전반적인 상황을 종합적으로 고려하여 낙후된 지역을 어떻게 발전시킬 것인가에 대한 아이디어를 제시했는데, 나중에 닝더 사람들은 시진핑이 제시한 '약한 새가 먼저 난다'와 '낙숫물이 댓돌을 뚫는다'라는 이론을 빈곤 탈출을 위한 특효약이라고 불렀습니다"라고 말했다.

"'낙숫물이 댓돌을 뚫는다'는 것은 쉽게 이해할 수 있을 것 같습니다, 결심과 굳은 의지를 말하는 것 아닙니까. 그런데 '약한 새가 먼저 날아간다'라는 것은 무슨 뜻인가요? 린 주임님께서 어서 설명 좀 해주십시오.……" 그해 봄, 닝샤의 대지는 유난히 따뜻해 보였는데 그것은 푸젠에서 온 사람들이 시찰하러 가는 곳마다 현장에서 얻은 귀중한 경험과 지식을 닝샤 사람들에게 전해주었기 때문이다. 닝샤 사람들은 시진핑 서기가 예전에 닝더에서 빈곤을 퇴치해 본 경험이 있다는 이야기를 듣고 수행원들에게 그 일에 대해 물었다.

이에 린웨찬을 비롯한 푸젠성 사람들은 닝샤의 동지들에게 시진핑의 닝더에서의 빈곤 구제 경험과 빈곤 구제 이념을 소개하기 시작했고, 이 같은 내용은 시진핑의 저서 〈빈곤 탈출〉에서도 확인할 수 있다.

상품 경제가 발전하고 있는 넓디 넓은 세상에서 현재 가난한 푸젠성 동부가 '약한 새'인 것은 의심할 여지없는 사실인데 어떻게 하면 이 '약한 새'를 먼저 날게 할 수 있을까? (〈빈곤 탈출〉 p.1 참조)

그래요? 우리 닝샤, 우리 시하이구의 가난한 현들은 바로 '약한 새' 중의 '약한 새'인데도 먼저 날게 할 수 있을까요? 닝샤의 동지들은 중국의 서부 지역에 있는 자신들이 항상 '자연적으로 가난하다'라고 여겼으며, 기다리고 의존하고 요구하는 것 외에는 다른 방법이 없다고 생각했다. 그들은 심지어 빈곤에서 벗어나고자 스스로 노력하는 것이 부질없다고 생각했다. 그래서 시진핑이 닝더 지역이 빈곤에서 벗어나는 것을 성공적으로 이끌었다는 소식을 접했을 때, 이들은 그가 어떻게 지역 주민들을 빈곤에서 벗어나게 했는지 궁금했고 간절히 알고 싶었다.

"그럼 할 이야기가 많겠는데요!" 린웨찬 일행은 닝샤 동지들의 요청을 듣고 기뻐했다. 확실히 푸젠성에서 인터뷰를 하고 베이징에서 닝더 출신의 문학가 친구들에게서 시진핑 동지의 닝더 시절 이야기를 들으니 더 다채롭고 흥미진진하게 느껴졌다.

닝더현의 현 위원회 서기로 당시 시진핑의 지도 아래 닝더현의 경제와 사회 발전을 주도했던 천시우마오陳修茂의 입에서는 시진핑 동지가 당시 어떻게 간부들과 주민들을 이끌고 빈곤에서 벗어나도록 했는지에 대한 놀라운 이야기가 쏟아져 나왔다. 천시우마오는 '시 서기가 한동안 심도 있는 연구를 한끝에 닝더 지역 전체의 면면을 더 깊이 이해하게 되었고 곧바로 우리와 회의를 했다'라고 말했다. 그는 "현재 닝더의 모든 사람들이 가난에서 벗어나고 싶어 하지만 대부분의 사람들은 여전히 해안 지역에서 '약한 새'에 속한다. '약한 새'면서 과거에 항상 국방의 최전선에 있었기 때문에 모두의 생각은 '기다리고等, 의지하고靠, 요구하는 것要'으로 돌아갔습니다. 그래서 '약한 새'에게 있어 오직 하나의 탈출구만 있다고 생각합니다. 언제까지 기다리고, 요구하고, 의지해야 좋은 날이 올까요! 이것은 불가능한 것이며 이렇게 해서는 정말 좋은 날은 오지 않을 것입니다"라고 말했다. 그러자 누군가가 "우리 같은 '약한 새'가 정말 먼저 날 수 있을까요?"하고 물었고 시진핑은 "가능하다고 생각하고, 게다가 전적으로 가능성이 있다고 생각한다"고 말했다. 그리고 그는 '닝더의 빈곤 구제를 위해서는 계획을 세우고 신념을 가질 수 있도록 도와야 하며 발전을 위해서는 먼저 '기다리고, 의지하고, 요구하는' 생각을 버려야 한다'며, "닝더의 지리적, 자연적, 전통적 장점의 관점에서 볼 때 '약한 새가 먼저 날아가는 것'은 전적으로 가능하지만 우리가 먼저 자신감과 믿음을 갖는 것이 중요합니다"라고 말했다. 또 "빈곤은 객관적인 사실이자 역사적, 현실적인 원인이 있지만 빈곤 지역의 사람들, 특히 간부들은 '빈곤', 특히 '안빈낙도'나 '가난해도 만족할 줄 안다'라는 식의 관념을 가지거나 무조건 원망만 해서는 결코 안되며 이러한 관점은 모두 정리되어야 합니다. '약한 새'가 먼저 날 수 있고 가난한 사람이 먼저 부자가 될 수 있지만, 먼저 날고 먼저 부자가 될 수 있을지는 우리의 머릿속에 그런 의식이 있는지에 달려 있습니다. 따라서 우리의 최우선 과제는 간부와 대중이 생각을 크게 개방하고 관념을 쇄신하며 '약한 새가 먼저 날 수 있고 가난한 사람이 먼저 부자가 될 수 있다'라는 변증법을 널리 알리는 것입니다. 이렇게 함으로써 낡은 틀을 벗어나 문제를 새롭게 바라볼 수 있을 뿐 아니라 우리의 정신을 고양시킬 수 있을 것입니다."라고 말했다.

천시우마오는 "시 서기는 '많은 동지들이 국가가 계획된 원자재를 더 많이 배정해 주길 바라고 있다'라고 말했습니다. 어쨌든 '한신이 군사를 거느리니 많을수록 좋다'라는 말처럼 더 많은 관심을 받고자 하는 것이 나쁜 것이 아닙니다. 이런 마음도 이해가 갑니다. 하지만 원자재 부족과 자금난을 해결하는 열쇠는 우리 스스로가 쥐고 있어야 합니다. 즉, 이러한 입장의 변화야말로 '먼저 날아가는 것'을 가능하게 하기 위한 첫 번째 전제입니다. 우리는 모든 일을 남에게 부탁하는 것에서 먼저 스스로 해결하려고 하는 것으로 태도를 바꿔야 합니다. 예를 들어, 잠재력을 발굴하고 비용을 절감하는 데 집중하고 외부 도입 및 내부 연계를 통해 안정적인 물자 협력 네트워크를 구축할 수 있을 것이며 각 현이 일정한 이윤을 양도하는 정책을 수립하도록 독려할 수 있을 것입니다. 우리는 일부 제약을 받지 않는 분야에서 빈곤 지역이 자신만의 특별한 강점을 활용해 놀라운 발전을 이루도록 할 수 있는 충분한 능력을 가지고 있습니다. 즉, 빈곤 지역이 오로지 자체적인 노력과 정책, 강점, 우위를 바탕으로 특정 분야에서 '먼저 비상'함으로써 빈곤으로 인한 불리한 부분을 보완하도록 할 수 있다는 것입니다. 이와 관련된 사례는 수없이 많습니다. 도시와 특별구역의 전자 산업 분야에서 많은 주요 기업들이 조업을 제대로 하지 못하고 있고 어려움을 겪고 있는 상황에서도 빈곤 지역인 샤푸霞浦는 전자 안마기 등을 국내외 시장에 지속적으로 진출시켜 공급이 수요를 따르지 못할 정도로 좋은 평판을 얻고 있습니다. 분명 샤푸의 조건이 대도시나 특별구역보다 낫다거나 전자 산업을 영위하기 위한 여건이 주요 전자 회사들보다 좋다고 할 수는 없을 것입니다. 그럼에도 이 사례는 '먼저 비상'하는 것이 가능성에 그치지 않고 현실화될 수 있음을 증명하고 있습니다. 상품 개념과 시장 개념, 경쟁 개념은 모두 빈곤 지역에 있어 새로운 개념으로 이 모든 것이 '먼저 비상하기'라는 의식의 일부가 되어야 합니다. 이러한 개념이 없다면 매일 상품 경제를 외친다 한들 공허한 이야기에 불과한 것입니다. 시 서기는 또 우리와 비교하여 '연해의 개방 지역인 광둥성은 일찍 문을 열고 발 빠르게 움직여 눈부신 성과를 거두었다'라고 말했습니다. 가장 중요한 것은 광둥 사람들은 위아래 할 것 없이 모두가 '먼저 비상'하려는 의식을 가지고 있었고 그러한 바람이 강렬해 마침내 날아올랐다는 것입니다! 그는 또한 닝더 근처의 원저우溫州를 예로 들었는데, 시 서기가 우리와 함께 푸젠 동부의 9개 현을 둘러본 직후 간 곳이 바로 원저우였기 때문입니다. 그는 '다들 보셨겠지만 원저우는 닝더와 인접해 있고 장점도 그렇게 많지 않다고 하지만 그곳 사람들은 개방적인 사상과 '먼저 날아가고자 하는' 의식을 가지고 있기 때문에 '약한 새'에 불과했음에도 최근 몇 년 사이 전국 각지의 상공 이곳저곳을 훨훨 날아다니고 있습니다……'라고 말했다.

"아이고, 시 서기는 정말 대단하군요! 그가 한 말들은 지금 우리 닝샤의 상황과 정확히 맞아 떨어집니다! 솔직히 말해서, 닝샤의 빈곤 구제 작업에서 가장 어려운 점 중 하나가 바로 많은 간부들과 대중들의 머릿속에 너무 생각이 많아 국가나 외부에서 도와주기만을 기다리거나 한숨을 쉬면서 이것도 안되고 저것도 안된다고 생각만 하고 있고 막상 나서서 '약한 새가 먼저 난다'라고 하는 사람은 별로 없다는 것입니다!" 닝샤의 동지들은 푸젠성 사람들이 닝더를 빈곤에서 벗어나도록 이끈 시진핑의 통치 철학과 방법에 대한 이야기를 듣고 감개무량해 푸젠 대표단의 '남쪽을 향한' 시찰에 동행해 시진핑 서기가 닝샤를 어떻게 보고 있는지, 닝샤의 빈곤 구제를 어떻게 지원할 것인지에 대해 매일 한마디라도 더 듣고 하나라도 더 보고 싶어 했다.

"네? 시 서기가 산시, 간쑤, 닝샤 위하이현豫海縣 후이족 자치 정부가 수립된 곳에 있는 칭전다쓰清真大寺에 가보고 싶어 한다고요?!" 퉁신현의 간부들은 린웨찬의 이 말을 듣고 놀라면서도 기뻐하며 즉시 준비하겠다고 말했다. 18일 당일, 시진핑의 요청에 따라 퉁신현은 즉시 린웨찬과 닝샤의 빈곤 구제를 지원하기 위해 온 푸젠성 간부들의 퉁신현 외곽의 퉁신 칭전다쓰 참관을 준비했다.

"퉁신현이란 이름은 정말 잘 지은 것 같습니다! 이곳의 지명마다 깊은 의미가 담긴 것 같아요.……" 칭전다쓰로 향하는 길에 시진핑 일행은 길 양쪽의 자연 경관을 흥미롭게 구경하며 '퉁신同心'이라는 지명에 대해 열띤

토론을 벌였다.

"맞아요, 통신, 바로 한마음 한뜻이라는 뜻으로 이곳의 모든 민족과 당이 한마음 한뜻이라는 뜻입니다!" 통신현의 간부 하나가 말했다. 그는 이어서 "통신현은 과거 한때 '싼수이三水', '웨이저우韋州', '핑위엔平遠', '위왕豫旺', '위하이豫海' 등으로도 불렸다고 자세히 소개했다. 이곳은 500년 전부터 후이족 집단 거주지가 되기 시작했고 1936년, 홍군의 서부 원정군인 홍군 제15군단이 이 지역에 들어왔고 유명한 홍군의 장군 펑더화이彭德懷, 니에롱전聶榮臻, 쉬하이동徐海東 등이 이곳에서 싸웠다.

〈중국의 붉은 별(Red Star Over China)〉의 저자이자 미국의 유명한 저널리스트 에드가 스노우(Edgar parks snouw)는 1936년 이곳을 방문했을 때 펑더화이 사령관의 환대를 받았다. 그해 10월 중국 공산당이 이끄는 최초의 현급 후이족 자치 정부가 이곳 통신 칭전다쓰에 세워졌다. 당 지도부와 현지 후이족 지도자 마허푸馬和福를 주석으로 하는 붉은 혁명 정권인 '위하이현 후이족 자치 정권'이 수립되었고 소수 민족 지역에서 붉은 정권의 깃발이 되어 마오쩌둥과 당 중앙에게 높이 평가되고 주목을 받았다. 1938년 옛 위왕현과 위하이현이 통합된 새로운 현이 탄생했는데 옛 위하이현 통신진에 위치하여 '통신현'이라고 명명되었다.

"'통신'이라는 이름에 이런 내력이 있었군요!" 시진핑과 다른 푸젠성 동지들은 이 설명을 듣고 일제히 웃었다. 그러자 누군가 "지금 중앙 정부의 요청에 응해 우리 닝샤와 푸젠이 짝을 이뤄 맞춤 빈곤 구제를 위해 협력하고 있으니 또 한 번 '한마음'으로 싸우고 있는 거네요!"라고 말했다.

"좋은 말씀입니다!" 칭전다쓰로 향하는 길 내내 다정한 웃음소리가 끊이지 않았다.

시진핑과 수행원들은 통신 칭전다쓰 안팎에서 사원 건물과 사원 내 후이족 자치 정부의 수립에 관한 사료들을 꼼꼼히 살펴봤다. 사원의 정자에 올라가서 정자 주위를 둘러보고 먼 곳을 바라보던 시진핑의 가슴은 한참 동안 설레었고 잠시 후 퉁신현 간부와 수행원들에게 "이 땅은 한때 홍군 선열들과 후이족 혁명 동포들이 피를 흘린 흘린 곳으로 우리는 하루빨리 이곳을 잘 가꾸어 이곳의 인민들이 행복한 삶을 살 수 있도록 해야 합니다"라고 말했다.

사원 직원이 정자 위에 있는 천년 된 '구기자 왕'을 가리키며 소개하자 시진핑은 앞으로 나서서 울창하면서도 여전히 왕성한 생명력을 뿜어내는 구기자 나무를 살며시 쓰다듬으며 "구기자는 닝샤의 보물이니 구기자가 사람들을 부유하게 하는 보물이 되도록 해야할 것입니다!"라고 말했다.

"시 서기님의 눈에는 우리 닝샤도 온통 보물로 가득 차 있는 것처럼 보이나 봅니다!" 시찰단의 여정은 계속해서 남쪽으로 이어졌으며 그와 동행한 닝샤 동지들은 이따금씩 린웨찬 등 푸젠성 사람들에게 조용히 속삭였다. 린웨찬과 푸젠성 간부들은 회심의 미소를 지으며 '시 서기는 강점으로부터 더 잠재력이 큰 강점을 찾아내고 약점에서도 장점을 찾아내는 남다른 리더십을 가진 분입니다"라고 속삭였다.

그렇다, 나중에 닝샤 동지들과 지금의 나는 1988년 시진핑이 쓴 〈약한 새가 어떻게 먼저 날아오르는가〉라는 저서에서 빈곤 지역의 간부들과 대중들을 동원하고 교육하여 '바다를 건너는 기술'을 배우도록 해야 한다는 것에 관한 내용을 접할 기회가 있었다. ——

그는 '날게 된다면 당연히 바다를 가로질러 날아가려 노력하고 밖으로 날아가 글로벌 시장에서 비바람을 견디고 상품 경제에서 세상을 볼 수 있을 것'이라고 언급했다. 시진핑은 빈곤 지역이 현지의 객관적인 조건에서의 '하드'와 '소프트'를 어떻게 다룰 것인지를 이야기하면서, 일반적으로 빈곤 지역에는 '하드' 조건이 부족하지만 '소프트' 조건에 대해 더 많이 이야기할 수 있다고 지적했다. 소프트 환경 조성 측면에 있어서도 통상적으로 좋은 글을 쓸 수 있으며 '하드' 조건이 부족한 빈곤 지역일수록 '소프트' 측면의 노력에 더 많은 관심을 기울여야 한다는 것이다. 그는 "'소프트' 측면에서의 노력은 '약한 새'인 빈곤 지역이 날아서 바다를 건너갈 수 있도록 하는 고도의 기술이다"라고 언급했다.

천시우마오는 "각 빈곤 지역의 지역 특성에 따라 주민들이 이미 가지고 있고 창조할 수 있는 발전 잠재력을 탐색하고 개발하는 것은 시진핑 서기가 닝더에서 경험한 큰 통치 혁신 중 하나로 대성공을 거두었습니다"라고 말했다. 그는 당시 시진핑 서기가 닝더 지역 전체가 가난에서 벗어나 부유해지기 위한 장기 계획, 즉 환경을 보호하고 나무를 심는 한편, 현지 실정에 맞게 다양한 경제 발전 계획을 수립했다고 회고하며 "각 현은 자체적인 특성에 따라 다른 개발 목표를 설정할 수 있습니다. 예를 들어, 우리 닝더현에는 연해 마을과 산간 마을이 모두 있는 복합형 도시이자 지역 위원회, 행정 공서 소재지이기도 하기 때문에 당시 시 서기는 우리 닝더현에 대해 지역의 지리적 위치를 살려 연해 지역이 산간 지역의 발전을 이끌도록 하고 개발 목표는 지역 경제 발전 센터를 설립하는 것으로 포지션을 설정했습니다. 이 계획은 지역 특성에 맞고 미래지향적인 계획으로 닝더에 큰 도움이 되었습니다"라고 말했다.

천시우마오는 "1987년 9월, 닝더의 지우두향九都鄉 사족 마을畲族村인 지우시엔촌九仙村에서 계속되는 폭우와 토사 유실로 어느 날 밤 산사태가 발생했는데, 가까스로 탈출한 한 명을 제외한 15가구 32명의 마을 주민이 모두 숨졌고 우리 모두는 정말 마음이 아팠습니다. 나중에 저는 시 서기와 함께 이 마을의 재해 후 복구된 마을 생산 및 생활 실태를 조사했고 닝더 지역에서 산사태가 자주 발생하는 주된 원인이 심각한 산림 파괴라는 것을 알게 되었습니다. 이 사실을 알게 된 시 서기는 우선 이 마을을 산사태가 발생하지 않는 평지로 옮긴 후 지역 전체에 조림을 하도록 요청했습니다. 그래서 우리는 그 요청에 따라 다시 부지를 선정하고 신지우셴촌新九仙村을 조성했습니다. 나중에 시 서기는 특별히 신지우셴촌 주민들을 찾아 조림의 중요성을 설명하고 농민들이 더 많은 차나무와 과일나무를 심도록 자신감을 북돋아 주었습니다. 이후 우리는 그의 장기적인 안목과 실용적인 아이디어를 실행에 옮겼고 덕분에 현 전체의 경제가 빠르게 발전해 백성들의 먹고사는 문제가 근본적으로 해결되었습니다."

"약한 새가 먼저, 빠르게, 높이 날 수 있게 하려면 지역 상황에 맞는 경제 발전 방법을 모색해야 합니다." 시진핑은 낙후 지역 빈곤 탈출의 요지를 한 문장으로 정리했다. (〈빈곤 탈출〉 p.6 참조)

시진핑 일행은 4월 19일부터 시하이구 지역에 도착해 처음으로 찬란한 고대 문명을 꽃피웠던 영광스러운 땅을 밟았다. 수행원들은 항상 재킷 상의에 운동화를 신은 시진핑이 이곳에서 혼자 조용히 사방의 높디높은 류판산을 바라보며 때로는 룽상隴上의 황토 산등성이 위를 빠르게 걷다가 또 때로는 메마르고 갈라진 계곡 앞에서 걸음을 멈추고 오랫동안 응시하고 또 응시하는 것을 발견했다.……그 눈빛은 마치 질문을 던지고 동시에 답을 찾는 것처럼 이상하리만치 복잡한 감정들로 가득 차 있었다. 그가 가난한 서민들의 집에 다시 발을 들여놓았을 때 그의 눈은 근심과 연민으로 가득 차 있었다.

집에 있는 식량은 얼마나 먹을 수 있습니까?

아이들은 모두 학교에 갈 수 있습니까?

아프면 치료를 받을 수 있습니까?

물 저장고의 물은 며칠 동안 깨끗한가요?

…………

그는 많은 것들을 세세하게 물었는데 목소리는 낮게 가라앉았으며 심지어 조금 떨리기까지 했다.……

이곳에서 그는 7년 넘게 살았던 산시성 북부보다 더 가난하고 더 메마른 황토 고원을 보았고, 또 이곳에서 감자를 씹고 입안에 황사를 가득 머금고서 물 한 모금의 '천국'을 바라며 부르는 노래를 들었다. ——

시하이구에서는 물 한 모금을 마시는 것이 천국에 가는 것과 같다.

아, 물 한 모금 마시고 천국에 가야겠다.……

나의 시하이구야, 네가 물 한 모금만 주면 나는 천국으로 가겠다.

기뻐서 엉덩이를 들썩거리며 갈 것이다. ——

가슴이 찢어질 듯하고 마음이 불타오른다. 그의 눈길은 고대 만리장성의 우뚝 솟은 그림자에 머물렀고 마음속에서는 위대한 목소리가 솟아났다. ——

하늘 높고 구름 맑은데, 멀리 보니 기러기는 남쪽으로 가네

장성에 이르지 못하면 사내가 아니니, 지나온 길 헤아리니 2만리

류판산 높은 봉우리 붉은 기는 서풍에 펄럭이고

지금 내 손에 밧줄이 주어져 있는데

언제쯤 창룡을 잡아 묶을 것인가

1997년 4월 21일, 은빛 제비 한 마리가 상공을 뚫고 한 줄기 빛을 뿌려 서북 룽상의 대지를 비추어 모든 닝샤 사람들의 마음을 따뜻하게 했다. 우리는 '장성에 이르지 못하면 사내가 아니다'라는 호방한 기개와 결심으로 약속한 일들을 서둘러 하나하나 이행하고 실천해야 한다!

이것이 시라고 생각하는가? 그것은 황토 본연의 색처럼 소박하고 황금처럼 빛나는 진심이다.

이것이 시가 아니라고 생각하는가? 그것은 가장 고전적인 서정시보다 더 많은 사람들을 흥분시키고 열정이 넘치게 만든다!

그것은 바로 중국 공산당원들의 신념과 끈기, 의지와 인내, 그리고 용감히 책임지는 자질과 인민들에 대한 무한하고 깊은 사랑이다!

시인가? 사랑인가? 금인가?

그것은 시詩이고, 정情이고, 금金이다 —— 시진핑의 '빈곤 탈출' 사상과 푸젠성 닝더에서 만들어진 빈곤 구제에 대한 수많은 이론과 경험들은 향후 10년, 20년 동안 닝샤의 빈곤 퇴치 과정을 이끌어갈 고전이자 모델이다. 때문에 1997년 봄, 시진핑과 푸젠 사람들의 '닝샤 방문'은 닝샤와 닝샤 사람들에게 있어 시나 그림처럼 아름답고, 귀중한 자산인 것이다.

나는 닝샤의 빈곤 구제 간부들과 자치구의 상당수 간부들이 이미 오래 전부터 1992년에 출간된 시진핑의 저서 〈빈곤 탈출〉을 잘 알고 있고 숙독해 왔다는 것을 알고 있다.

CHAPTER 03

햇살 가득한 황금빛 모래사장

1. '조장吊庄'— 빈곤 구제의 혁명적 시도

"황허의 물은 달콤하고 공산당은 친근하다." 닝샤에서 빈곤을 벗어난 사람들에게서 처음 이 말을 들었을 때 나는 무슨 말인지 어리둥절했고 심지어 의구심이 들기도 했다. 하지만 나중에 그 말의 의미를 깨달았고 전적으로 공감했다. 나중에 이 말을 다시 들었을 때는 참 듣기 좋고 후련한 느낌이 들었다.……그렇다, 마음이 닿아야만 닝샤 사람들의 이 마음에서 자연스레 우러나오는 감사의 마음을 느낄 수 있는 것이다.

어쩌면 이 말은 '동쪽 하늘이 붉게 물들더니, 태양이 솟아오른다'와 같은 고전이 될 수도 있을 것이다. 닝샤 사람들은 사투리로 "그럼요, 당연하죠!"라고 말했다.

자, 그럼 독자분들도 이 말의 진정한 의미를 필자의 필치에 따라 느껴보시길 바란다. ——

하나의 닝샤에 공존하는 여러 개의 세계. 이곳에 사는 사람이 아니라면 닝샤가 어떤 곳인지 파악하는 데 오랜 시간이 걸릴 것이다. 허란산 동쪽의 황허 양쪽에는 수로와 물이 있고 살찐 소와 양이 있고 달콤한 과일 향기가 풍기는 평평한 들판이 펼쳐져 있는데 이곳이 바로 닝샤 사람들이 자랑스러워 하는 '새북강남'이다. 사실 이곳만 보면 '가난'이라는 단어를 닝샤와 연결 짓는 것이 어려워 보인다. 하지만 닝샤 중남부에는 광활한 건조 지대와 류판 산맥이 있다. 아마 인촨에서 방향을 바꿔 차를 몰고 가보면 전혀 다른 세상처럼 느껴질 것이다. 세계적으로 유명한 서하릉西夏陵에 가보면 닝샤가 사실은 내몽골과 신장의 사막 지역과 매우 유사하다는 사실을 금세 알 수 있을 것이다.……먼 곳에서 불어오는 강한 바람, 바람에 날리는 마른 풀, 하늘 높이 나는 독수리만이 흰 구름과 함께 하는 풍경을 이곳 어디에서나 볼 수 있다.

중국 문명사에 독특한 족적을 남긴 서하왕국西夏王國과 서하문화西夏文化의 흔적을 이 땅 곳곳에 있는 왕릉에서 찾아볼 수 있다.……

서하릉은 실제로 매우 웅장하며 중국 황실 무덤 중에서도 '높고 큰' 편에 속한다. 서하릉의 위대함은 그것이 거의 천 년 가까이 고비 사막의 황야에서 인위적인 도움을 거의 받지 않고 혹독한 환경에 맞서 싸워왔다는 사실에 있다.…… 베이징 외곽에 있는 명나라와 청나라의 황가능묘皇家陵園가 인위적으로 관리되어 왔던 것에 비해 서하릉은 그 자체적으로 가장 순수한 '토양'의 질에 의존하고 있다. 이것은 용감하고 두려움이 없으며 피를 흘리고 아무리 고통스러워도 눈 하나 깜짝하지 않는 이 민족의 정신과 본질과 일치한다. 돌이 날아오고 폭풍우가 몰아쳐도 맨몸으로 맞서 싸우는 것, 서하 사람들이 대단하다고 느끼는 이유가 바로 여기에 있다.

서하는 소수민족이 세운 왕조로서 11세기 초에 당항강党項羌을 주체로 하여 세워진 봉건 할거 정권으로, 1038년 원호元昊가 흥경부興慶府(지금의 닝샤 인촨시)에서 황제라 칭하고 나라를 세운 후 10명의 황제를 거쳐 1227년 몽골에 의해 멸망했다. 그 영토는 '동쪽으로는 황허, 서쪽으로는 위먼玉門, 남쪽으로는 샤오관蕭關, 북쪽으로는 큰 사막'에 이르러 2만 리에 달했으며 전성기에 면적은 38km²로 닝샤, 간쑤 대부분 지역, 칭하이 동북부, 내몽골 서부, 산시 북부, 몽골국 남부 등 지역이 포함되었다. 초기에는 북송北宋, 요遼와 대등한 위치에 있었고 중후반에는 남송南宋, 금金과 대립하여 '서북 지역을 200년간 통치한 세 개의 천하 중 하나'로 묘사되어 왔다. 서하의 건국은 중국 서북 지역의 부분적인 통일과 사회경제, 문화적 발전, 다민족 대가족의 형성에 긍정적인 기여를 했다. 오늘날 우리가 서하에 대해 알고 있는 것 중 가장 주목할 만한 두 가지 중 하나는 서하의 문자이고 다른 하나는 인촨시 서부 허란산 동쪽 기슭에 위치한 서하의 황가능묘皇家陵園이다.

왕릉이 자리 잡고 있는 이 땅은 끝없이 넓게 펼쳐져 있지만 온통 풍화된 바위로 이루어진 고비 황무지라 바람이 불면 자잘한 돌이 바람에 소용돌이치는 광경을 볼 수 있다. 황릉 구역으로 지정된 반경 58km² 면적 내에는 9기의 황릉이 질서정연하게 배치되어 있고, 배장묘陪葬墓 271가 사방에 흩어져 서 있다. 이것은 중국에 현존하는 규모가 가장 크고 지상 유적이 가장 완벽하게 보존되어 있는 황릉 중 하나로 한쪽은 웅장하게 이어지는 허란산을 등지고 있고 다른 한쪽에는 사막과 평원이 끝없이 펼쳐져 있어 엄청난 위용을 자랑한다. 관광객들의 관람이 허용된 3호 능묘는 '태릉泰陵'이라 불리며 서하의 능묘 중 가장 크고 높은 고분이다.

태릉은 천년의 세월을 거치면서 지상 건축물은 수차례 파괴되었지만 능원의 궐대闕台와 능대陵台는 거의 온전한 상태로 보존되어 있고 능성陵城의 신벽神牆, 문궐門闕, 각대角台 대부분은 거의 손상되지 않았으며 배치도 뚜렷하여 판별이 가능하다. 필자는 운 좋게 능원 직원의 안내를 받아 높은 능묘에 가까이 가서 모래바람을 쐬어 온 완전히 흙으로 이루어진 고분을 만지며 성스러움과 경건함 속에서 진정한 영웅과 왕의 기운이 어떤 것인지

현지 농부들이 농장에서 포도를 가꾸고 있다.

깊이 느낄 수 있었다!

높은 능묘를 올려다보던 시선을 다시 지평선으로 돌리면 황사와 돌멩이를 제외하면 덤불만 드문드문 있는 황량한 땅이 눈에 들어와 가슴을 아프게 한다. 눈길이 닿는 사방 수십 리 안에는 마을이나 사람의 그림자는 고사하고 변변한 나무 한 그루도 보이지 않고, 차를 타고 한참을 달려야 낮은 토담으로 둘러싸인 집이 보인다.

"과거 이곳은 부대의 농장부가 있던 곳으로 1974년부터 사용하지 않고 있습니다." 현지 정부 관계자가 말했다. 나중에서야 나는 서하릉 일대 수백 평방 킬로미터의 땅에 1969년 이전까지 사람이 살지 않았다는 사실을 알게 되었다. 그해 전바오다오珍寶島 중·소中蘇 무력 충돌 사건이 발생한 이후에야 란저우 군구는 이곳에 '전쟁 준비 농장'을 짓기 위해 장병을 파견해 황무지를 개간하기 시작했다. 5년 후 부대가 철수하고 농장은 자치구 개간(경작)국農墾局에 맡겨졌고, 이 땅에서 비교적 가까운 개간국 관할 국유 롄후連湖 농장에서 공식적으로 부대의 농장 자산을 인수했다. 그리고 4년 뒤 이 땅은 위취안잉玉泉營 농장으로 귀속되었다. 이곳은 황허의 고대 관개 지역에 위치하고 있고 시간취西干渠 수로로부터 관개를 할 수 있는 이점이 있기 때문에 위취안잉 농장은 시샤구西夏區 남부에 위치하고 있지만 면적은 몇 개의 인촨의 중심 도시 지역에 필적한다. 하지만 대부분이 황무지이다. 현지에서는 이를 두고 '같은 인촨시인데 천국과 지옥이 공존한다.'라고 한다. 도시 지역과 사막 지역의 자연환경과 생활환경에 대한 이 비유는 매우 인상적이다. 이런 이유에서인지 토지 도급 열풍의 영향을 받아서인지 자치구 개간국은 군부대에서 인수한 위취안잉이라는 이 '자리만 차지하고 쓸모없는' 넓은 지역에 대해 직원들에게 도급하는 형식을 취했다. 즉, '김 씨, 농사 한번 안 지어 볼래요? 생각 있으면 그 땅 나눠 줄게요! 이 씨도 생각 있어요? 그럼 김 씨 땅 옆에 있는 땅은 이 씨 줄게! 이렇게 해서 김 씨, 이 씨 등등은 '지주'가 되었다.……

"그게 무슨 지주예요! 하늘과 땅을 다 준대도 손가락만 빨고 있는데요.……원하는 사람이 있으면 제 땅 드릴게요!" 한 번은 개간국에서 땅을 도급받은 시하이구 출신 직원 하나가 자신이 국유 농장에서 도급받은 400여 묘의 땅을 이렇게 손을 흔들며 자기 고향 사람들에게 다시 도급을 준 일이 있었다. 이 도급은 중요하지 않다! 중요한 것은 이 사람이 평지를 한 번도 본 적이 없는 산간 지역 고향 사람들에게 1무당 120위안에 땅을 '전매'했다는 것이다.

"1무에 120위안은 우리 가족 절반의 목숨이나 다름없습니다! 하지만 온 가족이 계속 살아가려면 목숨을 걸고서라도 이 땅을 손에 넣어야 합니다!" 시하이구 사람들은 큰 산처럼 끈질겼다. 한번 말한 것은 되돌릴 수 없고 약속한 것은 절대 바꿀 수 없다! 이것은 절대 양보할 수 없는 일로 번복하면 죽음뿐이다!

땅값을 지불하고 땅을 보고 수백 리 떨어진 남쪽에서 북쪽으로 가족들과 함께 와서 농사를 짓고 정착할 준비를 마친 마을 사람들은 어느 날 갑자기 이 땅이 국가의 소유이며 아무개가 재도급을 한 것은 불법이므로 이 땅을 경작할 수 없다는 통보를 받았다!

뭐라고요? 비싼 돈을 주고 산 땅인데 농사를 지을 수 없다고요? 이런 법이 어디 있습니까? 이런 양심이라곤 털끝만큼도 없는!

갑시다! 가서 따져 봅시다! 분노한 마을 사람들은 인촨으로 와서 그들의 '경작권'을 '차단'하려는 개간국으로 향했다.……

"우리도 먹고 살자!", "농사를 짓게 해달라!" 현수막이 내걸리고 구호가 하늘을 뒤흔들었으며 일부 과격하고 분노한 사람들은 개간국 청사로 달려가기도 했다. ── "땅을 돌려 주시오!", "나도 먹고 살아야겠다!"

인찬시에서는 보기 드문 청원 행렬이 이어졌고 늘 '평화롭고 조용하던' 인찬의 겨울 하늘에 천둥 번개가 몰아치는 것 같았다.

화가 난 자치구 지도자들이 나서서 개간국에 어서 빨리 적절하게 처리하라고 지시했지만 개간국이 나서면 나설수록 청원자는 더 많아져 처음에는 30~40명이었던 것이 나중에는 100명 이상에서 수백 명까지 늘어나 개간국 마당을 겹겹이 시커멓게 에워쌌다.

"세상에! 출근도 못하게 생겼네! 위에 도움을 요청해야겠어요……"

"도와달라고요? 어떻게요? 와서 좀 보세요.── 우리 자치구 정부 입구에도 사람들이 잔뜩이에요! 작년 11월부터 오늘까지 벌써 반년이 다 돼가는데…… 이제 〈미국의 소리美國之音〉까지 우리 얘기를 하고 있는 지경이라고요! 말해 봐요, 어떻게 도와줄까요?"

개간국과 자치구 정부의 두 관계자 간의 대화는 위취안잉 토지 매매 사건의 심각성을 알려준다. 그리고 이 봄날에 일어난 인위적인 '폭풍'은 닝샤의 이민과 빈곤 퇴치 역사의 혁명을 잉태하고 있었으니, 이것이 바로 오늘날 유명한 '조장' 혁명이다!

이것을 혁명적인 '폭풍'이라고 말하는 이유는 다음과 같은 몇 가지 특징을 가지고 있기 때문이다. 첫 번째는 이것이 가장 기본적인 권리를 쟁취하기 위해 목숨을 걸고 투쟁하는 사람들에 의한 강요된 행동이었다는 것이다. 두 번째는 당 위원회와 정부가 인민 대중의 이러한 행동에 순응하여 민심을 얻기 위한 일을 했다는 것이다. 그리고 세 번째는 결정을 내린 후 이른바 '조장'으로 알려진 이민 빈곤 구제, 빈곤 탈출이 전례 없는 발전 단계에 들어섰고 큰 성과를 두었다는 것이다. '혁명'은 반드시 성공해야만 하고 성공한 혁명만이 중국의 빈곤 탈출 표본에 포함될 수 있는 것이다!

현재 위취안잉에 정착한 시하이구 이민 1세대는 나에게 1990년 '5.1' 국제 노동절을 전후하여 당 위원회와 자치구 정부가 잇따라 민정국과 신방국信訪局에 조율을 지시하고 자치구 당 위원회 사무실, 자치구 정부 사무실을 파견해 시지, 하이위안, 구위안현 지도자들과 자치구 개간국을 소집해 의견을 조율하고 처리하도록 한 것은 모두 그들의 끈질기고 지속적인 청원 덕분이라며 큰 자부심을 느낀다고 말했다.

가장 좋고 현실적인 해결책은 돈을 지불한 사람들이 계획된 방식으로 위취안잉에 정착하여 황무지를 개간하도록 하는 것이다.

그렇다면 그들의 호적과 관리는 본적지에서 해야 하는 것일까 아니면 새로운 정착지 소관일까?

위취안잉 소재지에서는 "우리는 그들을 통제할 수 없습니다. 그곳의 국유 농장은 생존이 쉽지 않은 곳이고 그들 모두가 개인 농민인 만큼 자칫 잘못하면 '골치 아픈 문제'가 될 수 있으니 본적지에서 관리하도록 하는 것이 최선입니다"라고 말했다.

시하이구 각 현의 당 위원회와 정부에서는 "고향에서 수천 리 떨어진 곳에 있는데 우리가 어떻게 관리합니까? 곤란합니다."

"당신들이 곤란하다고 우리한테 떠넘기지 말아요. 가장 좋은 방법은 당신네 사람들을 다시 데려가는 겁니다."

"농담이죠? 다시 데려갈 수 있을 것 같으면 우리가 인촨까지 올 필요가 있었을까요? 그리고 우리 사정도 좀 봐 주세요. —— 우리 지역은 산이 높고 척박해서 옥수수 씨앗 몇 개 심기도 힘들고 고구마 몇 알 캐기도 힘들다고요.……기왕 힘들게 나와서 여기에 남기로 결심했으니 아량을 좀 베풀어 주세요!"

"하긴. 만약 정말로 그곳에 정착할 수 있다면 8년, 10년 동안 그 척박한 땅을 또 하나의 '새북강남'으로 만드는 기적을 일으킬 수 있을지도 모르죠!"

"그래요. 우리 함께 노력해 봅시다!"

"좋아요! 함께 기적을 만들어 봅시다!"

'지주' 인촨과 시하이구에서 온 손님들은 자치구 당 위원회, 정부 사무실에 함께 앉아 지도자들에게 '위취안잉 지역의 밭을 그곳에서 농사를 짓고 싶어 하는 시하이구 농민들에게 나누어 주자'고 건의했다.

"문제없습니다. 인촨 서남부 지역은 황폐한 사막으로 누군가 그곳에 작물을 심고 그 땅에 정착할 수 있다면 그것은 덕을 쌓는 좋은 일입니다. 예로부터 역대 왕조에서도 해내지 못한 일을 우리 인민 정부가 해낼 수 있다면 그 천추에 길이 빛날 공적이 될 것입니다!" 자치구 지도자들은 제안을 듣고 매우 기뻐했다.

그러면서 "그럼 이 사람들이 한동안 일을 하다가 더 이상 못하겠다고 돌아가겠다고 하면 어떻게 합니까? 시하이구 측에서는 어떻게 할 생각인가요?"라고 물었다.

시하이구의 몇몇 현 지도자들은 "그건 간단한 일입니다. 왔던 곳으로 돌아가게 하면 됩니다. 어차피 우리 사람이니까요."라고 시원스레 대답했다.

"좋습니다. 자유롭게 오고 가고 자유롭게 머물고 떠나도록 합시다." 자치구 지도자들이 고개를 끄덕였다.

그리고 또 "이 사람들이 집단으로 위취안잉에 와서 정착하고 싶어 하는데 앞으로 호적 관리는 어떻게 할 생각입니까? 인촨시는 맡고 싶어 하지 않는다고 들었습니다만?"

인촨시의 동지들은 웃으며 "시하이구 동지께서 말씀해 보시지요, 벌써 좋은 방법이 있다고 하시니."

"오, 시하이구 동지들께서 말씀해 보세요." 자치구 지도자들은 시지, 하이위안, 구위안 현의 지도자들에게로 시선을 돌렸다.

"지도자님, 저희 생각은 이렇습니다. 이 사람들은 우리 쪽에서 나온 사람들인데 일부는 가족 전체가 이곳으로 옮겨올 수도 있고 또 일부는 당분간 일부만 옮겨올 수도 있을 것입니다. 예를 들어 아들은 오고 싶어 하는데 노인은 이주를 원치 않을 수도 있는데 이런 경우 인촨에 관리를 맡기면 여러 가지 문제가 생길 수 있을 것입니다. 그래서 저희 생각에는 호적이나 관리는 그대로 저희 쪽에서 맡는 것이 좋을 것 같습니다."

"수백 리 떨어져 있는데 어떻게 관리합니까?" 자치구 지도자들은 반드시 고려해야 할 또 다른 중요한 문제를 제기했다.

"이미 다 생각해 놨습니다. 현 정부에서 관련 부서 간부들을 이곳으로 파견해 상주하도록 하면서 원래의 지역에서와 동일한 방식으로 관리할 생각입니다. 현에서는 부현장이 이 일을 담당하도록 할 것이며 이렇게 책임자를 정하면 누락되는 부분이 없을 것입니다. 인촨시 지도자들은 좀 더 미래지향적인 구상을 가지고 있는데 만약 실현될 수 있다면 정말 좋을 것입니다! 자치구 지도자들께서 승인해 주시면 좋겠습니다."

"어떤 구상이죠? 얼른 들어봅시다." 자치구 지도자들은 궁금함을 참지 못하고 인촨의 동지들에게 물었다.

"우리는 이렇게 생각합니다. 동부 해안 지역은 모두 '개발구'나 '특구' 같은 것을 설정하고 있지 않습니까. 우리도 생각을 확장시켜 그것에 착안해서 위취안잉을 이주해 온 가난한 사람들에게 할당해 주고 특별하고 독립적인 '경제개발구'를 형성하면 어떨까 하고요.……동시에 우리 정부가 사람들의 발전 수요에 따라 정책과 재정적인 지원을 제공해 준다면 그 황량한 땅에 '작은 선전深圳'이 탄생할 수도 있지 않겠습니까!"

"하하하.……좋은 생각입니다! 혁신적이에요! 좋습니다. 자치구 당 위원회와 정부는 조속히 관련 정책을 연구하고 발표해서 이곳으로 이주하기를 원하는 가난한 사람들이 빈곤에서 벗어나 부자가 될 수 있는 기회와 가능성을 만들어 낼 수 있도록 하겠습니다! 자치구는 반드시 전폭적으로 지원할 것입니다. 이 방법이 닝샤 전체의 빈곤 구제와 빈곤 탈출 사업에 역사적인 전환을 가져올지도 모르는 일입니다!" 자치구 지도자들은 기뻐하며 "참, 이렇게 한 지역에서 수백 리 떨어진 다른 곳으로 두레박을 드리우는 방식을 뭐라고 부르면 좋을까요.—— 한마을에서 다른 마을까지 걸쳐서 '매달려 있는' 이 방식을 뭐라고 이름 지으면 좋을지 똑똑하신 분들께서 좋은 아이디어 좀 내 보십시오!"라고 말했다.

"'매달린' —— 마을이라.……하하, 재미있네요."

"마을을 '매달아吊' 놓는 방식이니까 '조장吊庄'이라고 합시다!"

"조장? 그거 재밌네요! 그럼 '조장'이라고 할까요?

"좋습니다, '조장'이라고 합시다!"

조장 —— 오늘날 닝샤에서 모르는 사람이 없는 이 말은 수백만 가난한 닝샤 농민들의 마음속에 행복과 희망의 대명사로 자리 잡았다.……

조장, 수많은 사람들이 이것 때문에 꿈을 꾸기도, 눈물을 흘리기도 했다.

2. 산을 벗어나는 길

가자 가자, 멀리 멀리 아래로

마음 속은 칼로 휘저어 놓은 듯 어지러운데

얼씨구씨구

눈물 꽃이 심장을 적신다……

가자 가자, 점점 멀어지니
봇짐 속의 밀가루 떡이 가벼워졌구나
얼씨구씨구
마음은 서글픔으로 무거워지고
무거워져 눈물이 줄줄 흘러내린다
…………

80여 년 전 어느 해 질 무렵이었을 것이다. 황무지에는 바람과 모래로 가득했고 황토 산골짜기를 한 외로운 청년이 힘겹게 걷고 있었다. 그때 갑자기 그의 뒤에서 높고도 약간 갈라진 음색의 '꽃花兒'이 들려왔다.

그 노랫소리는 우수에 차 있으면서도 다정해서 마치 마방 여주인 오타매五朵梅가 먼 길 떠나는 청년을 배웅하는 것 같았다.

청년의 노랫소리가 들려오는 쪽을 돌아보는 순간 '눈물이 옷자락을 흠뻑 적셨다'라고 하는데, 이 청년은 바로 훗날 '서부가왕西部歌王'이 된 왕낙빈王洛賓이었다.

아이구야, 여동생은 저 모란 저 화원에서 자랐구나
아 큰오빠에게는 눈에 넣어도 아프지 않은 보물이고
작은 오빠에게는 하늘의 봉황이다
아아, 이리저리 빙빙 도는 것이 망상이 아니구나
흰 목련 나무에 목 매달아 죽으니
누이의 마음도 덩달아 공중에 매달리네

불안한 마음이 흔들리나니
불안한 마음이여 ——
'조장'이 오빠를 마음에 담아
하늘 끝에 매달려 있으니
누이의 마음이 괴롭구나
마음이 괴로워……

30년 전 봄, 시지, 하이위안 등 류판산 일대의 산등성이에 울려 퍼졌던 노래로, 처량함과 희망이 섞인 애절한 음색의 이 곡은 산에서 내려와 먼 곳으로 향하던 많은 아이들이 한걸음 한걸음 뒤를 돌아보게 했다.……

이 장면은 닝샤의 빈곤 구제와 빈곤 퇴치에서 가장 비장하면서도 잊을 수 없는 흔적이자 이로써 닝샤의 '조장' 빈곤 퇴치의 역사가 시작되었다. 향후 '조장' 이민은 역사의 중요한 한 장으로 기록될 것이다.

"가장 먼저 산에서 나와 진정한 '조장' 이민자가 된 사람은 누구입니까?" 내가 오늘날의 '장성 이북의 새로운 오아시스'로 불리는 위취안잉에 도착했을 때 새집에서 풍족한 삶을 살고 있던 간부들과 마을 사람들이 씩 웃으며 "우리 모두요……"라고 말했다.

"여러분 모두요?!"

"네, 우리 모두요."

나도 따라 웃었다. 그들은 확실히…… 1차로 총 400여 가구의 빈곤 가정 이민자들이었기 때문에, 이 400여 가구를 합치면 수천 명에 달했고, 그 수천 명의 사람들을 다시 또 수천 명의 사람들이 뒤따랐다.…… 그리고 당시 그들 중에는 임신부도 있었다.…… 그들이 바로 제일 먼저 산에서 나온 사람들이었고, '조장' 게를 먹은 것도 그들이었다.……

"정말 진상을 알고 싶다고 한다면 제가 알려드리죠. —— 우리가 진짜 최초로 산에서 나온 사람들입니다." 이미 은퇴했고 여전히 시하이구에 집이 남아있는 세 사람이 이렇게 말했다.

그래요? 어떻게 그들일 수 있죠? 궁금한 마음에 지금의 구위안 시 위원회 지도자에게 물었더니 의외로 '그렇다'라는 대답이 돌아왔다.

알고 보니 정말 그랬다. 딩젠이丁建懿, 마창馬强, 세쥔칭謝君清은 당시 가장 먼저 시하이구의 산에서 떠나온 사람들이었지만 1차로 이주한 400여 가구의 빈곤 가정에 포함되지 않았고, 실제로 1차로 이주한 빈곤 가정보다 두 달 먼저 당시 황량했던 이곳 위취안잉 '조장' 이민 구역에 도착했던 것이었다.……

그들은 이 1차 '조장' 이민자들을 위해 봉사하고 정착을 도운 '간부 선발대'로 시지현 위원회, 현 정부에서는 그들을 위해 시지현 위취안잉 조장 이민 기지 사무실에 자리를 마련해 주었다.

사실 그들은 진정 두 지역에 '걸쳐진' 새로운 이민자들이었다. 이 세 사람의 운명은 훗날 그 땅과 '조장' 이민 사업과 긴밀하게 연결되었다.

딩젠이(전 시지현 싱룽진 부시장), 마창(전 시지현 농업건설사무실 부주임), 세쥔칭(전 시지현 문화 선전 공작단 당지부 서기)이 바로 그 주인공으로, 당시 현에서 이 세 사람을 파견하여 그 땅의 '조장' 이민 사업을 개발하고 시작하도록 한 연유에 대해서는 아쉽게도 당시 시지현의 현급 간부를 찾을 수 없어 정확히 알 수 없었지만 세 사람은 겸손하게 아마도 다음과 같은 몇 가지 이유 때문일 것이라고 말했다.

첫째, 현에서 만약 '조장'이 성공하면 그쪽에 빈곤 이민 가정을 위한 진鎮 급 단위를 조성할 것을 구상하고 있었기 때문에 3명의 부과장급副科級 간부를 차출해 들어가고 나오는 방안을 탐색 및 실행하도록 하기 위한 것이었을 수 있다. 둘째, 세 사람이 각각 다른 기관 출신으로 딩젠이는 부 진장副鎮長을 지내 행정 경험이 있고, 마창은 농업건설사무실 출신으로 농촌 인프라 관리 분야의 전문가였으며, 세쥔칭은 문화 선전 공작단의 지부 서기를 지낸 경험이 있어 언변에 능하고 이념적, 정치적 업무에 능한 인재였기 때문이 아닐까 생각한다(본인들 스스로 이렇게 평가했다).

실제로 당시 시지현 위원회는 바로 그런 의도였다.

집단 청원 사건 이후 자치구 당 위원회와 자치구 정부는 시하이구의 몇몇 현과 인촨시, 자치구의 관련 부서와 면밀한 조율과 연구를 진행한 끝에 이를 바탕으로 리청위李成玉 당시 자치구 부주석의 주재로 조정 회의를 소집했다. 회의가 끝난 후 자치구 정부의 이름으로 자치구 개간국 산하 롄후 농장의 10팀과 11팀을 이전하고 26,000무의 토지를 시지 이민자들의 '조장' 기지로 지정하기로 결정함과 동시에 하이위안, 구위안에서 청원하던 농가들을 위한 준비도 이루어졌다. 관련 문서에서는 위취안잉 '조장'의 경계에 대해 '동쪽으로는 시간취, 서쪽으로는 옌산 고속도로沿山公路, 남쪽은 롄후 농장, 북쪽으로는 용닝현과 인접하고 동서와 남북의 거리는 각각 5.2km, 3.75km, 총면적은 29,200무, 개발 가능 면적은 21,100무, 농지 면적은 17,800무이며 그중 철도를 경계로 동쪽에 9,800무, 서쪽에 8,000무가 있다'라고 규정하고 있다. 그 후 관련 문서에서는 빈곤 구제를 위한 양황 중추 프로젝트揚黃骨干工程가 완료된 후 칭퉁샤 간청쯔甘城子는 순 면적의 40%에 해당하는 18,000무의 토지를 시지현의 '조장' 이민 기지로 사용할 것이며 이후 1995년과 1996년 두 차례에 걸쳐 위취안잉 '조장' 기지의 토지를 조정 및 확장하여 위취안잉, 롄후 농장, 황양탄黃羊灘 농장, 칭퉁샤 시, 용닝현 등 일부 지역을 포함한 총면적 6만 무에 육박하는 지역에 10,000명을 이주시킬 계획이라고 언급했다.

'조장' 이민은 닝샤 사람들의 발명품이자 역대 자치구 당 위원회와 정부가 중앙 정부의 빈곤 구제, 빈곤 퇴치 정신의 지도하에 써 내려간 혁신적 의미가 담긴 한 편의 서사시이다. 그리고 그 당시 구체적인 작업에 참여했던 빈곤 구제 담당자들과 산에서 나온 마을 주민들이 바로 이 위대한 서사시에서 가장 심금을 울리는 장면을 연출한 주인공들이다. ——

"내일 바로 갑시다! 가져가고 싶은 건 다 가져가도 됩니다.…… 일단 가면 중간에 포기하면 안 됩니다! 세 사람 모두 간부이자 당원 아닙니까" 현 위원회 서기, 현장, 그리고 담당 부 현장과 인민대표대회 상무위원회 부주임, 조직부 부장과 딩젠이, 마창, 셰쥔칭이 면담하는 자리에서 현장이 이같이 말했다.

현 위원회 서기는 계속해서 "이 임무는 매우 어렵지만 또 매우 영광스러운 일입니다. 자치구 지도자들, 그리고 현의 수십만 명의 사람들이 여러분을 지켜보고 있습니다. 한마디로 여러분은 앞으로 전진만 할 수 있고 뒤로 물러설 수 없습니다! 우리 시지 사람들은 조상 대대로 이 땅에서 어렵게 살아왔는데 비옥한 토지는 부족한데 사람은 많았기 때문입니다.…… 그러니 먼저 일부 사람들이 나가서 두 지역에 걸쳐서 살도록 할 필요가 있습니다. 먼저 간 사람들이 부자가 되면 다른 사람들도 따라갈 것입니다. 그러니 여러분의 어깨에 달린 것은 일에 대한 책임일 뿐 아니라 우리 시지와 시하이구 사람들의 희망과 미래인 것입니다!"

"서기님, 현장님, 걱정하지 마십시오. 저희들은 이민자의 '조장'을 잘 세우기 위해 그곳에 뼈를 묻을 것입니다! 먼저 간 사람들이 자리를 잡고 부자가 되면 다시 돌아와서 사람들을 한 팀 한 팀 데리고 가도록 하겠습니다."

"네, 네, 한 팀 한 팀 데리고 갈 겁니다!"

딩젠이와 마창, 셰쥔칭은 그 자리에서 이 같은 입장을 표명했다.

1991년 신정 이후 출근 첫날 시지현 위원회와 현 정부는 특별회의를 열어 인사이동을 결정하고 조장 사무실 직원들과 그룹 면담을 했다.

"그런 다음 곧바로 우리는 수백 리 떨어진 위취엔잉 '조장' 기지에 가서 일할 준비를 시작했습니다.……" 딩젠이의 직책은 '딩 부 진장'에서 '딩 주임'으로 변경되어 시지현 위취안잉 조장 이민 기지 사무실 주임을 맡았고 나머지 두 사람은 각기 다른 업무를 담당하는 부 주임을 맡았다.

"사무실이라면 7~8개의 '총'이 있어야 합니다." 딩젠이 일행은 서둘러 준비 작업에 착수했다. 서두른 이유는 현장이 그들에게 통보를 받는 대로 '즉시 출발하라'고 주문했기 때문이다.

딩젠이는 "당시 우리는 마치 군인처럼 임무를 받자마자 바로 떠날 준비를 했습니다. 사실 별로 준비랄 것도 없었습니다.…… 그 당시 사무실에 뭐가 있었겠어요? 타자기나 복사기는 고사하고 전화기도 선을 연결하는 데만 몇 달을 기다렸으며 간신히 현에 전화를 걸어 업무 보고를 하고 인촨시로 가야 한다고 말했습니다"라고 했다.

"그 당시 우리가 가지고 간 살림살이가 어떤 것들인지 압니까?" 옛 조장 사무실 사람들은 나에게 그들이 딩젠이 등의 인솔하에 현에서 특별히 배차해 준 낡은 해방 브랜드 자동차에 앉아 있었는데 "위에는 우리 몇 사람이 가져온 식량과 이불, 그리고 현 위원회 당교에서 빌려온 30개의 낡은 침대 보드와 책상, 의자 몇 개가 있었는데 이것이 '조장' 사업을 시작할 당시 우리가 가진 전부였습니다"라고 말했다.

당시에는 우리 남부 산지에서 인촨까지 가는 고속도로가 없었고 성급 간선도로도 노면이 울퉁불퉁했습니다. 1월이라 날씨도 춥고 바람도 많이 불었는데 우리가 탄 낡은 해방 브랜드 자동차는 꼬박 이틀이 걸려서야 인촨에 도착했습니다. 그날 인촨에 도착했을 때는 이미 늦은 밤이어서 교외의 작은 게스트하우스에 묵고 다음날 아침 일찍 자치구 농건위를 찾아가 보고를 했던 기억이 납니다. 그리고 급히 렌후 농장 11팀이 있는 곳으로 달려갔을 때는 또다시 날이 어두워졌습니다. 원래는 도착하면 농장에 낡은 집 하나를 비워주기로 이야기가 되어 있었는데 막상 가보니 전달받은 것이 없다며 자신들은 모르는 일이라고 했습니다. 하는 수 없이 온돌에 지붕만 얹은 거처에서 하룻밤을 묵어야 했습니다!

딩젠이는 그날 밤을 어떻게 보냈는지 평생 잊지 못할 것이라고 말했다. 1월의 닝베이寧北 지역은 매서운 바람이 뼛속까지 파고드는 영하 10도를 오르내리는 추운 날씨였다. 딩젠이는 "먹을 것은 고향에서 가져와서 걱정할 것이 없었지만 물이 없었습니다! 그래서 임시로 구멍가게에 가서 양동이 몇 개를 사 와야 했습니다. 저는 간부 4명을 시간취로 가서 물을 길어오라고 보냈고, 4명이 양동이 4개를 들고 꼬박 4시간을 왔다 갔다 했는데 우리가 하룻밤 묵었던 곳까지 돌아왔을 때는 물이 두 양동이 반 밖에 남아있지 않았습니다. 길도 울퉁불퉁하고 밤길이라 두 통 반을 남겨 온 것도 쉽지 않은 일이었습니다!"라고 말했다. 딩젠이는 또 "물은 해결됐지만 이번에는 자는 것이 문제가 되었습니다. 한겨울이다 보니 밤에는 기온이 영하 20도까지 내려갔거든요! 그래서 간부 몇 명을 해변으로 보내 쑥을 파내어 불을 지피게 하고 벽돌을 쌓아 냄비를 받치고 물을 끓여 마셔 배를 따뜻하게 하고 불을 쬐어 몸을 따뜻하게 했습니다. 하지만 바람이 너무 세서 새 알루미늄 냄비가 완전히 그을릴 때까지도 물이 끓지 않아 어쩔 수가 없었습니다! 차에서 침대 보드 몇 개를 내려서 빙 둘러 세우고 다 함께 침상 위에 앉아 그렇게 날이 밝을 때까지 앉아서 잠을 청할 수밖에 다른 도리가 없었습니다."

이것이 '조장인吊庄人'이 보낸 첫 밤이었다. 이 밤의 광경은 사실 '조장'

이민 자체의 어려움을 예고하고 있었으며 더 나아가 빈곤 구제와 빈곤과의 전쟁을 치르는 파란만장한 세월이 어떻게 시작되었는지를 보여주는 것이기도 하다.

작고 큰 고생을 견뎌내고 작은 일뿐 아니라 큰일도 척척해내는 '조장' 이민 작업 간부 딩젠이 일행은 불과 20일 만에 자치구에서 구획한 2만여 묘의 '조장' 이민 기지의 지리환경과 자연조건, 토양상태, 발전 전망 등에 대한 상세한 조사와 논증을 실시하였으며, 이와 동시에 자원 조사, 토양 조사 등을 마치고 모래바람이 가득한 침상에서 〈시지현 위취안잉 조장 건설 종합 계획 보고서〉와 〈이주 계획 보고서〉 등을 작성했다. 그리고 곧이어 시지현과 하이위안현 등 '조장' 이민 계획이 있는 현에서도 이전을 위한 통일된 배치 및 관리 방법을 다음과 같이 공식화했다.

1. 조장 사무실은 정착과 관리 업무를 담당한다. 조장 사무실은 이주 통지서와 신분증에 따라 승인된 거주 지구 순서대로 농가당 0.5무(순면적)를 배정한다. 절차를 밟지 않거나 불완전한 농가는 일체 수용하지 않는다.
2. 조장에는 총 32개의 거주 지구가 배치되고 1개의 거주 지구에는 55개 가구, 약 275명이 배정되며, 4~5개의 촌민 소조村民小組가 하나의 촌민 위원회를 구성하고 총 5개의 촌민 위원회가 구성된다. 이주 농가의 생활 습관을 돌보기 위해 거주 지구는 민족별로 배치한다.
3. 주택이 완공된 후 조장 사무실은 승인된 인구에 따라 기본 농지와 경제 임지를 할당한다.
4. 이주 가구는 토지를 매매하거나 다른 형태로 불법 양도할 수 없다.
5. 기존 수목, 과수원 및 원내 350무의 경작지는 조장 사무실에서 일괄적으로 통합 관리한다.

6. 이주 농가가 통지일로부터 2개월 이내에 집을 짓지 않을 경우 원적 향진 인민 정부에 통지하여 별도로 농가를 배정하도록 한다. 반년 이내에 집을 짓지 않을 경우 이주 할당량을 취소하고 조장 사무실에서 다른 향진에 배정한다.
7. 이주 농가는 주장 사무실의 통일된 지도와 관리에 따라야 하며, 부당하게 토지를 점거하거나 서둘러 파종하거나 이주 질서를 해치는 행위를 하여 대중의 생산과 생활에 영향을 미치는 경우 조장 사무실은 할당량을 취소하고 기한 내에 원적지로 돌아가도록 할 수 있다. 이로 인한 손실은 본인이 부담해야 하며 상황에 따라 엄중히 처리된다. 상황이 심각한 경우 공안 기관은 치안 관리 처벌을 부과하고 형법을 위반한 자에 대해서는 사법기관에서 법에 따라 형사 책임을 물을 수 있다.
8. 조장 사무실은 이주 진행 상황에 따라 점차적으로 기층 조직을 구성해 이주 농가에 대한 교육과 관리를 강화한다.
9. 이주 농가가 이전에 경작했던 모든 종류의 계약 토지는 조장에서 새로 할당한 토지를 개발 및 경작한 날로부터 3년 후에 회수되며 이 기간 동안 도급 계약서에 규정된 제반 의무를 이행해야 한다.

이를 바탕으로 자치구도 시지현 등에 이주 진행 기준을 마련할 것을 요구하고, 각 부서에 계획에 따라 다양한 서비스 기관을 설립할 것을 명확히 요구했다. 이에 1991년부터 1995년까지 수자원 관리소, 보건소, 초등학교, 농업 종합 서비스센터, 임업 서비스센터, 축산 및 수의 서비스센터, 공급 판매 협력사, 파출소, 향 정부, 곡물 창고 등이 차례로 설립되었고 이로써 닝샤와 시하이구 역사상 전례가 없는 독창적인 의미의 '조장' 이민사가 시작되었다.

"아들아, 이제 떠나면 엄마가 언제쯤 너를 다시 볼 수 있니?" 어머니는 마을 입구에 도착해 서둘러 가려는 아들을 붙잡고 놔주지 않았다.

"아이고, 어머니 —— 제가 가서 정착하는 대로 어머니와 아버지를 모시러 올게요!" 아들이 말했다.

"그러면 여기 집은 어떻게 하고?" 어머니가 궁금해하며 물었다.

아들은 "버리죠 뭐!"라며 웃었다.

어머니는 바닥에 주저앉아 울면서 "엄마는 안 간다! 너도 가지 말아라!"라고 외쳤다.

"아이고, 알겠어요 알겠어! 잘 기다리고 계세요! 가자 —— 이랴!" 아들이 채찍을 휘두르자 말이 네 발로 질주했고 산길에 먼지 구름이 일었다.

마을 입구 끝에는 일찍부터 수십 대의 마차와 수레, 트랙터가 모여 가느다란 '조장'의 '물줄기를 이루었는데 우뚝 솟은 류판산에 비하면 계곡 사이의 가느다란 물줄기에 불과해 보였다. 하지만 이상하리만치 끊임없이 멈추지 않고 용감하게 먼 미래를 향해 나아가고 있었다.……

누이동생은 아무도 보이지 않는 산등성이 뒤에서 오빠가 탄 트랙터가 나타나기를 기다리고 있다.……

"두두두두" 하는 엔진 소리에 누이동생의 가슴이 두근거렸다.

"멈춰! 당장 멈춰! 여동생은 다급해져서 작은 보따리를 들고 산등성이 뒤에서 산길로 쏜살같이 달려들어 오빠의 트랙터 앞으로 뛰어든 뒤 작은 보따리를 오빠의 품에 쑤셔 넣으며 말했다. "자리 잡으면 편지해야 해!"

"알았어, 조금만 기다려!" 오빠의 목소리는 계곡과 산등성이 사이로 끊이지 않는 사랑 노래처럼 울려 퍼졌고, 여동생은 밤새도록 산등성이에 서서 넋을 잃고 그 노래를 들었다.……

이 마을 입구 풍경은 조금 달랐다.

십여 대의 짐수레에 다섯 가구의 조손 3대가 꽉 차게 타고 있었는데 노인들은 70~80세였고 어린아이들은 겨우 4~5살이었다.

"우리는 돌아오고 싶지 않아요! 우리는 가난이 두려워요! 우리는 그저 나가서 하루라도 잘 살고 싶을 뿐, 더 이상 이 가난한 두메산골에 머물고 싶지 않아요!" 한 노인이 턱수염을 떨면서 이같이 말했는데 그런 마음을 가지고 있었기에 아홉 식구 중 아무도 낡은 집에 남지 않았다.

그의 가족과 동행한 사람들은 모두 한마을 사람들로 재작년에 인민 해방군이 위문품으로 보내준 솜 이불에도 구멍이 뚫렸을 정도로 집에 아무것도 없는 가난한 사람들로 모두들 갖은 고생을 다 겪었다. 그런데 계속 집에 머무른다면 다음 겨울에는 노인들은 모두 세상을 떠나고 없을 것이고, 아이들은 배가 고파서 진흙을 갉아먹을 수밖에 없을 것이고, 남녀를 불문하고 모두 도망가고 말 것이다. 그러느니 차라리 지금 온 가족이 함께 새로운 곳으로 간다면 새로운 길을 찾을 수 있을지도 모르고 적어도 온 가족이 함께 한번 사력을 다해 싸워볼 수라도 있지 않겠는가!

그래서 이 가족들은 이렇게 똘똘 뭉쳐 다 같이 한 번도 가본 적 없는 머나먼 '북쪽', 그들의 미래의 집으로 함께 달려갔다. 당시로서는 그저 꿈에 불과했다. 하지만 꿈은 희망이었고 희망은 그들을 앞으로 나아가게 하는 원동력이 되었다.……

이 앞으로 나아갈 수 있도록 하는 힘은 그간 수없는 고난을 겪어온 산간 지방 사람들이 가슴에 품고 있는 꿈에서 나왔고, 그래서 그들은 선조들이 물려준 땅과 정든 집을 포기하고 산을 벗어나 미지의 땅으로 나아가기 시작했다.

이렇게 하기까지 얼마나 큰 용기와 결단이 필요했을까?!

"도저히 더 이상 고향에서 살 수가 없었으니까요! 그럴 바에야 차라리 나와서 그냥 그때 그때 되는대로 사는게 낫겠다 싶었어요!" 많은 사람들이 이렇게 말했다. 당시 '조장' 이민 대열에 합류한 마을 주민들은 십중팔구 이런 생각을 가지고 있었다.

시지현의 한 연로한 지도자는 1991년 당시 시지현의 대부분의 농가가 집안 사방에 벽 말고는 아무것도 없을 정도로 극도로 가난해 집안 살림을 다 합쳐도 넉넉잡아 평균 300~400위안에 불과했으며 손수레 하나만 있어도 모든 살림을 다 가져갈 수 있을 정도였다고 말했다.

"듣기 좀 거북할지 모르겠지만 어떤 여자가 막 결혼을 했는데 어떤 외간 남자가 몇백 위안을 준다고 하면 따라가고 싶다고 생각할지도 모릅니다.…… 아내가 떠나고 나면 이 집이 온전할 수 있겠어요?! 노인은 그저 죽기만 기다리고 아이들은 굶주리고 있는데 아내까지 떠나버린 남자가 버틸 수 있을까요? 이것이 당시 수많은 시지 사람들과 시하이구 사람들이 당면한 현실이었습니다!" 간부는 당시 상황을 그대로 전했다.

그는 또 가족 중에 아픈 사람이나 장애인이 있다면 그 상황은 정말 말로 형용할 수 없을 것이라고 덧붙였다!

"이것이 바로 당시 현실이었습니다." 그의 '현실'은 듣는 사람으로 하여금 눈물을 흘리지 않을 수 없게 했다.

시지 사람들도, 시하이구 사람들도 고통을 겪었기 때문에 그들은 살아남기 위한 희망적인 방법을 찾으려고 필사적으로 노력했습니다.……

"위취안잉? 좋아요! 이름만 들어도 좋은 곳 같아요! 갑시다, 저도 신청할래요!"

"우리 집도 신청할래요! 위취안잉에는 분명 샘물이 있을 거예요! 샘물이 있다면 좋은 곳이죠!"

위취안잉은 나중에 '조장' 이민 대열에 합류한 마을 사람들에게 일종의 동경이자 꿈이 되었다.

"위취안잉이 좋은 곳이기는! 우리 시하이구에 '만수촌滿水村'이 백 개나 있는데 '만수촌'에서 물 본 적 있어요? 오줌 한 방울도 못 봤구먼!" 이렇게 말하는 사람도 있었다.

"맞아요! 우리 조상들이 남긴 산과 언덕은 우리가 아무리 가난해도 여전히 우리 것입니다. 팬티도 안 걸치고 벌거벗고 나가도 아무도 비웃는 사람도 없잖아요!" 가난해도 집을 지키려는 사람들은 이렇게 말하기도 했다.

다양한 토론을 통해 우리는 빈곤과의 싸움에서 내부와 우리 자신의 저항이 얼마나 강하고 임무가 얼마나 막중한지 느낄 수 있다. 그러나 역사의 수레바퀴는 여전히 앞으로 나아가고 있고 저 멀리 위취안잉은 희망과 번영의 꿈을 품은 사람들을 꿈처럼 끌어당기고 있었다.…… 그들은 더 이상 다른 사람들의 냉소적인 말에 흔들리지 않고 오직 자신의 앞길만을 응원했다! "힘내자!"

아무도 그들을 막을 수 없었다. "이랴 —— " 채찍 소리가 짐수레 바퀴, 트랙터 바퀴, 마차 바퀴, 그리고 자전거 바퀴를 재촉했다.

나고 자라온 땅을 떠나는 것이니 눈물이 나는 것도 당연했다.

눈물을 흘려야지, 정든 집도, 고향 사람들도, 그리고 미워하면서도 사랑했던 익숙한 언덕과 벼랑과도 작별을 해야 하니 말이다.……

하지만 이 눈물은 너무 짜서 평생 짜기만 하고 하루도 달콤한 날이 없었다. 신중국이 건국된 지 수십 년이 지났지만 여전히 짰다. 아이들은 학비를 낼 여유가 없었고 노인들은 죽은 후 관을 살 수 없었고 며느리는 시집온 후 수십 년 동안 새옷 한 벌 살 수 없었으며 사는 내내 달콤함은 조금도 없고 오로지 짠맛뿐이었는데 그것은 산 사람들의 땀에 스며든 씁쓸한 맛이었다.

이것이 바로 닝샤 사람들, 시하이구 사람들의 삶의 본연의 맛으로, 닝샤 사람들로 하여금 '조장'이라는 용어를 생각해 내도록 한 것도 바로 이것이다.

나는 '조장'을 인류가 낙후된 자연 문명에서 선진적인 현대 문명으로 넘어오는 거대한 역사적 도약이라고 생각한다. 그렇지 않은가?

이 단계의 도약은 단순한 지역과 거리의 문제일 뿐만 아니라 인류가 자연조건을 완전히 바꾸기 위해 애쓰는 비장한 문명 혁명이기도 하다.

단순히 '이곳'에서 '저곳'으로 이주하는 문제인 것처럼 보이지만, 사실 개개인에게, 사랑에 빠진 커플이나 한 가족에게는 일생일대의 변화, 운명의 변화이며 그에 따른 몇 세대, 몇 세기에 걸친 완전한 변화를 의미할 수 있으며 이러한 변화는 한 지역에 있어서도 다르지 않다.

오늘 우리는 '조장'에 대해 되돌아보면서 앞서 언급한 관점을 확인했다. 그러나 30년 전인 1990년대 초 운명을 바꾸기 위해 산을 떠나온 농민들은 우뚝 솟은 류판산을 뒤흔들고 황허의 흐름을 역전시킬 수 있을 정도로 많은 객관적이고 정신적인 저항에 부딪혔다.……

'조장' 이주를 직접 경험한 사람이 아니라면 그 어떤 외부인도 당시 이들이 겪었던 고통을 설명할 수 없다. 1991년 1월부터 2020년 2월 15일(코로나 19 발생 시점) 필자가 이 작품을 쓰고 있는 현재까지 1만여 일의 낮과 밤을 지나며 중국은 얼마나 많은 경천동지할 큰 사건들을 겪었는가! 당시 닝샤의 '조장' 이민 역사의 실상을 제대로 그려낸 사람은 많지 않았다. 바로 이때 왕푸룽王富榮 선생이 쓴 〈이사하는 날〉이라는 글을 읽게 되었고 큰 감동을 받았다. ——

어느 가을날 오후, 태양이 고향의 산등성이를 비추고 커다란 해바라기는 사랑에 빠진 소녀처럼 수줍게 고개를 숙이고 있었다. 가을바람은 바람둥이처럼 소녀의 머리를 부드럽게 쓰다듬어 가슴을 두근거리게 하고 산속 소녀의 애정의 꽃으로 산등성이가 눈부시게 빛나는 로맨틱한 계절이었다. 꽃의 바다를 찾은 꿀벌들은 꽃가루를 따느라 분주하게 움직이며 달콤한 삶을 만들고 있다. 꽃향기가 멀리까지 퍼지고 가슴속을 파고드는 벌꿀의 달콤한 냄새가 풍겨오고 산들바람이 살랑살랑 불고 날씨가 매우 시원했으며 마을은 조용하고 평화로워 보였는데 이 마을을 바로 왕자다완이라 한다

이 마을에 살던 레흐만은 오늘 아주 멀리 떨어진 민닝촌閩寧村으로 이사를 가게 되었다. 그가 그곳에서 땅을 샀다고 들은 마을 여자들이 눈물을 흘리며 이야기를 하고 있다.

레흐만은 이삿짐을 실을 큰 트럭을 불렀고 그의 아내 파투메는 며칠 동안 집안의 물건을 여러 번 정리했고 정말 값나가는 것이라고는 없었지만 어느 것 하나 버리기가 아까웠다. 파투메는 '이제 정말 이사를 가는구나. 민닝촌은 친정에서 800리나 떨어져 있으니 앞으로 친정집에 다시 오기 어렵겠지'라고 중얼거렸다. 정든 마당, 집, 친척들을 떠나기가 아쉬운 마음에 그녀의 마음은 찢어졌고 눈물이 쏟아졌다.

소식을 들은 많은 마을 사람들이 차에 물건을 싣는 것을 도우러 왔고, 할머니들은 지팡이를 짚고 손자를 끌고 덜덜 떨리는 몸을 이끌고 레흐만 가족을 배웅하러 왔다. 할머니들은 파투메와 아이의 손을 꼭 잡았고, 80세의 바이 할머니는 "이사를 간다니 아쉬워서 어쩌누, 이렇게 가면 다시는 못 볼 텐데"라고 말했고 함께 있던 사람들 모두 눈물을 흘렸다. 파투메는 더 이상 참지 못하고 울음을 터뜨렸고 목 놓아 서럽게 울었다. 모두가 울지 말라고 달랬고 바이 할머니는 "아가야, 너희는 아직 갈 길이 머니 이사 가서 잘 살거라. 거기가 여기보다 훨씬 나을 거야"라고 말했다.

이제 레흐만 부부가 이사를 간다는 소식을 들은 그들은 마음 아파하며 모두들 배웅을 하러 와서는 서로 껴안고 울었다. 그러고는 파투메는 시부모님께 효도하는 좋은 며느리이자 좋은 아내로 마음이 여리고 다른 사람이 싫어하는 일을 하지 않으며 어느 집 아이든지 모두 자기 자식처럼 예뻐하고 어느 집의 일이든 자기 일처럼 나서고 마을의 노인들을 공경해서 마을 노인들을 보면 '살람'하면서 인사를 하며 다른 집에 바쁜 일이 있으면 도와줄 줄 안다고 입을 모아 칭찬했다. 마을 사람들은 "아, 정말 좋은 사람이었는데 이렇게 가고 나면 마을이 텅 빈 것 같은 느낌일 거예요."라고 말했다.

마을 사람들은 마을의 풍습에 따라 저마다 10위안, 8위안씩을 파투메와 두 아이들의 손에 쥐여주었다. 그리고 삶은 달걀, 튀긴 밀가루 소금 떡, 빵 등을 봉투 두 개에 담아주었다. 파투메는 이웃집 며느리에게는 자신이 쓰던 삽을, 옆집 아주머니에게는 쇠 포크를, 올케에게는 밥솥을 주었고 이웃들에게 장작도 나눠줬다. "아이를 위해 온돌을 채워 주시고 기념으로 받아주세요. 제가 말로 여러분을 기분 나쁘게 한 것이 있다면 너그럽게 용서해 주시고 저희를 위해 기도해 주세요. 앞으로 만나기가 어려우니 많이 보고 싶을 거예요. 어르신들과 아이들을 잘 보살펴주세요. 안부 전화드릴게요.……" 같은 말을 거듭 반복하며 신신당부하는 이별의 장면은 가슴이 아프면서도 감동적이었는데 이것이 바로 레흐만의 이웃, 가족, 친척들의 따뜻한 마음이었다.

차에는 집을 지을 서까래와 도리가 실려 있었다. 할아버지 몇 분이 "아가야, 우리는 농사꾼이니 어딜 가든 삽이 필요한데 새로 살려면 돈이 들지 않겠니"라고 말하며 삽을 차에 실었다. 또 할머니 몇 분은 파투메가 등에 메고 있던 지게와 광주리에 실었고 젊은이 몇 명이 압착기를 차에 실었다. 새 집으로 이사를 가면 뭐든지 새로 사야 한다며 마지막으로 차에 실은 것은 레흐만과 파투메가 결혼할 때 친정에서 준 혼수 상자로 파투메에게는 평생 잃어버릴 수 없는 추억의 물건이었다.

레흐만은 오래된 묘지로 들어가 아버지, 할아버지, 할머니, 증조부 등 모든 돌아가신 분들의 무덤에 향을 피웠다. 허리를 깊이 숙이고 고인들에게 인사를 한 뒤 두 무릎을 꿇고 참배를 하기 시작한 그는 더 이상 슬픔을 주체하지 못하고 통곡하기 시작했다. 이곳에 잠든 고인들을 바라보며 오늘 작별을 고하고 떠나면 아버지, 할아버지, 할머니, 증조할아버지 등 돌아가신 분들을 자주 뵈러 올 수 없을 것이라는 생각이 들었기 때문이다. 그는 무릎을 꿇고 울면서 아버지, 할아버지, 할머니에게 이사 간다고 말했다. 그는 35년간 살아온 고향, 자신이 나고 자란 황토 땅과 돌아가신 분들의 영혼과 작별을 고하고 마을 사람들, 가족들, 그리고 고향의 산천초목과 작별 인사를 했다. 레흐만이 흘린 닭똥 같은 눈물은 옷깃과 무덤 위로 떨어졌고 그는 무릎을 꿇은 채로 오랫동안 일어나지 못했다.

사실 레흐만이 무릎을 꿇고 일어나지 못한 데는 이유가 있었다. 몇 년 전 레흐만이 민닝촌으로 이사를 가고 싶어 아버지에게 허락을 구했지만 아버지는 동의하지 않았다. 아버지는 "네가 이사 가고 싶다고 할 줄 알았다. 네 날개는 아직 튼튼하고 우리는 늙었으니까. 여기는 어째서 너를 먹여 살릴 수 없다는 거니? 조상 대대로 이곳에서 살았는데 아무리 살기 힘들어도 굶어 죽기야 하겠니? 이곳이 가난하다고? 어미가 못생겼다고 버리는 아들은 없고 개도 집이 가난하다고 집을 버리지는 않는 법이다. 여기가 네 집이야. 땅도 있고, 친척도 있고, 집도 있다. 바깥에 있는 것은 금으로 만든 집이라고 해도 고향에 있는 흙집만 못한 게다. 민닝촌에는 네 아버지도, 어머니도 없고 의지할 곳 하나 없고 애들이 다닐 학교도 없어. 모기도 많고 모래만 있고 물은 없고 햇볕은 머리를 태울 정도로 뜨거운데 너는 아마 그 고통을 견딜 수 없을 거다. 위취안잉과 황양탄에서 온 사람들은 하나같이 그곳이 사람이 살 곳이 아니라고 하더라. 1

년 내내 봄부터 겨울까지 바람이 불고 하늘에는 새도 없고 땅에는 풀도 자라지 않는 데다가 백 리 안에 인가가 없어 바람이 불면 자갈과 모래가 흩날리는 것이 황량하기가 이루 말할 수 없을 정도라고 하더구나. 아들아, 한번 생각해 보렴, 그곳이 그렇게 좋으면 황양탄 사람들이 진작에 벌써 개발했겠지. 과연 산골 사람인 네가 와서 개발할 때까지 두고만 봤겠니?" 아버지의 말에 아들은 이사하는 것을 단념했다. 아버지는 아들을 사랑하는 마음에, 특히 손자가 고생할 것을 걱정해 아들이 이사하는 것을 허락하지 않았던 것이다.

몇 년이 지나 이제 아버지는 돌아가셨는데 아들이 아버지의 뜻을 거스르고 명령을 거역하려는 것은 대역무도한 짓이다. 레흐만이 무릎을 꿇고 비통하게 울면서 일어나지 못했던 것은 바로 그가 아버지의 유언을 지키지 못했다는 데서 오는 심리적 갈등으로 괴롭고 슬펐기 때문이다.

어머니는 레흐만의 손을 잡고 눈물을 흘리며 "아들아, 가거라, 삶은 너희들의 몫이다. 이곳은 내가 지키고 있을 테니 가서 못 살겠다면 다시 돌아오거라. 고향 집은 엄마가 돌보고 있을게. 조상들의 무덤도 내가 지키고 있으마." 레흐만은 어머니를 안심시키며 "어머니, 집을 다 짓고 자리 잡으면 모시러 올게요. 지금은 힘들겠지만 어머니가 허락해 주신 걸로 됐어요." 레흐만은 어머니에게 '살람'이라고 말했고 노모는 손으로 눈물을 훔치며 "가거라, 고생스러워도 참고 견디다 보면 꼭 좋은 날이 올 거야." 어머니의 말에 동의하면서 어머니의 손을 천천히 놓는 레흐만의 마음은 마치 칼로 도려내는 것처럼 아팠다.

이삿짐 트럭이 출발하자 마을의 남녀노소 모두가 가슴이 미어지게 슬프게 울면서 차 뒤를 따라갔다. 모두들 차를 따라 2~3리 길을 걸어갔고 마침내 레흐만은 배웅하는 고향 사람 한사람 한 사람에게 살람이라고 인사하고 돌아갈 것을 권했다. 마을 사람들은 그 자리에 서서 눈물을 흘리며 손을 흔들었고 이삿짐 차는 울음소리를 뒤로하고 점점 멀어져 갔다.……

왕푸룽의 글은 이 말을 마지막으로 끝을 맺었다 —— 배웅하던 고향 사람들은 높은 산마루에 서서 먼 곳을 향해 떠나는 사람들을 향해 목청 높여 외쳤다. '집에 자주 와야 해 ——'

'집에 자주 오라고?!' 집이 어디지? 뒤에 있는 그 오래된 집, 오래된 마을인가 아니면 위취안잉이라는 땅 위에 있는 새 집인가? 둘 다인 것도 같고 둘 다 아닌 것도 같고…… 그래서 먼 길을 떠나는 사람들은 어른이나 아이나 여자나 남자나 할 것 없이 모두 울었고 어떤 사람은 허리도 똑바로 펴지 못하고 두 다리 사이에 머리를 파묻고 울었다. 아이는 엄마 품에 안겨 울었고 여자는 트랙터를 운전하는 남자의 어깨에 기대어 흐느꼈다.……

차를 몰고 트랙터를 운전하던 남자들도 눈물을 흘리고 있었다. 그러나 그들은 아이들과 여자들에게 보여주고 싶지 않아 소리도 내지 못했고 눈물은 그저 바람을 따라 흘러내렸다.…… 그리고 그들은 눈앞의 높은 산과 계곡, 산등성이와 점점 넓어지는 모래언덕과 사막을 마주했다.……그들은 더 이상 참지 못하고 소리치기 시작했다.

"우리는 살고 싶다!"

"우리는 인간답게 살고 싶다!"

"우리는 제대로 된 집을 원한다!"

"얼마나 머냐고 묻지 마. —— 절대 뒤돌아보지 않을 테니!"

"절대 뒤돌아보지 않을 거야! 절대 멈추지도 않을 거야! 부자가 될 때까지!

한 남자가 외치기 시작하더니 나중에는 모든 남자들이 이렇게 외치고 있었다.

이렇게 남자들이 먼저 외치기 시작한 것이 나중에는 여자와 아이들, 노인들까지 모두 외치기 시작했는데……그 소리에 천지가 진동하고 류판산이 흔들렸으며 황허의 물이 출렁이고 허란산이 메아리쳤다!

그 추운 겨울 들판의 거친 바람 속에서 남자와 여자, 노인과 아이들의 눈물방울이 꽃처럼 흩날렸다. 그 눈물은 짜지 않고 타오르듯 뜨거웠다.……

3. 고비 사막의 꿈

내가 닝샤에 가서 실제로 만나 본 최초로 가난에서 벗어나 부자가 된 농민은 셰싱창謝興昌이라는 사람이었는데, 민닝 맞춤 빈곤 구제 협력의 혜택을 받아 유명해진 첫 번째 닝샤 사람이기도 했다.

셰싱창은 현재 현지에서 매우 유명한데, 이는 그가 가난한 농민층 가운데서 민닝 맞춤 빈곤 구제 협력으로 부자가 된 대표적인 인물이라는 것 외에도 2016년 시진핑 총서기가 자신이 직접 결정했던 민닝 맞춤 빈곤 구제 협력 모델인 민닝진(처음에는 민닝촌)을 시찰하러 왔을 당시 이민으로 부자가 된 농민 대표로 시 총서기에게 보고를 했었기 때문이다.

특히 당시 '조장' 이민 지역에 막 도착한 이민자들의 열악한 생활환경을 보고하면서 셰싱창이 했던 네 마디 말이 이후 시진핑 총서기가 인촨에서 주재한 동서부 빈곤 구제 협력 좌담회에서 '유행어'가 되면서 그는 현지의 유명 인사가 되었다. 그가 말한 네 문장은 그와 다른 이주민들이 시하이구의 시지현에서 민닝촌으로 이민을 왔을 때 본 광경을 묘사한 것으로 그는 "하늘에는 새도 없고, 땅에는 풀도 자라지 않는다. 모래사장에는 인적이 없고, 바람이 불면 모래와 자갈이 날아다닌다."라고 했다.

"제가 지어낸 게 아니라 정말 이런 모습이었습니다. 우리는 매일 이런 광경을 마주하고 살았어요.……" 2019년 7월 19일, 인터뷰를 위해 셰싱창의 집을 방문했을 때 그는 자랑스럽게 이렇게 말했다. "그날 시 총서기가 이곳을 시찰하고 제 보고를 듣고 난 뒤 많은 사람들이 있는 앞에서 저에게 "'당신은 이민자들의 길잡이이자 이민자들이 부자가 될 수 있도록 이끌어 주는 선도자이며 민닝진 발전의 산증인'이라고 말했고 지금도 너무나 자랑스럽습니다!"

필자가 마을 간부들에게 그런 일이 있었느냐고 물었더니 모두들 정말이라며 시진핑 총서기가 정말 그런 말을 했고 녹화 자료를 보여줄 수도 있다고 말했다.

"대단합니다, 셰 동지!" 나는 나도 모르게 63세의 셰싱창의 손을 잡으며 이렇게 말했다.

"하하.……모두의 영광입니다. 총서기는 우리 닝샤를 칭찬한 것이고 우리 민닝진과 민닝 맞춤 빈곤 구제 협력이 잘 이루어지고 있는 것을 칭찬한 것입니다. 저는 그저 대표들 중 한 명일 뿐이고요." 셰싱창은 몇 년 전 마을 간부직에서 물러나 지금은 '프리랜서'로서 시진핑 총서기의 배려로 건설된 '황금 모래사장'을 통해 민닝진의 빈곤 구제와 빈곤에서 벗어나 샤오캉으로 나아가는 것에 대한 경험을 전국 각지에서 배우고 참관하러 온 사람들에게 홍보하는 마을의 자원봉사 홍보원 역할을 하고 있으며, 또 다른 일은 시간이 날 때마다 딸을 도와 약국을 보는 것이라고 했다.

셰싱창의 딸이 운영하는 다메이 약국에 들어갔을 때 매우 호방한 느낌을 받았다. 약국은 위아래 2층으로 각각 200m² 남짓한 규모로 아래층은 점포이고 위층은 사무실과 창고, 숙소로 사용하고 있었다. "모두 진에서 일률적으로 지은 뒤 공개 입찰을 통해 구입하고 관련 정책에 따라 가구당 얼마의 보조금을 지급했는데 이것이 우리 같은 가난한 사람들에게는 큰 배려이자 도움이었습니다. 아주 적은 돈으로도 부자가 될 수 있는 큰 기회를 얻을 수 있으니까요……" 셰싱창은 딸이 운영하는 약국을 나에게 소개하면서 이 가게에 자기가 들인 비용이 총 3만 6,000위안이라고 했다.

"그렇게 싸다고요!" 나는 믿을 수가 없었다.

"정부에서 우리 이민자들을 특별히 배려해 준 것입니다. 민닝 맞춤 빈곤 협력에서 우리가 가장 큰 덕을 봤어요." 셰싱창은 감사를 표하며 말했다.

"1년에 수입이 얼마나 됩니까?" 나는 그의 딸에게 물었다.

"베이징의 위생부서와 약품검사부서와 잘 아는 사이이기 때문에 저희 약국은 비슷한 종류의 다른 가게보다 장사가 잘 되는 편일 거예요.…… 1년에 20~30만 위안 정도 버는 것 같아요!" 딸이 웃으며 말했다.

보아하니 조금 겸손을 보태서 말한 것 같은 모양새다. 나는 마음속으로 그녀가 돈을 많이 벌기를 진심으로 바랐다. 물론 그보다 더 중요한 것은 그녀를 통해 더 많은 아픈 사람들이 약을 사고 진찰을 받을 수 있게 되는 것일 것이다.

"제가 딸에게 바라는 것은 마을 사람들에게 가장 싼값에 약을 팔라는 것입니다." 셰싱창이 말했다.

"몇 년도에 이곳으로 이주하셨나요?"

셰싱창은 "민닝촌이 조성되었을 당시 1차로 온 사람들이 1997년에 왔는데 그때 왔습니다……"라며 "당시에는 이곳에서 무슨 일이 일어나고 있는지 몰랐고 그저 푸젠성과 닝샤의 빈곤 구제 협력 프로젝트가 있다고만 알고 있었는데 그게 민닝촌을 건설하는 것이었습니다. 그리고 푸젠성 지도자들이 마을 건설 기공식을 위해 참석한다는 소식을 들었는데 '조장' 이민을 위해 3월까지 이쪽으로 신청하라고 했습니다"라고 말했다.

"그때 여러분은 이 민닝촌이 시진핑 총서기가 직접 챙기는 프로젝트라는 것을 알고 계셨나요?" 나는 호기심이 발동해서 이렇게 물었다.

셰싱창은 고개를 저으며 "아뇨, 전혀 몰랐습니다! 빈곤 구제 프로젝트가 우리 당 총서기이자 국가 주석이라는 것을 당시 모든 사람들이 알았다면 얼마나 많은 사람들이 몰려들었을지 궁금하네요!" 말을 마친 그는 혼자 큰소리로 웃었다.

셰싱창이 이렇게 웃는 것도 무리는 아니었다. 당시 그는 위에서 '조장' 이민이 또 있을 것이라는 소식을 듣고 시지현 왕민향王民鄉 홍타이양촌紅太陽村 지부의 전직 서기로서 마음이 동했다. "당시 저는 이런 생각이었습니다. 먼저 우리보다 앞서 위취안잉으로 이주한 마을이 있다는 소식을 들었고 위에서 우리 마을의 가난한 주민들도 좀 갈 수 있었으면 하고 바랬습니다. 그리고 무엇보다 저 자신도 직접 나가서 겪어보고 싶다는 생각이 들었습니다. 우리 왕민향은 류판산 서쪽 큰 산골짜기에 위치하고 있는데 저희 가족은 이곳에 총 18무의 땅을 가지고 있습니다. 그런데 10년 동안 9번이나 가뭄이 드는 바람에 온 가족이 너무나도 빠듯한 생활을 하고 있었습니다! 다른 것은 말할 것도 없고 매일 물 마시는 것만 해도 몇 리 밖에 있는 산속 샘으로 달려가 물 몇 그릇을 퍼 와야 했습니다. 생각해 보십시오, 마을에 수 백 명의 사람들이 있는데 이렇게 적은 물로 어떻게 살 수 있겠습니까? 소와 양은 또 어쩌고요? 게다가 밭의 작물들은 또 어쩝니까.…… 아이고, 답이 없습니다. 게다가 현에서 회의를 열어 우리에게 '조장' 이민에 참여하라고 호소하니 저는 마을의 가난한 농민 형제들을 이끌고 뒤에 있는 마을 사람들에게 모범을 보여야 할 책임이 있다고 생각했습니다. 그래서 제가 먼저 위취안잉에 가보자 했던 것입니다.……"

"처음 오셨을 때 뭘 보셨나요?"

"기막힌 우연이었어요!" 세싱창은 복권에 당첨이라도 된 것처럼 기뻐하며 "1997년 7월 13일 이곳 위취안잉에 오던 날을 똑똑히 기억하고 있습니다. 이곳에 도착하자마자 우리 현의 조장 이민 기지 사무실 사람이 저에게 모레 푸젠성의 시 서기 등 지도자들이 민닝촌 개촌 건설 기공식에 참석하러 온다며 행사에 참석하라고 했습니다. 저는 속으로 잘 됐다고 생각했습니다! 푸젠성의 핵심 지도자가 오는 데다 이 민닝촌은 푸젠성과 닝샤의 합작 프로젝트이니 앞으로 뭔가 좋은 일이 있지 않을까 생각했습니다. 하지만 솔직히 당시 저희는 시진핑 서기에 대해 잘 몰랐어요!" 세싱창은 다시 웃음을 터뜨렸다.

그는 "이번에 시지에서 위취안잉까지 현에서 특별히 마련해 준 셔틀버스를 타고 왔는데 도로는 괜찮았지만 민닝촌으로 구획된 지역은 사실 모래와 자갈, 알칼리성 땅 외에는 아무것도 없는 헐벗은 고비 사막이었습니다. 하지만 주변 멀지 않은 곳에 푸르른 땅과 농작물이 잘 자라고 있는 농경지도 있는데 이는 이곳에 먼저 도착한 이주민들이 심은 것입니다"라고 말했다.

민닝촌은 민닝 맞춤 빈곤 구제 협력의 중요한 프로젝트로, 1997년 상반기 시진핑 동지가 닝샤를 처음 방문한 뒤 현장에서 바로 결정한 빈곤 구제 협력 시범지였기 때문에 처음부터 시진핑 동지의 관심과 정성이 베어 있었다. 민닝촌 건설 기공식에 참석할 예정이었던 시진핑 동지는 다른 중요한 회의 때문에 참석할 수 없었기 때문에 특별히 푸젠성 빈곤 구제 사무실의 린웨찬 주임에게 관련 인원을 인솔하여 민닝촌 기공식에 참석하도록 했다.

1997년 7월 15일은 중국의 빈곤 구제, 빈곤 퇴치 역사에서 영원히 기념될 만한 날이다. 이날 허란산 기슭의 고비 사막에는 뙤약볕이 내리쬐고 있었고 자치구, 인촨시, 시하이구에서 온 수백 명의 간부들과 이주민 대표들이 몸에 붉은 비단 띠를 두르고 꽃을 달고 성대한 기공식에 참석했다. 린웨찬은 시진핑을 대신해 그가 보낸 축하 메시지 전문을 낭독했다. ——

홍콩 반환과 중국 공산당 창당 76주년을 기념하는 기쁜 날, 푸젠성과 닝샤의 우정의 상징인 민닝촌이 이곳에서 성황리에 터를 잡았습니다. 저는 푸젠과 닝샤의 맞춤 빈곤 구제 영도소조를 대표하여 민닝촌 건설의 착공을 진심으로 축하드립니다! 민닝촌의 공식적인 건설은 푸젠성과 닝샤 간의 빈곤 구제 협력의 중요한 성과입니다.

동부와 중서부 경제의 조화로운 발전을 견지하는 것은 중국 국민경제와 사회 발전을 위한 '제9차 5개년 계획'과 2010년 비전 목표에 있어 중요한 전략적 조치이자 향후 경제 발전을 위해 반드시 따라야 하는 기본 방침으로 공동 번영의 길로 나아가야 한다는 덩샤오핑 동지의 핵심 사상을 구현하는 것입니다. 푸젠성은 민닝 빈곤 구제 및 협력에 관한 제2차 합동 회의의 정신에 따라 관련 사항을 조직하고 이행하기 위해 노력하고 있습니다. 푸젠성과 닝샤의 빈곤 구제 협력이 더욱 건전하게 발전하고 민닝촌이 조속히 완공되어 푸젠성과 닝샤 인민들의 우정이 오래도록 이어지기를 모두 함께 기원합시다.

셰싱창은 "시진핑 서기를 만나지 못해 조금 아쉽긴 했지만 그의 축전 내용을 들어보니 이 민닝촌이 앞으로 행복한 마을이 될 수 있을 것 같아 시지 왕민향의 가난한 형제들을 이곳으로 데려오기로 결심했습니다. 그래서 그날 마을 기공식에 참석한 뒤 시지로 떠났습니다.…… 하지만 또 생각해 보니 그렇게 빈손으로 돌아갈 수는 없겠다 싶었습니다! 그때는 휴대폰도 없던 시절인데 지금처럼 현장 사진을 몇 장 찍어서 고향 사람들에게 그렇게 많은 자치구와 푸젠성 지도자들이 마을 기공식에 참석했다는 것을 보여줄 수 있었다면 이곳이 앞으로 좋아질 것이라는 것을 믿지 않을 사람이 누가 있었겠습니까!"라고 말했다.

"그럼 어떻게 하셨어요? 어떻게 가난한 형제들을 믿게 하셨죠?"

"방법이 있죠!" 셰싱창은 확실히 똑똑한 사람이었다. 그는 현 위생 간호학교를 졸업한 중등 전문학교 졸업생으로 몇 년 동안 생산 대대에서 맨발의 의사로 일했다고 했다. 어쩐지.

그는 자신이 원래 상품 식량을 먹는 사람(도시에 호적이 있는 사람)이 될 수도 있었다고 말했다. 나는 그 시대에 농촌 호적과 도시 호적이 농민 출신 가정과 그 본인에게 있어 그야말로 하늘과 땅 차이였다는 것을 안다. "저는 1975년에 입당했고 항상 적극적이고 진보적이었습니다. 하지만 가족계획에 실패해 자녀를 다섯이나 낳았습니다" 그는 웃으며 "우리 동네에서 아이 대여섯 명을 낳는 것은 그리 많은 것도 아닙니다. 가난할수록 남들이 우습게 볼까 봐 아이를 더 많이 낳으려고 하거든요. 그래서 시하이구가 가난하게 된 주된 이유 중 하나는 출산율이 너무 높았기 때문입니다. 토지는 부족한데 인구는 두 배로 급증했으니 점점 더 가난해질 수밖에요. 하지만 적게 낳으면 적게 낳는 대로 손해인 것이 우리 동네에서는 집에 아이가 적으면 무시당하기가 쉬웠습니다. 저는 당원이니 원칙상 많이 낳으면 안 되지만 남들과 비교당하는 것을 견딜 수가 없었습니다. 셋째를 낳고 아내가 또 임신을 했는데 제가 마을 서기이다 보니 원래는 더 낳으면 안 되는 것이었어요! 그런데 병원에 검진을 받으러 갔더니 의사가 축하한다고 하지 뭡니까! 저는 축하할 일이 뭐가 있냐고 물었습니다. 그랬더니 의사가 '이란성 쌍둥이에요! 꼭 낳으세요!'라고 하지 뭡니까. 의사까지 아이를 지키라고 하고 저도 당연히 그러고 싶었습니다! 우리 지역에는 쌍둥이가 거의 드물었고 이렇게 되면 우리 집은 빼도 박도 못하게 산아 제한 규정을 초과하여 아이를 낳은 집이 되어버리는 것이었습니다. 윗사람이 저를 찾아와 이러면 안 된다고, 이렇게 되면 당원은 징계를 받게 된다고 했습니다. 이렇게 해서 조직에서 저에게 징계를 내렸고 당적은 지켰지만 도시 호적을 얻을 기회를 놓치고 말았습니다"라고 털어놓았다.

셰싱창이 지금은 젊은 시절의 일을 우스갯소리처럼 이야기하지만 그 당시에는 이 일로 그가 적잖은 고민을 했으리라 짐작할 수 있다.

"농민의 문제는 반드시 농민의 방식으로 해결해야 합니다." 수십 년 동안 마을 서기로 일해 온 셰싱창은 민닝촌 건설 기공식에 참석한 후 고향으로 향하던 날의 경험을 들려주었다. 그는 속으로 '어떻게 하면 이 마을의 가난한 형제들을 위취안잉의 민닝촌에 와서 정착하게 할 수 있을까'하고 생각했다. "사람들에게 이곳이 좋다고 말해야지! 하지만 그냥 말로만 좋다고 하면 그 말을 누가 믿겠어?"

나는 "당시의 민닝촌은 아직 황토 사막이었는데 뭘로 마을 사람들이 당신을 믿게 하셨나요?"라고 물었다.

"그러니까요, 저도 마음이 급했습니다. 눈에 안 보이는데 누가 믿겠어요?" 셰싱창은 '조급해진 나머지 길에서 고개를 이리저리 돌리며 주위를 둘러봤는데…… 그러다 보니 옥수수밭이 보이더라고요"라고 말했다.

셰싱창은 신이 나서 "옥수수밭으로 곧장 달려갔는데…… 허 작가님은 아마 모르실 거예요, 여기 옥수수가 우리 고향 옥수수보다 몇 배나 더 크던지! 옥수수 줄기 하나가 우리 고향 예닐곱 개만큼 크더라고요! 그걸 보니 다른 건 아무것도 가져갈 필요 없이 옥수수 줄기 몇 개만 가져가서 보여주면 되겠구나 싶은 생각이 들었습니다!"라고 말했다.

"큰 걸로 골라요, 큰 걸로! 마음껏 골라도 돼!" 옥수수밭에 도착했을 때 마침 두 사람이 밭에서 일을 하고 있었는데 그의 설명을 듣고는 자신에게 직접 고르도록 허락했다고 했다.

그렇게 해서 셰싱창은 옥수수 줄기 몇 개를 등에 지고 고향인 시지현 왕민향의 산골로 돌아왔다.

"주민 여러분, 다른 건 다 안 믿으셔도 상관없지만 저기 옥수수 줄기를 한 번 보세요! 그쪽 사람들도 옥수수를 심는데 키가 우리 옥수수보다 몇 배나 더 커요!" 마을 주민 회의에서 셰싱창은 옥수수 줄기를 들고 이민을 권유하고 나섰다.

하지만 두 사람이 일어나 나와서 훼방을 놓는 바람에 셰싱창은 자기 집이 있는 촌민 소조에서 사람들을 모으는 데 실패했다. 그는 옥수수 줄기를 메고 다른 촌민 소조로 가서 다시 모집을 시작했다……

결국 자신의 가족을 포함해서 마을 전체 13가구의 빈곤 가정이 '조장' 이민을 지원하고 수백 리 떨어진 민닝촌으로 이주할 계획을 세웠다.

출발하던 날의 모습은 초라했다. 'LANTUO蘭駝' 브랜드의 농업용 삼륜차 한 대에 셰싱창을 포함해 14명이 함께 타고 있었고 그들이 준비한 먹고 마시고 자는 데 필요한 물건들까지 가득 실려있었다. "한 명이 더 있었으면 엉덩이 붙일 곳도 없을 정도였습니다." 셰싱창은 또 "14명 중 저만 아내와 함께였고 나머지는 모두 한 집에 한 명씩만 먼저 가서 집터를 잡고 땅을 구한 뒤 정식으로 옮겨갈 수 있도록 하기로 했습니다. 제 아내가 동행한 것은 우리 일행이 그곳에 갔을 때 누군가 밥을 해줘야 하기 때문이었습니다……"라고 말했다.

나는 "농용 트럭으로 거기까지 가는 데 얼마나 걸리나요?"라고 물었다.

셰싱창은 "1997년에는 도로 사정이 좋아졌어요. 아침 일찍 시지 왕민향에서 출발했는데 그곳에 도착하니 이미 저녁 9~10시 정도였으니 열몇 시간쯤 걸렸지만 그럭저럭 괜찮았습니다. 많은 사람들이 난생처음 산에서 나와서 그런지 가는 내내 즐거워했거든요……"라고 말했다.

사실 나는 그보다 몇 년 늦게 '조장' 이민 대열에 합류한 더 많은 가난한 사람들을 포함해 초기에 셰싱창과 이주한 '조장' 이민자들이 정도의 차이는 있지만 산을 떠나오는 길에 모두가 어려움을 겪었다는 것을 알고 있다.

산에서 떠나온 후 자신의 사업을 일궈온 세월이 얼마나 힘들었는지는 물어볼 필요도 없이 그들이 산에서 벗어나기 위해 택한 길만 보더라도 감탄하고 감동하기에 충분하다.

왕민향에서 거의 100리 정도 떨어진 샤거우향沙溝鄕은 구위안, 하이위안, 시지현 3개 현의 경계 지역에 위치하고 있으며 진정한 첩첩 산골이다. 위취안잉 '조장' 이민 소식이 처음 마을에 전해졌을 때, 그해 70세였던 후이족 마빙샤오馬炳孝는 곧바로 이 업무를 담당하는 부현장을 찾아가 이주 신청을 받아달라고 부탁했다. "이주를 못 가면 우리 마 씨 집안은 대가 끊어질 것입니다! 며칠만 더 늦어도 가족 한 명이 줄어들지도 몰라요……" 몇 년 후 누군가 마빙샤오에게 왜 그렇게 적극적으로 '조장' 이민을 가고 싶어 했는지 묻자 글자도 몇 자 읽지 못하는 마빙샤오는 단도직입적으로 대답했다.

이것은 마빙샤오의 입에서 나온 말이라기보다는 가슴 깊은 곳에서 흘러나온 피였다.……

칠순 노인은 살기 위해 고군분투했다. 외진 시지현 샤거우향에서 현 정부 소재지까지 당나귀 수레로 꼬박 하루가 걸렸지만 마빙샤오는 일가족 3대 일곱 식구를 데리고 길을 나섰다. 그가 살던 집에서 인촨의 위취안잉까지 정확히 얼마나 먼지도 몰랐다. 마을 사람들은 그에게 "당나귀를 몰고 계속 북쪽으로 가야지 엉뚱한 곳으로 가지 마십시오!"라며 농담을 했다.

"어떻게 방향을 잘못 잡을 수 있겠어? 내가 북쪽에 도착한 다음에는 또 뭐라고 비웃을 거요?" 마빙샤오는 "나는 온 가족을 데리고 가서 잘 먹고 잘 살 테니 나중에 배 아파하지나 마시게들!"이라고 하며 받아쳤다.

"좋습니다! 그 위취안잉이라는 곳을 찾아서 반년 동안 돌아오지 않는다면 그곳이 살기 괜찮다는 것이 증명됐다고 생각하고 우리도 뒤따라 갈게요." 마을 사람들은 그와 내기를 걸었다.

"약속한 거요!" 마빙샤오는 채찍을 휘둘렀고 '짝 ——'하는 요란한 채찍 소리가 산골짜기에 메아리쳤다. 일곱 식구를 가득 태운 당나귀 수레가 휘청거리며 산골짜기를 벗어나 먼 곳을 향해 달려가는 것이 보였다.……

'살 길을 찾아야 한다'라는 일념으로 그들은 '먹을 것이 있는' 곳을 찾아 북쪽으로 북쪽으로 갔다.…… 한 가정에 있어 이 얼마나 비장한 여정이었을까? 만약 마을로 돌아간다면 그 얼마나 체면을 구기는 일인가! 그렇기에 돌아갈 곳은 없고 앞으로 갈 수밖에 없었다. 마빙샤오는 일찌감치 가족들에게 '눈앞에 칼의 숲과 불바다가 펼쳐지더라도 그 속으로 뛰어들지언정 다시는 샤거우향으로 돌아갈 수 없다! 마을 사람들이 우리를 비웃게 둘 수는 없는 노릇이다! 동의하면 나와 함께 가고 그렇게 할 용기가 없는 사람은 고향 집에 남도록 해라'라고 말했다.

나중에 자식들과 손주들도 모두 고개를 끄덕였다. 그래서 마빙샤오는 마을을 떠날 때 옛집을 아예 허물어버리고는 다시는 돌아오지 않겠다고 맹세했다.

"쉽지 않은 일이었지. 우리는 꼬박 7박 7일을 걸었습니다!" 마빙샤오는 후에 사람들에게 이렇게 말했다.

사람이 피곤한 것은 말할 것도 없고 당나귀만 해도 옛날에 마씨 집에서 늘 뼈빠지게 일하더라도 마을 근처 들판이나 맷돌 옆에서 하는 일이라 아무리 힘들어도 게으름을 피우고 낮잠을 잘 수라도 있었다. 하지만 낯설고 먼 길을 가는 동안 당나귀는 한 번도 겪어보지 못한 고생을 했다. 산길에서는 울퉁불퉁하고 가파른 산길을 조심해야 했고 도로에서는 자동차와 사람들을 피해야만 했다! 낮에는 바람, 밤에는 비, 그리고 낯선 거리와 갈림길들…… 당나귀는 이렇게 복잡하고 변덕스러운 길을 본 적이 없었다.

당나귀는 한숨을 돌리고 싶었는데 오늘은 해가 지기 전에 어딘가에 도착해야 한다는 주인의 말을 들었다. 너무 목이 말라서 물을 한 모금 마시고 싶었는데 주인들은 '물이 한 숟가락 남았는데 안 마실 수 있으면 최대한 마시지 말고 할아버지께 드리자, 할아버지께서 수레를 몰아야 하니까'라며 의논을 하고 있었다. 할아버지 —— 마빙샤오는 마시지 않고 남은 반 숟가락의 물을 당나귀의 입에 넣어주었다.……

당나귀는 물을 마시고는 다시 전력을 다해 앞으로 나아갔다.

마빙샤오 가족은 이렇게 7박 7일을 걸어 꿈에도 그리던 황허 관개구의 시간취 옆 위취안잉의 '조장' 이민 기지에 도착했다

7박 7일을, 당나귀 한 마리, 일가족 3대…… 마빙샤오 가족에게 이 여정은 운명을 바꾸기 위한 '행군'이었고, 닝샤의 수백만 명의 가난한 백성들의 축소판이었다. 마빙샤오와 함께 길고 험난한 '장정'의 길을 걸어온 수많은 이들이 있다.

현재 민닝진 원예촌園藝村에 정착한 마쇼우쩐馬守珍 역시 후이족이다. 마쇼우쩐은 그의 예전 집이 '문을 열고 나서면 절벽이고 뒤로는 산이었다'라고 했다. 그의 아들은 어릴 때 나가서 놀다가 실수로 집 앞 절벽 아래로 떨어져 불구가 되었다. 마쇼우쩐은 과거 자신의 일가족이 '죽음을 기다리는 인생'이었다고 말했다. 집에 장애가 있는 어린 아들 외에도 아직 성인이 되지 않은 자녀가 네 명이나 더 있었기 때문에 고향에 계속 머물러 있다가는 또 큰 화를 피할 수 없을 것 같다는 생각에 주저하지 않고 '조장' 이주 대열에 합류했다. 산을 떠나던 그 해에 아이들은 아직 어렸고 처음에는 바깥세

상을 궁금해했지만 하루하루 걷고 나면 집에 가고 싶다며 울었다.

"돌아갈 집이 어디 있어!"

"집은 앞에 있어!"

"바로 앞에 우리 집이 있어……"

"앞에……"

마쇼우쩐은 처음에는 아이들을 강하게 꾸짖으면서 '집이 바로 앞에 있다'라고 당당히 알려줬지만, 나중에는 걷다가 걷다가 본인 스스로도 앞에 있다고 했던 집이 도대체 어떤 모습인지 모르겠다는 생각이 들었다.

어느 날 밤, 마쇼우쩐 가족은 자갈이 많은 고비 사막에서 노숙을 했다. 온 가족이 이불 두 장을 두르고 있었는데 아이들이 추위에 떨지 않도록 하기 위해 마쇼우쩐 자신은 이불 속에 들어가지 않았고 그의 몸 밑에는 자갈이 깔려 있어 허리가 배겨 아팠다.……

"자갈들 때문에 짜증 나서 잠을 잘 수가 없었습니다. 그러다 어찌 된 일인지 아마도 너무 피곤했던지 얼떨결에 잠이 들었고 자다가 꿈을 꿨는데 꿈속에서 황금알 둥지에 빠진 저 자신을 발견했어요!" 마쇼우쩐은 웃다가 잠에서 깼고 꿈에서 있었던 일을 아내와 아이들에게 이야기했더니 우리 가족이 부자가 돼서 행복하게 살게 될 것이라며 온 가족이 기뻐서 펄쩍펄쩍 뛰었다.

"그때 저는 아이들에게 '새 집에 가면 열심히 일하고 열심히 공부해서 우리 가족의 삶을 풍요롭게 만들자!"고 말했습니다. 마쇼우쩐 가족은 이후 민닝진에서 정말 행복한 생활을 하게 되었을 뿐 아니라 세 아들 모두 대학에 진학해 이민자들 사이에서 미담으로 회자되었다.

세싱창은 마쇼우쩐 보다 늦게 도착했다. 초기에 위취안잉에 '조장' 이민자들이 왔을 때 민닝촌은 아직 조성되지 않았는데 세싱창은 그가 그렇게 신이 나서 찾아온 새로운 마을 민닝촌이 사실은 고비 사막의 모래언덕이었다는 사실을 몰랐다. 이것은 그보다 5,6년 먼저 위취안잉에 왔던 마을 사람들이 겪었던 것과 별반 다르지 않았다.

동이 틀 무렵 모기가 일찍 깨어났다. 어젯밤에 윙윙거리던 소리가 아직도 귓가에 울리는 것 같은데, 고비에서의 생활은 언제쯤 끝나려나, 누가 이곳이 좋다고 하겠는가?

정오가 되자 허기진 배에서 북소리가 난다. 남편은 여태껏 요리를 하지 않았는데 고비 사막에서 불을 피우고 눈물로 밥을 했다.

날이 저물어 가는데 누구에게 외롭다 말할까? 모기는 의기양양해서 늘 손과 발을 무는데 어떻게 해야 하나?

한밤중의 달은 몽롱하게 노래를 부르는 것 같고 거센 바람이 포효하면 풀이 꺾이고 모래가 날려 지붕이 들썩이며 온몸이 바들바들 떨린다.……

시인 왕푸룽은 '조장' 이민 초기 이민자들의 생활을 놀라울 정도로 생생하고 사실적으로 묘사했다.

사실 위취안잉에 정착한 이민 1세대들이든, 셰싱창 일행과 같은 운이 좋은 민닝촌 마을 사람들이든 고향을 떠나 새로운 터전에 발을 디딜 때 겪는 상황과 어려움은 기본적으로 똑같은 것이다. 왜냐하면 고비 사막은 원래 황량하고 외로우며 모래바람은 외로움을 동반하기 때문이다. 즉, 이곳의 맑은 샘물을 처음 마시고 싶어서 망설임 없이 땅을 파고 들어가야만 했던 이주민들처럼 이곳에 정착할 수 있는 유일한 길은 열심히 일하고, 끝까지 노력하는 것뿐이다.…… 승리할 때까지.

셰싱창 일행 14명은 민닝촌의 첫 이민자이자 가장 먼저 정착한 사람들로 현재는 화원처럼 아름다운 민닝진이지만 원래는 실제로 그곳에 살고 있는 주민이 한 명도 없었기 때문에 세싱창은 늘 이렇게 자랑하곤 한다. "그곳은 온통 황무지이자 완벽한 고비 사막이었고 우리가 첫 번째 그룹이었죠. 우리가 도착하기 전인 7월 중순에 푸젠성과 닝샤 지도자들이 이곳에 주춧돌을 놓았습니다. 주춧돌이 놓인 후 집을 짓고 도로를 만들고 황무지를 개간하는 것은 우리의 몫이었습니다. 따라서 우리는 이 땅의 진정한 '토착' 주민입니다." 셰싱창의 말이 옳았기에 아무도 반박하지 않았고, 실제로 반박할 수도 없었다.

하지만 당시 그와 함께 온 다른 마을 주민 12명은 차에서 내리자마자 '사기꾼'이라며 '이 지서가 우리를 속였다!'라고 욕을 퍼부었다.

셰싱창은 "제가 왜 사기꾼입니까?"라고 말했다.

마을 사람들은 그를 노려보며 "사기꾼이 아니면 뭡니까? 여기가 우리 집보다 좋다면서 '황금 둥지'가 있다고 했잖아요. 그런데 왜 없어요? 아무것도 없잖아!"

셰싱창은 자갈이 뒹구는 고비 사막을 발로 세게 밟으며 "왜 없다는 거요? 여기가 '황금 둥지' 아닙니까?"라고 되물었다.

마을 사람들은 서로를 쳐다보며 어리둥절한 표정으로 "이게 '황금 둥지'라는 거요?"라고 말했다.

셰싱창은 더 기운을 내서 자리에서 수십 번을 뛰며 "여기가 '황금 둥지'가 아니라고요? 여기가 '황금 둥지'가 아니라고?!"라고 외쳤다.

"아이고, 이 사기꾼아! 사기꾼아 ——"어떤 사람들은 땅바닥에 털썩 주저앉아 울기 시작했다.

"일어나! 어서 일어나시오. ——" 셰싱창은 불같이 화가 나서 울고 있는 마을 사람들을 일으켜 세우며 "창피하게 굴지 마시오! 우리는 시지현 왕민향을 대표하는 첫 번째 이민자들이고 여기에 도착했습니다. 즉, 우리는 이미 민닝촌의 촌민입니다! 이곳이 어떻게 민닝촌이라는 이름을 가지게 되었는지 아십니까? 이곳은 우리 닝샤와 푸젠 두 곳이 손잡고 우리 시하이구의 가난한 사람들을 위해 만든 마을로 시진핑 서기가 직접 선택한 지역이고 손수 지어준 이름이란 말입니다! 영광스럽게 생각하지는 못할망정 죽상을 하고 있다니, 당신은 부끄럽지 않을지 모르겠지만 저는 정말이지 부끄러워 얼굴을 들 수가 없습니다! 여기에 '황금 둥지'가 없다고 한다면 제가 당신을 속인 것입니다. 하지만 여러분 모두 제 말씀을 잘 들어보세요. 앞으로 두 달 동안 여러분이 제 지휘에 잘 따르고 제가 말한 대로 행동해 주신다면 여러분 집집마다 '황금 둥지'를 보게 될 겁니다. 만약 두 달 후에도 '황금 둥지'가 보이지 않는다면 저를 죽이시든지 아니면 고향으로 돌아가십시오. 여비는 제가 드리겠습니다! 어떻습니까?"라고 말했다.

"좋습니다! 한 번만 더 믿어보죠! 당신은 마을 서기이니 우리를 속이면 자리도 잃고 체면도 잃는 건 당신이죠. 우리는 아무것도 두려울 것이 없어요. 기껏해야 스스로 따귀 몇 대 때리고 고개 숙이고 돌아가면 그만입니다!"

"그럼 그렇게 하는 겁니다! 내일부터 제 말대로 따라주세요. ——오늘 저녁은 제가 한턱 내겠습니다!" 세싱창은 한편에 쪼그리고 앉아 밥을 하고 있던 아내에게 "음식은 다 준비됐어? 가져온 술 몇 병도 꺼내오시오, 오늘 밤은 다 같이 거하게 한잔해야겠어!"

그날 밤, 세싱창의 아내를 포함한 왕민향 출신의 가난한 '조장' 이민자들은 술을 마시고 산노래를 부르다 황량하고 인적이 드문 민닝촌에서 술에 취해 쓰러졌다.……

아쉽게도 이 장면을 영상으로 남기지 못했는데 당시 세싱창 일행에게는 휴대전화가 없었고 손전등 두 개와 양초 십여 개가 전부였는데 이것이 그들이 고향에서 가져온 유일한 조명용 '전기'와 '불빛'이었다. 바로 이 원시에 가까운 빛이 새로운 보금자리를 짓고 번영을 향해 나아가는 첫 번째 민닝촌 사람들의 앞길을 비춰주고 있었다.

"그 당시 저만 수중에 몇백 위안을 가지고 있었는데, 함께 온 마을 사람들을 어떻게 자리 잡을 수 있게 할 수 있을까 하는 것은 사실 쉽지 않은 일이었습니다. 예를 들어 고비 사막은 살 곳이 없으면 산비탈에 구멍을 파고 살면 되는 우리 산간 지역과는 다릅니다! 돌이 사방으로 굴러다니는 고비 사막은 사정이 전혀 달랐습니다!" 셰싱창은 "도착한 다음날 아침 일찍 위취안잉 조장 이민 기지 사무실에 가서 민닝촌의 계획 설계도를 찾았는데 그래야만 집터를 어디로 할지 먼저 정하고 일을 시작할 수 있었기 때문입니다!"

그러나 사정은 그리 녹록지 않았다. 셰싱창은 진鎮에 간 김에 함께 온 집들을 위해 집을 지을 자재들을 준비했다. 휴식처로 돌아와 집터 위치를 확인한 셰싱창은 함께 온 마을 주민들에게 "앞으로 집들을 점점 더 잘 지을 수 있도록 첫 번째 집은 우리 집부터 시작할까 하는데 동의하시나요?" 라고 말했다.

"동의합니다. 그렇게 합시다. 서기님 집이 잘 지어지면 우리도 그대로 지읍시다."

"좋아요, 좋은 생각입니다!"

모두가 동의했다.

그들은 모두 농사꾼 출신이라 시간에 맞춰 출근하는 도시와는 달리 다들 일이 있으면 하는 것이 익숙했다. 첫날 정식으로 일을 시작해 오후 5시까지 일을 했는데 날이 어두워지자 셰싱창은 "오늘은 이만합시다"라고 소리쳤다. 그러고는 아내에게 "밥 다 됐어?"라고 물었다.

"네, 다 됐어요!" 그의 아내가 대답했다.

"식사합시다, 모두 어서 오세요!" 셰싱창이 모두를 불렀고 열 명 남짓한 사람들이 모였는데 주변은 강풍이 몰아치는 고비 사막이었다.……

모두가 밥그릇을 드는 순간, 황사를 동반한 강한 돌풍이 사람이 웅크리고 앉아있을 수 없을 정도로 세차게 불었고 밥그릇 절반이 수십 미터 떨어진 곳으로 날아가 버렸다. "뭐 이런 곳이 다 있어! 고향만도 못하네!"

몇몇 마을 사람들의 마음이 얼어붙었다. "하아 ——" 셰싱창은 순간 할 말을 잃고 묵묵히 아내에게 밥을 하나하나 다시 떠서 가져다 달라고 했다.

"서기님, 저는 더 이상 여기서 일 못하겠어요! 보세요, 바람과 추위를 피할 곳조차 없지 않습니까! 차라리 우리 고향 산속에 있는 게 낫겠어요!" 누군가가 시끄럽게 떠들어댔다!

"싫으면 당장 돌아가시오! 난 어차피 여기서 죽기로 했으니!" 셰싱창은 이번에는 정말 화가 났다. 그는 밥그릇을 던져버리고 삽을 들고 바위 땅을 파기 시작했다.……

"서기님, 뭐 하시는 겁니까?" 누군가 다가와 물었다.

"바람 피할 곳이 없다고 하지 않았습니까! 모래바람이 나를 날려버릴 수 있나 보려고 땅굴을 파는 거요!" 셰싱창은 점점 더 세게 파내려 갔다.

"맞아, 땅굴을 파고 그 밑으로 들어가면 바람이 불든 모래가 날리든 두렵지 않을 거야!" 다시 기분이 좋아진 사람들은 하나둘씩 삽과 곡괭이를 들고 셰싱창과 함께 땅굴 파기에 동참하기 시작했다.

땅굴을 파고 그 위에 비닐을 씌워보니 내부가 썩 나쁘지 않았다!

이렇게 민심이 안정되었고 민심이 안정되자 작업에 임하는 정신과 속도가 달라졌다. 첫 번째 방은 길이 6m, 너비 4m로 지어졌는데 꽤 넓었다! "앞으로 우리의 집은 이 집을 기준으로 이렇게 지을 겁니다. 우리 집은 식구가 7명이니까 규정대로 이렇게 방 5개짜리 집을 지을 수 있고 여러분 각 가정도 이런 기준으로 지으면 됩니다.……" 셰싱창은 자신의 '모델하우스'를 가리키며 모두에게 이같이 말했다.

"좋아요! 이런 집이 있으면 신붓감 찾는 데 문제 없겠어!"

"아니 내 평생 이렇게 좋은 집, 이렇게 넓은 마당을 갖게 될 줄을 꿈에도 몰랐어요!"

사람들의 분위기가 완전히 달라지고 힘이 났다!

"아이고, 서기님, 저는 집을 지을 돈이 없는데 어쩌죠?" 이렇게 걱정하는 마을 사람들도 있었다.

"뭐가 걱정입니까? 우리가 누굽니까? 우리는 민닝촌 사람들이에요! 민닝촌의 주민들은 다른 '조장' 이주자들보다 더 나은 대우를 받고 혜택을 받을 수 있는 정책들도 더 많습니다. 이리 와보세요, 제가 알려드리죠……" 셰싱창은 조장 이민 기지 사무실에서 들은 것들을 마을 사람들에게 들려주었고 그 말을 들은 마을 사람들은 모두 기뻐하며 연신 "괜찮네요, 괜찮아!"라고 말했다.

실제로 셰싱창은 확실히 덕을 톡톡히 봤다. 그는 정식으로 집을 지은 후 다시 진에 가서 첫 번째 대출을 받았는데, 이는 민닝 맞춤 빈곤 구제 협력으로 인해 가능했던 파격적인 조건의 대출이었다. "생각해 보세요, 저처럼 중간 정도의 형편에 있는 가정이 가구당 6무의 농지, 2무의 택지를 개인당 2,000위안만 내면 받을 수 있는데 이렇게 좋은 조건이 우리 민닝촌 말고 또 어디에 있겠습니까?"

셰싱창은 이주민에 대한 이러한 우대 정책과 무이자 대출, 이민 보조금으로 먼저 자신의 집을 지을 수 있었다고 자랑스럽게 말했다. 함께 온 마을 주민들은 그의 집을 '거점'으로 삼고 그와 그의 아내를 포함한 13명은 민닝촌의 '조장' 이민의 '혁명의 씨앗'이 되었다. 첫 번째 집을 짓고 함께 온

11명의 마을 주민들이 모두 정착하고 안심하고 살 수 있는 터전을 마련해 주었으며 다시 고향으로 돌아가서 아직 반신반의하는 가난한 마을 사람들을 불러와 직접 보게 했다. 현장을 둘러본 시하이구의 옛 이웃들은 '이렇게 좋은 곳에, 이렇게 좋은 집에, 이렇게 좋은 우대 정책이 있는데도 안 오면 바보지!'라며 눈시울을 붉혔다.

그렇게 세싱창은 자신의 집을 '혁명 근거지'로 삼은 데서 시작해 1차로 새로 지은 11가구의 집을 '혁명 근거지'로 삼고 다시 1차 촌민소조를 '혁명 근거지'로 삼은 후 계속해서 '혁명 근거지'를 확장해 나가 1997년 말에는 400여 가구가 민닝촌에 정착하기에 이르렀고 이로써 그는 명실상부한 '마을 서기'가 되었다.

"이제는 믿을 수 있겠죠? 우리 시하이구에는 이런 새 집, 새 부지가 얼마나 되겠어요? 이게 '황금 둥지'가 아니면 뭐요?" 민닝촌에 정착한 후 첫 음력 섣달그믐날 세싱창은 마을 사람들을 자신의 새 집으로 불러 모아 자신의 아내와 이웃의 열댓 명의 여성들에게 특별히 풍성한 제야 만찬을 준비하도록 했고 일부러 진에 가서 우량예 몇 병과 중화 담배 두 보루를 사서 모두에게 일일이 술과 담배를 권했다. 술잔이 세 순배 오가고 나자 그는 모두에게 이렇게 물었다.

모두들 이구동성으로 '서기님의 말씀이 옳습니다! 우리가 지금 마시는 것은 황허의 물이고 사는 곳은 '황금 둥지'인데, 이것이 어떤 삶입니까? 이것이야말로 황허의 물은 달콤하고 공산당은 친근하다'에 걸맞은 삶 아닙니까!"

"황허의 물은 달콤하고 공산당은 친근하고 모두가 '황금 둥지'에 살고 있습니다! 그해 춘절은 수많은 시하이구 사람들의 부러움을 샀고, 또 그해 춘절에 민닝촌의 명성이 시하이구와 닝샤에 널리 퍼져나갔다!

민닝촌이요? 아, 푸젠의 가족들이 우리의 빈곤 구제를 지원하기 위해 우리와 함께 새롭게 지은 마을이죠!

민닝촌이요? 아, 시진핑 서기가 직접 낙점하고 항상 관심을 가지고 있는 가난한 사람들을 위한 행복 마을이죠!

이렇게 민닝촌의 명성은 사방으로 퍼져나갔다.……

눈치 빠른 독자라면 이쯤에서 셰싱창이 그해 1차로 인솔한 빈곤 가구가 왜 12가구에서 11가구로 줄어들었는지 궁금할 것이다. 셰싱창은 "한 집은 당시 저를 따라왔다가 고비 사막에서 가망이 없다고 생각하고 돌아갔다가 나중에 신장新疆으로 일하러 갔습니다. 그는 견디지 못했고 우리가 새로운 터전을 조성하는 데 참여하지 않았기 때문에 '황금 둥지'를 가질 수 없었습니다……"라고 말했다.

"택지와 나중에 정부가 새로운 주민들 각 가구에 분양한 상가를 지금 시세로 따지면 200~300만 위안이나 됩니다!" 이러니 민닝촌의 '조장' 이민을 '황금 둥지'에 빠졌다고 말하는 것도 과언은 아닐 것이다.……

이런 세속적인 비유가 때로는 경전의 시구보다 인간적인 따스함과 이상, 그리고 신앙의 궁극적인 의미를 더 잘 드러내기도 한다.

4. '촌村'에서 '진鎮'으로의 한 편의 서사시

민닝촌은 더 이상 존재하지 않는다. 1990년대 말 셰싱창이 막 도착했을 당시 그 민닝촌은 현재 인촨시 융닝현의 향진급 단위로 발전했다.

지금은 바이두百度에서 아주 손쉽게 민닝촌에 대한 설명을 찾아볼 수 있는데 바이두에서는 '민닝촌은 중화인민공화국 닝샤후이족 자치구 인촨시 용닝현 관할의 향진급 행정 단위로, 푸닝촌福寧村, 무란촌木蘭村, 우허촌武河村, 위엔이촌園藝村, 위안룽촌原隆村, 위하이촌玉海村 등 6개 촌을 관할한다'라고 소개하고 있다.

세싱창은 '그가 처음 왔을 때 시진핑이 '동그라미'를 쳐 낙점했던 민닝촌은 황량한 고비 사막이었다가 후에 여러 개의 마을이 되었고 그는 초대 민허촌閩賀村 마을 서기를 역임했다'라며 '나중에 이 마을은 이웃한 란즈촌蘭子村과 합쳐져 새롭게 푸닝촌福寧村이 되었다'고 말했다. 2009년에 이르러서야 세싱창은 마을 서기직에서 물러났다.

고비 사막에서 황금 모래사장에 이르기까지 세싱창과 시하이구의 수만 명의 가난한 사람들은 이 과정에서 직접적인 목격자이자 창조자였고 물론 수혜자이기도 했으며, 의심할 여지없이 그들 모두가 이 땅의 공로자들이었다.

1996년 중앙 정부가 동서부 맞춤 빈곤 구제 협력을 결정하고 민닝 맞춤 빈곤 구제 협력을 위한 제1차 합동 회의를 연 뒤 지금까지 24년, 거의 한 세기의 1/4이 지나갔다. 인류 문명의 역사를 거슬러 올라가 보면 중국처럼 아무것도 없는 고비 사막을 이토록 짧은 시간에 없는 것이 없고 교통이 편리하고 접근성이 좋으며 1인당 연간 소득이 4,000위안이 넘는, 심지어 다른 많은 도시들이 아직 사용하지 못하고 있는 5G와 같은 최첨단 통신 기술을 앞서 사용하는 현대화된 도시로 탈바꿈시킬 수 있는 나라는 지구상에 거의 찾아보기 어렵다는 것을 알 수 있을 것이다.…… 2019년 여름, 처음 민닝촌에 와서 시하이구의 가난한 산간 지역에서 이주해 온 농민 가정들과 그들이 현재 운영하는 상점과 공장, 와이너리, 그리고 진의 학교, 병원, 문화 광장, 협동조합 등에 가본 뒤 필자는 '이곳이 강남땅 못지않게 풍요롭고 이곳 사람들의 생활 수준이 기본적으로 중간 정도의 생활 수준에 도달했다는 사실을 믿지 않을 수 없었다.…… 그들이 생활하는 도시와 마을, 들판, 그리고 외부로 통하는 도로 등 모든 것이 내지의 경제 발전 지역이라 하기에 충분한 조건을 갖추고 있었다.

민닝진은 중국의 빈곤 퇴치 역사에 있어 빛나는 진주처럼 닝베이 땅에서 반짝반짝 빛나고 있다.…… "어디서 오셨든 이곳을 고향이라고 생각해 주세요", 마을의 거리를 맴도는 감미로운 노랫소리는 이 아름다운 땅에 처음 발을 디딘 이방인의 마음을 흔들어 정말 그리운 내 고향 구쑤姑蘇에 온 것 같은 기분이 들었다.

"정말 그런 느낌이 들어요? 저는 쑤저우에 한 번도 가본 적이 없어요! 예로부터 쑤저우를 지상 낙원이라고 하던데요.……" 진사관鎮史館에서 만난 한 처녀는 놀랍다는 듯 이렇게 말했다.

"전설 속의 낙원은 막상 가보면 실망할 수도 있겠지만, 민닝진은 수백만 명의 가난한 사람들이 누리는 현실 속의 낙원입니다.…… 이런 낙원을 불과 25년도 안 되는 기간에 만들어 낸 여러분이 부럽고 존경스럽습니다." 나는 진심 어린 마음으로 그녀에게 말했다.

"어머나! 격려 감사합니다!" 그녀는 기뻐서 펄쩍펄쩍 뛰었다.

물론 격려의 의미도 있었지만 그보다는 정말로 '만약 내 고향 땅에 20여 년의 시간을 들여 새로운 도시를 건설한다면 그것은 기적이라 할 수 없겠지만 이곳은 한때 고비 사막이었고, 고비 사막 정비 자체만으로도 세계적인 난제 중 하나인데 하물며 사막 정비와 더불어 불과 20여 년 만에 현대화된 신도시를 건설하는 것은 정말이지 불가능을 가능케 하는 수준이 아니겠는가' 하는 생각을 했다. 만약 중국 전역의 고비 사막의 10분의 1만이라도 민닝진 같은 현대적인 도시를 건설할 수 있다면 100년이 걸린다고 해도 중국은 물론 전 세계가 토지 부족, 도시 호구 부족, 경제 침체 같은

2020년 설을 즐겁게 보내는 셰싱창謝興昌 가족

문제를 두려워하겠는가?

아니다. 그렇게만 된다면 이런 것들은 결코 문제가 되지 않을 것이다.

민닝촌에서 오늘날의 민닝진에 이르기까지의 과정은 중국의 빈곤 구제 및 빈곤 퇴치 전쟁에 있어 가장 눈부신 성과라고 할 수 있으며 이 성과를 일궈낸 총책임자는 바로 시진핑 총서기이다.

시진핑 총서기는 앞서 언급한 바와 같이 1997년 4월 이후 2008년 당과 국가의 지도자로서 한차례 더 시찰한 데 이어 2016년 7월 18일부터 20일까지 당 총서기이자 국가 주석으로서 세 번째로 닝샤를 찾았다. 시찰 마지막 날 시진핑 총서기의 주재로 동서 빈곤 구제 협력 좌담회가 열렸다. 시진핑이 총서기, 국가 주석이 된 후 3일 동안 국내의 한 지역을 시찰하고 회의를 하는 것은 드문 일로 닝샤 빈곤 구제와 민닝 맞춤 빈곤 구제 협력, 전국 빈곤 퇴치가 그의 마음속에서 차지하는 비중이 얼마나 큰지를 가늠해

볼 수 있다!

2016년 7월은 닝샤와 닝샤 사람들에게는 특히 잊을 수 없는 달이었다. 태양이 유난히 찬란하게 빛나고 남쪽에서 북쪽으로 펼쳐지는 풍경도 더없이 아름다웠던 한 달이었다.…… 이맘때가 닝샤에서 일 년 중 가장 좋은 계절이다. 닝샤 빈곤 구제와 민닝 맞춤 빈곤 구제 협력에서 가장 그리웠던 사람이 이달에 다시 한번 이곳을 찾았는데 바로 시진핑 총서기였다. 시진핑 총서기는 18일 비행기에서 내리자마자 시하이구로 와서 닝샤 땅을 남쪽에서 북쪽으로 둘러보며 수백만 닝샤 주민들에게 따스함과 온정을 선사했다. 〈인민일보〉 기자는 시진핑 총서기의 시찰 일정에 대해 다음과 같이 썼다:

……여름날의 닝샤는 고풍스러우면서도 새롭게 생기가 넘치는 모습이었다.…… 18일 오전 시진핑은 구위안시 류판산 공항에 도착해 비행기에서 내리자마자 차로 1시간을 달려 시지현 장타이바오將台堡로 가서 홍군장정회사紅軍長征會師 기념비를 참배하고 홍군장정회사 기념원과 기념관을 둘러봤다. 그는 기념비에 헌화를 하고 혁명 선열들에게 세 번 절을 하고 기념관의 모든 사진과 물건들 앞에서 잠시 멈춰 서서 바라보았다. 그는 감격에 찬 목소리로 '우리 당이 이끈 홍군의 대장정은 위대한 영웅 서사시를 썼다'라며 '대장정의 위대한 정신은 중국 공산당의 혁명적 기풍을 여실히 반영하고 있으며, 우리는 끊임없이 이를 새로운 현실에 접목시켜 계승하고 발전시켜야 한다'라고 말했다. 또 '중국 특색의 사회주의 대의를 추진하는 새로운 장정은 장기적이고 지속적으로 추진해 나가야 하며, 각 세대별로 각자의 대장정을 걸어나가야 한다'라고 말했다.

18일 오후, 시진핑은 비가 내리는 가운데 구위안시에서 두 마을을 방문해 빈곤 퇴치 사업을 시찰했다. 징위안현 다완진 양링촌에서는 마을의 외관을 살펴보고 후이족 빈곤층인 마커와 마크준의 집을 방문해 빈곤 퇴치 대책의 수립과 시행에 대해 상세히 파악했다. 시 주석은 주택, 시설, 외양간에서부터 취업, 소득, 학교 교육, 의료, 공공서비스에 이르기까지 모든 부분을 살펴보고 관심을 가지고 질문을 했다. 주민 대표들과 이야기를 나눌 때 그들은 최근 몇 년 동안 마을의 물, 전기, 도로, 산업 발전 측면에 있어서의 큰 변화에 대해 설명했으며, 특히 빈곤 가구에 있어 1인당 곡물 1부, 채소 1무, 소 1마리를 키울 수 있도록 지원하는 조치를 시행하여 빈곤 가구의 소득이 점점 안정되고 있다고 설명했다.

시 주석은 "열심히 일해야 좋은 시절을 맞이할 수 있습니다. 산업을 발전시키는 것은 빈곤에서 벗어나는 근본적인 대책입니다. 지역 여건에 맞춰 산업을 육성하는 것을 빈곤 퇴치를 위한 근본적인 방법으로 삼아야 합니다."라고 지적했다. 마을을 떠날 때 소식을 듣고 찾아온 마을 주민들은 시진핑 총서기의 배려에 감사를 표했다. 시 주석은 주민들과 악수를 나누며 마을 주민들이 빈곤에서 벗어나 더 넓은 번영의 길로 나아가길 기원했다.

원저우구原州區 펑바오진彭堡鎮 야오모촌姚磨村에서 시진핑은 농민들이 빈곤에서 벗어나도록 돕기 위해 당원들이 시범적으로 주도하고 능력 있는 대가족이 이끄는 냉지 채소 재배 산업 현황을 파악하는 데 초점을 맞췄다.

그는 작업 패널, 야채와 과일을 살펴보고 대형 농가와 근로자들과 소통하며 그들에게 토지 전환의 구체적인 운영과 무공해 재배의 기본 비결을 묻고 그들고 함께 투입과 산출을 계산해 보았다. 시진핑은 마을 당 조직의 선도자와 먼저 부를 창출한 선도자가 대중들이 빈곤에서 벗어나 부를 축적하도록 이끄는 '이중 지도' 프로젝트 등을 긍정적으로 평가하고 촌당지부가 대중과 접촉하고 대중을 위해 봉사하며 대중을 결집시키고 대중을 복되게 하는 기능에 충실하여 대중이 더욱 자신감과 결단력, 인내력을 가지고 어려움을 극복해 부자가 되는 꿈을 이룰 수 있도록 독려하고 지원하기를 바란다고 밝혔다.

19일 오전 시진핑 주석은 인촨시 진펑구金鳳區 신도시의 이슬람교 사원을 방문했다. 그는 중국 이슬람교 협회 부회장이자 닝샤 이슬람교 협회 회장 양파밍楊發明과 사원의 이맘(성직자) 마셩밍馬生明과 함께 사원에 들어가 사원의 일상적인 관리와 종교 활동 전개 상황에 대해 알아보고 자치구 이슬람교 대표들과 악수하고 환담을 나눈 뒤 예배당 밖에서 신자들과 진솔한 대화를 나눴다. 시 주석은 이슬람 사원이 규정에 따라 종교 활동을 하고 있으며, 신도들에게 이슬람교의 애국심과 신앙심을 설파하고 신도들의 사회 건설 참여를 적극 이끌고 현지의 화합과 안정을 유지하는 데 적극적인 역할을 하고 있다는 설명을 듣고 이들의 노고를 치하했다. 그는 또한 '토착 종교와 외래 종교를 막론하고 중국의 모든 종교는 5천여 년의 역사를 지닌 중화 문명에 깊이 뿌리내리고 있으며 우리 사회와 생활에 깊이 녹아 있다'라고 강조하며 '우리는 종교가 사회주의 사회에 적응하도록 적극적으로 이끌고 중국의 종교가 중국화 방향에 부합하도록 지원해야 한다'라며 '중국의 이슬람교는 경전 해석에 힘쓰고 최신 해석 결과를 전파하는 데 주력하며 종교 인재, 특히 청년과 중장년 종교 인재를 적극 양성해야 한다'라고 말했다. 시 주석은 '종교인들이 좋은 관행을 견지하고 보완하며 종교적 조예를 부단히 정진해 나감으로써 신자들에게 더 깊이 다가가고 그들을 섬기고 이끌기를 바란다'라고 밝혔다.

이후 시 주석은 인촨시 융닝현 민닝진에 위치한 위안룽原隆 이주민 마을을 방문했다. 이곳은 20년 전 시진핑이 직접 푸젠성과 닝샤의 공동 건설을 제안했던 생태 이민지로 20년이 지난 지금 이곳은 당시 인구 8,000명의 가난한 이주민 마을에서 인구 6만 명이 넘는 '강남의 작은 마을'로, 황량한 모래사장에서 오늘날의 황금 모래사장으로 변모했다. 그는 마을의 계획과 건설에 대한 소개를 듣고 꽃송이버섯 재배, 채소 버섯 재배 등 농업 기술 온실을 시찰하며 마을의 재배와 사육, 노동 등 산업 발전 현황을 파악했다. 마을의 당군 서비스 센터에서 그는 민닝진의 빈곤 구제, 푸젠성 맞춤 빈곤 구제 지원에 대해 자세히 알아보고 민생 봉사관, 보건 및 가족계획 서비스센터를 방문하여 현장 직원과 행정인력, 의료진들을 격려했다. 이어 후이족 이민자 하이궈바오海國寶의 집을 찾아 마을 대표들과 이야기를 나눴는데, 이 자리에서 1997년 시지현에서 민닝진으로 이민 온 셰싱창은 '일가족과 함께 이곳으로 이주한지 20년 가까이 되었는데 매일 새로운 변화가 일어나고 있다'라며 '공산당의 은혜는 사흘 밤낮을 이야기해도 모자라다'라며 감격스러워했다. 시 주석은 '우리 사회주의 대가족 안에서 인민들이 항상 당과 정부의 따뜻함을 느낄 수 있도록 할 것'이라며 '이곳의 새로운 이주민 마을이 매우 규칙적이고 아름답게 건설되어 모두가 가난에서 벗어난 것을 보게 되어 진심으로 기쁘다'라고 화답했다. 시 주석은 이민과 이주를 빈곤과 싸우는 효과적인 방법이라고 지적하며 '전형적인 경험을 요약 및 홍보하여 이주 이민을 통한 빈곤 퇴치를 훌륭히 완수하고 다른 지역으로 이주하는 이민자들에게 더 많은 관심을 기울여 생산과 생활에 있어서의 고충을 해결하도록 돕고 지역 사회에 잘 융화될 수 있도록 도와야 한다'라고 강조했다.

19일 오후 시진핑 주석은 인촨에서 닝저寧浙 창업 단지와 닝동寧東 에너지 화공 기지를 둘러봤다. 닝저 창업 단지에서 시 주석은 창업 단지의 구상과 건설 과정을 담은 영상을 시청하고 '이우고義烏購' 운영 센터로 이동해 대형 스크린을 통해 실시간으로 이우몰의 건설과 운영, 닝샤 상품의 저장성 내 판매 현황을 파악하고 닝샤 현지의 전자상거래 기업의 발전과 국격을 초월한 전자상거래 산업의 발전 현황을 파악했다. 시 주석은 닝저寧浙 협력의 성과를 긍정적으로 평가하고 '동서 빈곤 구제 협력은 서부 빈곤 지역의 빈곤 퇴치 과정을 가속화하고 동서 간 발전의 격차를 좁히기 위한 중대한 조치로 장기적으로 추진하고 더욱 강화해야 한다'라며 '더 많은 기업이 서부 지역의 빈곤 퇴치 프로젝트에 참여하도록 장려하고 지원해야 한다'라고 지적했다.

…………

닝샤 동지들에 따르면 시진핑 총서기는 이번 닝샤 시찰에 특히 공을 들였고 간부들과 대중들에게 '가슴이 따뜻해지는 말', '격려의 말', '우리가 일을 더 잘할 수 있도록 희망과 동기를 부여하는 말'을 많이 했다고 한다.……

"2016년 7월 23일 자 〈인민일보〉에 실린 '사회주의는 만들어지는 것이다'라는 기사를 한번 보십시오." 자치구 빈곤 구제 사무실 동지의 이 같은 말을 듣고 나는 곧바로 시진핑 총서기의 닝샤 재방문에 관한 해당 기사를 찾아보았고 기사 내용은 다음과 같다(이하 기사 발췌):

7월의 닝샤는 하늘은 높고 물은 넓으며 겹겹이 이어진 산봉우리는 푸르다.

시진핑 총서기는 18일부터 20일까지 닝샤 내 여러 지역을 면밀히 시찰하고 구위안과 인촨 등지에서 혁명 전통 교육 기지와 농촌 지역, 기업을 방문했다.

전면적인 샤오캉 사회로 진입하는 결정적 단계와 빈곤 퇴치를 위해 전력을 다하는 단계에서 서부 지역, 소수 민족 지역, 오래된 혁명 지역, 저개발 지역인 닝샤를 다른 지역과 같은 수준으로 발전하게 하려면 어떻게 해야 할 것인가? 빈곤과의 싸움에서 승리하려면 어떻게 해야 하는가? 시진핑 총서기는 이런저런 생각에 잠겨 있었다.

시찰의 발자취를 따라 기자는 총서기를 직접 만난 간부들과 사람들을 다시 찾았다.

역사의 긴 강에서 방향을 찾다.

우리 세대의 장정의 길을 꿋꿋하게 걸어가다

시찰 코스: 18 일 오전 구위안시 시지현 장타이바오

구위안시 류판산 공항에서 차로 1시간 남짓 떨어진 닝샤 남부 시지현 장타이바오에는 홍군의 고단한 여정이 기록되어 있다.

시진핑 총서기는 홍군 대장정 승전 80주년을 맞아 닝샤 시찰의 첫 번째 방문지로 이곳을 선택했다.

여름비가 계속 내리고 있었다. 시진핑 총서기는 홍군 장정 기념비 앞에서 꽃바구니를 놓고 리본을 묶고 있었다. 1936년 10월 후이닝會寧과 장타이바오에서 합류한 홍군의 3대 주력 부대는 2만 5천 마일에 달하는 대장정에 승리의 마침표를 찍었다.

홍군 장정 기념관에서 해설자로 일하던 왕펑지에王鳳杰는 총서기를 맞이하던 장면을 다음과 같이 회상했다. "총서기는 들어오자마자 '홍25군 단가집單家集 포고' 앞에서 멈춰 서서 자세히 살펴보고 깊이 있는 질문을 던졌습니다." 단가집 주변 지역은 무슬림 거주지로, 홍군은 당의 민족 정책과 종교 정책을 전파하기 위해 이 포고를 만들었다. 홍군은 단가집을 통과할 때 지역 주민들에게 당면 만드는 기술을 가르쳤고, 그래서 후이족 사람들은 이를 '붉은 당면紅粉'이라고 불렀다. 왕펑지에는 총서기가 이 긴 행군의 역사에 관심을 보였다고 말했다.

기념관에서 왕펑지에는 마오쩌둥의 〈칭핑러·류판산〉을 여러 차례 낭송하며 "총서기께서 이 시를 낭송하는 것을 꼭 듣고 싶었는데 아쉽게도 이번에는 시간이 너무 짧았습니다. '장성에 오르지 않으면 대장부가 아니다'라는 말이 오늘날 중국의 정신을 형상화하고 있는 것이 아닐까요?"라고 말했다.

구위안 시위원회 서기 지정紀崢은 장정 코스 모래판 앞에서 시진핑 총서기가 한 말을 거의 한 마디도 빠짐없이 외울 정도였다. “우리는 대장정의 위대한 정신을 계승하고 발전시켜야 합니다. 이러한 정신이 있다면 극복하지 못할 어려움이 없습니다. 우리는 새로운 대장정을 시작해야 하며 대장정은 항상 진행 중입니다. 당시의 대장정은 중국공산당이 인민을 이끌고 권력을 장악하기 위한 긴 행진이었으며, 우리는 지금 개혁개방의 새로운 시기에 ‘두 개의 백년’이라는 목표를 달성하기 위한 새로운 장정을 이어가고 있습니다. 우리 세대는 우리 세대의 장정의 길을 꿋꿋하게 걸어나가야 합니다.”

“총서기의 말씀은 강한 역사적 책임감을 보여줍니다. 그가 거듭 강조한 ‘초심을 잊지 말라’라는 네 글자가 떠오릅니다. 우리는 이 바통을 이어받아 빈곤과의 싸움에서 승리하여 구이안과 전국이 함께 샤오캉을 실현할 수 있도록 해야 할 것입니다.” 지정이 말했다.

기념관 밖에서는 수백 명의 간부와 사람들이 소식을 듣고 달려왔다. 훠자거우霍家溝에서 온 마궈동馬國棟은 온몸이 흠뻑 젖어있었지만, 너무 기쁜 나머지 전혀 느끼지 못하는 것 같았다. “총서기가 왔다는 소식을 듣고 우산을 챙길 겨를이 없었습니다.” 총서기는 악수를 나누면서 마을 주민들에게 ‘건강은 어떠신가요?’, ‘몇 무를 심었습니까?’라고 물으며 옛 혁명 지역 주민들의 삶에 관심을 보였고 이러한 관심은 사람들의 마음을 따뜻하게 했습니다.”

샤오캉으로 향하는 길에서 단점을 보완하다.

빈곤 퇴치를 위해 간부와 대중이 한마음으로 협력하다.

시찰 코스: 18일 오후, 구위안시 징위안현 다완향 양링촌, 위안저우구 펑바오진 야오모촌 19일 오전, 인촨시 용닝현 민닝진

“중국 전역에 5,000만 명의 빈곤층이 있으며 2020년까지 이들 모두를 빈곤

에서 벗어나게 하겠다는 목표를 달성해야 합니다. 이것이 현재 저의 최대 관심사입니다." 시진핑 주석의 빈곤 퇴치에 대한 깊은 관심과 배려를 시하이구 지역에서 생생하게 확인할 수 있다.

시진핑 주석의 시하이구 방문은 이번이 세 번째이다. 1996년 당 중앙위원회와 국무원은 빈곤 퇴치 분야에서 동서 협력을 추진하기 위해 대대적인 전략적 배치를 단행했고, 이로써 푸젠성과 닝샤의 협력이 시작되었다. 당시 푸젠성 당 위원회 부서기이었던 시진핑이 조장을 맡아 닝샤를 돕는 데 앞장섰다. 경사지를 계단식 논으로 개조했고 우물을 파고 조장 이민을 실시하는 등 시진핑이 주도한 이러한 빈곤 구제 조치는 수많은 빈곤 가정의 운명을 바꾸어 놓았다.

20년 동안 그는 항상 이곳 주민들을 생각했다.

시진핑은 이 고난의 지역을 떠올리고는 다시 가보기로 했다. 징위안현 다완진 양링촌은 '가난한 마을'이다. 이 마을에 사는 빈곤 가정의 마커는 집에서 총서기를 만날 것이라고는 꿈에도 생각하지 못했다. 시진핑은 푸르른 마당에서서 마커의 일상생활에 대해 이야기를 나눴다. 마커는 흥분해서 총서기에게 '예전에는 먹고살기 힘들었지만 지금은 소 5마리를 키우고 15무의 땅을 경작하고 있으며 농한기에는 밖에 나가 아르바이트를 해서 온 가족이 연간 4만~5만 위안을 벌고 있다'라고 보고했다.

"먹을 식량도 충분하고, 아이들도 학교에 다니고, 아프면 진료를 받을 수 있는 신형 농촌합작의료제도도 생겼는데, 이제 다음 계획은 무엇인가요?" 총서기가 웃자 마커는 잠시 할 말을 잃었다. 시진핑은 진지하게 "우선 아이들의 교육에 힘써서 다음 세대가 출발선에서 뒤처지지 않도록 해야 합니다. 그런 다음 생산을 탄탄하게 늘리고 지속 가능하고 안정적인 방식으로 소득을 늘려야 합니다"라고 당부했다.

빈곤 가정인 마크 준의 가족은 흥분해서 "바로 여기 우리 집 아랫목에서 총서기가 제 손을 잡고 저를 '동생'이라고 했어요. 저는 이 느낌을 평생 잊지 못할 거예요. 공산당은 우리 농부들이 꿈을 실현하도록 이끌어주니, 날이 갈수록 살맛이 납니다"라고 말했다.

마을 간부, 당원 대표, 대형 양우 농가, 빈곤 가정 대표들이 방을 가득 메웠다. "마을 길을 잘 닦아놔서 비 오는 날도 진흙투성이가 될 염려가 없습니다", "전에는 물을 길어 와야 했는데 이제는 수돗물이 콸콸 나옵니다", "간부들이 마을로 내려와 예전에는 TV로만 봤었는데 지금은 실제로 만납니다" …… 마을 주민들은 수년간의 극적인 변화를 서로 앞다퉈 이야기했다. 소 사육은 양링촌의 산업 발전을 통해 빈곤에서 벗어나기 위한 핵심 방안이다. 대형 양우 농가를 운영하는 마취안룽馬全龍은 현재 11마리에서 20마리로 규모를 계속 확장할 생각이다. 그는 "총서기께서 저더러 모범적인 리더로서의 역할을 하라고 격려해 주셨습니다. 조만간 소를 키우는 마을 주민들을 한자리에 모아 이야기를 나눌 생각입니다"라고 말했다.

란주린蘭竹林은 양링촌의 제1서기로 부임한 지 9개월이 되었는데 빈곤 퇴치 작업에 대해 이야기하면 데이터가 술술 나온다. 시진핑은 고개를 돌려 마을 서기 마안린馬安林에게 협조가 잘되고 있냐고 물었다. "저는 '제1서기가 협조도 잘하고 착실하게 일한다'라며 그를 연신 칭찬했습니다.", "저는 '한마을을 잘 건설하려면 좋은 당 지부가 있어야 합니다', '지역 여건에 맞는 산업을 육성해 빈곤 퇴치를 위한 근본 활로로 삼아야 합니다'라는 총서기의 말을 작은 수첩에 적어 두었습니다. 그리고 가슴을 두드리며 총서기에게 '걱정하지 마십시오, 반드시 임무를 완수하겠습니다'라고 말했습니다."

산비탈에 동네방네 여기저기서 몰려온 사람들이 겹겹이 둘러싸고 있었다. 비가 계속 내리고 있는데도 그들은 우산을 내던지고 열광적으로 박수를 치며 서로 총서기와 악수를 나누기 위해 애썼다. "어떤 사람은 '총서기님'이라고 불렀고, 또 어떤 사람은 '주석님'이라고 불렀으며, 또 '시따따習大大'라고 부르는 사람도 있었는데 모두들 너무 즐겁고 행복해했고 심지어 눈물을 흘리며 웃는 사람도 있었습니다." 마안린은 이 장면을 결코 잊지 못할 것이다. 그는 "이것이 바로 민심입니다"라고 말했다.

야오모촌이 부촌으로 거듭난 것은 농촌의 기층 당 조직의 선도자와 먼저 부를 창출한 선도자가 농민을 빈곤에서 벗어나 번영으로 이끄는 '이중 지도' 프로젝트 덕분이다. 14년 전 마을에서 고추 재배에 앞장섰고 지금은 전문 채소 재배 협동조합을 이끌고 있는 마시우후이馬秀會도 그중 한 명이다. 그는 "총서기는 우리가 수확한 신선한 고추와 버섯을 보셨습니다. 닝샤의 버섯 재배는 푸젠성 농업학자 린잔林占의 균초菌草 기술의 혜택을 받고 있었는데, 놀랍게도 총서기가 파견한 것이었습니다. 린잔의 기술을 보급하고 적용한 것은 푸젠-닝샤 협력의 생생한 사례 중 하나가 되었습니다"라고 말했다.

야오모촌은 한때 아내를 구할 수 없는 가난한 마을이었지만 지금은 서로 앞다투어 시집오고 싶어 하는 안락한 보금자리가 되었다. 냉지 채소 기지의 이주 노동자인 궈샤오링郭少玲은 "총서기가 토지 도급비, 농장 일당, 출자 배당금에 대해 물어보더니 마음속에 장부를 가지고 있다고 하더군요!"라고 말했다.

뤄쥔羅軍은 대농가로 햇볕에 검게 그을리고 바짓가랑이는 진흙투성이다. 과거에는 종자 한 바가지, 곡물 한 줌으로 자신의 배도 채울 수 없었지만 지금은 신용협동조합의 이사장직을 맡아 수백 명의 마을 주민의 배급을 걱정하고 있다. 그는 "저는 시장 수요를 더 잘 파악하고 싶다'라고 요청했고 총서기는 '시장 리스크를 예방하기 위해서는 개인의 예리한 파악과 정부의 서비스, 특히 양질의 정보 서비스가 필요하다'고 강조했습니다"라고 말했다.

사소하지만 야오모촌의 마을 서기 야오셴姚選에게 특히 깊은 인상을 남긴 일이 하나 있었다. 시진핑 주석은 게시판의 채소 산업 당 소조, 육우 사육 당 소조, 노무 수출 당 소조 등 당 지부 도표를 자세히 살펴보았다. 그는 "총서기는 이때 '산업 사슬 위에 당 조직을 세우라'라고 말했습니다. 이 얼마나 생생한 방법론입니까! 이 말에는 우리의 당이 나아갈 길이자 부자가 되는 길이 들어있습니다"라고 말했다.

허란산 산자락의 민닝진은 동서부 빈곤 구제 협력의 모범 사례 중 하나이다. 19일 오전, 총서기가 왔다는 소식이 마을 전체에 퍼졌다.

1997년 빈곤 퇴치를 위해 닝샤를 방문한 시진핑은 '한 지역의 물과 흙이 그 지역 사람들에게 생활의 터전을 마련해 주지 못하는 곳'에 살던 시하이구 주민들을 이주시키기 위해 '이민 조장'이라는 근본적인 프로젝트를 시작했다. 그는 '민닝촌은 지금은 황량한 모래사장이지만 미래에는 황금빛 모래사장이 될 것'이라며 손수 '민닝촌'이라는 이름을 지어주었다.

붉은 기와와 흰 벽의 작은 건물들이 줄지어 서 있다. 시진핑 일행은 먼저 차를 타고 마을을 한 바퀴 돌며 새로운 마을의 새로운 모습을 살펴보았다. 용닝현 당 위원회 서기는 당시 상황을 회상하며 "시진핑 주석은 내내 주민들의 소득, 학교 교육, 의료, 마을 기반 시설 구축에 대해 물었고 '푸젠-닝샤 협력으로 번영의 길을 찾아냈으며, 이 귀중한 경험을 전국으로 확장하고 시범을 보여 공동 번영을 실현할 수 있다'라고 말했는데 이는 우리에게 있어 영광스러운 부담이었습니다"라고 말했다.

위안룽 이민촌은 구위안시의 14개 마을에서 온 주민 10,515명이 거주하고 있는 용닝현에서 가장 큰 생태 이민촌이다. 2,000도 근시 안경을 쓰고 있는 완쥔훙万軍紅은 노부모와 장애가 있는 아내와 함께 살고 있었다. 민닝진으로 이주한 후 그는 농업 과학 기술 온실에서 일하면서 주머니 사정이 좋아졌다. 이날 오전 그는 버섯 균봉에 집중하고 있었는데 고개를 들어보니 총서기가 버섯 온실에 들어와 있는 것이 아니겠는가! 완쥔홍은 매우 감격했다. 그는 "저는 자주 그때 그 장면을 떠올리면서 총서기의 당부를 저버리지 않도록 앞으로 더 잘해야겠다고 다짐합니다"라고 말했다.

왕취안王泉은 농업 과학 기술 온실에 대해 속속들이 잘 알고 있으며, 그가 근무하는 칭다오 창성 일전 태양에너지 기술유한공사는 빈곤 퇴치를 위해 지역 산업을 지원하는 기업 중 하나이다. 마을 주민들은 기술과 자본이 부족하여 기업에 의존해 기술을 배우고 시장을 찾는다. 총서기는 그에게 '현지 기업들이 산업 육성을 통한 빈곤 구제 과정에서 추진력을 발휘해 먼저 부를 축적하고 뒤따르는 사람들을 도와야 한다'라고 말했다. 왕취안은 막중한 책임감을 느꼈다. 올해 춘절이 지나고 150명이 넘는 마을 주민들이 온실을 계약하기 위해 줄을 섰지만 원하는 사람은 많고 온실은 너무 적었다. "지난 이틀 동안 저는 '일할 능력이 있는 가난한 가구가 도급을 제안하기만 하면 최대한 지원하겠다'라는 방침을 세웠습니다. 마을 주민들이 일을 통해 빈곤에서 벗어나는 꿈을 실현하는 것뿐만 아니라, 더 많은 마을 주민들이 계약을 맺고 지분을 갖고 창업에 참여해 부자가 되는 꿈을 이룰 수 있기를 바랍니다."

농업 과학기술 온실을 나온 시진핑은 당군 서비스센터로 향했다. 대학생 촌관 리샤李霞는 민생 봉사관에서 바쁘게 일하고 있었다. 리샤는 시진핑 총서기의 마을 방문 사진을 위챗 모멘트에 공유했고 수백 개의 댓글이 달렸다. "2013년 대학생 촌관 시험에 2,000명이 넘는 학생이 지원했고 총서기는 대학생 촌관의 성장과 성공에 대해 매우 큰 관심을 가지고 있습니다."

민생 봉사관에 일을 보러 온 천궈쉐陳國學는 '환호 소리를 듣고 고개를 돌리자 군중 속에서 그가 보였다"라며, "키가 크고 손이 단단했는데 흥분한 나머지 손을 놓는 것을 잊었습니다"라고 말했다. 손을 꽉 잡고 놓지 않은 일로 그는 마을의 유명 인사가 되었고 마을 사람들은 그를 부러워했다.

바로 옆에 있는 보건 및 가족계획 서비스센터에는 마을 보건소에서 의사와 간호사가 파견되어 근무하고 있는데, 이들은 마을의 많은 노인 환자들에게 '보물'과도 같은 존재이다. 총서기는 몇몇 환자들과 이야기를 나누기 시작했다. 마을 주민 톈청린田成林은 이주를 계기로 그의 집에서 병원까지의 거리가 5km에서 300m로 단축되었다. 외상성 관절염을 앓고 있는 주민 마바오창馬保强은 예전에는 고약을 사러 산을 넘어가야 했지만, 이제는 몇 분만 걸어가서 7~8위안만 내면 물리치료를 받을 수 있게 되었다.

마을 남쪽 6조 16소열 14호, 시진핑 주석은 후이족 이주민 하이궈바오의 집으로 들어갔다. 마당은 환하고 음식 냄새가 향기로웠으며, 정부가 각 이주민에게 54평방미터의 주택을 제공하고 동시에 한쪽에는 공터를 남겨두어 두 손으로 열심히 일해서 부자가 될 수 있도록 한 이 방에서 이주민의 삶이 시작되었다. 하이궈바오는 "100여m^2 방 4칸짜리 집은 나중에 지은 것입니다. 오래된 당원으로서 저는 마을 주민들을 대표하여 총서기에게 '우리는 자력갱생하지 않고 국가로부터의 원조를 기다리고, 의지하고, 요구해서는 안 되며, 총서기의 관심에 부응하기 위해 열심히 일해야 한다'라고 진심을 담아 이야기했습니다"라고 말했습니다.

민닝촌으로 처음 이주해 온 가족 중 하나인 셰싱창은 "19일에 저는 총서기 맞은편에 앉았습니다. 저는 그해 민닝촌 기공식 때 총서기가 보낸 축전을 보고 산골짜기를 떠나기로 결심했습니다. 저는 민닝촌 근처 농장에 가서 옥수수 네 줄기와 수수 네 이삭을 꺾어 시하이구로 돌아가 이곳이 얼마나 좋은지 널리 알렸습니다. 산간지역 농부들은 대대로 식량과 물이 부족하지 않기를 바라며 산에서 벗어나기를 꿈꿔왔는데, 이제 마침내 그 꿈이 실현되었습니다!"라며, "총서기에게 '3박 4일을 이야기해도 공산당이 얼마나 고마운지 이루 다 말할 수 없다'라고 말하면서 저는 말을 하면 할수록 더 흥분했습니다"라고 말했다.

민닝진 당서기 첸둥錢冬은 두 가지 진심 어린 감정을 느꼈는데, 첫째는 가난에서 벗어나 부자가 된 인민들의 '길잡이' 시진핑에 대한 고마움이다. 총서기가 마을에 왔다는 소식을 듣고 몰려온 마을 사람들은 자신들의 나아진 처지를 이야기하려고 했다. 둘째는 총서기의 말과 행동에서 드러나는 진정성으로 '이 황토 땅을 사랑하고 항상 그 땅의 사람들을 생각한다'라는 감정이다.

…………

기사의 다른 부분에서는 시진핑 총서기가 인촨시 진펑구 신도시 이슬람 사원, 허란현 닝저 창업단지, 닝둥 에너지 화공 기지의 션화神華 석탄액화(CTL) 프로젝트 등을 시찰한 것에 대한 내용을 기술하고 있으며, 그의 '사회주의는 만들어지는 것이다'와 같은 그의 말은 대중의 뇌리에 깊이 새겨졌다.

이것은 문장마다 '열정'이 잘 녹아 있는 보기 드물게 좋은 기사로 이 열정은 당 총서기와 인민 대중 간의 상호 관심과 상호 작용에서 비롯된 것이자 마음과 마음이 만나 생겨난 진실한 열정이다.

닝샤의 동지들은 시진핑 총서기가 닝샤와 인촨에서 동서부 빈곤 구제 협력 좌담회를 개최할 수 있었던 중요한 이유 중 하나는 민닝 맞춤 빈곤 구제 협력의 효과적인 성과와 민닝진이 무에서 유를 창조해 '강남의 작은 마을'로 변모한 역사적 변화에 있다. 닝샤 사람들, 민닝촌 사람들은 나에게 '시진핑 총서기는 민닝 맞춤 빈곤 구제 협력과 민닝진에 대해 남다른 애정을 가지고 있습니다……'라고 거듭 말했다.

감정을 중요시하고, 애정이 있는 것, 특히 인민과 가난한 사람들에게 감정과 애정을 갖는 것은 시진핑과 마오쩌둥, 저우언라이, 덩샤오핑과 같은 기성세대 프롤레타리아 혁명가들의 공통된 자질이다.

감정이 생겨나는 것은 무엇보다도 그 자신이 '다정다감'한 사람이기 때문이다. 인민 대중과 조국과 민족에 대한 감정을 가지고 있다는 것은 중국 공산당원들의 본질의 구현이다.

이날 민닝진 역사 박물관을 방문했을 때 지역 간부들과 주민들은 벽에 걸린 시 총서기가 2016년 시찰 때 말했던 구절을 가리키며 감격스러운 어조로 "우리는 시진핑 총서기가 1996년 푸젠성의 닝샤 맞춤 빈곤 구제 지원 영도소조 조장으로 부임한 이후 우리 닝샤와 민닝진에 대한 애정이 각별하고 늘 이곳을 염두에 두고 있다는 것을 마음속 깊이 느꼈습니다"라고 말했다.

그랬다, 총서기가 당시 남긴 이 말을 읽으면서 우리 모두는 닝샤의 동지들의 말처럼 마음이 따뜻해지는 것을 느낄 수 있었다.

1997년에 이곳에 왔을 때 저는 이곳의 빈곤 상태에 충격을 받아 푸젠성과 닝샤 간의 맞춤 지원을 촉진하라는 당 중앙위원회의 결정을 이행하기로 결심했습니다. 당시 '이민 조장' 프로젝트를 중점적으로 실시하여 '한 지역의 물과 흙이 그 지역 사람들에게 생활의 터전을 마련해 주지 못하는 곳'에 살던 사람들을 생산과 생활에 적합한 지역으로 이주시켜 민닝촌을 건설했습니다. 지난 20년 동안 민닝촌은 민닝진으로 발전했고, 당시 500위안에 불과했던 여러분의 1인당 소득이 지금은 1만 위안 이상으로 20배 가까이 늘었습니다. 여러분 모두 얼굴에 행복이 넘치고 좋은 삶을 살기 시작한 것을 보니 매우 기쁩니다. 민닝진은 번영의 길을 찾아냈으며, 우리는 이 소중한 경험을 전국으로 널리 확산시켜야 합니다. 주민들이 점점 더 나은 삶을 살고 빈곤에서 벗어나 샤오캉을 향해 달려가는 닝샤의 목표가 조속히 실현되기를 기원합니다.

—— 시진핑

문학가로서 자치구 현지 주민, 간부 빈곤 퇴치 담당자들을 방문하고 그들과 소통한 후 느낀 점은, 시진핑 주석이 황량한 고비 사막에 '동그라미를 친' 후 민닝촌이 탄생하고 다시 민닝진으로 발전하는 과정은 중국의 빈곤 구제, 빈곤 탈출의 위대한 서사시이며, 이 서사시는 중국 공산당이 평화로운 시기에 전 세계가 인류 운명 공동체로 나아가도록 하기 위해 창조해 낸 현존하는 최고의 걸작이라는 것이다!

그렇다, 인류가 직립 인류 사회에서 벗어난 이래로 우리의 모든 생각과 바람은 나날이 더 행복해지고 더 잘 사는 것이었기 때문에 다양한 사람들, 다양한 민족, 다양한 국가들이 끊임없이 노력하고 있으며 다양한 제도 하에서 가능성을 모색해 왔다. 수천 년의 노력 끝에 다양한 민족, 다양한 국가, 다양한 제도 하에서 전혀 다른 형태들이 등장했다. 일부는 발전하고 부유하며 강력하고 번영했지만, 나라와 집단을 막론하고 한 가지 달성하지 못한 임무가 있었는데 그것은 바로 빈곤을 퇴치하고 같은 민족, 같은 국가의 모든 사람들이 함께 풍요로운 삶을 누릴 수 있도록 하는 것이다. 이 임무는 지금도 여전히 완성되지 못했다.

인류 역사에서 공산당이 등장하기 이전에는 어떤 계급이나 위정자도 자신이 이 목표를 위해 존재하고 투쟁한다고 공개적으로 주장한 적이 없으며, 공산당이 등장한 후에야 그들은 전 세계 모든 사람들을 빈곤으로부터 해방시키고 똑같이 행복한 삶을 살 수 있도록 하겠다는 위대한 사명을 천명했다.

이것이 바로 공산주의이다.

170여 년 전, 세계 최초의 프롤레타리아 정당을 창시한 마르크스와 엥겔스는 〈공산당 선언共產黨宣言〉에서 "공산주의자는 '사유제 철폐'라는 한 마디로 자신의 이론을 요약할 수 있다"라고 엄숙히 선언했다. 위대한 혁명가들의 눈에는 사유제가 죄악으로 여겨졌고 인류의 공동 번영을 가로막는 가장 큰 적이었기 때문이다. 그렇기 때문에 그들은 세상을 향해 솔직하게 "공산주의자들은 자신들의 견해와 의도를 숨기려고 애쓰지 않는다"라고 밝혔으며 "우리의 목적은 기존 사회 제도 전체를 폭력적으로 무너뜨려야만 달성할 수 있는 것이다. 지배 계급이 공산주의 혁명 앞에서 떨도록 하자. 프롤레타리아가 이 혁명에서 잃을 것이라곤 쇠사슬뿐이고 그들이 얻게 될 것은 세계일 것이다"라고 공언했다.

그 후 레닌이 이끄는 공산당(볼셰비키)은 러시아에서 인민 정권을 수립했고, 그와 그의 후계자들은 강력한 제국주의를 뛰어넘어 전 민족 인민의 평등과 행복을 꿈꾸며 70여 년 동안 열심히 투쟁했지만 결국 내부 분열로 인해 국가가 완전히 해체되고 체제가 붕괴되었다. 위대한 사명은 언제 러시아에서 이 민족이 다시 떠맡게 될지 모른다.……

중국 공산당은 고난의 민족인 중화 민족의 위정자가 된 후 여러 세대에 걸친 노력으로 점차 강대해지기 시작했다. 특히 개혁개방 이후 국가와 민족의 비약적인 발전은 투쟁 정신과 위대한 정서를 가진 신세대 중국 공산당 지도자들이 '2020년까지 중국의 현재 기준에 따라 농촌 빈곤 인구를 모두 빈곤에서 벗어나게 하고 전면적인 샤오캉 사회小康社會(의식주 문제가 완전히 해결되고 문화적인 생활을 할 수 있는 단계)를 건설한다'라는 더욱 야심찬 목표를 가지도록 했다. 그러나 자연조건이 극도로 열악하고 인류가 거주할 여건이 전혀 갖춰지지 않은 곳에서도 빈곤을 퇴치하고 그곳의 주민들이 의식주 문제를 해결하고 문화적인 삶을 영위할 수 있도록 하는 것은 다른 국가와 민족에서 이미 오랫동안 불가능한 일로 여겨져 왔다. 그렇다면 개발도상국인 중국에서 그럴 가능성이 있을까? 과연 누가 이 난제를 해결할 수 있을 것인가?

과연 온 국민과 전 세계 앞에서 감히 이 같은 맹세를 할 수 있는 사람이 있을 것인가?

있다. 그것은 바로 우리의 시진핑 총서기이다. 2015년 시진핑은 새로운 중국 공산당 지도부를 대표해 5년 안에 전면적인 샤오캉 사회를 건설하겠다고 전 국민과 전 세계를 향해 약속했다!

그 당시 중국의 빈곤 인구는 얼마나 되었는가? 무려 7,000만 명이다!

인구도 인구지만 더 중요한 것은 이들 빈곤층의 대부분이 시하이구와 같은 자연조건이 열악한 외딴 산간 지역이나 고비 사막에 살고 있다는 점이다. 이런 곳에 사는 이런 사람들이 빈곤에서 벗어날 수 있을까? 유럽 선진국에서는 일찌감치 '불가능하다'라고 했고 파리나 런던 같은 대도시의 사람들조차 오랫동안 '빈곤은 당연한 것'이며 더 이상 노력할 필요가 없는 것이라고 여겨왔으며, 아메리카 대륙에서 가장 부강한 국가인 미국 역시 오랫동안 '아메리카 대륙의 빈곤 부담을 짊어질 힘이 없다'라며 자국 내 빈곤 자체를 '영원히 변하지 않을 국가적 현실'이라고 보고 있다. 광활한 아프리카 대륙은 세계에서 가장 빈곤하고 빈곤 면적도 가장 광범위한 지역이지만 그 어떤 정부나 조직도 아프리카의 전반적인 빈곤 문제를 근본적으로 해결할 수 있는 역량을 가지고 있지 못하다. 유엔이 창설된 후 거의 80년 가까이 항상 빈곤 문제를 중요한 의제로 논의하고 연구해 왔지만 아직까지도 전 세계 빈곤 상황은 완화되지 않았고, 결국 어쩔 수 없이 매번 빈곤 탈출은 '세계적인 난제'라고 선언해야만 했다. 이는 곧 이 문제를 해결할 능력이 거의 전무하다는 뜻이기도 하다.

전 세계는 빈곤 앞에 속수무책이다.

그렇다면 세계에서 가장 인구가 많은 국가이자 최대 개발도상국인 중국은 수천만 명의 빈곤층을 빈곤에서 벗어나게 할 수 있는 능력이 있는가?

세계는 중국 땅을 기쁘면서도 회의적인 시각으로 바라보며 다음과 같은 목소리에 귀를 기울이고 있다.

"'빈곤 퇴치는 인류 공동의 사명'으로 2020년 말까지 빈곤 문제를 근본적으로 해결할 것이며, '이는 수천 년 중국 국가 발전 역사상 처음으로 절대 빈곤이 전체적으로 해소되는 것이 될 것'이다."

누가 그렇게 원대한 포부와 마음을 가지고 있을까? 전 세계가 지켜보고 있고, 사람들이 관심이 집중되고 있는데, 우리 중국 국민만이 기뻐하고 있다. 그것은 우리는 그것이 누구인지 잘 알고 있기 때문이다.

"저는 40년 이상을 중국 현, 시, 성, 중앙 정부에서 일해 왔으며 빈곤 퇴치는 항상 제 업무에서 중요한 부분으로 가장 많은 에너지를 쏟아왔습니다."

"수천만의 가난한 농촌 주민들의 삶을 개선하는 것은 늘 저의 관심사였습니다."

"저는 오랫동안 빈곤 퇴치를 위해 싸워왔고 사실상 빈곤의 굴레에서 벗어났습니다."

그렇다, 그런 마음을 가진 사람만이 사람들의 고통을 해결하는 것이 자신의 신성한 사명과 책임이라고 생각할 수 있기 때문에 '세계적 난제'에 도전하고 해결하려는 책임과 용기를 가질 수 있는 것이다. 그렇기 때문에 우리는 이러한 산천을 뒤흔드는 맹세를 듣고 가슴이 따뜻해지는 것을 느낄 수 있는 것이다.

"기본적인 생활 문제를 해결하지 못한 가구나 사람이 하나라도 존재하는 한 우리는 가만히 있을 수 없습니다."

"빈곤이라는 얼음은 하루아침에 언 것이 아니기에 한 번의 봄으로는 이 얼음을 깰 수 없습니다. 성공적으로 빈곤을 퇴치하고 개발을 추진하기 위해서는 특히 돌을 밟아도 자국이 남고 쇠를 잡아도 흔적이 남도록 해야 하며 못을 박는 정신을 발휘해 인내하고 끝까지 포기하지 말고 달려가야 합니다."

"빈곤을 퇴치하고 민생을 개선하며 공동 번영을 이루는 것은 사회주의의 본질적인 요구입니다."

"빈곤과의 싸움에서 마지막 순간에 가까워질수록 우리는 더욱 힘을 내야 합니다."

"우리는 완전한 승리를 거둘 때까지 결코 물러서지 않을 것입니다!"

이것은 오늘날 우리가 인터넷에서 검색할 수 있는 "평'어'근인平'語'近人"의 내용들로 이를 통해 우리는 시진핑 총서기가 민닝진을 시찰할 때 1997년 닝샤를 처음 방문했을 당시를 회상하며 느꼈던 충격과 결심을 이해할 수 있다!

셰싱창이 깊은 산속에서 나와 처음으로 민닝촌에 도착해 기공식에 참석했을 때 시진핑의 축전을 듣는 행운을 누렸던 것처럼 당시 민닝촌 사람들과 지금의 민닝진 사람들 역시 의심할 여지없는 행운아들이다!

비단 셰싱창 뿐 아니라 모든 민닝진 사람들은 그들 자신이 시진핑 총서기의 보살핌 속에 추진된 민닝 맞춤 빈곤 구제 협력의 최대 수혜자이자 가장 행복한 사람들이라고 입을 모은다.

보윈펑李云峰은 10만 명이 넘는 이민자들이 모여 사는 이 신도시에서 자신의 가족을 가난에서 벗어나게 하고 수백 가구의 빈곤 가정을 소강의 길로 이끈 대표적인 인물 중 하나이다. 시하이구에서 나온 그는 '우연히' 개발 건설 중인 민닝촌을 만났고, 민닝촌(진)의 열기가 넘치는 땅에서 순풍에 돛을 단 듯 순탄한 길을 걸어 지금은 두 개의 기업을 거느린 사장이 되었고 자치구에서 '부를 축적한 선도자'로 평가받고 있다.

보원평 개인의 빈곤 탈출의 역사는 바로 민닝진의 생생한 빈곤 탈출 서사시인 것이다.

현재 의기양양하고 웃음꽃이 핀 얼굴로 두 개의 사업체를 운영하고 있고 두 아들을 대학에 보냈으며 집에 두 명의 고아를 입양한 보원평이 한때는 가난에 내몰려 시하이구를 나와 머나먼 내몽골로 떠났던 "절망적인 외톨이"였다는 사실을 믿을 사람은 아마 없을 것이다.

"다시는 그 장면을 떠올리고 싶지 않습니다.……" 20년 전 결혼식 열흘 후의 그 칠흑같이 어둡고 긴 밤을 떠올릴 때마다 좀처럼 눈물을 흘리지 않는 보원평은 눈물을 참을 수 없었다.……

20여 년 전 그 칠흑같이 어둡고 긴 밤에 도대체 무슨 일이 있었던 것일까?

"어떻게 살아야 할지 막막한데 갓 결혼한 아내를 보면서 만약 임신을 하면 아이를 낳아야 할 테고 그러면 어떻게 먹여 살려야 할까 하는 생각에 겁이 덜컥 났습니다. 생각할수록 더 무섭고 어떻게 해야 할지 모르겠고 또 그럴수록 더 이상 집에 있을 수가 없었습니다. 그래서 남자로서 가장 해서는 안 될 일을 했는데 바로 그 칠흑 같던 밤에 몰래 집에서 빠져나와 시하이구에서 도망친 것입니다.……" 보원평이 그렇게 시하이구에서 도망친 날은 신혼 열흘째 되던 날 밤이었다.

열흘 후면 정식으로 신혼 생활을 시작해야 하는데 보원평은 결혼식 전에 아내에게 '나와 결혼하면 다른 여자들보다 더 행복하게 살게 해주겠다'라고 몇 번이고 맹세했던 것이 그녀를 '속인 것'이라는 생각이 들어 부끄러웠다. 보원평은 신용과 체면을 중시하는 사람이었지만 자신의 맹세를 지킬 수 있는 능력이 전혀 없었기 때문에 아내를 마주할 면목이 없다고 생각했다. 집안에 가진 것이라고는 아무것도 없었을 뿐 아니라 신랑이 입는 겉옷

조차 고모가 장터에서 새로 사준 것인데 사실 다른 사람이 입었던 옷이었고 심지어 아내가 시집와 매일 마시는 물 한 모금조차 제대로 줄 수 없을 것이라고 생각했다. 남자가 돼서 이런 것조차 해줄 수 없는데 무슨 면목이 있겠는가? 하지만 무엇보다 아내에게 말할 수 없었던 것은 아버지가 아들을 장가보내느라 죽을 때까지 일했고 중병에 걸린 아버지를 치료하느라 빚더미에 올라앉았음에도 아버지는 결국 돌아가셨다는 것이다.……

결혼 전에 슬픔과 두려움 때문에 보원평은 결혼할 사람에게 가족들이 지고 있는 무거운 빚에 대해 말하지 않았다. 결혼식 날 밤이 다가오자 보원평의 마음속에는 이런 걱정이 들기 시작했다. 그 후 매일매일 걱정은 점점 더 무거워져 숨을 쉴 수 없을 정도까지 커졌다. 그래서 결혼식 열흘째 되는 날 밤, 그는 인생에서 가장 부끄러운 일을 저질렀다. 아내가 잠든 사이 몰래 집을 빠져나간 것이다.……

보원평은 당시 다시는 고향 집으로 돌아올 수 없을 것이라는 생각에 집을 나선 뒤 조용히 갓 만들어진 아버지의 무덤에 가서 종이 한 줌을 태우고 절을 올리고는 울면서 "아버지, 불효자는 앞으로 아버지께 향을 올리고 절을 하러 올 수 없을 것 같습니다! 아버지 ——" 이 절망에 찬 통곡 소리에 보원평 스스로 "너무 슬퍼서 늑대도 듣고 도망가겠군!"이라고 말했다.

시지를 떠나 시하이구에서 도망친 보원평은 내몽골 쪽을 향해 가면서 구걸과 방황을 거듭했다.…… 당시 그의 수중에는 10위안이 전부였고 황허 강변에 도착했을 때는 5위안밖에 남지 않았다. 그는 그 5위안으로 양가죽 뗏목을 타고 내몽골로 갔다.

"고향 사람들 말이 그곳에 하루 6위안씩 벌 수 있는 일자리가 있다고 하길래 그곳에 가서 살 길을 찾아야겠다고 생각했던 것입니다.……" 보원평이 말했다.

그리고 그는 찾아냈다. 하지만 현지인들을 발견했을 때 그는 너무 배가 고파 문을 두드릴 힘도 없이 바닥에 쓰러져 있었다.

"이 사람 왜 이래?" 마음씨 좋은 사람 하나가 문을 열어 보고는 황급히 그를 일으켜 세우며 물었다.

"배가 고파요. 시하이구에서 일자리를 찾으러 왔는데…… 며칠 동안 아무것도 못 먹었어요.……" 이렇게 말할 때 보윈펑은 숨이 넘어가기 직전이었다.

주인 집에서 식사를 마친 후 보윈펑은 무릎을 꿇고 "이 집에 일거리가 있다면 3일 동안 일해서 밥값을 대신하겠습니다……"라고 말했다.

"이보시오, 어서 일어나시오! 일이 있어! 당신이 할 일을 주겠소……" 보윈펑은 평생 이 말을 잊지 못했는데 당시 이 내몽고인 가오셩커高升科의 말이 채 끝나기도 전에 닝샤 시하이구 출신의 이 청년은 가슴이 찢어질 정도로 울었다.

절망의 끝에서 그는 극적으로 살아났다. 이것은 셰싱창 일행이 위취안잉으로 이주를 준비할 즈음에 있었던 일이었다.

보윈펑이 집에서 도망쳤을 때 마을 사람들 누구도 그가 어디로 갔는지 몰랐다. 갓 결혼한 아내는 졸지에 '과부'가 되어 울고 또 울었지만 남편이 돌아올 것이라는 일말의 믿음을 잃지 않았고 남편의 집에 머물렀고 1년이 지난 후 갑자기 내몽골에서 온 편지 한 통을 받았다.…… 그녀는 밤새도록 울면서 말했다. "천 번을 때려죽여도 시원치 않을 보윈펑! 그냥 밖에서 죽어버리고 다시는 돌아오지 마! 엉엉엉……"

사실 보윈펑은 타지에서 한 해 동안 매우 어렵게 살았다. 처음에는 그에게 밥을 줬던 가오 집안에서 일을 했고 하루에 1.2위안을 받았다. 그러다 어느 날 갑자기 슬그머니 떠났는데 "그 사람도 가난한 사람이라 더 많이 줄 수 없다는 것을 알지만 하루 6위안씩 벌 수 있는 일을 찾아 도망쳤습니다.……"

그 후 보원펑은 여기저기 일을 찾아다녔지만 대부분 하루에 3~5위안을 벌 수 있는 일밖에 없었고 그마저도 매일 있는 것이 아니었다. 그러던 어느 날 시하이구에서 온 동향 사람을 만났는데 그는 보원펑에게 "거기서 뭐 하느라 시간을 낭비하고 있습니까? 우리 고향의 많은 사람들이 인촨시 교외로 '조장' 이민을 갔는데요"라고 말했다. 이 말을 들은 보원펑은 고향 닝샤로 돌아가야겠다는 생각이 강하게 들었다. 그래서 그는 초원의 맑은 샘물로 바람을 맞아 다 터버린 얼굴을 깨끗하게 닦은 후 뒤돌아보지 않고 다시 남쪽으로 길을 떠났다.

"이번에는 저와 제 가족의 운명을 완전히 바꿀 수 있는 제대로 된 부를 축적하는 길을 찾아서 가기 시작했습니다." 보원펑이 말했다.

그가 민닝촌에 도착했을 때는 '조장' 이주민들의 대규모 이주가 진행 중이었고, 주택 건설에 수많은 노동력과 숙련된 장인이 필요했다. "당시 공사 청부업자가 가장 인기가 많았는데, 마침 내몽골에서 일할 때 소규모 공사 청부업자로 일한 경험이 있었기 때문에 기회를 잡을 수 있었습니다." 외지에 나가 생활한 경험이 있는 보원펑은 산에서 막 내려온 시하이구 사람들보다 머리 회전이 빨랐고 앞장서서 솜씨가 괜찮은 이주 노동자 몇 명을 이끌고 집을 짓는 소규모 공사 청부업자로 일했다.

그는 이렇게 해서 돈을 벌었다!

"돈 더 많이 벌고 싶은 사람 있으면 저랑 같이 일합시다! 야근하고 악착같이 일하면 더 많이 벌 수 있어요! 보원펑은 그의 밑에서 일하는 농민공들에게 이렇게 말했고 그래서 모두들 그를 따라 필사적으로 일했다!

"나중에 알게 된 사실이지만 푸젠성 사람들이 민닝 맞춤 빈곤 구제 프로젝트를 통해 산에서 이주해 온 우리 가난한 사람들이 정착할 수 있도록 집집마다 정착비를 지원했기 때문에 집이 끝없이 공급되었다는 것을 알게 되었습니다." 보윈펑이 말했다. 그 후 그의 일은 더 많아졌고 규모도 더 커졌는데 민닝 맞춤 빈곤 구제 협력 프로젝트에 관개 공사, 도로 건설 공사, 병원과 학교 공사 등이 추가되었기 때문이다.…… 요컨대 보윈펑이 혼자서 다 소화할 수 없을 만큼 일이 많아지고 규모도 점점 커졌으며 하면 할수록 더 많은 돈을 벌 수 있는 일들이 끊이지 않게 된 것이었다!

그는 큰돈을 벌었다! 처음에는 한 달에 400~500위안을 벌다가 나중에는 4,000~5,000위안을 벌었다. "그리고 나중에는 만 위안을 벌었습니다!" 보윈펑은 너무 기뻐서 입을 다물지 못했다.

이때 그는 기세등등하게 고향 시지로 돌아와 아내와 아이들, 동생 가족을 모두 데리고 민닝촌에 정착하도록 했다.

"우리는 민닝촌이 고속도로를 달리듯 질주하는 모습을 지켜보았는데 나중에서야 모든 것이 시진핑 총서기의 관심과 배려의 결과라는 것을 알게 되었습니다.……" 보윈펑의 말대로다. 그와 셰싱창을 비롯한 1세대 '조장' 이민자들은 민닝촌(진) 건설의 바람을 타고 빠르게 부를 향한 고속도로를 달려왔으며 이제 민닝진의 명망 있는 부를 축적한 선도자 대열에 올랐다.

보윈펑은 나중에 조립식 건축 자재 공장과 토끼 농장을 세웠고, 민닝진이 점점 아름다워지는 것을 보고 800무의 농지를 계약해 마을 사람들을 이끌고 '팜스테이'를 시작해 사업을 키웠다. 사장이 되고 부자가 된 후에도 그는 '가난한 형제'들을 돕는 것을 잊지 않았고 마을의 독거노인들을 자기 집으로 모셔와 무료로 돌봐주고 노년을 편안하게 보낼 수 있도록 했다. 또 마을의 두 어린아이들의 부모가 질병과 교통사고로 연이어 세상을 떠나자 마음이 아팠던 그는 아무 말도 하지 않고 두 아이를 집에 데려와 키웠다.……

그 후로 보원펑이 '민닝의 호인'이라는 명성이 고비 사막과 오늘날의 황금 모래사장까지 전해졌고 대학에서 공부하는 아들은 아버지에 대해 이야기할 때면 "우리 아버지는 정말 대단한 분이세요"라고 말하곤 한다.

오늘날 민닝진에는 보원펑처럼 한때 목숨을 걸고 도망쳐 나와 가난을 극복하고 부자가 되고 '위대한' 사람이 된 사람이 꽤나 많다. 그리고 그들은 나에게 이런 엄청난 변화가 가능했던 주된 이유가 푸젠성 사람들이 준 '영양제' 덕분이라고 말했다.

"영양제요?" 처음에는 무슨 말인지 잘 이해가 되지 않았다.

"네, 영양제요. 빈곤 구제, 빈곤 퇴치는 중앙 정부의 임무로 위아래, 안팎으로 모두 하고 있는 것이지만 민닝 맞춤 빈곤 구제 협력은 시진핑 총서기의 보살핌 속에 우리가 푸젠성 사람의 직접적인 도움을 해마다 받을 수 있게 해주었고 이러한 도움은 우리 같은 빈곤 가정에게 있어서 가장 좋은 '영양제'입니다. 이 버섯 온실을 좀 보세요, 저는 거의 20년 동안 버섯을 키웠는데 푸젠성에서 파견된 전문가들의 도움을 받았습니다. 그들은 버섯 재배 기술뿐 아니라 버섯 영양제도 계속해서 공급해 주고 있습니다." 한 버섯 농가에서 이렇게 형상화해서 설명을 해주었고 나는 그제야 완전히 이해가 되었다.

닝샤에서 취재를 마치고 베이징으로 돌아온 지 얼마 지나지 않아 푸젠으로 취재를 떠났다. 첫 번째 인터뷰 대상 그룹은 푸젠성 농업 과학원이었다. 이곳에서 나는 유명한 푸젠 농업 전문가들을 알게 되었는데 그들은 거의 하나같이 민닝 맞춤 빈곤 구제 협력에 직접 참여했던 사람들이었으며 그중에는 "닝샤 버섯 할아버지"도 있었다. 처음에는 "닝샤 사위"처럼 들렸는데 나중에서야 닝샤 사람들이 사랑하는 "버섯 할아버지"라는 것을 알게 되었다. 시진핑의 직접적인 지도 아래 진행된 푸젠성과 닝샤의 맞춤 빈곤 구제 협력 가운데 '나무 한 그루, 꽃 한 송이, 묘목 한 그루, 풀 한 포기'라는 매우 구체적이고 형상화된 '사개일공정四個一工程'이라는 프로젝트가 있었다. '사개일공정은 닝샤의 빈곤 퇴치와 번영에 있어 전략적 중요성을 지니고 있다. '풀'은 토지의 사막화를 개선해 고비 사막을 변화시키는 데 도움이 될 수 있으며, 풀이 있으면 기후에 변화가 생기고 강수량이 자연스럽게 증가하게 된다. 또 나무를 심으면 자연환경과 황량한 언덕과 산이 개선되는 것은 더 말할 것도 없고 '묘목'은 일반 대중의 생존과 발전의 기초이다. 그리고 꽃이 없으면 어찌 아름다울 수 있겠는가? 푸젠 농업 과학원의 전문가들은 처음 닝샤에 도착했을 당시 기본적으로 남쪽에서 북쪽까지 온통 한 가지 색채로 겨울에는 노란색, 여름에는 초록색이었고 가끔 꽃이 피었지만 한두 가지 색의 작은 잔꽃에 불과했고 화려하게 만개한 꽃은 전혀 찾아볼 수 없었다고 했다.……

그런데 이번에 민닝진에 가서 보니 작은 마을 곳곳에 온갖 아름다운 꽃들이 만개해 있었다. 크고 웅장한 '민닝진' 패방 주위에 얼마나 많은 꽃들이 서로 아름다움을 뽐내며 피어있었는지는 말할 것도 없고, 일반 가정의 정원에서도 해바라기, 모란, 장미와 이름 모를 꽃들을 어디에서나 볼 수 있었다.

"저한테 '닝샤 덕후'라는 별명이 생겼습니다." 화훼 전문가 우젠서吳建設는 자랑스럽게 말했다. 그는 민닝진과 구위안의 여러 지역에 가봤는데 '그곳에서 맞춤 지원이 이루어지고 있었기 때문에 특히 성취감을 느꼈다'라고 말했다. 그는 "처음 갔을 때는 시내든 시골이든 어디에서도 꽃을 볼 수 없었는데 꽃 심는 기술을 가져와 현지 사람들과 함께 황토와 알칼리성 땅에 꽃을 심고 재배하는 방법을 연구했고 그 결과 꽃이 서서히 살아나고 만개하기 시작했습니다.…… 만개한 꽃을 봤을 때의 그 기쁨은 아직 먹고 입을 것이 부족했던 사람들을 미소 짓게 했고 이럴 때 우리는 만족감을 느끼고 더 큰 책임감과 사명감을 느낍니다.…… 그래서 이렇게 매년 닝샤로 꽃을 심으러 달려가니 가족들조차 '닝샤 덕후'가 다 됐다며 질투를 합니다!"

알고 보니 '닝샤 덕후'라는 별명이 이렇게 생긴 것이었구나! 취재 현장에서 왁자지껄 웃음이 터져 나왔다.

위원취안余文權 부위원장은 "시진핑 총서기는 푸젠성 당 위원회 부서기 시절 농업을 담당했고 우리 농업 과학원을 네 번이나 찾아와 닝샤에 대한 대응 지원을 요청했고, '사개일공정'을 통해 닝샤의 빈곤 구제와 빈곤 퇴치에 기여해 달라고 명확히 요청했습니다. 그래서 우리 연구소는 성의 핵심 기관 중 가장 먼저 닝샤를 지원하는 데 참여했으며 민닝진을 포함한 닝샤 지역에 최고의 전문가를 파견했습니다. 닝샤 측의 요청이 있을 때마다 연구소에서 가장 우수한 전문가와 기술진을 파견해 지원했다고 할 수 있습니다……"라고 설명했다.

그의 말을 들으니 민닝진에서 인터뷰할 때 누군가 말했던 '린잔林占'이라는 '버섯 할아버지'가 떠올랐다. 현재 민닝진에서 인기를 끌고 있는 양송이버섯 균주 산업에 대해 널리 알린 사람이 바로 '버섯 할아버지'였기 때문이다.

"맞습니다. 린잔씨는 우리 성 농림 대학교의 유명한 균초 전문가로 '세계 균초 기술의 아버지'로 알려져 있습니다." 푸젠성 빈곤 구제 사무실의 동지는 흥분한 목소리로 전년도 신문을 찾아서 보여주었는데 거기에는 다음과 같은 기사가 실려 있었다.

2018년 11월 14일 파푸아뉴기니 국빈 방문을 하루 앞두고 시진핑 주석은 파푸아뉴기니 언론에 기고한 글에서 '18년 전 중국 푸젠성 성장 시절 나는 푸젠성이 파푸아뉴기니 동부 고지대에 균초와 밭벼를 재배하는 기술을 지원하는 시범 프로젝트의 실시를 추진했다. 이 프로젝트는 현재까지 계속 운영되고 있으며 경제적, 사회적으로 많은 이익을 가져다주어 중국과 파푸아뉴기니 관계 발전에 있어 좋은 사례가 되고 있다는 사실을 알게 되어 기쁘게 생각한다'라고 말했다.

이 미담의 산증인이자 푸젠 농림 대학교 국가 균초 기술 연구센터 수석 과학자로 균초 기술을 발명한 75세의 린잔 교수는 당시 파푸아뉴기니 이스턴하일랜즈 고로카의 균초 및 밭벼 시범 기지에서 전문가 팀을 이끌고 이스턴하일랜즈 각지에서 온 100여 명의 마을 주민들과 한자리에 모여 '푸젠-이스턴하일랜즈 균초 가족'이라는 특별한 모임에 참석 중이었다. 시진핑 주석의 방문 소식은 한참 전부터 이스턴하일랜즈 전역에 퍼져 있었고 지역 주민들은 중국 국가 원수의 첫 파푸아뉴기니 방문을 이렇게 축하했다.

파푸아뉴기니 현지 시각으로 15일 밤 10시 30분경 본지 기자는 린잔 교수와 유선상으로 인터뷰를 진행했다.

"이번이 24번째 파푸아뉴기니 방문입니다! 20년 동안 우리는 그들을 형제처럼 대했고 그들은 우리를 가족처럼 대했어요!" 수화기 너머로 들려오는 린 교수의 목소리는 흥분해서 쩌렁쩌렁 울렸다.

파푸아뉴기니는 균초 기술의 해외 원조의 여정을 시작했을 당시 첫 번째 목적지였다. 린잔 교수는 1997년 5월 이스턴하일랜즈의 초청으로 당시 푸젠 농업대학의 전문가 팀을 이끌고 루파 지역에 최초의 균초 기술 시범 기지를 설립했다고 말했다.

"연구팀은 온갖 어려움을 극복하고 밤낮으로 실험에 매진하여 1998년 1월 14일 시연에 성공해 이스턴하일랜즈 지역의 버섯 재배 '제로'라는 공식을 깼습니다. 루파 지역에서는 이를 축하하기 위해 파푸아뉴기니 총독과 부총리, 여러 장관들이 참석한 가운데 성대한 축하 행사를 열었다. 이스턴하일랜즈의 땅에 처음으로 오성홍기가 게양되고 중국 국가가 울려 퍼졌습니다! 중국인으로서 매우 큰 자긍심을 느꼈습니다." 린잔은 당시 고군분투했던 과정을 떠올리며 여전히 흥분을 감추지 못했다.……

푸젠에서의 인터뷰를 통해 나는 파푸아뉴기니 프로젝트를 포함해 닝샤 사람들에게 '위대한 버섯 할아버지'라는 애칭으로 불리는 균초 전문가 린잔의 '균초 인생'에 대한 수많은 전설적인 이야기들을 들을 수 있었다. 나중에 린잔 교수는 딸까지 데리고 가서 형제와도 같은 파푸아뉴기니 사람들을 위해 20여 년이 넘도록 좋은 일들을 많이 했다.

필자는 1997년 파푸아뉴기니 이스턴하일랜즈를 방문하고 귀국한 직후 린잔 교수는 닝샤로 가서 주민들을 도와 균초 기술을 가르쳐 부를 축적할 수 있는 버섯 재배를 보급하기를 바란다는 시진핑 부서기의 지시를 받았다고 알고 있다.

"바로 가겠습니다." 푸젠 농림 대학의 동지들은 린잔이 두말하지 않고 짐을 가지고 공항으로 향했다고 말했다. 당시 린잔은 50이 넘은 세계적인 균초 전문가였다. 그는 이제 막 설립된 민닝촌의 빈곤층을 위한 최초의 산업 빈곤 퇴치 프로젝트를 위해 농민들에게 직접 버섯 창고에서 버섯을 재배하는 방법을 가르쳤다. 특히 그가 이곳에서 보급한 양송이버섯은 훗날 지역 농민들이 돈을 버는 주요 산업으로 자리 잡게 되었다.

균초는 식용 또는 약용 진균을 배양하는 데 사용할 수 있는 초본 식물로 린잔의 '기발한' 과학 연구 성과 중 하나이다.

잡초와 버섯은 원래 전혀 관련이 없지만 린잔의 눈에는 '두 가지를 하나로 합쳐' '내가 먹을 수 있는' 맛있는 요리로 만들 수 있을 것 같아 보였다. 남쪽에서는 버섯을 재배할 때 보통 나무 막대를 사용하는데 이 경우 많은 삼림 자원이 필요해 '버섯 재배와 삼림 자원 간의 모순'이 점점 더 두드러지고 있다.

잡초로 나무를 대체할 수 있을까? 이 아이디어가 머릿속에 떠오른 후 린잔은 하루도 쉬지 않고 이 문제에 대해 생각하고 연구했다. 나중에 그는 하이난, 윈난, 쓰촨 등지를 답사하며 많은 건조한 지역에서 발풀고사리라는 흔히 볼 수 있는 잡초가 왕성하게 자라는 것을 발견했고 나무 대신 발풀고사리를 사용하여 버섯 재배를 시도한 결과 성공을 거두었다. '잡초+버섯=식용 버섯'이라는 과학적 연구 성과는 이때 중국에서 탄생하여 수많은 가구가 이 방법을 사용하기 시작했다. 1996년 제1회 균초 기술 국제 심포지엄에서 린잔은 공식적으로 이 균초의 영어 이름을 'Juncao'라고 명명했다. 그 당시 외국인들이 이를 이해하지 못할까 걱정하는 사람들도 있었는데 린젠은 웃으며 "상관없습니다. 모르면 와서 배우라고 하면 되지요! 저는 이 연구 성과가 우리 중국인이 발명한 것임을 전 세계에 알리고 싶거든요"라고 말했다.

나무 대신 균초를 사용하여 버섯을 재배하는 것은 버섯 재배와 삼림 자원 훼손 사이의 모순을 해결할 수 있을 뿐 아니라 바람과 모래를 막아 생태 환경을 개선할 수 있다. 이는 린잔 교수의 공헌으로 이로써 그는 진정한 '균초왕'이 되었다. 민닝 맞춤 빈곤 구제 협력이 시작된 후 린잔을 잘 알고 있던 시진핑은 자연스레 이 균초 전문가에게 닝샤로 가서 그의 권위 있는 기술을 전수하고 보급하도록 한 것이었다.

린잔은 닝샤에 와서 당시의 민닝촌에 도착했을 때 황량한 고비 사막을 마주하고는 낙타 가시덤불과 붉은 버드나무 묘목에 매료됐다. 그래서 그는 다시 한번 '잡초와 함께'하는 고된 연구를 시작했고 그 결과 1998년 균초를 이용해 현지의 토양과 물에 적합한 '토종 버섯'을 재배하는 데 성공했다. 이렇게 민닝촌 최초의 민닝 맞춤 빈곤 협력의 산업 프로젝트인 버섯 재배는 큰 성공을 거두었다. '집집마다 재배할 수 있다', '집밖에 나가지 않고도 돈을 벌 수 있다', '손만 들면 정부 보조금을 받을 수 있다'…… 이렇게 많은 혜택이 있다는 것을 직접 듣고 눈으로 확인한 사람들은 바로 벌떼같이 몰려와 참여했다. 린잔과 그의 조수들은 하루에도 십여 가구, 수십 가구를 돌아다니느라 식사를 할 시간도, 잠을 잘 시간도 없이 너무나 바빴다. 이 '버섯 할아버지'의 명성은 민닝촌(진)을 넘어 닝샤 땅까지 퍼져나갔다.……

"아이고야, 처음엔 이렇게 검고 냄새나는 풀더미에서 무언가가 자랄 수 있다는 걸 믿을 수가 없었어요! 그러다 푸젠의 '버섯 할아버지'께서 인내심 있게 우리에게 지침을 주었는데, 참 희한하죠! 풀더미에서 하얗고 부드러운 버섯이 자라났지 뭐예요! 길에서 팔았더니 달걀보다 더 비쌌어요!" 민닝진 사람들은 신이 나서 당시 버섯 재배 상황을 설명했다.

민닝진 원예촌은 버섯 재배가 가장 유명해 나중에 마을 전체가 버섯 산업을 했다. 2007년 마을에는 1,000동의 5,000개에 달하는 버섯 창고가 있었고 창고 하나당 평균 수입은 4,500위안에 달해 많은 빈곤 가정들이 버섯을 재배하는 것만으로도 가난에서 벗어날 수 있었다.

현재 민닝진에서 가장 유명한 민닝 버섯 협력 프로젝트인 닝민합동생태농업 과학기술발전유한회사寧閩合發生態農業科技發展有限公司는 푸젠 농업 과학 전문가의 지도하에 설립된 현대식 버섯 재배 보급 기지로, 이곳의 생산 작업장에 들어서자 부드럽고 신선한 하얀 양송이버섯들이 흙을 뚫고 나와 있었고 농민공들은 신선한 버섯을 따느라 분주했다. 이 회사의 대표인 허룽何龍은 용닝현 민닝진의 양송이버섯 공장화 재배 프로젝트는 푸젠성 장저우 타이상 투자구台商投資區 관리위원회와 용닝현 인민정부 간에 체결된 협력 프로젝트라고 소개했다. 이 프로젝트는 푸젠성 장저우시에서 양송이 버섯 재배에 성공한 경험을 바탕으로 네덜란드의 최첨단 재배 기술을 도입해 1년에 6번 양송이버섯을 생산할 수 있다. "이 프로젝트로 1년에 양송이 버섯 판매 수익이 4,000만 위안 이상에 달합니다." 수익금을 말하는 주인의 얼굴에 기쁨이 가득했다.

민닝진 지도자는 열 손가락을 다 꼽아가며 현재 민닝진에 포도, 버섯, 구기자, 옥수수, 축산, 노동력 수출, 무역, 태양광, 건축 자재와 같은 다양한 산업이 있다며 "이렇게 이야기하면 될 것 같습니다. 일반적으로 더 발달된 향진의 모든 산업은 우리도 가지고 있고 그들에게 없는 것도 우리는 가지고 있습니다. 이것이 바로 오늘날의 민닝진입니다"라고 말했다. 취재 당일 점심에 마을 식당에서 간단하게 식사를 하며 마을 간부들과 허심탄회하게 이야기를 나눴는데, 그들은 감격스러워하며 "사실 오늘의 민닝진이 있는 것은 모두 시 총서기 덕분입니다! 그가 없었다면, 또 20여 년이 넘도록 이곳의 건설과 발전에 대한 그의 지속적인 관심과 배려가 없었다면 고비 사막이 황금빛 모래사장으로 탈바꿈한 민닝진을 볼 수 없었을 것입니다.…… 그래서 이곳 주민들 중에 민닝 맞춤 빈곤 구제 협력에 대해 감사하지 않고 시 총서기에게 감사하지 않는 사람은 한 명도 없습니다"라고 말했다.

그들의 말은 진심에서 우러나온 것이었다.

1997년 봄 시진핑이 고비 사막에 와서 '동그라미'를 치지 않았다면 오늘날 민닝진이 위치한 이 땅은 여전히 황량한 고비 사막이었을지 모른다. 하지만 시진핑 주석의 리더십과 개인적인 관심 속에 민닝 맞춤 빈곤 구제 협력은 이곳에서 천년 동안 잠들어 있던 이 황무지를 맹수와 같은 기세로 깨어나게 하고 단기간에 천지가 개벽하는 것과 같은 변화를 겪게 했다.

민닝진閩寧鎮 양송이 재배 시범기지에서 현지 이주노동자들이 버섯을 따고 있다.

최초의 민닝 '조장' 이민자들의 작은 마을에서 2001년 인촨시 융닝현 관할의 새로운 행정 도시로 발전하기까지 불과 4~5년의 시간이 걸렸고 인촨 관할의 낙후된 작은 민닝 행정 도시에서 유명한 서북 '강남의 작은 마을'로 발전하기까지 걸린 시간은 불과 15년이 되지 않는다. 이렇게 총 20년의 시간 동안 인류 문명사의 천년을 넘나드는 과정이야말로 한편의 장엄한 서사시가 아니고 무엇이겠는가?

오늘날 처음 민닝진에 온 외지 사람들은 이 그림처럼 아름답고 강남과 같은 경치를 가진 땅이 불과 20여 년 전에는 고비 사막이었을 것이라는 것을 상상도 할 수 없을 것이다! 그리고 여러분은 거리의 푸젠 간식거리, 상점의 푸젠 특산품 등 이곳 곳곳에서 눈에 띄면서도 친근한 푸젠성의 특색을 발견할 수 있을 것이며 심지어 초중고등학교에서도 이러한 특별한 점을 볼 수 있다.

민닝진의 민닝 중학교와 민닝 초등학교에 들어갔을 때 교정이 특히 아름다울 뿐 아니라 교사가 웅장하고 참신하다는 것을 발견함과 동시에 특이하게도 많은 건물 이름에 '미美'자가 들어가 있다는 것을 발견했다. 예를 들어 중학교 교정 안에 '즈메이루志美樓', '위메이루育美樓'라는 이름의 건물이 있었고 초등학교 교정에 있는 몇 개의 건물은 아예 '자오메이정角美亭', '자오메이루角美樓' 등의 이름이 붙어 있었다.……

"이게 무슨 뜻이죠?" 궁금한 나머지 취재에 동행한 민닝진 간부에게 이렇게 물었다.

"아, 두 학교 모두 푸젠성의 유명한 화교 마을인 장저우 자오메이진角美鎮의 공동 출자로 지어진 학교입니다."

"그랬구나!"

자오메이진은 화교 마을로 민닝 맞춤 빈곤 구제 협력 프로젝트가 시작된 후 화교와 현지 기업가들을 동원해 적극적으로 프로젝트에 참여했으며, 민닝진에 초·중·고 학교 건물을 짓는 것 역시 자금을 지원한 사업 중 하나였다. "장저우에서는 매년 우수한 교사들을 파견하여 교육을 지원하며 세상의 진정한 아름다움을 이곳에 전해주고 있습니다. 아이들에게 가서 '교정 곳곳에서 볼 수 있는 '미美'자가 무엇을 의미하는지 물어보십시오. 그러면 아이들은 '우리 푸젠의 가족들이 보내온 깊은 사랑과 우정'이라고 대답할 것입니다.……"

허, 이 '아름다움美'은 많은 뜻을 내포하고 있으며, 이 '아름다움'은 찬란한 햇살과 같으며 그것은 이미 민닝진 사람들의 마음속에 깊이 뿌리를 내리고 온기를 전하고 있었다.

7년 전 어느 봄날, 닝샤에 자치구 당 위원회 서기가 새로 왔다. 그는 닝샤에 도착한 지 한 달여 만에 민닝진에 왔고 4개월 만에 두 번째로 이곳을 찾았다. 두 차례에 걸친 시찰과 조사 이후 이 신임 서기는 감격에 겨워 벅찬 마음으로 다음과 같은 글을 썼다.

……2013년 5월, 나는 닝샤에서 한 달여를 일한 후 기초 연구를 하고 상황을 숙지한 후 민닝진에 갔는데 이 마을의 발전과 주민들의 생활 여건에 깊은 인상을 받았다. 9월 초, 나는 다시 민닝진으로 가서 공장·농촌 등의 말단 조직체의 현장에서 일정한 기간 동안 실질적인 작업에 참가하고 조사 연구를 진행했다. 연달아 2개 마을의 10여 가구 주민들을 방문해 그들과 함께 먹고 지내며 포도밭에 가서 함께 일했으며 기업과 학교를 찾아 상황을 파악하고 마을의 옛 당원들을 방문했다. 돌아온 후에도 보고 들은 것들이 이따금씩 떠올랐고 주민들에 대한 생각, 바람, 걱정 등이 항상 마음속을 맴돌았다. 민닝진의 엄청난 변화를 보고 대다수의 주민들이 부유하고 안락한 생활을 하는 것을 보고는 깊은 안도감을 느꼈다.……

민닝진에 들어섰을 때 가장 인상 깊었던 것은 이곳 사람들 모두가 꿈과 기대에 부풀어있다는 것이었다. 말단 부서에 가서 실태를 조사하던 첫날, 나는 민닝진의 푸닝촌을 찾았다. 이 마을은 2,516가구 1만여 명의 인구가 살고 있는, 민닝진에서 가장 인구가 많고 가장 빠르게 발전하고 있는 마을이다. 마을 간부, 마을 사람들과 오전 내내 이야기를 나누며 나는 민닝진의 기본적인 창업 발전의 역사를 파악했다. 1980년대만 해도 이곳은 허란산 동쪽 기슭 홍적층에 위치한 고비 사막으로 성도 인촨시와 불과 100리 거리에 있었지만 자연환경은 천지차이였다. 개발 초기에는 전기도, 도로도, 보호 삼림지대도 제대로 된 기반 시설도 없었고 경지도 직접 개간해야 했기 때문에 그야말로 백지상태나 다름없었다. 지금도 고령의 이주민들 중에는 개발 초기의 힘들었던 시절을 생각하면 '뜨거운 태양', '모래바람'과 고통스러웠던 장면들이 생생히 떠올라

절로 한숨이 나오곤 한다고 했다. 당시 그들은 전기도 수도도 없는 둑집에 살면서 낮에는 밭에서 일하고 밤에는 바람이 휘몰아치는 소리를 들었다. 이곳은 허란산 바람 어귀에 위치하고 있어 전국에서 햇볕이 가장 강하게 내리쬐는 지역으로 여름에는 뜨거운 태양을 피할 곳이 없고 겨울에는 모래와 먼지를 동반한 바람이 휘몰아치며 끝없이 분다. 혹독한 자연환경에도 이주민들은 불굴의 의지와 끈기로 굴하지 않고 하루 종일 고비 사막에 도로와 다리를 건설하고 도랑과 배수로를 팠으며 황무지를 정비했다. 이곳의 토양은 모래와 자갈층이 두텁고 크고 작은 모래가 절반을 차지하고 있어 농작물을 심는 것은 고사하고 삽조차 들어가지 않아 땅을 개간할 때는 체로 모래와 자갈을 조금씩 걸러내야 하고 그렇게 남은 흙으로 간신히 경작이 가능하다. 민닝진의 43,000무의 경작지는 이렇게 한 무, 한 무씩 체로 걸러내어 조성된 것인데 때로는 개간해 놓은 경작지와 파놓은 도랑이 하룻밤 사이에 모래바람에 묻히기도 하고, 잘 닦아놓은 도로와 양수장이 갑작스러운 폭우에 무너져 버리기도 하며 잘 지어놓은 집과 담장이 폭우에 무너지기도 하고 수확을 앞둔 잘 익은 농작물도 우박을 맞아 산산조각이 나곤 한다. 이런 이야기를 할 때면 고령의 이주민들은 늘 "정말 죽을 맛이었다"라고 말한다. 하지만 그들은 꿈을 포기하지 않았고 더 나은 삶에 대한 희망을 버리지 않았다. 도랑이 모래에 파묻히면 다시 파고, 홍수로 도로가 무너지면 다시 보수하고, 폭우로 집이 무너지면 다시 수리하고, 농사가 실패하면 다시 씨를 뿌렸다. 이러한 끈질긴 인내의 정신으로 민닝진의 모습은 해를 거듭하며 달라졌다. 방호림대가 조성되어 거센 모래바람을 막아내고 과수원과 좋은 논밭이 늘어났으며 사방으로 아스팔트 도로가 연결되었고 뜨거운 태양도 더 이상 사람을 쫓아다니며 내리쬐이지 않는 등 과거 고비 사막의 거칠고 황량한 분위기는 더 이상 느껴지지 않는다. 진鎮 당 위원회, 정부 소재지도 도로가 널찍하고 점포가 즐비한 번듯한 소도시로 발전해 20여 년 전 이곳이 불모지였다는 것은 상상이 되지 않는다. 과연 이주민들을 이곳에서 버텨낼 수 있게 했던 힘은 무엇일까? 이주민들과의 대화에서 거창한 대답은 들을 수 없었지만 가장 많이 들었던 말은 "이곳에서는 열심히만 하면 잘 먹고 잘 살 수 있습니다!"라는 말과 "이곳은 인촨과 가깝고 주변에 기업이 많아 일자리가 많습니다.", "농민이지 않습니까, 밭에서 고생해야 배불리 먹을 수 있는 것이 당연하죠." 등의 말이었다. 이러한 소박한 대답들에는 먹고사는 문제가 해결되고 샤오캉을 향해 나아가고자 하는 꿈이 담겨 있다. 많은 사람들이 보기에 보잘것없는 꿈이었지만 이 꿈은 그들이 고비 사막에서 기적을 만들어 내는 원동력이 되었다. 중국 농민들에게 있어 좋은 집 한 채를 갖는 것은 언제나 그들의 꿈이었다. 민닝진의 어떤 이주민은 지난 20여 년 동안 그들의 집이 네 번이나 바뀌었다고 했다. 첫 번째는 이주민들이 황무지를 개간할 때 지은 둑집, 두 번째는 의식주 문제가 해결된 후 지은 벽돌집(둑집 둘레를 벽돌로 둘러싼 집), 세 번째는 생활이 조금 나아진 후 지은 벽돌집이었고, 네 번째는 최근 몇 년 동안 먼저 부자가 된 농민들이 지은 다층 건물이다. 오늘날 민닝진에는 아직도 둑집과 둑집 둘레를 벽돌로 둘러싼 집이 일부 남아있지만 대부분은 벽돌집이고 발전 수준이 높은 마을에는 다층 건물이 많다. 중국 전통에 따라 30년을 한 세대로 본다면 민닝진의 창업자들은 과거 몇 세대가 지나야 할 수 있었던 일을 한 세대도 채 지나지 않아 해냈으며, 목표를 이룰 때까지 포기하지 않는 패기로 꿈을 향해 한 걸음 한 걸음 다가가고 있다.

…………

2016년 7월 19일 시진핑 총서기는 민닝진 이주민 셰싱창의 집을 찾았다. 시진핑 총서기는 셰싱창이 당시 그와 함께 민닝진으로 '조장' 이민을 와서 정착한 11 가구의 빈곤 가구 중 7 가구가 소형 승용차를 샀다며 공산당의 은혜는 3일 밤낮으로 이야기해도 다 부족하다고 하는 말을 듣고 깊은 감동을 받아 "우리 사회주의 대가족 안에서 인민들이 항상 당과 정부의 따뜻함을 느낄 수 있도록 할 것입니다"라고 말했다.

그렇다, 인민은 당과 정부가 주는 따뜻함이 필요하며 그러한 따뜻함이 있어야만 사회주의와 사회주의 대가족이 무엇인지 진정으로 느낄 수 있다. 바로 이러한 따뜻함으로 옛 고비 사막도 아름다운 황금빛 모래사장이 될 수 있었던 것이다.

CHAPTER 04

홍쓰바오紅寺堡의 전설

1. '츤데레 소'가 전하고픈 전설

리우커루이(사실 이제 47살이지만 벌써 할아버지가 되었다!)는 얼굴에 미소가 가득했고 방문객을 보자마자 자기도 모르게 "너무 행복해요!"라고 말했다. 가난에서 막 벗어난 평범한 농민인 그가 시진핑 총서기를 만나 악수를 하고 아랫목에 앉아 한담을 나누다니, 중국 농민들 중에 이렇게 행복한 대우를 받는 농민은 그리 많지 않을 것이라는 생각에 그는 정말 행복했다!

"총서기는 붙임성 좋게 내 손을 잡고 집안 형편에 대해 묻고는 부엌으로 가서 솥뚜껑을 열어보고 냉장고 안도 들여다보더니 아랫목에 앉아 지금 사는 게 어떤지 물었고 제가 하나하나 대답하자 매우 기쁘게 웃으며 앞으로 점점 더 좋아질 것이라고 말했습니다." 리우커루이가 가장 자랑스럽게 생각했던 것은 그가 키우는 앵거스 소가 정말 굉장하다는 것이었다. 시진핑 총서기가 그의 집에 들어섰을 때 가장 먼저 마주친 것이 바로 외양간의 세 마리의 '보물', 즉 어미소 한 마리와 송아지 두 마리였는데 이 소들은 리우 씨 집안의 '작은 은행'이었기 때문이다.

어미소는 리우 씨가 사 온 것으로 자금은 주로 정부의 빈곤 퇴치 지원 정책의 보조금으로 충당했고 본인 돈은 3,000위안 정도였는데 이 돈도 은행에서 무이자로 대출을 받은 것이라 리우 씨는 별다른 노력 없이 10,000위안짜리 '가산'을 가지게 된 셈이었다. 소는 성공적으로 새끼를 낳았고 첫 번째 '보물'이 태어났을 때 리우 씨는 "우리 집에 딸이 생긴 것 같다"라며 기뻐했다. 그에게는 아들이 하나 있는데 아들은 이미 결혼을 해서 아이가 둘이나 있고 리우 씨는 손자 손녀를 매우 예뻐했다. 하지만 리우 씨에게는 딸이 없었는데 이 앵거스 소가 그에게 '딸'을 주었으니 기쁘지 않을 수 있겠는가!

"어릴 때부터 쓰다듬어 줬는데 마치 사람 같고 아주 순합니다!" 리우 씨는 이 암송아지를 딸처럼 예뻐했다. 여기서 알아야 할 것이 암송아지 한 마리가 태어나면 2만 위안의 수입이 들어온 것과 마찬가지라는 것인데, 이는 앵거스 소를 10개월 정도 사육하면 1만 위안에 팔 수 있기 때문이다. 암소는 더 좋은 것이 다음 해에 송아지를 낳으면 3년 동안 안정적으로 2만 위안을 버는 것과 같다! 그러니 리우 씨가 기분이 좋은 것도 당연하다!

"네가 우리 집안을 빛내주면 내가 잘 키워주마." 평소 리우 씨는 틈만 나면 우리에 들어가 암송아지를 어루만져 주는데, 그러면 암송아지는 주인의 마음을 아는 듯 애교를 부리고 말을 잘 듣는다. 주인이 오면 고개를 들고 주인에게 가까이 다가와 코로 주인의 팔과 뺨을 비비곤 한다. 암송아지는 자랄수록 애교가 많아져 점점 더 주인의 사랑을 받게 되었다. 옅은 노란색 털과 분홍색 코가 특히 예쁘고 귀여워 리우 씨는 '딸'을 더 애지중지하게 되었다.

"송아지가 귀한 손님을 알아보고, 저와 귀한 손님에게만 친밀한 행동을 한답니다!" 리우 씨의 말과 표정에서 암송아지에 대한 각별한 애정이 드러난다.

이번에는 누구도 가장 귀한 손님이 올 줄 예상하지 못했다. 2020년 6월 8일, 마을 간부가 갑자기 리우 씨에게 지도자가 그의 집을 방문할 것이라고 통지했다. 어느 지도자가요? 마을 간부는 리우 씨에게 누구인지 정확히 알려주지 않았고 그가 물어도 이유를 알려주지 않고 그저 '우리도 모른다'고만했다.

"왔어요! 왔어!"

자동차 몇 대가 갑자기 리우 씨의 집 앞 도로에서 멈추더니 키가 큰 지도자가 차에서 내려 미소를 지으며 그의 집을 향해 걸어갔다.

"이…… 이 분은 시진핑 총서기가 아닙니까?" 리우 씨는 눈앞의 이 지도자가 너무나도 눈에 익어서 "TV에서 보던 시진핑 총서기와 똑같아!"라고 말했다. 나중에 리우 씨는 마을 사람들에게 "하지만 더 친절해요!"라고 말했다. 누군가가 그에게 굳이 TV에서 보던 것과 실제가 어떻게 다른지 말해달라고 했기 때문이다.

시진핑 총서기는 몇 발자국 다가가서 걸어 나와 맞이하며 인사를 건네는 리우 씨와 악수를 나눈 뒤 그를 따라 집으로 향했고, 곧바로 리우 씨네 외양간 앞에 도착했다. 외양간은 열려 있고 몇 개의 가지만 가로막고 있었는데 오늘 손님이 워낙 귀한 분이라 그랬는지, 아니면 암송아지가 워낙 영험해서 그랬는지는 모르겠지만 시진핑 총서기가 외양간 앞으로 걸어가자 암송아지는 큰 암소 곁에서 일어나 가벼운 걸음걸이로 울타리 앞으로 달려가서는 예쁜 머리를 귀한 손님에게로 내밀었다. 이것은 인위적으로 연출된 장면이 아니라 리우 씨 집안의 '특별한 일원'이 즉흥적으로 만들어낸 작품으로, 친밀감을 표시하기 위해 고개를 들어 올리자 귀빈이 걸음을 멈추고 손을 뻗어 코를 부드럽게 쓰다듬었고 암송아지는 즉시 자랑스럽게 고개를 흔들며 귀한 손님의 팔에 가볍게 비비기 시작했다.

이 장면은 아주 따뜻하면서도 재미있었다! 순간 현장에서 웃음소리가 터져 나왔고 분위기는 가볍고 유쾌했다. 이날 신화통신 사진기자가 리우 씨 집의 이 '츤데레 소'와 총서기의 다정한 모습을 포착하여 언론에 공개하였고 이에 리우 씨 가족의 '츤데레 소'는 인기 스타로 떠올랐다.

"바로 저 녀석이에요!" 이틀 후 내가 리우 씨의 집에 도착했을 때 여전히 행복한 표정의 리우 씨는 먼저 나를 자신의 '보물'에게로 안내하며 우리 안에 있는 암송아지를 가리켰다.

송아지는 확실히 사람들의 사랑을 받는다. 날씬하고 단단한 몸매와 부드럽고 매끄러운 털, 특히 불그스름한 코는 특히 사람들의 사랑을 받는다.

"보세요, 또 귀한 손님이 왔다는 것을 알고 있네요! 내가 우리에 가까이 다가가자 녀석은 어미 곁에서 떨어져 고개를 높이 들고 제 쪽으로 곧장 다가오더니 코를 내밀어 내가 내민 손바닥에 다정하기 비비기 시작했다.

하, 그 녀석 애교가 정말 많네요! 보는 사람마다 좋아했다.

'츤데레 소'가 유명해지자 리우 씨도 덩달아 유명해졌다. 사실 이 '츤데레 소'와 리우 씨가 유명해진 것은 그들이 발 디디고 있는 땅 홍쓰바오에서 비롯된 것이었다.

이곳은 전설적인 땅으로, 닝샤의 지도에서 이곳은 오래된 땅이면서 동시에 젊은 땅이다.

오래된 땅이라고 하는 이유는 이곳이 닝샤의 한가운데에 위치해 닝샤의 품에서 자라났으며, 류판산과 허란산이 양쪽에서 거대한 벽처럼 이 땅을 단단히 감싸고 있어 고대의 모습을 간직하고 있기 때문이다. 수천 년 동안 메마른 바람과 먼지로 인해 이곳은 점점 고비 사막으로 변해갔고, 심지어 수천 년 동안 인적이 끊겼다. 이곳에 유목민이 나타난 것은 서융西戎이 등장한 춘추시대에 이르러서였다. 한나라 이후 이 지역은 흉노족에 투항한 사람들의 주둔지였다. 서하 왕조 시대에는 병가들이 이 지역에서 자주 전투를 벌였다. 고증에 따르면 '홍쓰바오'라는 지명은 광활한 고비 사막 한가운데 군사를 주둔시킬 때 사용되었던 '보堡'가 있어 전쟁 당시 고대 국가의 국경 요새였던 것에서 유래되었다고 한다. 고비 사막 한가운데에 고대 사찰인 홍불사弘佛寺가 있었기 때문이라는 설도 있다. '보'는 고대에는 병참兵站이라고도 불렸기 때문에 고찰 옆에 병참이 있었는데 세월이 지나면서 이곳에서 유목했던 병사들과 주민들의 기억 속에 '홍쓰바오'라는 지명으로 기억되었다는 것이다. 명나라 이후 이 황량한 곳은 점차 사람들에 의해

'홍쓰바오'라는 이름을 가진 무인 지역으로 굳어져 갔다.

1930년대 마오쩌둥이 이끄는 중국 공농 홍군이 한때 이 땅에 등장하면서 '홍쓰바오'는 또 한 번 '붉은'이라는 뜻을 확실히 더하게 되었다. 그러나 닝샤후이 자치구가 설립된 이후에도 오랫동안 이 오래되고 척박한 땅은 여름에는 기온이 섭씨 40~50도에 육박하고 겨울에는 특히 건조하고 추운 데다 일 년 내내 모래바람이 끊이지 않고 풀과 나무가 자라지 않아 사람은 말할 것도 없고 가장 내성이 강한 소와 양 조차도 이곳에 머물 수 없을 정도였다. '홍쓰바오'는 점점 닝샤 사람들이 잘 알지 못하고 그곳으로 가는 사람도 거의 없는 '잊혀진 땅'이 되었다.

신중국 건국 이후 홍쓰바오는 퉁신현으로 편입되었다. 하지만 같은 경계이긴 했지만 진정한 '한마음同心'은 아니었다. 이 척박한 고비 사막에 들어가는 순간 돌이킬 수 없는 결과를 초래할 수 있었기 때문에 백 리에 걸친 이 무인 구역에 누구도 감히 범접할 수 없었기 때문이다.

그런데 최근 반세기 동안 누군가 실제로 그곳에 들어간 사람이 있었으니 그것은 다름 아닌 인민 해방군 장병들이었다. 구위안 분구分區 사령관을 지낸 한 참전 용사는 당시를 이렇게 회상했다.

> 군용 벽돌로 지은 단층집 몇 개를 제외하고는 온통 황사 언덕뿐이었고 밥 짓는 연기조차 보이지 않는 그야말로 먹을 것이라곤 전혀 없는 '토끼가 똥을 싸지 않는 곳이니 알려지지 않은 것도 당연합니다. 훈련 참모 장교가 1965년에 군대가 주둔했을 때 이곳이 포병 사격장으로 사용되었다고 알려주더군요.……
>
> 그날 밤 잠이 오지 않아서 〈은남병요지지銀南兵要地志〉를 뒤적였습니다. 서쪽으로는 옌퉁산烟筒山, 동쪽으로는 다뤄산大羅山, 북쪽으로는 뉴서우산牛首山이

있고 훙쓰바오는 이 세 산 사이의 분지에 위치해 있었습니다.…… 생각해 보니 이곳은 '부지가 넓고 민폐를 끼치지 않아도 되며 지형이 찾기가 어렵다'라고 느꼈고 포병 사격장으로는 그야말로 최적의 장소라는 생각이 들었습니다.

불모지였지만 '쓸 만한 곳'이었습니다.

그러나 우리 군대의 현대화 수준이 꾸준히 향상되고 발전함에 따라 구식 무기 시대의 총포는 미사일과 정보전으로 대체되었고 포병 사격장도 점차 그 역할을 잃어버리게 되면서 훙쓰바오는 또다시 무인 지구가 되어버렸다.

하지만 황량함은 인류의 전진을 막을 수 없고 무인 지구 역시 영원히 후대 사람들의 진입을 막을 수는 없다. 1986년 계획적이고 조직적인 대규모 빈곤 구제 및 개발의 북소리가 다시 전국적으로 울려 퍼졌다. 1993년 말까지 중국 전국 농촌에서 먹고사는 문제를 해결하지 못한 빈곤 인구는 1978년 2억 5천만 명에서 8천만 명으로 감소했다. 그러나 닝샤 시하이구와 같은 절대 빈곤 지역의 빈곤층은 근본적인 변화가 없어 8,000만 빈곤 인구 중에는 닝샤의 기존 빈곤층이 거의 모두 포함되어 있었다. 1994년 중국 정부는 제87차 빈곤 퇴치 계획을 시작하면서 빈곤층의 빈곤 문제를 국가 전략 차원의 의제에 포함시켰고 닝샤후이족 자치구의 임무는 구체적이고 시급한 과제가 되었다.

자치구 당 위원회와 정부의 첫 번째 구상은 유엔 관련 기구로부터 '인류가 생존하기 가장 적합하지 않은 지역 중 하나'로 판정받은 시하이구 지역의 100만 명의 빈곤층을 어떻게 하면 빈곤에서 벗어나 샤오캉으로 나아가도록 할 수 있을까 하는 것이었다.

이것은 닝샤의 빈곤층이 밀집해 있는 시하이구 지역의 절대 빈곤의 원인이 만성적인 가뭄과 물 부족이라는 사실에 착안한 큰 전략이었다. 따라서 물 문제를 해결하고 가뭄에 저항하기 위해 적극적으로 탈출구를 찾는 전략적 조정을 위해 자치구는 국가의 '삼서' 지역에 대한 '물이 있으면 물길로 가고, 물이 없으면 육로로 가고 물길도 육로도 막혔다면 다른 길을 찾아라'라는 정책 방침에 따라 여건이 허락하는 지역에서는 수리 공사를 통해 이주민들의 생산과 생활용수 문제를 해결하고 건조한 지역에서는 계단식 논을 조성해 밭농사를 발전시키고 물길도 육로도 통하지 않는 곳에서는 노동력 이전이나 이민 이주를 실시하는 큰 결정을 내렸다. 바로 이때 당시 전국중국인민정치협상회의 주석이었던 리루이환李瑞環이 닝샤를 시찰하러 왔는데 물을 갈망하는 시하이구 주민들의 눈빛을 보고 많은 것을 느끼고는 베이징으로 돌아가 곧바로 중앙 정부에 닝샤가 '고수위 관개를 실시하고 대규모 이주를 진행한 뒤 황허 관개 지구를 하나 더 건설하자'고 제안했다.

이에 전국 전문가들이 닝샤에 모여 철저한 조사와 연구를 진행하고 자치구 당 위원회 및 정부의 논의를 거쳐 마침내 닝샤 빈곤 퇴치 역사상 위대한 구상이라 할 수 있는 '1236' 프로젝트가 탄생했다. 이 프로젝트는 황허 양쪽의 미개발 인접 토지를 활용하여 황허의 물을 퍼올리고 200만 무의 관개 지구를 조성하여 산간지역의 생산 및 생활 여건을 갖추지 못한 100만 인구를 관개구로 이주시키는 것으로, 30억 위안을 투자해 6년 안에 건설을 완료함으로써 빈곤 문제를 근본적으로 해결하겠다는 것이었다.

'1236' 프로젝트는 닝샤후이족 자치구 당 위원회, 정부 및 중앙 정부 각 부처의 협력하에 그해 12월 국가의 승인을 받았으며 이로써 이 민심民心 프로젝트, 덕정德政 프로젝트이자 당시 중국 최대의 빈곤 구제 이민 프로젝트가 공식적으로 시작되었다.

1996년 5월 11일은 홍쓰바오 역사에 기록될 만한 날로 양황揚黃 관개 프로젝트의 기공식이 프로젝트 지역으로 선정된 홍쓰바오 양수장 부지에

홍쓰바오紅寺堡 경내 빈곤퇴치 및 양황揚黃관개사업 펌프장 송수관

서 성대하게 거행되었다. 전국 각지에서 모인 40개 공사팀은 중앙 지도부의 '시작' 명령을 받고 무인 지역과 불모지를 향해 용감히 나아가며 첫 삽을 뜨기 시작했다. 수백 대의 불도저가 일제히 울리자 황사가 마치 백 마리의 황룡이 고대로부터 펼쳐진 광야에서 용솟음치며 춤추듯 휘몰아치며 기세등등하게 강산을 뒤흔들었다.

인수로 공사를 위해서는 먼저 마실 물이 있어야 하고, 마실 물이 있어야 먼 황허의 물을 끌어올릴 수 있었기 때문에 공사 용수와 프로젝트에 참여한 공사 인력들의 식수가 가장 먼저 해결해야 할 문제였다. 누가 이 중책을 맡았을까? 닝샤 수리 수력 전기 측량 설계 연구원의 전문가들이 적극적으로 나서서 "저희가 하겠습니다!"라고 외쳤다.

1996년 6월 2일, 류취안柳泉의 한 우물 굴착 현장에서 인민해방군 모 연대 장병과 현지 수문 엔지니어들이 한 달 가까운 노력 끝에 이날 테스트를 위해 파이프를 뽑아냈다. "시추 시작 ——" 하는 지휘관의 명령에 따라 수십 명의 장병들이 기중 장치를 힘껏 조작하자 우물에서 갑자기 맑은 물이 샘솟더니 갑자기 휙 소리를 내며 지면에서 몇 피트 위로 솟구쳐 올랐다.……

"물이 나온다 ——"

"물이 달다 ——"

그 순간 훙쓰바오의 현장 분위기는 그야말로 '전례 없는 흥분의 도가니'로 동네방네 모두가 기쁨의 환호성으로 들썩였다.…… 이는 한때 '하늘의 신이 물을 다 마셔버린 대지, 땅을 관장하는 신에 의해 피가 말라버린 황야'로 불리던 땅에서 이런 거대한 용이 솟구치는 것을 본 것은 오늘이 처음이었기 때문으로, 측정해 보니 이 우물의 하루 분출량은 2,000m^3에 달해 이 우물 하나만으로도 10만 명의 사람들이 식수로 사용할 수 있는 양이었다.

"달아! 너무 달아!" 자치구 지도자들과 '1236' 프로젝트에 참여했던 모든 사람들이 이렇게 감탄하며 외쳤다!

그들은 맑은 샘물을 바라보며 미래에 더 큰 황허의 '용'이 이 목마른 대지와 황량한 고비로 들어오는 상상을 했다.……

1997년 봄, 푸젠성 손님들이 멀리서 찾아왔는데 그중에는 닝샤 사람들에게 이제 친숙한 인물인 시진핑 동지도 있었다. 그는 푸젠성에서 온 간부들과 함께 자치구 지도자들과 직원들과 동행하여 남쪽에서 북쪽으로 이동하며 닝샤의 가난한 산간 지역 주민들의 생활 환경과 지역 사회의 발전 상황을 시찰했다. 양황 관개 프로젝트도 자연스럽게 손님들에게 소개되었다. 시진핑 주석은 막 전투가 시작된 훙쓰바오의 황야를 지날 때 황사가 휘날리는 광활한 대지를 조용히 바라보며 많은 생각을 했다. 민닝 맞춤 빈곤 구제 협력에 관한 제2차 합동 회의를 계기로 시진핑은 닝샤에서 활동 중인 푸젠성 기업가 11명을 초청해 좌담회를 가졌으며 이 자리에서 그들이 푸젠성의 앞선 아이디어와 좋은 프로젝트를 닝샤의 가난한 땅으로 가져오고 더 많은 푸젠성 기업가들이 닝샤에서 시장을 찾고 개발에 참여하고 협력 기구를 마련하기를 바란다고 말했다. 그 후 민상閩商(푸젠성 출신 기업가)들은 닝샤에 '전 분야에 걸친 출격'을 단행했다. 그뿐만 아니라 민닝 맞춤 빈곤 구제 제2차 합동회의에서는 닝샤 빈곤 구제 작업의 수행 상황을 토대로 훙쓰바오를 포함한 4만 명의 생태 이민 사업이 시작된 후 이들 이주민들이 의식주 문제를 해결할 수 있도록 하기 위한 구체적인 조치를 제시했는데 그것은 바로 푸젠성 전문가들이 닝샤 주민들을 도와 균초를 심는 것이었다.

균초를 재배하는 것은 산간 지역에서 뿌연 황사가 가득한 훙쓰바오로 이주하는 것만큼이나 고되고 수많은 어려움이 도사리고 있는 힘든 여정이었다. 하지만 빈곤에서 벗어나고 싶어 하는 사람들 앞에는 언제나 행복이라는 희망의 빛이 비치고 있었다. 그래서 이 '행복을 위한 균초' 운동은 민닝 맞춤 빈곤 구제 협력에서 24년간 이어진 빈곤 퇴치 협력의 '제1교향곡'이 되었고 그 격정적인 선율은 그들의 행복한 삶의 일부가 되어 지금까지도 수백만 닝샤 사람들에게 감동을 주고 있다.

푸젠 농림 대학의 린잔 교수는 타오르는 열정으로 자신의 팀을 이끌고 닝샤 땅에 균초의 불을 지피기 시작했고 그의 불은 막 산에서 이주해 온 이주민들이 흩날리는 황사 속에서 행복의 구름을 볼 수 있게 해주었다.

"이주민들의 이주는 1998년에 시작되었습니다. 당시만 해도 훙쓰바오는 '개발구'로 불렸고 아직 독립된 행정 구역이 아니었습니다. 하지만 이주민 이주 작업은 이 황량한 땅의 개발과 건설과 동시에 진행되었고, 매우 특별한 방식으로 시작되었습니다. 첫 번째 이주 지역은 지금의 다허향大河

鄕이었고, 7개의 가난한 현이 각각 이 지역에 1개의 마을을 건설하는 방식이었습니다. 황량함과 추위 때문에 처음 몇 년 동안 이주한 사람들은 봄에 왔다가 겨울이 되면 원래 살던 집으로 돌아갔습니다. 새 집은 너무 춥고 물도 부족하고 모든 기반 시설이 아직 구축되지 않았으며 황사가 사람들을 살 수 없게 했고 사람들은 황사를 버텨낼 수가 없었습니다.……" 현재 옌츠현鹽池縣의 지도자로 있는 한 '옛 훙쓰바오 사람'은 초기 이민 상황을 이렇게 묘사했다.

그는 자신이 퉁신에서 왔으며 당시 훙쓰바오 개발구 사회사업국 책임자로 재직하면서 사회사업국 산하의 교육, 교통, 경제발전 등을 포함한 4개 부서를 두었다고 말했다. 그는 "사실 우리는 총 4명밖에 없었기 때문에 한 사람이 열 개 정도의 상대 기관을 관리해야 하는 셈이었지만 그때의 창업정신은 지금 생각해도 가슴이 뛸 정도로 참 열정이 불타오르던 시절이었습니다!"라고 말했다.

훙쓰바오의 모든 창업자들은 초기 단계의 훙쓰바오를 떠올릴 때면 눈시울이 붉어진다. ——

"탐사 대원들은 뒤에 있는 건설 대군이 우리를 쫓아오고 있었기 때문에 반드시 제시간에 임무를 완수해야 했고 그래서 매일매일 앞으로 달려나가야 했다. 훙쓰바오는 아름다운 이름을 가지고 있지만 그 큰 땅을 밟아보면 사실 대단한 의지를 가진 사람이라도 영혼이 무너지고 건장한 코끼리도 결국 주저앉아 버리게 만들 수 있는 곳이라는 것을 깨닫게 될 것이다.…… 머물 수 있는 집은커녕 모래와 바람을 피할 수 있는 곳조차 없다. 밤에는 모래 위에 담요를 깔고 그 위에 이불을 덮는 것이 유일하고도 최선의 선택이었다. 아침에 일어났을 때 다들 웃음을 참지 못했는데 모두가 모래에 반쯤 파묻혀 있었기 때문이다. 밥을 먹는 것도 쉽지 않았는데 우선 잘 익히는 것이 문제였고 그릇에 잘 담아 삼키는 것도 일이었다. 모래바람이 너무 심해서 조심하지 않으면 밥그릇 속으로 날아드는 모래가 밥보다 더 많았다. 하지만 우리 중 누구도 물러서지 않고 매일 계속 일하며 새로운 기록을 세우고 있었다." 이것은 탐사 대원의 일기이다.

"당시 홍아이紅崖 기지는 수십 리 내에 인가가 없는 완전히 황량한 곳이었다. 바람이 불었다 하면 하루 종일 불었고 바람이 부는 곳마다 새로 지은 단층집 지붕의 기와가 와르르 무너져 내렸다. 한 번은 밤새도록 강풍이 불었는데 다음날 일어나 보니 온 집안이 모래투성이였다. 방에서 나와보니 동료들은 모두 머리와 얼굴이 온통 먼지투성이가 된 서로를 보고 웃고 있었고 누군가가 깜짝 놀라며 '너 어쩌다가 출토된 유물이 된 거야?'라고 외쳤다. 그랬다, 우리는 정말 출토된 희귀 유물 같은 모양새가 되어있었다!" 이것은 자치구 정부 모 기관의 한 간부가 홍쓰바오 개발구 지휘부로 자리를 옮긴 지 석 달도 채 안 되어 쓴 일기이다.

"당시 여건상 지휘부 직원들은 하루 종일 힘들게 일하고도 샤워할 곳도 없었다. 처음에는 몸에서 강한 땀 냄새가 났는데 시간이 지나자 아무 냄새도 맡을 수가 없었다! 팔을 문지르면 작은 진흙 덩어리가 뭉쳐나오는 것이 진짜 진흙 인형이 따로 없었다. 지휘부에는 나 같은 이런 여성 동지들이 많았는데 뜨거운 태양과 바람 속을 뛰어다녀야 했기 때문에 입술은 다 텄고 얼굴은 빨갛게 부어오르고 검게 타서 통증을 견디기 어려웠다. 어쩔 수 없어 생각해 낸 방법이 가져온 스카프를 머리에 두르는 것이었는데 이것은 기지의 아름다운 풍경이 되었고 뿌듯한 마음이 들었다!" 이것은 한 여성 개발자의 일기이다.

이것 말고도 이런 일기가 아주 많은데 홍쓰바오 빈곤 구제 이민은 이러한 바탕색 위에 이루어진 것이었다. 그러나 아직 이것이 이 특별한 땅의 빈곤 구제 이민의 메인 컬러는 아니었다. 그렇다면 훙쓰바오 빈곤 구제 이민의 메인 컬러는 무엇일까? 그것은 바로 불이다! 불보다 더 뜨거운 불길이다! 불길보다 더 맹렬한 요원의 불길이다!

그렇다, 훙쓰바오의 빈곤 구제의 역사는 그 자체로 중국 빈곤 퇴치 투쟁에서 가장 매력적인 서사시이다. 오늘날 다른 지역에서도 20만 명 이상의 빈곤층이 고향을 떠나는 비슷한 일이 벌어지고 있지만 훙쓰바오의 이민과 빈곤 구제는 의심할 여지없이 가장 웅장하고 장렬한 일이었다. 그래서 나는 예전에 취재했던 시하이구 이민자 몇 명의 추억을 빌려 다시는 반복할 수 없는 세월의 기억을 거슬러 보고자 한다.

장면 1

구불구불한 현縣과 향鄕의 도로를 따라 닝샤 구위안현(지금의 구위안시 위안저우구) 카이청진開城鎮에서 서쪽 장이향張易鄕까지, 다시 북쪽 펑바오향까지 이름 모를 언덕 위로 꼬불꼬불한 오솔길들이 보인다.

음력 3월 초, 장이현 다뎬촌大店村의 마을 주민 왕스지에王世杰 는 삼 형제이다. 그와 형 왕스카이王世凱는 훙쓰바오에 최초로 이주한 마을 주민 중 하나이다. 두 집은 10명이 넘는 가족들을 이끌고 모든 살림살이를 삼륜 오토바이 두 대에 실었다. 마을 어귀 곡식을 도정하는 큰 마당에는 배웅 나온 이웃 주민들이 모여 있었고 왕스지에처럼 다른 이주 가족 7~8가구도 짐을 꾸리고 떠날 준비를 마쳤다. "짐은 다 실었습니까?" "마른 식량과 물도 챙기세요." "차도 한번 살펴보세요, 장거리를 가야 하니 안전이 중요합니다." 마당에는 작별 인사를 나누는 목소리로 가득했고 먼 길을 떠나는 몇몇 여자들은 벌써부터 낮은 소리로 훌쩍이기 시작했다.

이별을 아쉬워하는 사람들을 보고 있자니 이 배웅은 바로 끝날 것 같지 않았고 아내의 울음소리에 왕스지에는 마음이 짠했다. "무덤에 한번 다녀 와야겠어." 왕스지에는 낮은 목소리로 당분간 마을에 남아있을 동생 왕스밍王世明에게 속삭였다. 형제들은 암묵적으로 동의했고 세 형제는 아버지의 무덤 앞에 나란히 무릎을 꿇었다. 왕스지에는 입을 열자마자 목이 메어 "아버지(大, 시하이구 일부 지역에서 자녀가 아버지를 부르는 말), 저희 이제 갑니다. 가기 전에 한번 더 뵈러 왔어요. 너무 멀어서 앞으로는 자주 뵈러 못 올 것 같습니다."라고 말했다. 옆에 있던 동생은 "걱정 말고 가, 내가 있으니까"라며 위로했고 동생의 말에 왕스지에는 눈물 범벅이 된 얼굴로 "우리가 가서 자리를 잡으려면 시간이 좀 걸릴 텐데 청명절에 종이도 좀 많이 태워주고 너라도 대신 효도해 줘"라고 말했다. 그리고 긴 침묵이 흘렀고 세 형제는 무덤 옆에 앉아 담배 반 갑을 피우고서야 일어나 떠났다.

곧 떠나려는 사람들은 처음에는 떠들썩하다가 점점 조용해졌고 나중에는 거의 말을 하지 않았다. 훙쓰바오로 이주한 최초의 이주민으로서 사람들은 '바람은 쓸쓸히 불고 역수易水는 차가운데, 대장부 한번 가면 다시 돌아오지 않으리'라는 비장한 마음으로 어렵사리 고향을 떠났다. 결국 그들이 가야 하는 곳은 황무지였고 앞날은 불투명했다.

이주 차량 행렬은 10시에 출발했다. 왕스지에의 아내와 딸은 차에 실린 짐 위에 앉아 있었다. 딸은 아직 어렸지만 이 이별의 의미를 어느 정도는 이해하고 있었다. "아빠, 우리 다시 돌아올 수 있어요?" 왕스지에는 딸이 자신이 눈물을 흘리고 있다는 것을 눈치챌까 봐 돌아보지 않고 "돌아올 수 있을 거야, 우리 예전 집도 여기 있고, 할아버지, 할머니도 여기 잠들어 계시니 앞으로 자주 뵈러 올 거야……"라고 말했다.

장면 2

시지현 바이야향白崖鄉 쿠팡거우촌庫坊溝村 이주민 마요우수馬尤素는 떠나기 전 집에서 부모님과 작별 인사를 나누고 있다. 원래 부모님과 함께 가려고 했지만 연로하신 부모님은 건강이 좋지 않으시고 어머니는 눈도 보이지 않는 데다 한평생 이곳에서 살아온 부모님은 아무리 설득해도 떠나는 것을 원치 않았다. 다행히 이주하지 않은 형이 있어서 부모님을 돌봐드릴 수 있었다. 마요우수는 부모님께 무슨 말을 해야 할지 몰랐고 아랫목에 있던 어머니는 마요우수의 아들을 꼭 껴안고 울면서 손자의 옷 주머니에 사탕을 넣어주었다. 시원시원한 성격의 아버지는 우물쭈물하는 아들에게 "어서 가거라, 집 걱정은 하지 말고. 가는 것도 괜찮지. 날씨는 타는 듯이 건조하고 삶은 고달픈데 희망은 없고 가축들이 마실 물도 없는데 사람이 어떻게 살 수 있겠니? 그곳에 가면 물도 있고 평지도 있고 길도 좋고 몇 년만 고생하면 다 좋아질 거다. 어서 가거라, 어서……"

떠나는 마요우수는 30년 넘게 살아온 마을을 둘러보며 만감이 교차했다. 집에서 멀지 않은 다른 마을에 사는 장인어른과 장모님도 그를 배웅하러 왔다. 장모님은 말린 식량을 만들어 건네며 "얘야, 길이 안 좋으니 운전 천천히 해달라고 부탁하고 배가 고프거든 잠시 쉬면서 뭐라도 좀 먹고 가거라"라고 말했다. 옆에 있던 아내는 이미 주체할 수 없을 정도로 심하게 흐느껴 울고 있었고 마요우수도 눈물을 참을 수가 없었다. 나중에 그는 당시 상황을 회상하며 "어릴 때부터 그곳에서 살았는데 여건이 좋지 않아 먹고살기가 어려웠지만 그래도 떠나기가 아쉬웠습니다. 한바탕 시원하게 울고 나니 오히려 마음이 조금 후련해지더군요"라고 말했다.

장면 3

징위안현에서 온 이주민 위완시禹万喜도 이민 1세대 중 한 명이다. 이 30대 후이족 남성은 마을 이웃들 눈에 '불안한' 사람으로 보였다. 양도 키워보고 곡물을 가져다 팔아보기도 했지만 도로 교통 상황이 좋지 않아 장사 비용이 너무 많이 들어 항상 돈을 벌지 못했다. 홍쓰바오 이민 개발이 시작되었을 때 그는 적극적으로 신청했고 빨리 이사하고 싶어 했다. 부모님은 그의 결정을 이해하지 못했고 다투기도 했다. 아들이 멀리 가는 것이 달갑지 않았지만 그래도 막상 떠날 때가 되자 아버지는 배웅을 하러 오셨다. 마을 입구에서 아버지는 버드나무 가지 하나를 꺾어 아들에게 건네주며 "얘야, 옛말에 이사를 가면 3년 동안은 가난하다는 말이 있단다. 그곳에 가서 네가 과연 잘 지낼 수 있을지 모르겠다. 홍쓰바오는 큰 모래사장에 나무도 없다던데, 거기에 가거든 이 버드나무를 심어보고 나무가 살 수 있다면 사람이 살 수 있다는 것이고 나무가 살 수 없다면 돌아오거라.……" 아버지의 당부를 품고 위완시는 눈물을 훔치며 '홍쓰바오' 방향으로 걸음을 옮겼다.

지나간 일은 눈물뿐 아니라 연기와도 같다. 눈물은 항상 괴로움과 즐거움 사이에서 만들어지고 흐른다. 설령 괴로움의 눈물이라도 흘리고 나면 사람은 후련함을 느낀다. 그리고 기쁨의 눈물은 행복이고 행복의 눈물은 지나간 세월에 대한 그리움을 불러 일으키게 마련이다. 이것이 바로 사람이다.

사람들은 행복을 갈망하고 왜 행복해졌는지를 기억한다. 오늘날 홍쓰바오 사람들은 자신들이 어떻게 해서 빈곤에서 벗어나고 부자가 되었는지에 대해 다들 거침없이 이야기할 수 있는데 이것은 이 땅이 그들에게 돌아볼 만한 과거의 기억을 너무나도 많이 남겨주었기 때문이며 이 달콤한 기억 가운데 민닝 빈곤 구제 협력의 달콤한 샘물甘泉이 있다.

'츤데레 소'의 주인 리우 씨는 과거를 생각할 때마다 웃음이 터지는 사람 중 하나이다. 그는 2012년 훙쓰바오로 이주한 마지막 이주민으로 초기에 이곳에 정착한 빈곤 가정에 비해 훨씬 고생을 적게 했다. 이것은 그가 그 해에 특별한 기회를 만났기 때문인데 그것은 바로 민닝 맞춤 빈곤 구제 협력에서 훙쓰바오 개발구가 정식으로 우중시吳忠市의 현급 행정구역이 된 이후 처음으로 맞춤 빈곤 구제 지원 '현'(구)에 포함된 것이었다. 그래서 리우 씨 가족은 옥수수를 심고, 소를 사육해 가난에서 벗어나 부자가 되는 길을 걸어왔다.

그날 리우 씨의 집에 가서 시진핑 총서기와 함께 앉았던 온돌 가장자리에 앉아 가족의 행복한 일상에 대해 이야기하며 그는 환한 미소를 지었다. 그는 자신이 좋은 시기를 잘 만났다며 고향인 위안저우에서 두 자녀가 학교를 다니면서 가계 부담이 커지기 시작했을 때 관련 부서에서 그에게 훙쓰바오로 갈 의향이 있는지 물으면서 그곳에 가면 농사와 가축 사육 보조금이 있고 집 앞에 민닝 맞춤 빈곤 구제 협력을 위한 빈곤 구제 작업장이 있어 시간이 있을 때마다 공장에서 일하면서 돈을 벌 수 있다고 알려주었다고 했다.

"이렇게 좋은 일을 마다하고 안 오면 바보가 아니겠습니까?" 리우 씨는 이렇게 해서 온 가족을 데리고 훙쓰바오로 달려가 자리를 잡았다고 했다. 그는 씩 웃으며 '새 집이 지어졌고 수돗물이 흐르고 마당도 예전 집보다 훨씬 넓어졌지만 그보다 더 중요한 것은 집에서 10분만 걸으면 공장에 가서 아르바이트를 해 돈을 벌 수 있다는 것이었다'라고 말했다.

리우 씨는 "아이들도 푸젠성 맞춤 빈곤 구제 기관 보조금을 받아 공부를 할 수 있습니다"라며 '훙쓰바오에 온 후 온 가족의 생활이 꿀단지에 빠진 것 같은 느낌'이라고 말했다.

"제가 매일 송아지한테 무슨 얘기 하는지 알아요?" 리우 씨는 귀한 손님이 오면 어리광을 부린다는 송아지가 태어나서 자신을 보자마자 몸을 비비고 가까이 오는 것을 좋아했다고 농담처럼 말했다. 그는 날이 갈수록 이 '딸'과의 애정이 더욱 각별해지고 있어서 틈만 나면 외양간에 쪼그리고 앉아 송아지를 쓰다듬으며 '우리 훙쓰바오가 얼마나 아름다운지 한번 보렴. 푸른 나무도 이렇게 많고 초록 줄기에 달콤한 옥수수도 이렇게 많이 달려 있는데 왜 그런지 아니? 여기 물이 많아서 그렇단다. 예전에는 1년 동안 비가 200mm도 안되게 내렸는데 2,000mm가 증발했으니 황토 모래가 날리겠니? 안 날리겠니? 모래가 날리면 우리 사람들도 걸을 수가 없고 너도 걸을 수가 없단다. 그러다가 이곳으로 황허 물을 끌어올리는 큰 공사를 해서 황사를 없앴더니 토양이 비옥해져 나무도 심고, 꽃도 심고, 네가 좋아하는 옥수수 줄기와 싱싱한 풀도 심을 수 있게 되고 깨끗한 물도 마실 수 있게 된 것이란다.……'

'츤데레 소'는 주인의 말을 알아듣는 듯 음매 음매 울면서 더욱 다정하게 리우 씨에게 몸을 비볐다. 둘은 이렇게 친해졌고 매일 서로를 생각하는 떼려야 뗄 수 없는 사이가 되었다. 그러나 그와 송아지가 가장 많이 이야기했던 주제는 리우 씨 가족의 삶을 포함한 훙쓰바오의 변화에 관한 것이었다.

"음매 음매…… 음매 음매……" '츤데레 소'는 또 즐겁게 울고 있었는데 이번에는 리우 씨 집을 떠나려는 나를 향해서였다.

리우 씨는 나에게 "송아지가 '훙쓰바오의 발전이랑 민닝 맞춤 빈곤 퇴치 협력의 좋은 점에 대해 아직 할 얘기가 더 남았어요!'라고 말하고 싶은가 보네요"라고 말했다.

하하…… 리우 씨네 송아지는 정말 대단하고 가난에서 벗어나 부자가 된 리우 씨는 더 대단하다. 리우 씨와 리우 씨네 송아지는 나에게 닝샤의 빈곤 구제와 빈곤 퇴치의 전설을 들려주었지만 사실 그들 자체가 바로 전설이다.

물론 훙쓰바오의 전설이 더욱 흥미로웠지만 말이다.……

2. 심금을 울리는 숫자

언제나 숫자는 의미가 없다고 말하는 사람들이 있다. 하지만 어떤 숫자는 닝샤와 닝샤의 가난한 산간 지역 사람들에게 있어 눈물방울과 땀방울일 수도 있고, 어쩌면 내면에 숨겨진 씁쓸함과 고난의 피일 수도 있다.……

몇 년 후, 특히 빈곤 구제와 빈곤 퇴치의 전쟁 이후 오늘날 숫자는 닝샤의 주민들과 가난한 산간 지역 사람들이 자랑스럽게 내세울 수 있는 가장 귀중한 것이 되었다. 행복과 마음을 포함한 모든 것들이 숫자로 직접 설명이 가능하기 때문이며 이러한 것들은 숫자 사이에서 따뜻함과 설렘을 불러일으키고 있다.

숫자는 사실 모든 사람의 마음속에 박혀 있는 음표로, 그 변화에 따라 사람들의 강점과 약점, 고통과 기쁨, 행복과 슬픔이 울려 퍼진다……

숫자는 마법 같아서 사람을 침울하게 할 수도, 흥분시킬 수도 있고 조급하게 만들 수도 또 편안하게 하기도 한다.

숫자는 훙쓰바오 사람들에게 어제와 오늘의 역사의 증거이다. ——

'299.1m', 이 숫자는 훙쓰바오에서 천지개벽과 산하의 부활의 의미를 가지는데, 이것은 황허 양수 공사 프로젝트의 총 높이이기 때문이며, 이는 오늘의 홍쓰바오를 있게 한 결정적 요인이기도 하다. 황사가 휘몰아치던 메마르고 황량한 땅은 몇 단계에 걸친 황허 양수 프로젝트를 거쳐 비로소 새로운 생명을 얻게 된 것이다.

양황揚黃 프로젝트는 크게 수원 프로젝트와 양수 프로젝트의 두 가지 측면으로 구성되었다.

홍쓰바오에 도입된 수자원 시스템은 양수 수원과 자류 수원으로 구성되어 있다. 양수 수원은 중닝현中寧縣 취안옌산泉眼山 황허 유역에 초당 유속 30m³의 펌프장을 건설하여 확장된 19.4km 높이의 간선 수로로 물을 끌어올리는 것이다. 자류 수원은 황허 중웨이中衛 선탄申灘 자류에서 초당 유속 8m³로 끌어온 물을 확장된 28.4km 높이의 치싱취七星渠 수로를 통해 다시 확장된 가오간취高干渠 수로로 유입시키고, 두 수원이 합류하면서 초당 38m³의 유속을 형성하여 가오간취 수로에 물을 공급하고 목적지까지 흐르게 된다.

홍쓰바오 양수 공정은 확장된 가오간취 수로의 19.4km 지점에서 취수하고 초당 유속 25m³로 물을 끌어들여 104km의 간선 수로와 84km의 지선 수로를 통해 전국의 관개 구역으로 물을 공급하며, 8단계의 메인 펌프장과 9단계의 지선 펌프장 3개를 배치한다. 관개 구역의 최대 양수 높이는 299.1m이며 연간 취수량은 3억 4,000만m³, 1무畝 당 평균 물 소비량은 405m³이다. 양수 프로젝트의 운영 비용은 입방미터당 0.181위안이다.

양수 프로젝트는 1996년부터 1998년까지 1~4개의 양수장을 완공하고 1단계 테스트를 성공적으로 마쳤다. 1998년 9월 16일은 홍쓰바오 사람들에게 기념적인 날이었다. 홍쓰바오에서는 '9·16'라고 하면 어린아이들도 무슨 뜻인지 알고 있으며 심지어 홍쓰바오의 '탄생일'이라고 하는 사람까지 있을 정도이다. "이날은 홍쓰바오에게 있어 정말 중요한 날이기 때문입니다!" 훙쓰바오의 옛 창업자 중 하나가 이렇게 말했다. 당시 탐사 대원들은 류취안에서 깊은 우물을 몇 개 파서 많은 양의 물을 확보했지만 물이 짜서 오랫동안 마실 수가 없었다.

그래서 훙쓰바오의 건설과 이주 프로젝트는 양수 프로젝트가 성공해 황허 물을 끌어올 때까지 기다려야 했다. 1년에 걸친 힘겨운 싸움 끝에 1998년 9월 16일, 양수 프로젝트의 펌프장이 완공되어 성대한 통수식이 열렸다. 자치구 지도자가 기관실의 제어 버튼을 누르자마자 수십 개의 거대한 펌프가 굉음을 내며 온 땅이 떨리고 사람들의 심장도 벌렁거렸다.…… 바로 그때 여러 개의 거대한 출수관에서 윙윙거리는 숨소리가 들려왔는데 단잠을 자는 거인이 헐떡이며 코를 고는 소리 같은 것이 마치 온 세상을 삼키려는 것 같았다. 순간 거대한 물줄기가 우르릉 소리를 내며 파이프에서 뿜어져 나와 2미터가 넘는 물기둥을 만들더니 메인 수로로 쏟아져 들어갔다.

"물줄기는 마치 천군만마가 내달리고 산사태가 나는 것처럼 수천 년 된 황무지로 쏟아져 내렸습니다.……" 훙쓰바오 사람들은 당시 통수를 하던 광경을 이야기할 때면 얼굴이 새빨갛게 달아오른다. 정말이지 너무나도 흥분되는 일이었기 때문이다!

"메마른 황무지에 물이 쏟아지더니 금세 은빛 물결이 넘쳐나고 물줄기가 더 넓은 황무지를 향해 끝없이 달려가는 것을 보면서 시선도 물결과 물줄기를 따라가고 있었는데 어찌 된 영문인지 나중에 보니 얼굴이 온통 눈물 투성이였습니다.……" 한 이주민이 이렇게 말했다.

"황허의 물은 달콤하고 공산당은 친근하다!" 통수 현장에서 물을 마시던 누군가가 눈물을 흘리며 감격에 겨워 이렇게 외쳤다. 그러자 현장에 있던 간부들과 군중들은 진심으로 다 함께 "황허의 물은 달콤하고 공산당은 친근하다!"라고 외쳤다.

"황허의 물은 달콤하고 공산당은 친근하다!"라는 이 말은 현재 훙쓰바오와 닝샤후이족 자치구 전역에서 가장 자주 들을 수 있는 말이자 가장 진심 어린 말로, 한때 극빈했던 이 다민족 지역 주민들의 공통된 마음의 소리이다. 그렇다, 황허의 달콤한 물을 마시지 못했다면 목마른 사람이 어찌 다른 사람의 친절을 알 수 있었겠는가! 그리고 공산당의 따뜻한 배려가 없었다면 어찌 달콤한 황허의 물을 마실 수 있었겠는가?!

우리 모두는 사실은 황허의 물이 정말 시원하고 깨끗하지 않다는 것을 알고 있다. 그래서 과학자들은 설계를 할 때 이 점을 고려해 황허 프로젝트에 측면 취수 방식을 적용했고 덕분에 토사와 침전물 문제가 해결되어 맑은 물이 훙쓰바오의 드넓은 대지로 흘러 들어갈 수 있게 되었다.……

물은 잘 설계된 수로를 따라 이주민들의 기대에 찬 마음을 따라 수많은 가구로 빠르고도 정감 있게 흘러갔고, 이는 이주민들에게 흥분과 감동을 선사했는데 경작지로 유입되는 물의 가격이 오랫동안 변함없이 입방미터당 0.135위안이었기 때문이다. 세심한 독자라면 분명 양황 프로젝트의 입방미터당 물 원가가 0.181위안이며 정부가 현재 입방미터당 0.05위안 더 싼 가격에 물을 공급하고 있다는 것을 눈치챘을 것이다. 즉, 국가에서 톤당 0.05위안의 보조금을 지급하고 있는 것이다. 0.05위안이 적다고 생각할 수 있겠지만 한 가구, 한 농가에서 사람과 가축이 마시고 땅에 물을 주기 위해 필요한 물의 양은 결코 적지 않다!

퉁신현의 한 정부 지도자가 1992년과 1993년에 닝샤에 또다시 큰 가뭄이 발생했을 때 주민들이 물을 마시기 위해 인민해방군의 군용차로 물을 운반해야 했던 일화를 들려준 적이 있다. "모두 물 한 통을 사기 위해 줄을 서야 했는데 당시 시장에서 물 한 통이 18위안에 팔리고 있었습니다."

한 통에 18위안과 1톤에 0.135위안이면 도대체 몇 배 차이란 말인가? 가난한 사람들에게 이 숫자는 과연 어떤 의미일까?

"한마디로 '달콤하다'죠!" 훙쓰바오 사람들은 이렇게 말했다.

양수 혜택을 받기 시작한 첫 해에 7개 현의 이주가 동시에 진행되었다. 시하이구 지역을 중심으로 한 극도로 가난한 현의 주민 1만 명이 먼저 훙쓰바오로 향했다. 가장 먼저 훙쓰바오에 들어온 것은 시지현 사람들이었고 그 뒤를 이어 징위안현, 룽더현, 퉁신현 등이 앞다퉈 이동했다.

이 과정에서 민닝 맞춤 빈곤 구제 지원 간부들은 인적, 재정적 자원을 동원해 훙쓰바오로 이주한 빈곤층 가구의 정착을 우선적으로 지원하였다. 훙쓰바오 개발구 관리 위원회와 협력하여 1차 이주민들을 위한 새집을 짓고 옥수수 재배를 위해 황무지를 개간한 후 농업 기술자를 훙쓰바오에 파견해 전례 없는 버섯 재배사를 조성하였다.

빈곤층 이주민들의 전반적인 재정착이라는 위대한 프로젝트가 다양한 세력, 다양한 형태, 다양한 경로의 협력 속에 장렬하고 웅장하게 시작되었다. 이것은 닝샤의 빈곤 구제, 빈곤 퇴치 전투 중에서도 가장 기록적인 장면으로 이 역시 숫자와 관련이 있다. 최단기간에 가장 많은 이주민들이 황사가 날리는 고비 사막과 건조한 무인 구역에서 수십만 무의 우량 경작지를 개간하고 물을 공급했으며, 1999년 양수 프로젝트가 완료된 후 첫해에 빈곤 산간 지역에서 온 수만 명의 사람들이 처음으로 맑은 황허 물을 사용할 수 있게 되어 생애 첫 가을 풍년을 경험할 수 있었다. 하이위안현의 두메산골에서 온 가난한 후이족 농부 허신하이何新海는 "일가족 다섯 식구가 훙쓰바오에 정착한 후 방 3칸짜리 새집에 살면서 10무의 관개지를 할당받아 난생 처음 밀을 재배했는데 1무당 200kg이 넘는 밀을 수확했다며, "3번이나 웃으면서 잠에서 깬 적도 있어요!"라고 말했다. 허신하이는 수백만 이

주민 중 한 명일뿐이지만 그가 말한 숫자는 훙쓰바오 지역에서 일어난 극적이고도 심오한 변화를 내포하고 있다. ——

100만 이주민. 200만 무의 새로운 관개구.

30억 위안의 투자. 완공까지 6년.

"1236!"

닝샤 힘내라!

빈곤 구제, 빈곤 퇴치!

이 숫자들을 보고 있자니 중국 공산당의 지도 아래 빈곤에서 벗어나 샤오캉을 향해 나아가는 닝샤 인민들의 힘찬 발걸음, 그 소리와 위엄이 류판산과 허란산 사이의 광활한 대지에서 오랫동안 격동하고 울려 퍼지고 있는 것 같았다.……

덧붙이자면, 훙쓰바오의 발전은 줄곧 숫자를 근거로 과학적으로 배치되어 왔다. 그래서 지금까지도 훙쓰바오의 이주민은 20만 명으로 제한되고 있는데, 이는 양황 프로젝트에 따른 물 공급량에 한계가 있기 때문으로 현재 훙쓰바오에 충분한 개발 여력이 있음에도 이 땅의 사람과 동물의 식수와 생산 용수를 보장하기 위해 이주 규모를 현재 수준으로 제한하고 있는 것이다. 필자는 훙쓰바오가 활기차게 발전하고 있는 모습을 보고 이곳의 지도자들에게 현재 이곳에 일하러 온 직장인들이나 사업가들이 적지 않은데 그 수가 급격히 증가할 경우 훙쓰바오의 물 사용량에 영향이 있지는 않을지, 또는 훙쓰바오의 경제가 급속도로 발전해 기업이 늘어나면 공업용수 사용량도 자연스레 증가하게 될 텐데 그럴 경우 제한량을 초과하는 물 사용량을 어떻게 통제할 것인지 물었다.

그들은 웃으며 "하늘이 도와주겠죠! 예전에는 연간 강수량이 200mm도 안됐었는데 지금은 비가 한 번만 내려도 그보다 많이 내립니다!"라고 말했다.

맞다, 나는 처음 구위안에 가서 훙쓰바오와 퉁신현을 지날 때 하루 종일 폭우가 내렸던 것이 생각났는데 그날 강수량은 168mm에 달했다고 한다.

오래된 대지가 생기 넘치게 변하고 하늘마저도 이에 따르니, 이것이 바로 지금의 훙쓰바오인 것이다.

3. 땀과 피로 일궈낸 삶의 터전

훙쓰바오에는 산이 딱 하나 있는데 이름하여 뤄산羅山이다. 이 황량한 대지가 매력적으로 보이는 것은 아마도 여인의 가슴처럼 봉긋 솟은 이 산 때문이 아닐까 싶다. 때문에 수천 년 동안 훙쓰바오는 '놀라운 것'이었지만 누군가는 그것에 대해 걱정하고 그것에 접근할 방법을 생각해낸다. 그러나 지나치게 욕심을 부리던 사람들은 끝내 실패했고 영원히 시집갈 수 없는 소녀처럼 적막하고 고독하게 제자리에 누워 고운 자태를 보여주지 않으려는 뤄산 때문에 훙쓰바오는 오랫동안 인간과 동물들의 보금자리가 되지 못하고 황량한 모습으로 남아있었다.

'9·16' 하늘을 뒤흔드는 굉음과 함께 맑은 물이 훙쓰바오의 대지에 쏟아졌을 때 뤄산은 갑자기 긴 꿈에서 깨어나 옆을 돌아보았고 갑자기 눈물이 그렁그렁해서는 '살아야겠어! 세상 사람들에게 내가 얼마나 아름다운지 알려줄 거야……'

무인 지구에 발을 들여놓은 사람은 나중에 당연히 뤄산에도 올랐고 그래서 뤄산의 진면목이 세상에 드러났는데, 그 아름다움은 사람들이 돌아오는 것을 잊게 할 정도였다.

민닝 맞춤 빈곤 구제 협력에 참여한 한 시지현 임시 간부는 그가 처음 홍쓰바오에 정착하기 위해 이민자들을 인솔해 왔을 때 다섯 자녀를 둔 농민이 있었는데 그들은 홍쓰바오에 도착해 그곳이 평평한 황사의 땅이라는 것을 발견하고 먼 곳을 바라봐도 과거 시지현처럼 앞뒤가 모두 산으로 둘러싸인 풍경이 보이지 않자 낯설어하고 심지어 평평한 땅을 무서워하기까지 했다고 했다. “강풍이 불면 어떡해요?” 그 집 아들이 아버지에게 물었다. “비가 와서 집이 무너지면 어떡해요?” 딸이 어머니에게 물었다. 그러게! 소년의 아버지는 “애써 키운 자식들이 바람에 날아가 버리면 누가 밭을 갈고 소를 끌지?”라고 생각했고, 소녀의 어머니는 “비가 와서 정말 집이 무너지면 우리 여자들은 정말 망신을 당할 텐데! 돌아가자! 산속 우리 집으로 돌아가자!”라고 생각했다. 그래서 이 가족은 몰래 다시 고향으로 돌아갔다. 간부는 “나중에 우리는 이 농민의 집을 여러 번 찾아갔고 그들을 다시 홍쓰바오로 데리고 가느라 애를 많이 썼습니다”라고 말했다.

“집을 잘 짓지 않고 어떻게 가난에서 벗어나 부자가 될 수 있겠습니까?” 민닝 맞춤 빈곤 구제 협력 임시 간부가 말했다.

황무지에 집을 지으려면 먼저 땅에 익숙해져야 한다는 것이 농민들이 마음속 말과 생각이다. 황사 땅에 익숙해지는 것은 쉬운 일이 아니다.

야오젠궈姚建國는 홍쓰바오의 초대 노동 운동 위원회 서기이자 관리 위원회 주임으로, 그는 당시 이주민을 위한 집을 짓기 위해 다른 관리 위원회 팀원들과 모든 노력과 에너지를 쏟아 부었다. “처음에는 조직에서 저를 홍쓰바오의 노동 운동 위원회의 ‘반장’으로 파견했고 중닝中寧에서 온 톈즈궈田治國, 퉁신에서 온 마카이馬凱, 이렇게 우리 셋은 12명의 간부와 함께 솽징즈촌雙井子村에서 프로젝트 총 지휘부로 쓸 단층집 몇 채를 빌려 테이블 몇 개, 침대 몇 개를 놓고 세 개의 솥을 받쳐 놓고 업무를 시작했습니다." 야오젠궈는 지난 3년 동안 훙쓰바오에 왔던 간부 절반 이상이 가버렸다고 했다. 대체 무엇 때문일까? 그것은 대부분의 간부들이 훙쓰바오에 그렇게 큰 모래바람이 부는 것을 미처 몰랐기 때문에 두려웠기 때문이었다! "1998년 12월 8일, 광풍이 마치 황룡처럼 우리 머리 위를 하루 종일 맴돌았고 모두들 무서워서 집밖으로 나오지 못했던 기억이 생생합니다. 저는 오후에 인촨시에서 열리는 회의에 참석해야 했기 때문에 나가지 않을 수가 없었습니다. 막 사무실을 나와 300~400m쯤 걸었는데 갑자기 광풍이 불어와 도저히 서있을 수가 없었고 콰당하고 흙구덩이에 내동댕이쳐져 머리에 혹이 솟아 너무 아픈 나머지 비명이 절로 나오고 눈물이 줄줄 흘렀습니다. 당시 저는 속으로 "내년이면 벌써 50인데 이게 무슨 고생이람!"하고 생각했습니다. 하지만 눈을 뜨고 건설 중인 이민자의 새 집을 보자 갑자기 화가 나는 것도 잊어버렸습니다. 수많은 빈곤한 사람들이 이사하고 정착하기를 기다리고 있었기 때문입니다! 집이 없는데 어찌 훙쓰바오에 와서 정착할 수가 있겠어요? 그래서 일어나 눈물을 닦고 계속 앞으로 나아가야 했습니다."

"내가 죽는 한이 있어도 절대 이민을 포기하지 않을 것이다!" 야오젠궈가 당시 이를 악물고 흙구덩이에서 일어나 거센 바람을 맞으며 외친 이 말은 훗날 훙쓰바오 건설자들이 스스로 다짐하듯 수시로 외치는 구호가 되었다.

간부들과 건설자들이 이런 마음을 가지고 있다는 사실은 이주민들의 마음을 움직여 그들 스스로 일어나 열심히 일하기 시작했고 마찬가지로 "이주하는 데 1년, 정착하는 데 2년, 의식주를 해결하는 데 3년, 가난에서 벗어나 부자가 되는 데 5년."이라는 구호를 당당히 외치기 시작했다.

"이 목표는 류판산만큼이나 확고합니다. 시하이구 사람들답게 우리의 말은 산처럼 굳건해야 하고 말한 것은 반드시 행동으로 옮겨야 하며 황금 모래사장에 '아름다운 집'을 지어야 합니다." 고생을 많이 해본 이민자들은 고난을 두려워하지 않았고 그들보다 먼저 훙쓰바오에 온 간부들과 건설 인력들에게 감동을 받았다. 그래서 '기왕 여기까지 왔으니 잘 지내보자'라고 결심했고, 이제 남은 것은 하늘과 싸우고, 땅과 싸워 하늘과 땅이 항복할 때까지 싸우는 것뿐이었다. 1차로 다허향大河鄉 다허촌大河村으로 이주한 농민 투즈푸塗志福는 "제가 태어났을 때 어머니께서 '즈푸志福'라고 이름을 지어주셨는데 저희 세대가 행복하지 않으면 조상님 뵐 면목이 없지 않겠습니까. 저는 제일 먼저 훙쓰바오 이민을 신청했는데 이곳의 토질이 고향과 전혀 다를 줄은 정말 몰랐습니다. 고향의 황토와 흑토는 비가 오면 작물이 잘 자랄 수 있습니다만 훙쓰바오는 그렇지 않았습니다. 이곳은 모래땅이라 물을 뿌리면 눈 깜짝할 새에 다 스며들어버려 밑 빠진 독에 물 붓기가 따로 없습니다. 어떤 땅은 또 반대로 너무 단단해서 마치 하얀 펄프 같은 것이 곡괭이로 농구공만 한 구덩이 하나를 파려면 30분 동안 땀을 흘려야 합니다. 그러고 나서 물 반 통을 더 붓고 두세 시간 후에 다시 보면 70~80%가 여전히 구덩이 안에 고여 있습니다"라고 말했다. 이것이 이주민들이 처음 와서 마주한 삶의 터전이었다. 투즈푸와 그의 아내는 처음에 포플러 나무 70그루를 심는 데 꼬박 열흘이 걸렸다. 아내는 두 손에 피를 흘리며 펑펑 울면서 남편에게 "정말 이 집에서 잘 살 수 있을까?"라고 물었다. 투즈푸는 아내의 눈물을 닦아주며 "당신과 아이를 이곳에 데려온 이후로 시하이구로 돌아갈 생각은 단 한 번도 해본 적이 없어. 언젠가 우리가 죽는다면 꽃과 밀 향기가 나는 땅에서 죽고 싶어"라고 말했다.

투즈푸는 이런 결심으로 황사 땅에 한 그루 한 그루 포플러 나무를 심었고 그다음에는 물을 뿌린 땅에 옥수수를 심고 또 그다음에는 원추리를 심고, 더 나중에는 소와 양을 키웠으며 자신의 집이 아름다운 정원이 될 때까지 집 앞뒤에 꽃을 심었다. 그리고 이번에는 아내의 손을 잡고 "이제 일찍 죽고 싶지 않아. 당신과 오래오래 살면서 훙쓰바오에서 아름답고 행복한 삶을 충분히 누리고 싶어!"라고 말했다.

물론 이것은 바람과 모래를 억제하고 식생을 복원하기 위해 훙쓰바오 노동 운동 위원회와 관리 위원회에서 많은 노력을 기울인 덕분이기도 하다. 처음부터 정책 결정자와 건설자들은 스스로 '생태 녹지대를 만들고 황량한 산에 나무와 풀을 심고 관개 지역에 그물 모양의 방풍림을 조성하고 도시 지역에 정원 조경을 하며 정원에 꽃과 과일을 심는다'라는 목표를 향해 나아간다는 '철칙'을 세웠다.

1999년 하반기에 훙쓰바오의 건설과 이민 정착은 가장 어렵고 가장 중요한 순간을 맞이해 뒤로 물러날 수도, 앞으로 나아갈 수도 없는 상황에 처했다.…… 그러나 건설자들과 이민자들은 강력한 정신적 지지를 받으며 생각을 달리했다. 민닝 맞춤 빈곤 지원 협력을 위해 푸젠성에서 온 임시 간부들은 훙쓰바오로 이주한 각 현의 이주민들이 자리를 잡도록 도와주었다. 그들은 현지의 수많은 빈곤 가정들이 땅을 경작할 줄 모르고 메마른 밭에 관개를 할 줄도 모르는 것을 보고 직접 밭에 가서 이민자들과 함께 경작하고 식량 생산량을 늘리는 데 긍정적인 역할을 함으로써 이민자들이 잘 정착해 보다 나은 삶의 터전을 만들 수 있다는 굳은 믿음을 가질 수 있도록 했다.

노력은 언제나 수확의 기쁨을 가져다 준다. 그해 가을 주룽지朱鎔基 당시 국무원 총리 일행이 훙쓰바오를 찾았다. 다허향의 4개 마을을 시찰하던

주 총리는 이민자 마시워안에게 "고향 땅과 비교했을 때 이곳의 곡물 수확량이 고향보다 얼마나 더 많습니까?" 하고 물었다.

마시워안은 "고향 땅은 메마른 산악지대라 날씨가 좋은 해에도 기껏해야 1무당 최대 400근 정도인데 이곳 홍쓰바오는 이제 막 농사를 짓기 시작했는데 올해 첫해에만 1무당 1,000근이 넘었습니다"라고 답했다.

주 총리는 웃으며 "차이가 엄청나구먼!"이라고 말했다. 그러고는 다른 이주민들에게 "이곳이 마음에 드십니까?"라고 물었다.

이주민들은 일제히 "좋습니다!"라고 말했다.

주 총리는 다른 가족의 집을 둘러보고는 "이 집을 짓는 데 얼마나 들었습니까?"라고 물었다.

집 주인은 "몇 천 위안이요!"라고 답했다.

"빌린 돈입니까?"

"정부에서 일부 지원을 받았고 친척과 친구들도 조금 도와줬습니다. 하지만 걱정 안 합니다. 올해 말과 내년에 재배한 감자를 팔면 다 갚을 수 있을 테니까요! 지금은 좀 힘들지만 그래도 미래는 밝습니다!"

주 총리는 매우 기뻐하며 엄지손가락을 치켜세우고는 "말 한번 잘하셨습니다! 여러분의 미래는 밝습니다!"라고 말했다.

홍쓰바오의 미래는 정말 밝았다.

홍쓰바오의 미래가 밝을 수밖에 없는 이유는 이곳이 닝샤는 물론 중국 전체를 통틀어 빈곤 구제와 빈곤 퇴치를 위한 대표적인 전장이자 결전지 중 하나이기 때문이다. 이곳의 빈곤 구제 이민자들이 이 황량한 땅에 정착해 뿌리를 내릴 수 있을지에 닝샤 '1236' 프로젝트의 성패가 달려있었으며 의심할 여지없이 민닝 맞춤 빈곤 구제 협력에도 완전히 새로운 과제를 제시하고 있었다.

홍쓰바오구紅寺堡區 류취안향柳泉鄉 마을에서 주민들이 원추리를 따고 있다.

나는 산간지역, 그 중에서도 특히 빈곤 지역에서 이주해 온 20만 명이 넘는 이주민들이 현재 어떻게 지내고 있을지 궁금했다. 2019년 닝샤에 처음 왔을 때 나는 홍쓰바오에서 어떤 일이 일어나고 있는지 특히 관심이 많았다.

7월 23일이었던 것으로 기억된다. 그날은 유난히 햇볕이 강렬했는데, 마침 홍쓰바오의 특산품인 원추리의 수확철이었다. 산과 들이 온통 원추리로 뒤덮인 풍경을 떠올리자 절로 황홀해졌다.…… 그래서 나는 원추리를 재배하는 농민들을 찾아가 보자고 제안했다.

류취안향柳泉鄉은 당시 양황 프로젝트가 시작되었던 곳으로 첫 번째 우물에서 물이 솟아 나왔던 곳이기도 했다. 필자를 반갑게 맞이해 준 젊고 아름다운 향장 정후이링鄭惠玲은 기꺼이 원추리를 말리는 마당으로 안내해 주었고, 멀리서 그녀의 '영지'를 바라보니 저 멀리 끊임없이 굽이치는 뤄산

원추리를 말리고 있는 모습

과 그 사이에 울창한 포도밭이 보였고 좀 더 가까운 곳과 눈앞에는 원추리 밭과 원추리 건조장이 있었다.

"정말 아름답네요!" 이렇게 층층이 아름다운 대지를 본 것은 처음이라 감탄이 절로 나왔다.

향장은 활짝 웃으며 "우리 류취안향에는 아름다운 꽃, 향기로운 술, 아름다운 물, 아름다운 생활 등 모든 것이 있습니다……"라고 말했다.

"그리고 아름다운 사람도 있고요!"

하하…… 향장은 배꼽을 잡고 웃으며 "작가라 그런지 말씀을 잘 하시네요"라고 했다.

사실 그 말은 진심이었다. 눈앞의 향장도 분명 아름다웠지만 그보다 더 중요한 것은 류취안향 사람들이 하나같이 아름다운 미소를 짓고 있었다는 것으로 그들이 삶에 행복과 만족감을 느끼고 있었다는 것이다.

원추리 건조장 옆에는 원추리 가공 작업장이 있었다. 올해 47세인 농민 셰런이謝仁義는 1999년 하이위안에서 이곳으로 이주한 이주민이다. 그는 나에게 지금 그가 살고 있는 새 집은 정부의 '위험한 주택 개조' 프로젝트의 '산물'이라고 말했다. 정부가 3만 위안을 보조하고 그가 8만 위안을 내서 개조한 이 집은 새롭고 독특하고 세련됐다. 이 집이 행복하고 꽤 부유한 가정이라는 것을 알 수 있었다!

"저는 9무의 땅을 가지고 있는데 모두 원추리를 심었고 환경에 맞게 적절하게 파종해서 늘 적정량을 수확하고 있습니다." 셰런이는 현재 정부가 원추리 재배에 500위안의 보조금을 지급하고 있으며 스스로 수확하고 가공해서 더 높은 소득을 올릴 수 있다고 설명했다. 그는 "협동조합에 맡기면 가뭄이나 장마가 들어도 수확량을 보장받을 수 있어 신경을 덜 써도 됩니다만, 직접 가공하는 것보다 가격이 훨씬 낮고 집에 일손이 있으니 제가 직접 하고 있습니다"라고 말했다. 알고 보니 원추리는 땅에서 수확해서 말린 다음 다시 건조 등 기타 가공 절차를 거쳐야만 시장에 팔 수 있는 것이었다. 갓 수확한 생 원추리도 팔 수는 있지만 가격이 너무 쌌다.

"바쁜 시기에는 꽃 따는 사람을 8명이나 고용합니다. 1년에 한번 수확하는데 수입이 안정적입니다. 훙쓰바오는 비가 적게 오고 땅이 건조한 편이어서 원추리를 재배하기에 적합합니다." 셰런이는 마당에 있는 과일나무에서 신선한 과일을 따서 우리에게 먹어보라고 주었고 수박도 잘라 주었는데 수박이 정말 일품이었다.

한편에 있는 원추리 가공 작업장은 하루에 10톤 이상의 신선한 원추리를 가공할 수 있는 매우 크고 현대적인 기계와 장비를 갖추고 있다. 사장 역시 이곳 현지 주민으로 이 지역의 몇 개 마을에서 원추리를 구매하고 가공한 후 가공된 원추리를 전국 각지로 발송하고 있었다.

그는 나를 가공 작업장으로 안내하며 "예전에 채소 농가들이 고생고생해서 원추리를 심고 풍성한 꽃을 보고 기뻐했지만 잘못되어 결국 시간 낭비가 되어버린 적이 있었습니다. 왜 그랬을까요? 가공 건조 설비가 없으면 날씨가 며칠만 흐려도 신선하고 연한 원추리가 완전히 누렇게 되어버리고 말기 때문입니다!" 이제 보니 '원추리가 다 식었다'라는 말이 '너무 늦었다'라는 의미를 가지고 있는 것이 이런 이유였다니, 새로운 사실을 알게 되었다.

"보세요, 이제 우리 채소 농가들은 더 이상 걱정할 필요가 없습니다! 이 건조 장비로 하루에 여러 마을에서 수확한 신선한 원추리를 '소화'할 수 있습니다!" 향장은 거대한 건조 장비를 가리키며 민닝 맞춤 빈곤 구제 협력 프로젝트 자금으로 구입한 장비라고 설명했다.

허, 민닝 빈곤 구제 협력이 정말 곳곳에서 결실을 맺고 있구나!

원추리 건조장에서는 평소에 거의 맡아보지 못한 산뜻한 향기가 났는데 원추리 자체의 향기뿐 아니라 멀리 떨어진 포도밭과 과수원에서 불어오는 향기가 섞여 향기에 취하는 느낌이 들었다.

"우리 팜스테이農家樂 꼭 한번 체험해 보세요!" 향장의 정성 어린 초대를 거절할 수 없어 우리는 다 함께 용신촌永新村의 한 농가를 찾아 팜스테이를 참관했다.

주인은 리원빈李文彬이라는 사람이었는데 그의 농가는 정말 남달랐다. 여러 개의 객실은 모두 깔끔했고 내부에 인터넷이 가능한 컴퓨터도 있었는데 이것은 정말 생각지 못한 것이었다. "각지에서 손님들이 오시는 만큼 손님들의 편의를 고려해야 합니다." 리원빈이 말했다.

내 생각에는 팜스테이에서 객실 말고도 중요한 곳이 두 곳 더 있는데 하나는 화장실이고 다른 하나는 주방이다.

리원빈의 집 화장실에 도시의 호텔에나 있을법한 현대식 설비가 설치되어 있고 좌변기, 용변기가 다 완비되어 있을 줄은 예상하지 못했다. 그리고 그보다 더 놀라웠던 것은 그 집 주방이 현에서 선정한 벤치마킹 모델이었다는 사실이다. "이것은 우리 현과 자치구 관광 부서에서 공동으로 심사하여 발급한 별 등급 증명서입니다!" 향장은 리원빈의 집 주방 벽에 걸려있는 위생 증명서와 별 등급 요식업 증명서를 가리키며 자랑스럽게 말했다.

"자, 뒤뜰로 가봅시다 ——" 리원빈은 내 손을 잡아끌며 자신의 '관광 명소'를 구경시켜 주었다. 사실 불과 20~30 걸음밖에 되지 않는 뒷마당이었지만 걷는 내내 "너무 아름답네요!"라는 감탄사가 절로 나왔다. 리원빈의 집 뒤뜰은 과일나무 숲이었는데 과일을 마음껏 따먹을 수 있을 뿐 아니라 숲 한가운데 아이들이 놀 수 있는 우주 항공 모형 놀이 공간도 있었다.……

정말이지 이런 생각이 들 수밖에 없었다. 진짜 놀 줄 아는 사람이네!

"여기에 총 10명의 여행객이 묵을 수 있고 1인당 하루에 100위안, 성수기에는 120위안을 받고 있는데 운영 비용이 30% 정도라 하루에 700위안 정도를 벌 수 있습니다. 어떤가요, 제 정원이 그만한 값어치가 있다고 생각하십니까?" 리원빈은 자랑스러워하며 향장에 대해 "향장님은 항상 저희한테 농사를 잘 짓는 것 외에도 집을 아름답게 가꿔야 더 잘 살 수 있다고 했는데 정말 그 말대로였습니다. 작년에 개업한 사람도 있고 올해 개업한 사람도 있고 현재 20가구가 팜스테이를 하고 있는데 모두들 돈주머니가 두둑해져서 모두들 신바람이 났습니다!"라고 말하며 향장을 추켜세웠다.

"어떻습니까? 장쑤나 저장의 팜스테이, 산장스테이나 별반 다르지 않죠?" 향장은 나에게 솔직하게 이야기해달라고 했다.

나는 거짓말을 할 수는 없어서 "교통이 장쑤나 저장보다 불편하다는 것

말고는 전혀 나쁘지 않습니다"라고 말했다.

홍쓰바오의 간부들과 대중들은 이 말을 듣고 매우 기뻐하며 곧 이곳에 고속철도와 공항이 건설될 것이고 그렇게 되면 전국 각지의 관광객들이 원추리와 포도밭의 고장을 찾아오게 될 것이라며 기대에 부풀었다.

내 생각에도 이곳은 정말 '한 번쯤 가볼 만한 곳'이다.

홍쓰바오에는 왜 이렇게 포도밭이 많고 인기일까? 나는 이 부분에 특별히 관심이 갔다.

홍쓰바오의 포도밭을 이야기하자면 중취안탕촌中圈塘村을 빼놓을 수 없는데 이 마을의 포도가 홍쓰바오 포도 산업의 창업 역사와 성공의 역사를 대표하기 때문이다. 그래서 내가 홍쓰바오의 포도를 보고 싶다고 하자 주인은 나를 홍쓰바오 포도의 발상지이자 현재 홍쓰바오에서 가장 번창하고 있는 포도 재배지인 중취안탕촌으로 안내했다.

과거 황사가 날리는 끝이 보이지 않던 불모지였던 땅에 지금은 온통 포도가 자라고 있는데 이는 직접 눈으로 보지 않고서는 믿을 수 없는 엄청난 변화이다. 홍쓰바오 땅 거의 모든 곳에서 인간이 만들어낸 기적을 찾아볼 수 있는데 이는 중국 공산당이 자국의 인민과 국가를 빈곤에서 벗어나 번영의 길로 이끌어 가는 데 있어 놀라운 능력을 가지고 있음을 단적으로 보여주는 증거이기도 하다.

가는 길에 한 현지 간부가 왕칭산王青山이라는 퇴역 군인을 차에 태우더니 그가 지금은 홍쓰바오의 '포도왕'이라고 하면서 그에게 이곳 '포도 탄생의 역사'에 대해 소개해달라고 부탁했다. 왕칭산은 매우 노련하게 자신이 부대에 있을 때 농장에서 일했었고 전역 후 임업국에서 배치되었는데 포도 재배는 농림 부서에서 관리한다고 말했다. 나중에 이 군 출신 간부는 지역의 '포도왕'이 되었다.

왕의 기백은 확실히 남달랐다. 왕칭산은 우리를 포도밭 한가운데서 내리게 한 다음 1km는 족히 되는 포도 터널을 우리를 인솔해 걸으며 말을 이어갔다. 그는 "2018년 첫 번째 '중국 농민 풍년 축제'에서 전국 농촌 가운데 10곳의 경치를 선정했는데 이 홍쓰바오 포도 터널이 그중 하나로 선정되었고 그러면서 홍쓰바오 포도가 알려지기 시작해 이제 이 지역을 대표하는 산업으로 자리 잡게 되었다"라고 설명했다.

"홍쓰바오 포도가 탄생할 수 있었던 것은 우선 민닝 빈곤 구제 협력 덕분이라고 할 수 있습니다. 왜냐하면 당시 이주민들이 이주해 온 이 척박한 땅에 정확히 무엇을 심고 어떤 산업을 발전시키면 좋을지 논의하고 연구할 때 먼저 인촨의 민닝진을 방문해 견학을 했는데 그곳의 포도밭에 매료된 푸젠의 기업가들이 그곳의 포도를 들여와 재배한 것에서 시작되었기 때문입니다." 왕칭산은 홍쓰바오가 프랑스의 유명한 적포도 산지와 위도가 같고 토질은 프랑스보다 좋기 때문에 와인 제조용 적포도를 재배하기에 안성맞춤이라고 말했다. 그는 "푸젠성 기업가들이 민닝진 일대에서 포도 재배에 성공한 것이 우리에게 큰 영향을 미쳐 우리도 포도 산업 발전을 구상하게 되었습니다"라고 말했다.

"하지만 처음에는 농민들이 그다지 탐탁지 않아 했습니다." 왕칭산은 "포도를 심으면 기본적으로 처음 2년 동안은 수익이 나지 않다가 3년째가 되어서야 포도를 수확할 수 있고 5년째에 들어서야 안정적으로 수확할 수 있게 됩니다. 그 해에 심은 것은 그 해에 수확하는 데 익숙해져 있는 농민들더러 포도를 심으라고 하자 처음 2년 동안 수확이 없으면 뭘 먹고살라는 거냐고 했습니다."

이건 별문제가 아니라고 할 수 없지 않은가! 농민들은 현실적이었다.

"그래서 우리 간부들이 앞장서서 심기 시작했습니다. 중취안탕이 현재

중취안탕촌 이민자 차오잉보가 뤄산 와이너리 포도 기지서 포도나무 보존지식을 설명하고 있다.

'최고의 포도마을'이라고 불리게 된 것은 간부들이 앞장서서 촌장 자신이 먼저 20무 이상을 심었고 3년째에 수확을 거둔 후 해마다 풍년이 들어 다른 작물의 몇 배에 달하는 소득을 거두자 주민들이 재배하는 법을 배우면서 연달아 1만 무를 심었고, 이렇게 홍쓰바오에서 가장 넓은 면적에 소득도 가장 높은 포도밭이 되었기 때문입니다. 그 덕분에 마을 전체가 나날이 행복해지고 있습니다"라고 말했다.

그때 누군가가 "이 분이 예전에 중취안탕의 마을 서기였던 분입니다. 이분께 한번 물어보세요"라며 리후李虎라는 사람을 내 앞으로 끌어와서는 그가 중취안탕촌의 포도 재배 역사를 가장 잘 알고 있다고 말했다.

리후는 자신이 홍쓰바오 토박이이며 집 근처에 사원이 있었고 외삼촌 집이 그 사원에서 더 가깝다고 했다. 그 사원에는 쇠로 만든 불상이 하나 있었는데 나중에 녹이 슬어 불상이 붉게 변하자 홍쓰바오라는 이름이 붙었다고 했다('홍쓰바오'에 이런 해석도 있다). 예전에는 홍쓰바오에 인가가 드물었고 사람들은 외출할 때 당나귀를 타고 나갔으며 마을끼리 혼인 관계로 맺어져 있었기 때문에 마을을 나가면 그 마을 친척 집에 가서 밥을 먹거나 그 집에서 묵었다. 리후는 '불모지였기 때문에 원주민과 마을은 늘어나지 않고 줄어들기만 했다'라며 '그의 아버지 세대는 나중에 자신이 태어난 마을이 없어져 다른 마을로 이사했다'라고 말했다. 그는 "저는 바로 그 신좡촌新庄村에서 태어났습니다"라고 했다. 리후는 1993년 중등 전문학교에서 농기계를 공부하고 졸업 후 1세대 농기계 검사원이 되어 농기계 운전면허증 등을 검사하고 농민들에게 농업용 기계를 운전할 수 있는 증명 서류를 발급해 주는 일을 했다고 했다.

그는 "저는 주로 운전하는 농민들이 면허증을 소지하고 있는지 검사하는 일을 했었는데, 막상 검사하러 가면 곤란한 경우가 많았습니다. 예를 들어 석탄을 나르는 사람인데 확인해 보니 면허증을 가지고 있지 않았습니다. 그러면 50위안의 벌금을 물려야 하는데 그는 집에 돌아가서 다시는 나오지 않겠다고 합니다. 하지만 석탄을 나르지 않으면 온 가족이 굶어야 합니다. 이렇다 보니 저는 제 일이 남들을 괴롭게 하고 저 스스로도 괴롭게 하는 것 같아 견딜 수가 없었습니다. 그래서 하던 일을 그만두고 진으로 가서 대개발 작업에 참여하게 되었습니다"라고 말했다.

리후가 운전을 할 줄 안다고 하자 마을에서는 그에게 지프를 몰고 다니면서 표어를 붙이는 일을 하도록 했다. "저는 지금도 이 일이 아주 긍정적인 일이라고 생각합니다. 한번 생각해 보세요. 무슨 일을 하든 홍보를 해야 하잖아요! 홍보를 안 하면 사람들이 무슨 일을 하고 싶은지, 또 사람들에게 무엇을 하도록 하려는 것인지 어떻게 알겠어요! 당시 제가 제일 많이 붙였던 표어가 바로 '내가 죽는 한이 있어도 절대 이민을 포기하지 않을 것이다'였는데 당시 대개발에 참여한 모든 건설자들은 하나같이 이 정신을 가지고 일했습니다. 그 당시 빈곤 구제 사무실 주임의 집은 불과 60km 떨어진 퉁신현이었지만 매일 훙쓰바오의 황사 속에서 야근을 하느라 평상시 거의 집에 돌아갈 수 없었고 가족들도 그가 집에 없는 것에 익숙해져 있었던 것으로 기억합니다. 그러다 어느 토요일 그가 집에 들렀더니 아내가 이상하다는 듯이 '왜 왔어? 당신 뭐 잘못해서 잘린 거 아니야?'라고 말해 어이가 없었다고 하더라고요."

나중에 리후는 중쥐안탕촌 마을 서기로 발령을 받았다. "마을에는 387가구, 1,300여 명이 살고 있었는데 모두 관커우關口 훠룽거우火龍溝에서 이주해 온 가난한 농민들이었습니다."

"잠깐, 잠깐만요!" 나는 '관커우'라는 말에 황급히 손을 내저으며 리후에게 "우리가 퉁신에서 넘어올 때 봤던 그 마을 유적지 아닌가요?"라고 물었다.

"네, 네, 바로 그 관커우에요." 리후가 말했다.

아, 나는 지방 정부에서 보존하고 있는 옛 마을 유적지를 둘러보았는데 당시 훙쓰바오의 원주민들의 생활상을 완벽하게 구현하고 있었다. 오래된 집들에서 우리는 농민들이 살았던 동굴 벽에 당시의 오래된 신문들이 붙어 있는 것을 발견했는데 이 오래된 신문들은 대부분 1980~1990년대에 발행된 것들이었고 그중에 가장 오래된 것은 1970년대의 것도 있었다. 무엇보다 가장 신기했던 것은 그 신문들 대부분이 〈푸젠일보福建日報〉라는 것이었다. 나는 이 발견에 놀라며 현장에 함께 있던 닝샤의 친구들을 불러와 보게 했고, 모두들 "알고 보니 푸젠과 닝샤는 이미 오래전부터 이렇게 가까웠구나"라고 열광적으로 반응했다.

내 이야기를 들은 리후도 고개를 끄덕이며 '중쥐안탕촌 포도의 탄생과 발전도 푸젠성과 닝샤의 맞춤 빈곤 구제 협력이 없었다면 불가능했을 것'이라고 말했다. 그는 마을 사람들이 처음에는 포도를 재배할 마음이 없었고 대부분 고향에서처럼 감자를 재배했지만 수입이 좋지 않았고 시장의 영향을 많이 받았다고 했다. 어떻게 해야 할까? 간부들은 꿋꿋하게 포도 재배에 앞장섰고 주민들에게 포도 재배는 물도 적게 들고 효율이 높다고 설명했다. 그는 "저는 주민들에게 '이것은 우리가 푸젠성 사람들이 민닝진에 심은 포도밭에 갔을 때 배운 것입니다. 그리고 '포도로 빚은 좋은 술에 야광 술잔葡萄美酒夜光杯'라는 시구도 있지 않습니까? 그래서 우리는 포도 재배가 분명 옳은 선택일 것이라 생각합니다'라고 말했습니다. 그리고 동시에 저는 포도 재배에 회의적이었던 농민들을 이끌고 민닝진을 둘러보고 인촨에 가서 뷔페를 대접하고 시하이박물관西夏博物館도 견학했습니다. 마을 농민들은 포도를 심어서 부자가 된 것이 사실이었다고 기뻐하며 모두들 돌아와서 포도를 심기 시작했습니다. 그러나 그들은 난관에 부딪혔습니다. 어떤 사람들은 고생고생 포도를 심어서 3년이나 기다려서 수확을 했는데 그때가 돼서 감자처럼 아무도 포도를 원치 않으면 어떻게 하냐고 묻기도 했습니다. 또 중도에 포기하고 몰래 포도나무를 베어내고 대신 옥수수를 심은 사람도 있었습니다"라고 말했다.

"당시 압박감이 엄청났습니다! 리후는 농민들이 가난에서 벗어나 부자가 되는 길은 그리 녹록지 않은데 자연환경의 제약, 관념의 문제, 생태 자체의 문제까지 가지고 있는 홍쓰바오의 척박한 땅에서 빈곤을 벗어나 부자가 되기란 훨씬 더 어려운 일이었다며 한숨을 쉬었다. "저는 마을 서기였고 반드시 맞서 싸워야 했습니다. 그래서 몇 달 동안 집에도 가지 않고 매일 마을에 머무르면서 모두가 포도 심는 일을 착실히 잘 하고 있는지 지켜보았습니다! 제가 학교 학부모 회의를 몇 번이나 참석하지 못했더니 저희 아이가 울면서 선생님과 반 친구들에게 '아빠가 나를 버렸다'라고 했다더군요!" 리후는 중취안탕촌의 포도나무를 살리고 뿌리를 내리기 위해 많은 고통을 감내해야 했다.

이렇게 고생한 지 4년째가 됐을 때 마을 주임 차오원선喬文森이 앞장서서 심은 포도가 그해 1무당 7,500위안의 수익을 올리자 사람들은 정신이 번쩍 들었고 그 뒤로 온 마을 사람들이 간부들을 따라 필사적으로 포도를 심기 시작했다. 이렇게 중취안탕촌의 만 무에 달하는 포도밭은 마치 펄럭이는 붉은 깃발처럼, 한때 황사가 날리던 황량한 땅에 높이높이 꽂혀 다른 이민자들에게 귀감이 되었다.

"지금 보시는 훙쓰바오의 1만 무에 달하는 포도밭이 바로 중취안탕촌의 바람에 의해 만들어진 것입니다." 40대 정도로 보이는 차오원선 마을 주임은 자신이 훙쓰바오에서 처음으로 포도로 재미를 본 사람이며 이후 마을 사람들도 포도 재배의 단맛을 맛보았다고 자랑스럽게 말했다. "포도 수확 첫해에 마을에서 한 번에 수십 대의 자동차를 구매했고 이제 집집마다 연평균 수십만 위안의 수입을 올리고 있습니다."

"중취안탕촌은 훙쓰바오 포도의 발원지이지만, 현재 훙쓰바오의 포도 재배 면적은 이미 10만 무에 달했고 더 이상 농민들 각자가 재배하는 것이 아니라 투자자들이 대규모로 재배해 적포도주를 생산하는 포도 생산 기지가 되었습니다. 믿기실지 모르겠지만 지금 이곳에 와이너리만도 28곳이나 됩니다!" 여기까지 말했을 때 옆에 있던 '포도왕' 왕칭산이 나를 향해 어깨를 으쓱했다. 아마도 '당신들 베이징 사람들 우리를 얕보지 마시오' 뜻이리라!

"갑시다, 우리 와이너리를 구경하러 갑시다!" 나는 웃으며 그의 어깨를 두드렸고 그는 우리를 '장다江達 와이너리'라는 곳으로 안내했다.

고비사막에 조성된 훙쓰바오 생태이민 새마을

와이너리의 사장 창량常亮은 닝샤 출신으로 원래는 부동산 사업을 했지만 2013년 훙쓰바오에 포도 농사가 한창인 것을 보고 포도 재배와 와이너리에 투자하기 위해 원래 하던 사업을 접고 이곳에 왔다. 창량의 와이너리는 고급스럽고 우아한 정통 프랑스 스타일로 중국에서 가장 가난한 '불모의 땅'인 이곳에 이렇게 아름다운 현대식 와이너리가 있다는 것이 정말 놀라웠다. 와이너리의 서늘한 복도에 서면 끝없이 펼쳐진 향기로운 포도밭이 보이고 뒤편에는 와인 양조, 저장이 가능하고 와인을 테마로 한 관광 박물관과 케이터링과 숙박 시설이 갖춰진 성이 있어 감탄을 자아낸다.

"저희 와이너리는 7,600무의 포도밭을 보유하고 있으며 10가지 종류의 레드 와인을 생산해 모두 1선 도시에 판매하고 있습니다. 포도농장은 연간 3만 명 이상의 직원을 고용하고 있는데 모두 현지의 농민공입니다. 그들은 이곳에서 토지 임대 수입과 노동 수입의 두 가지 수입원을 가지고 있습니다. 그래서 그들은 저와 좋은 관계를 유지하고 있으며 저를 '홍사장'라고 부릅니다!" 1969년생인 창량은 자신의 포도농장과 와이너리에 대한 이야기를 할 때 와인을 마시지 않고도 술에 취한 듯 흥분했다.

"우리 포도 산업이 이렇게 건강하게 발전할 수 있었던 것은 민닝 맞춤 빈곤 구제 협력 덕분이었다고 할 수 있을 것입니다!" 홍쓰바오구 위원회 상무위원이자 선전부 부장인 양즈동楊志東은 "포도 재배에 대한 이민자들의 관심이 높아지면서 와이너리에서 생산되는 와인도 많아졌습니다만, 이제는 와인을 어디로 판매할 것인가, 얼마에 팔 것인가 하는 것이 새로운 문제로 떠올랐습니다."

그래서 어떻게 해결할 작정인가요? 나는 눈으로 그에게 물었다.

양즈동은 입을 닦으며 자신만만하게 "저는 2018년 4월부터 2019년 4월까지 민닝 맞춤 빈곤 구제 협력 간부로 푸젠성 취안저우에 파견되어 연수를 했는데 이 1년 동안 제가 우리 홍쓰바오와 와인을 위해 한 일에 대해 설명드리도록 하겠습니다"라고 말했다.

그는 푸젠성은 개방 수준이 높고 와인을 즐기는 사람도 많기 때문에 닝샤, 특히 홍쓰바오에서 생산되는 와인을 홍보하는 것이 그의 중요한 임무 중 하나였다고 말했다. 그는 "저는 그곳에서 현지 정부의 지원을 받아 공급 판매 협력사 부지를 활용해 400평방미터가 넘는 민닝 특산품관을 건설해 우리 홍쓰바오와 닝샤의 특산품, 특히 와인을 홍보했는데 장사가 잘 되었습니다. 나중에 푸젠성 측에서 우리 닝샤를 특별히 지원해 주었고 푸젠성 지도자들까지도 공개적으로 중앙 정부의 8가지 규정을 위반해서는 안 되지만 노동조합, 기관 등 정부 및 공공 기관의 경우 구매 시 닝샤 제품을 우선적으로 구매해야 한다고 말했습니다. 이런 주문에 힘입어 우리 와인과 다른 제품들의 판매량이 급증했습니다. 나중에 저는 홍쓰바오와 닝샤의 제품을 전문적으로 홍보하는 문화 커뮤니케이션 회사인 푸젠성 민닝원 컬처 커뮤니케이션 회사를 설립했습니다. 1년이 지나자 홍쓰바오 레드와인의 명성은 푸젠성 각지에 모르는 사람이 없을 정도로 높아졌고 판로도 크게 확장되었습니다. 시장이 열리자 고향 농민들의 포도 재배에 대한 열기가 높아졌으며 와인의 품질도 더 좋아졌습니다. 포도가 잘 되자 다른 산업도 활성화되면서 현재 옥수수, 원추리, 감자 등도 점점 더 많이, 더 잘 재배되고 있습니다. 토지가 성숙해지고 나무와 화초가 무성해지면서 이곳에 사는 주민들의 삶의 터전도 자연스레 아름다워졌습니다!"라고 말했다.

그렇다, 지금의 홍쓰바오를 보면서 이곳이 20년 전만 해도 황사와 고비사막 말고는 아무것도 없는 불모지였다고 상상할 수 있을까?

빈곤 구제와 빈곤 퇴치를 위한 위대한 전략과 위대한 전투를 통해 잠자던 대지를 이렇게 놀라운 속도로 변화시킨 전설을 쓸 수 있는 것은 어쩌면 중국뿐일지도 모른다.

사실, 중국밖에 없다.

4. '진鎮'에서 '구區'까지, 그것은 바로 고전經典

2012년은 시진핑 동지가 중국 공산당 중앙위원회 총서기로 선출된 제18차 중국공산당 전국대표대회가 열린 해였다. 그 해 훙쓰바오를 민닝 맞춤 빈곤 구제 협력 사업에 포함시키는 중요한 결정이 내려졌고 경제력이 상대적으로 강한 취안저우시 더화현德化縣이 훙쓰바오의 지원 상대 지역으로 정해졌다. 이로써 훙쓰바오에게도 빈곤과의 싸움을 지원해 줄 '공식적인' 푸젠성 친척이 생겼다.

과거 훙쓰바오 사람들은 더화현이 어디에 있는지, 도대체 어떤 곳인지 전혀 몰랐다.

"백자가 나오는 곳입니다!" 이 한마디는 더화를 확실히 설명해 준다.

"아이고, 알았어요 알았어, 우리 할아버지가 생전에 백자를 하나 남겨 주셨거든요! 진짜 좋은 물건이라 그런지 거의 백 년이 지났는데도 변색되지 않았어요!"

훙쓰바오 사람들은 금세 더화에 대해 '백자 하면 빼놓을 수 없는 곳, 즉 굉장하고 좋은 곳'이라는 친근감을 가지게 되었다. 도자기는 중화민족의 위대한 발명품이자 고대 문명의 상징이기도 하니 이런 친근감을 가지는 것도 당연하다. 외국인들은 도자기를 중국이라고 칭하기도 하는데, 'china'는 중국의 이름이자 도자기의 명칭이기도 하다.

더화는 중국의 3대 도자기 생산지 중 하나로, 자신만의 강점을 바탕으로 하는 옥같이 윤기가 흐르는 중국 백자와 자유분방한 필치의 민간의 청화 자기는 중국 도예사에서 독보적인 위치를 차지하고 있다. 더화 도자기는 초기부터 대외 무역이 활발히 이루어져 '해상 실크로드'의 대외 무역 항로의 난파선에서 종종 발견되곤 한다. 한 시대를 풍미했던 '난하이 1호南海

一號' 난파선에서 인양된 것도 대부분 더화 도자기였으니 과거 더화 도자기의 영광이 어느 정도였는지 가히 짐작이 가능하다!

더화 도자기는 오랜 역사를 가지고 있으며 현재 전국적으로 발견된 고대 도자기 가마터가 239곳에 이른다. 유명한 탐험가 마르코 폴로는 그의 저서 〈마르코 폴로의 동방견문록〉에서 '자동성(취안저우) 근처 디윈저우(迪云州, 지금의 더화)라는 또 다른 도시가 있는데 이곳에서 만드는 그릇과 도자기는 다양하고 아름다웠다."라고 기록하고 있다. 마르코 폴로가 더화 백자를 가져오고 그의 저서에서 소개했기 때문에 이탈리아를 비롯한 유럽 학자들은 더화 백자를 특별히 '마르코 폴로 도자기'라고 부르기도 했는데 이는 더화 백자의 영향력을 보여주는 대목이다.

오랜 도자기 제작 전통으로 더화라는 작은 도시에는 재기靈氣와 친구를 잘 사귀는 문화적 분위기가 충만하다. 민닝 빈곤 구제 협력에서 더화가 훙쓰바오의 지원 상대로 정해졌을 때 더화 측은 전례 없는 관심을 보였고 양측은 곧 구체적인 상호 학습 및 상호 협력 합의서에 서명한 뒤 간부들의 지도하에 상호 간의 '친척 방문'을 시작했다. 연계 지원 프로젝트는 자연스럽게 더화의 지원을 위주로 하고 훙쓰바오는 더화에서 파견된 간부들을 통해 자체 특산품을 판매했다. 이러한 상호 왕래를 통해 산을 떠나 훙쓰바오로 이주한 후에도 아직 가난에서 벗어나지 못했던 이주민들은 다시 한번 잘 사는 삶에 대한 희망에 들뜨고 고무되었으며, 처음으로 '백자의 고향'에서 전해져 온 것 같은 온기와 품격을 느꼈다.

"2018년과 2019년 2년 만에 양 측은 10회 이상 상호 방문 및 교류를 하고 협력 회의를 진행했으며 더화 측은 훙쓰바오에 지원할 1억 위안 이상의 자금을 직접 조성하고 확보하여 13,000명 이상의 빈곤 가정 주민들이 구기자, 원추리, 육우, 포도 등 지역 특산 산업을 발전시킬 수 있도록 지원했습니다. 또한 더화의 오랜 백자 판매 시장 채널과 매매 경험을 활용해 푸저우, 취안저우 등지에 훙쓰바오를 위한 민닝 특산품관을 개설해 훙쓰바오의 우수한 농산품을 홍보, 마케팅 및 체험하고 전국적으로 홍보하는 플랫폼 및 판매 채널로 활용하여 훙쓰바오의 특산품을 아무도 모르는 것에서 누군가 아는 것, 더 나아가 모두가 아는 것으로, 또 단일 지역 특산품에서 유명 브랜드의 특색 있는 우수한 품질의 큰 시장이라는 새로운 단계로 도약하도록 하고 있습니다. 이러한 단계는 훙쓰바오 사람들에게만 의존해도 한 걸음 한 걸음 전진하다 보면 언젠가는 도달하겠지만 시간적으로 봤을 때 5년 또는 10년이 걸려도 지금과 같은 높이까지 도달할 수는 없을지도 모릅니다. 더화 사람들의 도움과 통 큰 지원으로 우리가 혼자 했을 때보다 10년이나 더 일찍 목표를 달성할 수 있었습니다. 훙쓰바오에 와서 구기자, 포도, 원추리, 육우 산업을 본 사람들은 모두 좋다고 말하지만, 과거에는 교통이 불편해 큰 시장에 갈 수가 없었기 때문에 유명하지도 않았고 비싸게 팔 수도 없었습니다. 지금은 교통이 좋아져 공항도 생겼고 샤먼에서 출발한 샹위에 항공기가 몇 시간 만에 훙쓰바오의 특산품을 푸젠성과 전국 각지로 배송할 수 있는데, 이 공항 프로젝트 역시 더화의 도움으로 도입되고 건설된 것입니다." 그날 점심 식사 자리에서 훙쓰바오 구 위원회 선전부 책임자는 끊임없이 '더화의 좋은 점'에 대해 늘어놓았는데 들으면서 뭔가 힘이 나고 가슴이 벅차오르는 느낌이 들었다.

사실 그렇다. 조금만 주의를 기울여도 지금의 훙쓰바오, 심지어 닝샤 땅 곳곳에서 민닝 맞춤 빈곤 구제 협력을 통해 그려진 아름다운 장면들을 어렵지 않게 찾아볼 수 있다. 학교, 병원, 그리고 도시와 시골은 물론이고 젠틀카드建檔立卡 소지 빈곤 가정은 더 말할 것도 없이 더화와 푸젠의 사랑은 언제나 봄날의 파도처럼 솟아올라 혜택을 받는 사람들의 마음을 따뜻하게 한다. 의심할 여지없이 언제나 가장 화려하고 아름다운 색채를 띠는 것은 대지 위에 새겨진 사람들의 삶의 터전이다.

세 그루의 나무가 초록빛 물결이 되기까지. 홍쓰바오의 총면적은 2,767km²인데, 1세대 개척자들의 말에 의하면 그들이 이 황량한 땅에 처음 들어섰을 때 눈에 띄었던 포플러 나무는 바로 지금의 홍쓰바오진의 옛 마을 유적지에 있던 그 세 그루로, 당시 나무들은 힘없이 서 있었고 그 외에는 오로지 누런 모래밭뿐이었다고 한다. 새로운 홍쓰바오진 건설과 빈곤 구제, 빈곤과의 전쟁에서 홍쓰바오의 각급 간부와 대중들은 푸르른 삶의 터전 건설을 주요 목표로 삼고 20여 년 동안 꾸준히 농경지 방호림 조성, 울타리 구축, 황무지 조림, 도시 주변 조림 등의 조치를 취해 방풍 및 토사 유실 방지와 환경 미화를 병행하며 농촌과 도시의 건설을 추진해왔다. 지역 내 간선도로의 양쪽에 새로 개발된 토지와 새로 이주한 정착지에 대한 보호림 벨트 건설을 강화하여 100리 규모의 대규모 녹색 회랑을 건설했다.

거의 20년 동안의 생태 복원 끝에 홍쓰바오구紅寺堡區 신좡지향新莊集鄉의 옛 이민 지역이 점차 녹색으로 뒤덮였다.

또 도시의 북쪽과 서쪽에 방호림 시스템을 구축하는 것을 출발점으로 지방 정부 소재지 주변에 수만 무의 녹색 장벽을 형성하고 10만 무의 포도 농장과 모든 농경지에 그물 모양 방풍림 조성하기, 도랑에 수대 조성하기, 도로에 가로수 식재하기, 마을의 정원 조성하기, 가구마다 꽃과 과일나무 심기 등을 강력히 추진함으로써 과거의 '모래가 사람을 내몰던 것'에서 '사람이 전진하고 사막이 물러서는 것'으로 역사적 전환을 이루었을 뿐 아니라 도처에 푸른 산과 맑은 물이 있고 새가 지저귀고 꽃은 향기로운, 한번 보면 잊기 어렵고 믿기도 어려운 아름다운 강남의 경치를 구현했다.

작은 마을에서 큰 현성까지. 옛사람들이 남긴 홍쓰바오는 아무리 역사가 오래되고 전략적 위치가 중요해도 기껏해야 병사 몇 명이 지키는 손바닥만 한 병영에 불과해 밤사이 불어온 사나운 모래바람에 묻혀버릴 수 있는 곳이었다. 전쟁이 한참 치열하던 때에는 존재 가치가 있어 보였지만, 왕조가 바뀌고 난 뒤 큰 모래 언덕 위의 이 작은 요새는 사실 불쌍한 산토끼조차도 살고 싶어 하지 않는 곳이 되었다. 가난에서 벗어나 부를 축적하고 샤오캉 생활을 영위하는 것, 더 구체적으로는 대형 영화관, 대형 백화점, 운동장, 강의동을 갖춘 학교들, 그리고 대형 병원, 고급 호텔과 게스트 하우스가 있고 도서관, 박물관, 체육관, 수영장, 그리고 잘 연결된 도로가 있는 '도시인의 삶'을 희망한다. 20여 년이 지난 지금의 홍쓰바오의 중심구, 심지어 몇 개의 마을에서도 TV에서만 볼 수 있던 것들을 이제는 집 밖으로 나가면 한눈에 들어온다. "다른 것은 말할 것도 없고, 홍쓰바오에는 베이징, 상하이, 광저우 등 대도시와도 비교할 수 없는 곳이 두 곳 있는데, 하나는 시민 광장이고 다른 하나는 닝샤 이주 박물관입니다.……" 홍쓰바오 사람들이 자랑스럽게 내게 이렇게 말했다. 이를 증명하기 위해 그들은 특별히 나를 닝샤 이주 박물관으로 안내했는데 나는 그곳에 서서 건물이 참

'독특하다'라고 말했다. 시민 광장의 경우 면적은 굉장히 넓었지만 녹화와 미화 수준은 '베이징, 상하이, 광저우 등 대도시에 비해 현저히 뒤떨어져 있어, 내가 사는 도시와 자주 가는 대도시와는 비교가 되지 않았다.

오늘날 훙쓰바오 사람들은 20년 전 이 땅에서 일어났던 큰 변화가 원래는 백 년, 천년에 걸쳐 일어났어야 한다는 자부심을 가지고 있다.……

아, 인류의 기적을 한번 생각해 보자. 중국 말고, 중국 공산당이 주도하고 결전의 방식으로 거둔 빈곤 구제, 빈곤과의 위대한 전투에서의 승리 말고, 또 어떤 나라, 어떤 민족, 어떤 역사에서 그런 기적이 일어났는가?

없다! 따라서 나는 시진핑이 직접 주도하여 건설된 '민닝촌'이 '민닝진'으로 발전하기까지의 투쟁의 역사가 빈곤 구제와 빈곤 퇴치의 영광스러운 역사라면, 마찬가지로 시진핑이 주도해 추진한 민닝 맞춤 빈곤 구제 협력에 의해 '불모의 땅'에서 지금의 현대화된 '훙쓰바오구'로 변모한 발전의 역사 역시 중국 공산당과 이 땅의 인민들이 함께 황무지를 개척해 부를 창출하고 대자연을 변화시켜 창조한 고전 걸작이라고 말하고 싶다!

그렇지 않은가?!

CHAPTER 05

새로운 시하이구의 인상

1. 소들이 부르는 '황금 콩' 노래

인간은 이상한 동물이라 어떤 사람의 눈에는 좋아 보이는 것이 다른 사람에게는 그렇지 않을 수도 있다. 예를 들어 마령서라도고 불리는 감자는 시하이구 등지에 흔하디흔한 작물로 우리 남쪽 지방의 쌀과 밀처럼 한때 현지 주민들의 주식 중 하나였다. 사실 감자는 영양이 풍부하지만 매일 먹으면 얼굴이 노랗게 변하고 통통하고 생기 있던 얼굴이 밋밋하고 생기 없는 얼굴이 된다. 황토고원에 있는 사람을 처음 보면, 특히 여자아이들의 얼굴에서 포동포동하고 생동감 있는 기색을 찾아보기 어렵고, 매일 감자를 먹는 남자들 역시 이와 크게 다르지 않다.

감자채 볶음부터 소고기 감자조림에 구운 감자까지, 나는 닝샤에 온 후 감자를 주식으로 먹었고 심지어 너무 좋아해서 하루에 두 끼씩 먹었다. 내가 감자를 너무 좋아하자 닝샤의 친구들은 정말 의외라며 신기해했다.

친구들은 농담 삼아 나와 그들 간은 '감자의 정情'이라고 놀렸다.

사실 감자를 너무 많이 먹으면 속이 불편할 수 있다는 걸 알고 있다. 시하이구와 황토고원의 남자들은 예전에 거의 매일 감자를 먹으며 사는 것이 너무 고역이었고 '감자 인생'이 지겨웠다. 힘든 육체노동을 많이 해야 했기 때문에 주린 배와 마른 몸을 지탱하기 위해서는 감자를 충분히 먹어야 했다. 감자는 감자로 연명하는 시하이구 사람들과 황토고원 사람들을 괴롭게 했다.

더군다나 감자는 시하이구와 황토고원 사람들과 너무나도 닮아 있었다. 진실하고 정직하며 영양가가 있지만 윤기와 생기가 부족한 것이 말이다.……

시하이구와 황토고원에는 사람과 관련이 있는 또 한 가지가 있는데 그것은 바로 당나귀이다. 가난했던 시절, 또는 수천 년 동안 당나귀는 사람과 가장 오랜 시간을 함께 보낸 가장 충직하고도 가장 필수적인 가축이었다.

당나귀는 시하이구 사람들의 충성스러운 '동반자'이자 고난을 상징하는 '동반자'이기도 했다. 한 시하이구 사람이 당나귀와 함께 보낸 어린 시절 이야기를 들려준 적이 있다. ——

당나귀는 이미 많이 늙어서 아버지가 다른 사람에게서 10위안에 사 오셨는데 어떤 사람들은 하루 종일 주운 소똥보다도 값어치가 없다고 비웃었습니다! 하지만 당나귀는 우리 집에 온 뒤로 일이나 사람을 끌고 산을 오가고 집에서 밀가루를 빻아야 했으며 매일 10여 리 떨어진 산골짜기에 가서 물을 운반해 오는 등 '힘든 노동'을 책임져야 했습니다. 물을 싣고 돌아오는 길에 당나귀는 물 한 모금도 마실 수 없었고 기껏해야 길가에 다른 늙은 당나귀가 실수로 흘린 물이 있는지 살펴보고 더러운 물을 핥아먹는 것이 전부였습니다.

그날 산에서 막 집에 돌아온 늙은 당나귀는 너무 지쳐서 입에 흰 거품을 물고 땅바닥에 벌렁 나자빠졌습니다.…… 그런데 이때 위장병이 있는 아버지가 아파서 죽겠다고 소리를 지르며 병원에 가야겠다고 했고 하는 수 없이 늙은 당나귀를 다시 출발시켜야 했습니다.

늙은 당나귀는 충성스럽고 성실하여 아버지를 산 밖으로 태우고 나갔습니다.

도중에 저는 당나귀와 아버지의 상태에 지칠 대로 지쳤습니다. 아버지는 배를 움켜쥐고 신음하고 있었고 당나귀는 가다 쉬다를 반복하고 있었습니다.…… 이렇게 해서 언제 수십 리 먼 길을 갈 수 있을까? 나는 정말 울어버렸고 늙은 당나귀와 아버지는 함께 흐느껴 우는 저를 멍하니 쳐다보면서 '너 왜 그래?' 하고 물었습니다.

저는 눈물을 닦고 산을 향해 온 힘을 다해 '살고 싶지 않아! 더 이상 살고 싶지 않아 ──'하고 외쳤습니다.

"더 이상 살고 싶지 않아!" "살고 싶지 않아 ──"

산이 메아리치는 소리가 들렸고 메아리는 한참 동안 이어졌다.

나중에 아버지는 병원에 도착했고 위암 판정을 받은 뒤 다시는 집에 돌아오시지 못했습니다.……

늙은 당나귀는 그날 밤 마을의 병원 앞에서 죽었습니다.

집으로 돌아오는 길에 저는 외롭게 혼자 남겨졌습니다.…… 그때 저는 정말 죽을 생각을 했습니다! 그리고 시하이구에 사는 사람들이 당나귀와 뭐가 다를까 하는 생각을 했습니다.

아마도 시하이구의 많은 사람들이 과거에 이런 경험을 한 적이 있을 것이며 그 마음속의 감정은 '가슴이 쓰리다'는 이 한마디로 충분히 설명할 수 있을 것입니다.

닝샤 시하이구 출신의 작가 스수칭은 한 짧은 글에서 '자신'을 늙은 당나귀와 동일시한 적이 있다.

마치 이 세상에 말은 더 이상 없고 오로지 당나귀만 있는 것 같았다.

그런데 이 당나귀조차도 타기가 어렵다. 배가 크고, 성격이 느리고, 얼굴이 후덕한 당나귀를 찾아야 할 텐데……이 당나귀는 이미 유연성과 민첩성을 잃어버리고 초췌한 것이 너무나도 분명해 보였다. 당나귀가 참지 못하고 몸을 조금만 움직이면 노인은 버티지 못하고 마른 진흙처럼 떨어져 버릴 것이다.

나는 앞으로 말을 탈 수 없을 것이고 당나귀마저도 이렇게밖에 탈 수 없을 것이라 생각하니 조금 슬프고 참담한 기분이 들었다.

사는 게 무슨 의미가 있나? 당시 많은 시하이구 사람들이 스스로에게 이런 질문을 던졌다.

이것이 가난에서 벗어나기 이전의 시하이구 사람들의 심정이자 삶의 본색이었다. 이 지역을 방문한 글 쓰는 것을 좋아하는 작가들, 언론인들 그리고 위에서 시찰하러 온 간부들이 이런 가슴 아픈 이야기를 대중들에게 전하면서 사람들은 비로소 '시하이구'와 '고난의 시하이구'에 대해 알기 시작했다.

나는 내가 특별히 운이 좋았다고 생각한다. 과거에 작가와 언론인들, 간부들이 말한 그 '시하이구'가 과연 진짜일까 하는 생각까지 들 정도로 내가 시하이구에서 보고 느낀 것은 위에서 말한 그 '시하이구'와는 전혀 달랐기 때문이다.

정말 그랬다. 현지 간부들과 주민들이 직접 증언해 주었기 때문에 더 이상 의심할 수는 없었지만 나는 내심 더 큰 충격을 받았다. 누가 이렇게 짧은 시간에 이렇게 광활한 땅, 이렇게 많은 사람들의 삶의 모습을 이렇게 송두리째 변화시킬 수 있었을까? 심지어 그 변화의 범위, 깊이, 보편성 등은 타의 추종을 불허했다!

완전히 다른 세상이 된 것이다!

이러한 사명과 위대한 성과는 중국 공산당과 중국 공산당이 이끄는 오늘의 중국만이 실현하고 성취할 수 있는 것이다.

앞서 언급했듯이, 2019년 처음으로 닝샤 땅을 밟고 시하이구에 갔을 때 보고 들은 자연 풍경과 날씨, 그리고 한 농가에 가서 소파와 침대 머리맡에서 그들과 이야기를 나누며 "여기가 시하이구인가?", "여기가 닝샤인가?"라는 의문이 거듭 들었다. 이곳이 연안 지역과 무슨 차이가 있어! 내 고향 쑤저우의 시골과 별로 다르지 않잖아!

내 말을 듣고 분명 이상하다는 듯이 "그럴 리가요?"라고 반문하는 사람이 있을 것이다. 하지만 오늘날의 중국에서는 가능한 일이고 실제로 일어나고 있는 일이다.

이것은 상상조차 할 수 없었던 일이다. 하지만 오늘날의 시하이구와 닝샤에서는 상상 가능하며 상상 이상으로 더 아름다운 현실이 되었다.

처음 시하이구의 시지를 찾았을 때 나는 지역 주민들에게 "지금 심고 있는 것이 뭐죠?"라고 물었다.

대부분의 사람들이 "감자와 옥수수입니다."라고 대답했다.

"감자는 먹으려고 심는 건가요?"

"일부 먹기도 하지만 대부분은 팝니다." 그들이 대답했다.

"누구한테 파시나요?"

그들은 "푸젠에서 와서 이곳에 공장을 차린 사장님들한테요"라고 말했다.

"수지가 맞나요? 예전에 직접 재배하던 것과 비교했을 때?"

"그럼요! 예전에는 그저 배를 채우려고 직접 심었는데 지금은 팔아서 돈을 벌고 쌀이나 다른 맛있는 음식과 바꾸기 위해 감자를 심습니다." 그들은 신이 나서 이렇게 말했다. 심지어 직접 파는 것보다 가격도 두 배나 더 비싸다면서!

"왜죠?"

"푸젠성 사람들이 우리 집 앞에 공장을 열어 고정된 가격으로 감자를 매입했기 때문입니다. 덕분에 예전에 우리가 직접 감자를 팔던 때처럼 한동안 가격이 높았다가 한동안 낮았다 해서 결국 몇 년 동안 실제로 주머니에 들어온 돈은 본전도 안되고 헛고생만 하는 일은 없어졌습니다." 사람들은 다시 즐겁게 웃기 시작했다.

“게다가 이제는 대부분 감자를 직접 재배할 필요도 없습니다. 이곳에 공장을 세운 푸젠성 사람들에게 땅을 양도해 주고 매년 연말에 배당금을 받을 수 있거든요.”

“그뿐만 아니라 공장에 가서 일하면 한 달에 최소 2,000위안은 벌 수 있어요!”

감자 농사를 짓는 농민들의 얼굴이 꽃처럼 활짝 피자 이곳 남자들이 달라지기 시작했다는 것을 발견했다. 그들은 더 이상 하루 종일 감자를 먹으며 괴로워할 필요가 없어졌기 때문에 감자 이야기를 해도 더 이상 수심이 가득한 표정을 하지 않게 된 것이다.

과거 시하이구 남자들은 쪼그리고 앉는 것을 좋아해 밥을 먹을 때도 큰 대접을 손에 들고 쪼그려 앉았고 이야기를 할 때도, 심지어 밭에서 일을 할 때도 쪼그리고 앉아서 씨를 뿌리고, 감자를 캤고, 당나귀를 끌고 걸을 때도 몸이 꼿꼿하지 않았는데, 한마디로 쪼그리고 앉는 것이 시하이구 남자들의 평소 이미지이자 자세라고 할 수 있었다.

감자를 먹던 남자들은 간장의 고통을 달래기 위해 쪼그리고 앉을 수밖에 없었던 것이다.

오늘날 시하이구 남자들은 달라졌다. 그들의 손에는 여전히 감자가 있지만 더 이상 생존을 위해 감자에 의존하지 않게 되었기 때문에 쪼그려 앉지 않고 다른 지역 남자들처럼 건강하게 몸을 곧게 펴고 걷고, 말하고, 일한다. 그들의 간장 속에는 이제 감자뿐 아니라 고기, 기름, 쌀, 그리고 산해진미와 다른 음식과 영양소들이 있기 때문이다. 그뿐만 아니라 나는 그들 중 많은 사람들이 승용차와 대형 트럭을 가지고 있는 것을 보았다. 승용차는 생활과 장사하러 나갈 때 쓰고 대형 트럭은 물자를 운반하거나 농작물을 운반하는 용도로 사용한다.

시지현뿐만 아니라 위안저우구, 룽더현, 펑양현에서도 마찬가지였다. 징위안현의 부현장을 맡고 있는 푸젠 출신 간부 라이다칭賴大慶은 자랑스럽게 "이곳 마을의 거의 3분의 1의 가정이 소형차를 가지고 있는데 우리 푸젠성 산간 지역 주민들의 생활보다 못하지 않습니다! 여기 남자들의 술과 담배를 즐기는 수준도 상당히 높은 편입니다!"

이런 살아있는 묘사야말로 내가 가장 듣고 싶은 '중국 이야기'이다.

오늘날 시하이구 남자들은 다른 지역의 남자들 같은 자세로 이 시대를 당당히 걸어나가고 있다.

감자를 먹던 시하이구 여자들은 더 많이 변했다. 여전히 감자를 먹지만 지금은 우유를 마시며 감자를 먹거나 감자칩을 먹는다. 그들은 도저히 삼킬 수 없는 것이 아니라 먹을수록 더 맛있는 감자를 먹으며 심지어 "이 감자가 여기서 나는 감자가 맞아?"라고 의심하기까지 했다. "시하이구 땅에서 수확해서 우리 공장에서 건조 처리하고 다시 가공한 거 아닙니까!"

카페 바로 옆에 푸젠성 사람이 운영하는 감자 식품 가공 공장이 있는데, 푸젠성 출신 사장이 와서 우유를 마시며 감자를 먹고 있던 시하이구 여자들에게 이렇게 말했다. 그러자 현지 여성들은 깔깔 웃으며 "와, 우리 시하이구 '흙알土蛋蛋'도 진짜 괜찮네!" 하고 감탄했다.

시하이구의 여자들은 이제 감자를 그냥 먹지 않는다. 돈 안되는 감자를 길바닥에 버리던 시절은 지났고 이제 감자는 하나씩 포장하면 계란보다 더 비싼 '황금알金蛋蛋'이 되는 귀한 몸이 되었다. 처음에는 마을 사람들이 농담을 하는 줄 알았는데 나중에 류판산 풍경구에서 정말 그런 광경을 목격했다. 풍경구 옆에서 감자를 굽는 두 명의 현지 여성이 있었다. 그들의 '제품'은 즉석 감자구이였는데 30~50미터 떨어진 곳에서도 맛있는 냄새가 코를 찔렀다. 먼 길을 달려온 우리에게는 실로 엄청난 유혹이었고 나는 참지 못하고 "2개 주세요."라고 말했다. "한 개에 5위안입니다." 현지 안내원이 너무 비싸다고 말했지만 나는 '안 비싸다'며 서둘러 계산을 했다. 감자를 굽던 여자가 웃으면서 "맛있죠?"라고 물었고 나는 몇 입 베어 물며 "너무 맛있어요!"라고 말했다. "두 개 더 드릴까요?", "좋아요!" 나는 총 4개를 먹고 20위안을 냈다. 인터뷰에 동행한 닝샤 동지는 미안해하며 행상인이 감자 4개에 20위안을 받은 것은 너무했다고 말했다. 나는 얼른 비싸지 않다고 말하며 "베이징 같았어 봐, 20위안에 어떻게 이렇게 맛있는 걸 먹을 수 있겠어요? 40위안이라도 충분히 낼 가치가 있어요."

옆에 있던 행상인은 기뻐서 얼굴이 빨개지며 "우리는 바가지 안 씌워요."라고 중얼거렸다. 나는 "당신이 파는 것은 '황금알'이니 전혀 바가지가 아닙니다."라고 말했다. 그녀는 "그럼 며칠 있다가 베이징에 가서 구운 감자를 팔면 어떨까요?"라고 물었다. 나는 "당연히 괜찮죠, 시하이구 감자는 주먹만큼 큰 데다 굽는 방법도 특이하니 베이징에서도 잘 팔릴 거예요. 중간 수준의 식당 메뉴 중 감자채볶음 한 접시가 30위안인데 구운 감자 하나에 5위안이면 훌륭하지 않나요?" 상인은 이 말을 듣고 "우리 감자가 정말 '황금알'이 됐네요!"라며 활짝 웃었다.

시하이구 여자들과 감자에 대한 새로운 이야기는 비단 닝샤만의 이야기가 아니다. 이제 이 '황금알' 이야기는 바닷가의 푸젠성 땅에까지 퍼졌고, 푸저우와 샤먼, 장저우 등지에서 나는 닝샤에서 넘어온 젊은 여성 상인들을 많이 만났다. 그들은 감자를 가공해서 만든 다양한 식품들을 팔고 있었는데, 다만 이곳에서는 감자를 '마령서馬鈴薯', 즉 'potato'라고 부르고 있었다. 내가 만나 본 첫 번째 '감자녀'는 샤먼의 한 관광지 옆 길가 상점에서 감자튀김을 파는 시하이구 여성으로 영어를 유창하게 구사하며 감자튀김을 팔고 있었다. "여기는 외국인들이 많은데 제 감자튀김을 많이 사 먹어요. 식감이 좋고 KFC나 맥도날드 감자튀김보다 맛있대요." 그녀는 고향에서 가져온 감자 1개로 감자튀김 2인분을 만들 수 있고 1인분에 15위안씩 하루에 100~200개를 팔면 가게 임대료와 감자 원가를 제외하고 연간 순수익 20~30만 위안은 문제없다고 말했다. 두 번째 시하이구 '감자녀'는 장저우에서 미용실을 운영하고 있는데 그녀가 내놓은 서비스 중 하나는 '감자즙 스킨케어'로 감자즙을 짜서 얼굴에 올리면 주름을 없앨 수 있고 미백효과까지 있다고 한다. 약간 믿기지 않았지만 그녀는 "제 사업이 얼마나 잘되는지 보시면 효과가 있는지 알 수 있을 거예요!"라고 말했다. 그녀는 꽤 많은 고객을 보유하고 있었고 모두들 감자즙이 스킨케어에 효과가 있을 뿐 아니라 부작용이 전혀 없다고 했다. 이것은 전혀 예상치 못한 것이었다. 다음 이야기는 더 기가 막힌다. 푸저우에 푸젠-닝샤 특산품 가게를 운영하는 린옌林燕이라는 아가씨는 닝샤에서 보내오는 특산품, 특히 감자 제품들을 주로 판매하고 있다. 내가 가게에 갔을 때는 마침 추석을 앞두고 있어 린옌은 가게에서 바쁘게 일하고 있었다. "명절 전에 이 물건들을 모두 배달해야 해요, 고객들이 기다리고 있거든요." 이마에 맺힌 땀방울을 닦으며 그녀는 "여기 푸저우의 나이 든 간부들이 노화 방지 효과가 있다면서 마령서(감자)를 엄청 좋아해서 명절이 다가오면 제 물건을 사러 오는 노조원들이 특히 많아요. 이 물량을 다 팔고 나면 집에 한번 다녀와야겠어요"라고 말했다. 나는 "시하이구 어느 현 출신이에요?"라고 물었다. "저요? 저는 푸저우 사람이에요!" 린옌은 장난스럽게 말하며 나를 향해 하하하 웃음을 터뜨렸다. 그리고는 "지금 제 일이 닝샤 구위안 쪽에 있고 우리 가족들도 모두 그쪽으로 이사를 갔는데 저 혼자만 푸저우에 남아 도매 일을 하고 있어요. 그런데 감자 때문에 항상 그곳이 제 집이라고 생각해요."라고 설명했다. 그런 거였군!

자, 보다시피 빈곤 퇴치를 위한 푸젠과 닝샤의 협력은 감자를 '황금알'로 만들었고 이 두 지역 사이에 깨지지 않는 깊은 '감자의 정'을 만들어냈다.

그리고 나는 시하이구 사람들이 그토록 싫어하던 감자가 모두가 좋아하는 '황금알'이 되는 데 가장 결정적인 역할을 한 것은 역시 민닝 맞춤 빈곤 구제 협력에서의 '감자 고수' 또는 '감자의 정'을 가진 사람들이었다는 것을 알고 있다.

그 대표적인 인물 중 하나가 바로 옌궈셩이다.

이 젊고 잘생긴 푸젠성 상인은 해외 유학파로 세계 각지를 여행했으며 푸젠성 홍타이양 정품 유한회사紅太陽精品有限公司에서 채소 가공 및 장아찌 업계 '일인자'로 불린다. 2010년 옌궈셩은 민닝 맞춤 빈곤 구제 협력 방문단과 함께 닝샤의 시지현을 방문했는데, 첫 번째 시찰 당시에는 자신의 기업이 가진 강점이 시지현 지역 산업과 거리가 멀어 '맞지 않는다'라고 생각했기 때문에 투자할 생각이 없었다.

"옌 대표님, 시지에 한 번 더 오셔서 좀 더 다녀보고 살펴보시면 어떨까요? 마음에 드는 것을 발견하실지도 모릅니다." 시지현 지도자들은 푸젠으로 달려가 옌궈셩을 다시 시지로 초청했다.

옌궈셩은 이렇게 다시 시지로 갔다. 어느 겨울 아침 옌궈셩은 현의 지도자들에게 알리지 않고 혼자 택시를 불러 기사에게 현을 한 바퀴 둘러보자고 했다. 옌궈셩은 50위안을 꺼내며 기사에게 "거스름돈은 안 주셔도 괜찮습니다"라고 말했다. 하지만 기사는 기어코 옌궈셩에게 돈을 거슬러 주었다. 이 작은 일로 옌궈셩은 적잖은 충격을 받았고 '시하이구 사람들은 정말 착실하구나!'라는 생각을 했다.

시하이구 사람들은 그들이 재배하는 감자(마령서)처럼 실하구나. 그 순간 옌궈셩의 머릿속에 '시지 감자' 브랜드가 대박을 터뜨릴 수 있을 것이라는 영감이 떠올랐다!

하, 그래 감자다! 시지 감자를 만들어보자!

옌궈셩의 마음속 '맹세'는 민닝 맞춤 빈곤 구제 협력에서 고전으로 기록될 만한 훌륭한 기업 행동을 이끌어냈고 이렇게 시하이구에서 시지 감자 프로젝트가 탄생했다. 1단계 프로젝트는 5억 위안을 투자해 연간 10,000톤의 감자를 가공할 수 있는 생산 라인을 구축하는 것이었고, 2단계 프로젝트도 2018년에 완공되어 현재 연간 50,000톤의 현지 감자를 소화하고 있으며 직접 고용 노동자도 3,000명에 달한다.

'시지 감자' 브랜드는 현재 중국 국내 식품 시장에서 명성이 자자할 뿐만 아니라 "우리 제품의 3분의 1가량이 이미 해외 시장에 진출했으며, 특히 독자적으로 개발하고 등록한 'SHUBANG薯邦' 시리즈 제품은 그 품질과 식감이 해외 유사 제품의 수준을 뛰어넘었습니다." 해외에서 박사를 밟고 돌아와 현재 닝샤 궈셩國聖 식품 회사의 감자 연구소 총책임자를 맡고 있는 옌궈셩의 아들 옌한웨이嚴涵偉는 '현재 시하이구 지역 농민들에게서 구입한 감자 가격은 1킬로그램 당 1.2위안이고, 궈셩 식품이 이 감자를 원료로 생산한 'SHUBANG' 시리즈는 킬로그램 당 14위안이 넘는 가격에 판매되고 있다'라고 밝혔다. 그는 "우리는 현재 시하이구 지역의 토양 특성과 기후에 적합한 새로운 감자 품종을 개발해 농민들이 더 부가가치가 높은 감자를 재배할 수 있도록 함으로써 농민들이 더 많은 수익을 창출하고 우리 기업이 해외 식품 시장에서 더 강한 경쟁력을 갖출 수 있도록 할 것입니다"라고 말했다.

"제 목표는 시지 감자를 세계적인 품질의 식품으로 만드는 것입니다!" 옌궈셩이 말했다.

감자알이 어떻게 옌궈셩 부자를 이토록 야심 차게 만든 것일까?

나는 제품 전시관에서 '귀셩' 감자칩을 맛보지 않을 수 없었다. "아이고 너무 맛있네요! 이게 어떻게 감자야! 그 어떤 음식보다 맛있는데요!" 나는 감탄을 금할 수가 없었다.

나와 함께 있던 사람들도 따라서 맛을 보기 시작했고 결국 만장일치로 '이 시하이구 감자 정말 굉장하다, 세계 최고다'라는 결론에 도달했다!

정말 조금도 과장을 보태지 않고 지금까지도 그때 맛본 '시지 감자'의 맛이 잊혀지지 않고 생각할 때마다 입에 군침이 돈다.

사실 이 시하이구 감자의 맛을 바꾼 것은 현지 사람이었다. 바로 '귀셩'의 'SHUBANG'과 떼려야 뗄 수 없는 관계를 맺고 있는 현지 기업가 저우용周勇씨이다.

저우용은 현재 시지현 민닝 산업단지의 입주 기업인 시지 용싱 싼펀 가공 유한회사西吉勇興三粉加工有限公司의 대표로, 이전에는 훠스자이향火石寨鄉 다좡촌大庄村의 당지부서기黨支部書記였다. 경제관념이 뛰어나 1994년 20만 위안의 개인 대출을 받아 마을에 전분 가공 공장을 세웠지만 사업이 그다지 여의치 않았고 3년 대출이 만료되자 마을 사람들은 모두 저우용의 공장이 문을 닫을 것이라고 말했다.

생각지 못하게 1997년에 민닝 맞춤 빈곤 구제 협력이 본격적으로 시작되었고 저우용은 과감히 대출을 연장하고 다른 마을 주민들의 지분을 끌어모아 시지현 최초의 민간 기업인 시지 용싱 전분 공장을 설립했다. 당시 이 공장은 1,000무의 감자 재배지를 커버할 수 있었으며 농민들이 2,000무의 감자를 심도록 해 용싱 전분을 생산한 후 주로 닝샤 소재 푸젠 기업들에게 공급했다. 저우용은 이 능력으로 현지에서 과거 '흙알'이었던 감자를 '철알鐵蛋蛋'로 만든 셈으로 감자의 값어치를 크게 높였다고 할 수 있다.

"옌 대표님, 저는 꼭 대표님께 배우고 싶습니다. 제자처럼 저를 회의,

출장 등에 데리고만 다녀 주시면 모든 경비는 제가 부담하겠습니다." 저우용은 옌궈셩을 찾아가 정중하게 부탁했다.

또 한 명의 착실한 시하이구 사람이로구나! 감동한 옌궈셩은 고개를 끄덕이며 "좋습니다. 우리 서로 배워봅시다. 저도 아직 시하이구에서 배워야 할 것이 많습니다"라고 말했다.

두 사람은 의기투합해서 '감자 형제'가 되었고, 그 후로 저우용이 기술이나 판로 측면에서 문제에 부딪히면 옌궈셩이 나서서 해결해 주었으며 '궈셩'의 감자 재배 방향은 저우용이 맡았다. 그리고 두 사람은 출장이든 회의든 항상 그림자처럼 붙어 다녔다. 2012년 '궈셩'이 시지에 공장을 짓기 전에 저우용은 푸젠성에 있는 옌궈셩의 본사에 가보고는 '류노파가 대관원에 들어가듯' 새로운 세계에 눈을 떴다.

그는 '감자로 이렇게 맛있는 과자를 만들 수 있는데 왜 우리는 감자를 갈아서 전분으로밖에 못 만들었을까? 감자 정제를 해보면 어떨까? 하고 생각했다. 그렇게 고민하고 연구하고 옌궈셩에게 조언을 구한 끝에 저우용의 '싼펀三粉' 제품이 출시되었고 기업 이름도 '싼펀 가공 공장'으로 바뀌었다. 여기에서 싼펀은 감자를 가공해서 수정 당면水晶粉絲, 당면粉條, 넓은 당면粉皮을 만든다는 의미이다. 감자의 이 '싼펀'으로의 도약을 과소평가하지 마시라. 사실상 이것은 전분으로밖에 못 만들던 감자를 '철알'에서 '구리알'로 도약시키는 것이었다!

구리는 철보다 더 가치가 있다. '구리알'이 생긴 후 저우용 사장의 몸값이 크게 높아졌고 그의 '싼펀' 제품은 산을 벗어나 베이징, 상하이, 쓰촨 등지로 팔려 나가기 시작했으며 심지어 말레이시아 등 다른 나라로 수출되기 시작했다. 중국 농업과학원, 상하이의 식품회사 등 국가 연구 기관과 식품회사들도 저우용을 찾아와 협력하기 시작했고 이로써 저우용의 '구리알'은 고품질, 고급화 방향으로 발전해 나갔으며 현대화된 생산 라인에서 감자를 재료로 한 찐빵, 만두, 국수 등을 생산할 수 있게 되었다.……

그 다음으로 저우용이 감자로 벌어들인 것은 새하얀 은화였다. 저우용은 훗날 시하이구 사람들의 마음속에 부자가 되는 데 성공한 롤 모델이 되었고 '감자 왕'이라고 불렸다.

저우용은 "옌 대표와 '귀성'에 비하면 저는 아직 감자를 '황금알'로 만들지는 못했지만 저는 이 '은알' 다음에는 반드시 '황금알'이 나올 것이라고 믿고 있습니다."라고 말했다.

이 감자의 변천사를 보라. 한때 시하이구에서 가장 쓸모없는 '흙알'에 불과했던 것이 이제는 희귀하고 진귀한 진짜 '황금알'이 되었다!

자, 그럼 감자 이야기는 이쯤 하기로 하고 이제 시하이구에서 흔히 볼 수 있는 다른 것, 소에 대해서 이야기해 보자.

사실 과거 시하이구에는 변변한 소는 많지 않았고 대신 당나귀가 많았다. 당나귀와 소의 차이점은 소가 더 튼실하고 덩치가 크며 힘이 있다는 것이다. 그래서 사람들은 득의양양한 사람을 '허세를 부린다('牛氣哄哄'와 '牛人')'같은 단어를 사용해 표현한다.

당나귀는 시하이구의 과거를 상징하고, 소는 오늘의 시하이구의 이미지를 상징한다.

오늘날의 시하이구가 과거와 다르다는 것을 설명하기 위해 꼭 한 가지를 꼽으라고 한다면 나는 단연 소를 선택할 것이다. 과거에 시하이구에 소가 없었던 것은 아니지만 소는 풀을 먹어야 했고 물이 부족한 곳에서 풀을 많이 먹는 소는 환영받기 힘든 가축이었다. 누가 소를 키울 수 있겠는가? 소를 키우면 사람은 어떻게 살겠어?

어려운 환경 속에서 살아가는 마을 사람들은 현실을 가장 중요시한다.

사람과 가축이 비슷하게 살면 가축은 불행할 수밖에 없다. 가난한 산에서 마지막까지 남아 사람과 함께 살 수 있는 것은 당나귀뿐이었고 소는 극소수만 남았다.

시하이구의 옛 소는 토종 소라고도 하는 황소의 일종으로 체구가 작고 약해 바람이 불면 쓰러질 것 같았고 기세라고는 찾아볼 수 없어 '진강秦腔(중국 시베이 지방의 지방극) 소리에 언덕 위의 늙은 황소가 놀란다'라는 말이 있을 정도였다. 하지만 오늘날 시하이구에서 눈길을 끄는 것 중 하나는 산골짜기, 강 계곡, 산비탈, 심지어 고속도로의 운송 트럭 등 어디에서든 몸집이 크고 당당한 검은 소가 기세등등하게 음매 음매 울고 있는 모습으로, 현지에 있는 수천 농가의 외양간에서는 더 많은 소를 볼 수 있다.

요즘 농민들이 새 집을 짓고, 새 가구를 들이고 신부를 맞이한 후 가장 신경 쓰는 것이 바로 이 울타리 안의 검은 소다.

"이봐요, 이건 진짜 살아있는 돈이에요! 앵거스 한 마리에 만 위안 정도 하니까, 집에 앵거스 다섯 마리가 있으면 은행에 5만 위안이 있는 것과 마찬가지죠. 앵거스 10마리면 10만 위안이고요.……내년에 새끼 두 마리를 더 낳으면 또 2만 위안이 늘어날 거예요! 이렇게 자랑하는 시하이구 농민은 이 한 사람뿐만이 아니었고 '소들이 매일 살이 오르고 자라면 저축액도 덩달아 늘어나는 것이다 보니, 우리 울타리 안의 '저축액'도 매일 늘어나고 있어요"라며 자랑스럽게 말했다.

하, 자랑하지 않고는 못 배기겠나 보다!

앵거스는 스코틀랜드 북부의 애버딘에서 유래한 영국의 오래된 소 품종으로 성품이 온화해 관리나 사육이 쉽고 육질이 특히 좋으며 일일 체중 증가량이 약 1kg 정도이고 도축률도 특히 높다. 앵거스 소는 보통 체중이 700~800kg이고 육질이 좋고 영양이 높아 세계 3대 육우 중 하나가 되었다. 중국에서는 최근 몇 년 사이 널리 도입되었으며 30년 이상의 사육 경험을 가지고 있다. 주요 생산 기지는 내몽골에 있고 상당 부분 뉴질랜드와 호수에서 직수입하고 있다.

검은색은 앵거스 소의 특징으로 농민들은 자신들이 키우는 중국 황소와 구별하기 위해 '검은 소'라고 부른다. 검은 소와 황소의 차이는 황소는 일을 하기 위한 것이고 검은 소는 돈을 벌기 위한 소라는 것이다. 나는 중국의 여러 지방과 지역을 방문하면서 가난한 농부들이 소를 키우도록 장려하는 것이 중국의 빈곤 구제와 빈곤 퇴치 노력에 있어 중요한 부분이라는 것을 알았다. 닝샤의 빈곤 구제 및 빈곤 퇴치 사업에서도 마찬가지로 소 사육은 직접적인 빈곤 가구 지원 수단으로 활용되고 있으며, 다른 성 지역보다 더 높은 강도로 추진되고 있다.

이 역시 민닝 빈곤 구제 협력에서 푸젠 측이 닝샤, 특히 류판산 지역 시하이구의 주민들에게 추천하는 사업으로, 빠르게 성과를 거둘 수 있는 프로젝트이기도 하다.

소를 키우는 것은 누구나 할 수 있는 일이라 산간 지역 주민들도 쉽게 받아들일 수 있고, 정부 지원 덕분에 빈곤 가구의 '집안의 작은 은행'이 훅훅 불어나는 것을 볼 수 있었다. 어떤 주민들은 이 검은 소를 키우는 것을 '집안의 작은 은행'에 비유하기도 한다.

앵거스와 같은 '빈곤 구제 소'에 국가가 정책적으로 많은 지원을 해준다는 사실을 알고 나니 솔직히 열댓 마리 키우고 싶다는 생각이 들었다. 첫째, 각 빈곤 가구는 가족 구성원 수에 따라 사육할 소의 수를 신고할 수 있다. 예를 들어 조손 3대 7명인 가정은 5~7마리의 소를 신고할 수 있다. 그럼 소를 살 돈은 어디에서 조달할 것인가? 소 한 마리당 정부에서 3,000위안의 보조금을 지급하고 민닝 맞춤 빈곤 지원 기금에서 추가로 3,000위안을 지급하며 은행에서 2,000~3,000위안을 무이자로 대출해 주는데, 이는 빈곤 가정이 데려온 소(주로 송아지를 낳는 암소)는 비용이 들지 않고 사육만 책임지면 된다는 것이 된다. 사육에는 당연히 사료가 필요한데 앵거스 소는 주로 사일리지용 옥수수 줄기를 먹는다.

시하이구 농민들은 사일리지용 옥수수를 재배할 수 있는 20~30무의 땅을 각각 보유하고 있으며 일부 농가는 더 많은 땅을 가지고 있다. 또한 외양간 건설과 사료용 사일리지 탱크 건설도 정부에서 각 가구당 약 5,000위안의 보조금을 지급한다. 이렇게 되면 이제 소를 키우는 데 더 필요한 것은 노동력뿐이다. 시하이구의 농촌 지역에는 노동력이 부족하지 않으며 사일리지용 옥수수 재배에는 많은 노동력이 필요하지 않다. 중요한 것은 앵거스 소는 암소 한 마리를 1년 키우면 송아지 1마리를 낳고 10개월이 지나면 송아지를 1만 위안 이상으로 팔 수 있어 경쟁력이 매우 높다는 것이다. 만약 앵거스 소 5마리를 키우면 1년에 송아지 2~3마리를 낳을 수 있고 안정적으로 2~3만 위안의 수익을 올릴 수 있게 된다.

2~3만 위안의 수입은 시하이구에서 5~7명으로 구성된 농민 가정에게 있어 매우 괜찮은 수입이며, 여기에 다른 농작물을 재배하고 외지에서 일해서 번 수입은 포함되지 않는다! 내가 인터뷰를 위해 방문했던 사람들은 보통 앵거스 소를 5~6마리, 일부는 10마리 이상 키우고 있었고 많게는 수십 마리에서 100~200마리를 키우는 대가족도 있었다. 일반적으로 소를 키워 얻는 수입이 기본적으로 연간 3~5만 위안에 이른다고 말했다.

현지 간부들은 "3~5만 위안이면 시하이구의 농민들에게는 집을 한 채 새로 지을 수 있는 수준입니다"라고 말했다.

이 말을 듣고 마음속에 계산이 섰다. 가축 사육만으로도 시하이구 주민들의 생활이 기본적으로 샤오캉 수준에 이르렀다!

이보다 더 흥분되는 일이 또 있을까! 시하이구 취재 때는 개인적인 방문이든 지역 당국의 주선이든 인터뷰를 하는 동안 '소'가 항상 중요한 화두였다.

특히 이곳에서 앵거스 흑우 사육이 이미 매우 보편화되었다는 사실(일부는 시멘탈 소를 사육하기도 한다)에 매우 기뻤는데, 예를 들어 인구가 조금 더 많은 시지와 룽더 등의 현에서는 흑우 사육량이 모두 10만 두를 넘어섰으니 이 얼마나 대단한 일인가! 이는 대부분의 가정이 이 산업 하나만으로 빈곤에서 벗어나 완전히 새로운 삶을 시작할 수 있다는 것을 의미한다.……그리고 소 사육 방식에 있어서 민닝 맞춤 빈곤 구제 협력 매커니즘과 정부 차원에서 노동력이 부족한 가정을 위해 '위탁 부양제'를 제공할 것이다. 즉, 서너 마리의 소를 가지고 있는데 여러 가지 이유로 혼자서 사육할 수 없는 경우 정부에서 전문 양우 기업이나 대규모 양우 농가에게 소개해 줄 수 있으며 연말에 두당 2,000~3,000위안의 배당금을 받게 된다.

"직접 키우지도 않는데 배당까지 받으면 공짜로 버는 거 아닌가요?" 듣고 보니 약간 믿기지 않았다.

"맞습니다. 전문 업체가 농가를 도와 사육하면서 낳은 송아지는 더 이상 농가 소유가 아니기 때문입니다. 이렇게 하면 양쪽 모두 각자의 이익을 보장받을 수 있다는 장점이 있습니다."

그렇구나. "그럼 농가도 수지가 맞겠네요! 집에 가만히 앉아서도 적지 않은 수입을 올릴 수도 있고요!"

"맞습니다." 간부들이 분명하게 말했다.

중국을 제외하고는 국민을 이렇게 보살피고 사랑하는 나라나 제도는 세계 어디에도 없을 것이다!

오늘날의 시하이구 사람들은 꿀단지에 빠졌다.

고개를 숙이고 당나귀처럼 살았다고 자조하던 수백만 명의 시하이구 사람들에게 감자 한 개, 소 한 마리가 존엄성뿐만 아니라 자부심, 에너지, 그리고 미래에 대한 더 많은 희망을 안겨주었다.

2. '혈맥血脉'이 바뀌니 아내가 보드라워졌다

"시하이구의 역사와 자연을 이해하는 사람은 중국의 역사와 자연을 절반 이상 이해하고 있는 것이나 진배없습니다." 2019년 7월 시하이구에 처음 갔을 때 당시 구위안시 시 위원회 서기였던 장주張柱는 이렇게 말했다. 닝샤와 시하이구에 갈 때마다 장주 서기는 나와 한 번씩 만나 이곳의 역사를 상세히 소개해 주곤 했다. 장주는 닝샤 땅을 발로 뛰며 일하는 성실한 사람으로 그와의 만남은 언제나 깊은 인상을 남겼다.

우리가 만났던 두 번 모두 밤이었고 비가 내리고 있었다. 시하이구에서 비는 곧 'GDP'였기 때문에 우리 둘은 매우 기뻤다. "서기님, 서기님도 항간에서 하는 이 말에 동의하십니까?" 나는 장주 서기에게 물었다.

그는 웃으며 "동의합니다!"라고 연신 고개를 끄덕였다. 이어서 그는 "전에는 그랬지요. 요 몇 년 새 생태 환경은 좋아졌지만 비는 하늘에서 내려주는 것이지 않습니까? 현재 시하이구 지역의 강수량은 매년 늘어나고 있어 징위안은 이미 연간 강수량이 800mm에 달했습니다. 조금 더 있으면 구위안 지역 전체의 강수량이 징위안과 비슷한 수준이 될 것이라고 봅니다! 하지만 하늘이 비를 더 많이 내려주면 좋겠습니다. 예전부터 닝샤에는 '새북강남'이라는 말이 있는데 이것은 북부의 인촨 주변 황허 관개 지역을 지칭하는 것이거든요. 시하이구는 중원 문화와 유목 문화가 만나는 경계 지역이자 변경의 요충지로 이곳의 생태가 극적인 변화를 겪는다면 언젠가는 새로운 '관외강남關外江南(산하이관 동쪽 혹은 지위관 서쪽 일대 지방의 강남)'이 될 것입니다……"라고 말했다.

"닝샤의 남쪽과 북쪽이 모두 '강남'이라면 '관외'와 '새북'은 얼마나 장관일까요! 그때가 되면 조국에 아름다운 구슬 하나가 더 생기게 될 것입니다!" 장주 서기의 말에 강남 태생인 나는 매우 흥분했다.

"과거의 시하이구가 빈곤으로 '명성이 높았다'라고 한다면, 민닝 맞춤 빈곤 구제 협력과 빈곤 퇴치와의 싸움으로 물 문제가 해결되었습니다. 우리는 앞으로 새로운 시하이구가 좋은 쪽으로 명성이 높아지길 기대합니다!" 우리가 만난 첫날밤, 장 서기는 매우 흥분된 목소리로 "이제 주민의 95% 이상이 수돗물을 공급받고 있고 나머지 5%가 채 안 되는 산간 지역 주민들도 깨끗한 물을 마실 수 있게 됐습니다. 물 문제가 해결되면 빈곤을 근본적으로 해결할 수 있기 때문에 저는 이것이 정말 큰일을 해낸 것이라고 생각합니다!"라고 말했다.

그렇다, 물, 시하이구 사람들에게 물은 생명이자 생명의 뿌리이다! 물 부족이라는 '빈곤의 뿌리'를 끊어내기 위해 이곳 사람들은 얼마나 많은 눈물과 피를 흘렸는가!

닝샤에서 지내는 동안 나는 역사의 어제와 오늘의 거대한 차이 속에서 헤매고 출렁이며 때로는 엄청나게 흥분하고 또 때로는 유난히 막중한 무게를 느끼며 감회에 젖었다. 오늘의 새로운 닝샤, 새로운 시하이구를 보며 흥분했고, 사람들의 이야기를 듣고 자료를 보면서 과거의 닝샤와 빈곤했던 시절의 시하이구를 되돌아보며 마음이 무거웠다. '과거'라고 해도 사실 그리 오래전이 아니라 어쩌면 불과 10년, 20년 전의 일일 수도 있다. 하지만 시하이구 출신이 아니거나 닝샤의 가난한 시절을 알지 못하는 사람들은 상상할 수 없는 일들이 많다. 예를 들어 밥을 먹을 때는 그릇이 있어야 하지 않은가. 우리는 수천 년 동안 그릇에 밥을 담아 먹어왔다. 그릇이 등장한 후 사람들은 그릇 없이는 음식을 먹거나 마실 수 없게 되었는데 이는 원시인들이 사냥하는 법을 배운 뒤 석기나 다른 기구와 떼려야 뗄 수 없는 관계가 된 것과 마찬가지로 인간의 생존을 위한 최소한의 도구이다. 사실 그릇은 몸을 가리는 의복과 마찬가지로 인간의 생존과 활동을 위한 기본적인 도구에 불과하다. 하지만 그리 멀지 않은 과거 시하이구의 일부 가정에는 이런 기본적이고 최소한의 생활 도구조차도 없었다.

물론 이미 지나간 일이지만 나에게는 여전히 큰 충격으로 다가왔다.

2019년 처음으로 해방 후 수십 년이 지난 뒤에도 시하이구에서는 여러 형제자매가 바지 한 벌을 돌려가며 입어야 했기 때문에 평소 다 함께 토굴 밖으로 나올 수 없는 가정도 있었다는 이야기를 들었다. 또 어떤 가정은 밥그릇조차 없을 정도로 가난했다고도 한다. 나는 그럼 뭘로 밥을 먹었냐고 물었다. 그들은 '아랫목 나무에 구덩이를 몇 개 파서 그릇으로 사용했는데 잘 깨지지도 않고 그릇 살 돈도 아낄 수 있다'라며 '식구가 여러 명이면 식구 수대로 온돌 가장자리에 구덩이를 팠다'라고 했다. 이런 '그릇'을 보기 전에는 도대체 이 '그릇'이 어떤 모양인지 도무지 상상이 가지 않았다.

"바로 이겁니다.……" 2020년 여름 취재를 위해 다시 시하이구에 갔을 때 룽더에 있는 '홍아이구촌紅崖古村'이라는 곳에서 처음으로 이런 '그릇'을 보았다. 정말 신기하게도 이 '그릇'은 정말 아랫목의 나무를 파내서 만든 것으로 그 크기는 전적으로 아랫목 나무의 굵기에 따라 달라졌고 개수는 식구 수에 따라 정해졌다.……

이 '그릇'들 앞에 서서 한참을 바라보며 이런 가정의 사람들이 이런 '그릇' 앞에서 어떻게 음식을 먹었을지를 상상하자니 형언할 수 없는 아픔이 느껴졌다. 늘 아랫목에 고정되어 있어 들어 올릴 수도 없는데 온 가족이 동시에 음식을 먹을 때는 젓가락을 사용했을까 숟가락을 사용했을까? 다 함께 먹을 때 서로 부딪히지는 않았을까? 몇 사람이 동시에 먹을 때 자세는 또 얼마나 난감했을까! 어떤 모양새였을까?

아무도 나에게 알려주지 않았고 이런 '광경'을 촬영한 영상도 남아있지 않다. 나는 '만약 당시 시하이구 사람들이 이런 '그릇'으로 음식을 먹는 모습을 담은 영상이 남아 있었다면 얼마나 많은 중국 사람들을 가슴 아프게 했을까?'하는 생각이 들었다.

조용히 내 앞에 놓인 이 '그릇'을 바라보며 나는 한참을 깊은 상념에 잠겼다.…… 시하이구 사람들이 받은 고통이 어느 정도였는지 도저히 가늠이 되지 않았다. 나는 이런 '그릇'으로 밥을 먹는 가정에는 '그릇'에 담을 밥이 있었을 것 같지 않다는 생각을 했는데 왜냐하면 밥은 이런 '그릇'에 담을 수 없고, 심지어 가축이 먹는 음식도 이런 그릇에는 담기 어려울 것 같았기 때문이다. 그래서 이런 '그릇'을 사용하는 가정에는 먹을 것이 별로 없었을 것 같았다. 그들이 도대체 무엇을 먹었는지 알 길이 없었다.

감자? 아니면 옥수수? 아니면 나물이나 국물이었을까?

"이런 그릇을 사용한 것은 주인이 집에 그릇을 들일 돈이 없다는 것 외에도 중요한 이유가 하나 더 있는데요. 그것은 이런 그릇은 국물이 잘 새지 않기 때문입니다." 당시 누군가가 이런 '그릇'의 두 번째 용도를 설명해 주었는데 나는 더 어안이 벙벙해졌다.

"왜요?" 음식을 먹을 때 국물이나 즙을 흘리는 것은 흔한 일인데 그게 그렇게 심각한 문제란 말인가?

현지 사람들은 "물론이죠. 옛날에 시하이구 사람들한테는 배고픈 것보다 마실 물이 없는 게 제일 무서웠거든요. 물이 금보다 비쌌고 흰쌀밥보다 물이 더 매력적이었습니다. 이런 '그릇'으로 밥을 먹는 가정에서는 국물 한 방울을 놓치느니 차라리 옥수수 죽을 몇 입 덜먹는 것이 낫다고 생각했습니다!"라고 말했다.

세상에! 나는 마침내 이해했고 알고 나니 한동안 더 가슴이 아팠다. 옛날 물이 부족하던 시절 시하이구 사람들은 이렇게 살았구나!

인간이 어찌 물 없이 살 수 있을까! 물이 없으면 사람은 사람답게 살 수 없다. 시하이구의 노인 한 분은 "이런 '그릇'으로 밥을 먹는 가정에서는 보통 아이들이 먼저 먹고, 그다음에는 남자들이 먹고, 여자는 마지막에 먹습니다. 보통 아이들은 밥을 깨끗하게 먹지 않고 남자들도 우악스럽고 너저분하게 먹지요. 그리고 마지막으로 여자들이 '그릇'을 올리는데(여기에서 주의할 것은 '그릇을 든다'라고 하지 않고 '그릇을 올린다'고만 한다는 것이다) 아랫목의 이 '그릇'으로 음식을 먹는 것이 사실 허리를 굽히고 '그릇' 입구에 머리를 대고 숟가락이나 젓가락으로 먹는 것이다 보니 그릇 바닥에 약간의 음식이 남게 되고 특히 국물은 마지막 한 방울까지 먹어 치울 수가 없기 때문이 마지막으로 '그릇'을 정리하는 여자가 '청소'를 마무리하는 것이지요. 불쌍도 하지, 이렇게 물이 부족한 곳에서는 누구보다 여자들이 제일 불쌍한 법이라오"라고 말했다.

여자는 원래 물로 만들어졌지만 물이 없는 곳에서 여자는 '메마른 강'이 된다. 마른 강바닥에 드러나는 것은 생명의 가장 미천하고 씁쓸한 본색이다. 이렇게 메마른 강바닥에서 잉태된 생명은 불완전하고, 몽매하며, 진정한 의미가 없기 때문이다.

인생의 전성기에 민닝 맞춤 빈곤 구제 협력을 위해 온 마음을 다 바쳐 헌신한 푸젠의 여성 간부 린웨찬은 병환으로 사람들과 제대로 이야기하기도 어려울 정도로 몸을 떨면서도 '물이 없는 시하이구 지역의 여성들은 특히 가엾다'라며 '많은 여성들이 부인과 질환에 걸려있어 본인의 건강과 출산에 악영향을 미치고 있는데 이것은 여성들이 자주 몸을 씻지 못하는 것 때문'이라고 말했다.

남자들은 여성들의 질병에 대해 잘 알지 못하겠지만, 모든 사람이 몸을 자주 씻어야 한다는 것은 남녀를 불문하고 다 아는 사실일 것이다. 아침에 일어나 세수하고 양치하는 것에 익숙해져 있는데 어느 날 갑자기 물이 없어 세수도 못하고 양치질도 할 수 없게 된다면 매우 괴로울 것이다. 가난한 산간 지역, 물이 부족한 지역의 여성들은 오랫동안 깨끗한 물로 몸을 씻을 수 없고 이는 결혼과 출산에 심각한 악영향을 줄 수 있다. 물 부족 지역은 대개 가난한 지역인 경우가 많고 의료 서비스도 부족하기 때문에 물 부족으로 인해 신체가 손상되거나 질병에 걸려도 제때 치료를 받을 수 없어 질병이 악화되기 십상이다. 이런 상황에서 임신하고 출산할 경우 아기의 뇌가 제대로 발달하지 못하거나 발육이 불완전할 수 있다. "이는 이들 지역의 빈곤을 더 가중시킵니다." 병상의 린웨찬은 나에게 손을 내밀며 "저…… 저……는 처음 시진핑 서기와 함께 닝샤에 도착한 후 무슨 수를 써서라도 반드시 그곳의 식수와 용수 문제를 해결하도록 지원해야 한다고, 그렇지 않으면 그곳 사람들이 살기가 너무 힘들다고 했어요! 특히 여성 동지들이요"라고 말했다.

린웨찬은 인민 대중으로부터 나온 좋은 간부이다. 그와 함께 민닝 맞춤 빈곤 구제 협력의 길을 걸어온 시진핑은 닝샤와 시하이구 사람들에게 있어 '물'이 얼마나 중요한지 잘 알고 있다.

물이 없고 부족한 시하이구에서 물 부족에 맞서는 주민들의 투쟁은 '레미제라블'과 같은 운명과의 싸움이며 물을 갈망하고 쟁취하려는 '생명의 싸움'으로 눈물겹도록 감동적이다.

처음 닝샤에 갔을 때 누군가 나에게 오래된 사진 한 장을 보여주었는데, 사진 속의 부녀는 자신의 집 물 저장고 위에 쪼그리고 앉아 물을 긷고 있었다. 아버지가 길어올린 물을 대야에 쏟자 렌즈에 한 마리 '황룡'같은 물줄기가 남았는데 물이 너무 탁하고 누래서 차마 볼 수 없을 정도였고 심지어는 사진에서 지독한 악취가 나는 것 같은 느낌마저 들었다. 그러나 더 가슴을 먹먹하게 했던 것은 아버지와 딸의 얼굴에 미소가 떠나지 않고 있었다는 것이다.

"가뭄에 이 정도 물이면 이미 충분히 훌륭한 겁니다." 닝샤의 친구가 이렇게 말했다.

"그래요?" 나는 머릿속이 하얘졌다.

그러나 물이 없고 물이 부족한 이 광활한 땅에서 내가 미처 몰랐던 또 하나의 사실은 물이 부족한 곳일수록 '하오수이향好水鄉', '산허향山河鄉', '샹수이진香水鎮' 등과 같이 '물水'을 뜻하는 글자가 들어간 지명이 많다는 것이다. 이런 지명은 지역 곳곳에 '물'이 있을 것만 같은 느낌을 주지만 실제로는 물을 전혀 찾아볼 수 없고, 이런 지명의 이면에는 물을 갈망하는 지역 주민들의 가슴 아픈 역사가 있다.……

'한지아오수이촌喊叫水村'이라는 이름을 가진 마을이 있다. 한 시인은 이 마을 이름에서 영감을 받아 다음과 같은 시를 썼다.

목청껏 외쳤더니
가슴 찢어지게 벅찬 소원이 하나 있다.
지도 위에서 물이 뚝뚝 흘리며 뛰어다닌다.
몇 세대에 걸쳐 외쳤는지도 모르게

그렇게 밤낮으로 외쳤다.

땅에는 온통 헤벌린 입들로 가득하다.……

시인의 언어를 통해 물이 부족한 땅에서 얼마나 많은 '헤벌린 입'들이 물을 갈망하고 물의 촉촉함을 갈망하고 있는지를 상상해 볼 수 있다. 그러나 물은 여태껏 그 땅의 사람들을 촉촉하게 적셔준 적이 없다. 그래서 사람들은 하늘이 은혜롭게 내려주신 빗물 몇 방울과 땅속 깊은 곳에서 퍼올린 소 오줌같이 누런 진흙탕 물로 밥을 짓고, 세수를 하고 출산하는 여인들의 몸을 씻어야 했다.……

그래서 우리는 이 땅의 사람들이 이도 노랗고, 안색도 노랗고, 심지어 여자들의 얼굴과 피부도 노랗고 바람에 날리는 모래 황토 땅과 함께 시하이구의 모든 생명에 담긴 이상과 열정도 물이 없는 환경으로 인해 모두 '노랗게' 날아가 버렸다는 것을 알게 된다. 모든 것을 그저 하늘의 뜻에 맡길 수밖에 없고 아무리 발버둥을 쳐도 물이 없는 세월은 시든 생명이다. 남자들은 강건하지 않고 여자들은 매력적일 수 없으며 땅의 곡식이 자라지 못하고 사람들의 생명은 점점 시들고 결핍되어 갈 뿐이다. ——

'가난'은 시하이구의 대명사가 되었다.

물이 없는 마른 대지에서 모든 생명은 건강하지 못한 악순환에 빠지게 된다. 그래서 가난한 사람은 더 가난해지고 부자는 희망을 잃게 된다.

이것이 어제의 시하이구의 모습이다.

물이 없으면 건강하지 못한 사회, 건강하지 못한 세상이 된다. 그리고 건강하지 못한 사회가 있는 세상은 재앙이다. 2020년 6월 21일 저녁 칭화대학교 경제경영 대학원 졸업식에서 테드로스 아드하놈 거브러여수스 세계보건기구(WHO) 사무총장은 화상 연설에서 "오늘날 유행하고 있는 신종

코로나 바이러스는 단순한 보건 위기가 아니라 오늘날 세계의 정치적 분열과 사회·경제적 불평등을 드러내고 있습니다. 수백만 명의 사람들이 일자리를 잃었고 세계 경제는 대공황 이후 가장 급격한 침체기로 향하고 있습니다. 각국의 막강한 경제, 군사, 기술력에도 불구하고 극히 작은 미생물이 전 세계를 혼란에 빠뜨렸고 부유한 나라와 가난한 나라, 큰 나라와 작은 나라를 막론하고 누구도 예외일 수 없습니다. 이 전염병은 앞으로 수십 년 동안 세계 발전에 영향을 미칠 것이며 우리 모두의 삶과 일에도 영향을 미칠 것입니다"라고 말했다.

거브러여수스 사무총장은 '코로나19는 우리에게 많은 교훈을 주었으며, 가장 중요한 교훈은 건강은 사치가 아니라 사회와 경제 발전의 토대라는 점'이라고 지적했다.

중국 공산당은 거브러여수스 사무총장과 WHO 보다 건강과 빈곤의 연관성에 대해 더 잘 알고 있었고 그들보다 더 일찍 행동에 나섰다. 시하이구에서의 빈곤과의 싸움은 '물'에서 시작되었고 '물'을 둘러싼 전투는 손에 땀을 쥐게 하는 길고 고된 싸움이었다.

> 류판산의 바위는 단단하고도 단단해서 물 한 방울도 나오지 않는구나,
> 황허의 물이 산 뒤편에서 모퉁이를 돌아섰는데도 기어코 뒤돌아 가지 않으려 하네.
> 신이시여, 어찌하여 눈을 흘기시고 우리 농부들을 불쌍히 여기지 않으십니까……

시하이구 사람들은 수백 년 동안 목이 쉬도록 하늘과 땅을 향해 외쳤다. 그러던 어느 날 푸젠성 사람들이 자신들을 위해 우물을 파고 물 저장

고를 지어주러 왔다는 소식을 듣고 기뻐서 이 소식을 전하러 달려갔다. 시지의 한 마을의 여자아이들은 마을 입구에서 기다렸다가 시진핑 주석과 함께 닝샤를 방문한 푸젠성 빈곤 구제 사무실의 린웨찬 주임을 마을로 데려와 머물 곳을 마련해 주면서 린 주임이 '약속'을 지켜주기를 바랐다. 여자아이들은 "린 주임님이 우리도 푸젠성 자매들처럼 매일 몸을 씻을 수 있게 해주겠다고 약속했어요"라고 말했고 마을 남자들이 미쳤다고 하자 그들은 "린 주임님이랑 푸젠성 사람들은 거짓말 안 해요"라고 말했다.

린웨찬은 나중에 정말로 다시 한번 시지에 갔고 푸젠 사람들을 데리고 와서 시지의 여자아이들을 위해 깊은 우물을 파서 정말 깨끗한 물로 몸을 씻을 수 있도록 해주었다.

"히히…… 나 좀 봐봐, 몸이 하얗고 보들보들해!"

"나도 그래. 내가 너보다 더 하얀데!"

"히히, 우리 모두 하얗고 보들보들해졌어! 히히…… 물이 있으니까 너무 좋다!"

여자아이들은 물로 깨끗이 씻은 자신들의 몸이 그렇게 아름답고 보들보들하다는 사실을 난생처음 발견하고는 며칠 동안이나 즐거워했고 동네 남자들까지 덩달아 밤새 좋은 꿈을 꾸게 만들었다.……

일부 물 부족 지역에서는 사람과 가축의 식수 문제를 해결하는 것이 가장 시급했다. "사실 우리는 시진핑 동지의 요청에 따라 초기 민닝 맞춤 빈곤 구제 협력 및 맞춤 지원 사업에서 '물'이라는 단어에 초점을 맞추고 우물 하나, 밭 한 뙈기, 물 한 모금부터 시작했습니다." 린웨찬은 우리에게 "닝샤 시하이구는 황허와 떨어져 있어 모든 물은 하나님의 은총에 달려있다고 할 수 있습니다. 그럼 어떻게 해야 할까요? 먼저 땅을 관장하는 신에게 부탁해야죠! 그래서 사람과 가축의 물 한 모금 문제를 해결하기 위해 우리 민닝은 먼저 물이 부족한 닝샤의 빈곤 지역에 물 저장고를 만드는 것과 경사면을 계단식 밭으로 개량하는 두 가지 일에 착수했습니다. 이 두 가지를 기존 농지의 경작을 중단하고 식수 용도로 되돌리는 프로젝트와 우리 빈곤 구제 협력 기금, 국가의 기금과 함께 묶어 시하이구 지역의 물, 비료, 토양 유실을 방지하기 위한 '경사면 개량' 프로젝트에 집중하는 한편, 더 많은 자금을 투입해 수천 개 마을에 물 저장고와 깊은 우물 2만 개를 파는 데 온 힘을 쏟았습니다……"라고 말했다.

린웨찬이 이 두 가지 이야기를 하는 데는 불과 30분 밖에 걸리지 않았다. 하지만 나는 이 두 가지 일이 시하이구 전체와 닝샤 사람들이 빈곤에서 벗어나 행복한 샤오캉 생활을 향해 나아가는 데 큰 의미가 있다는 것을 안다. "우리는 그것을 '생명 프로젝트'라고 부릅니다." 많은 닝샤 간부들과 대중들은 푸젠성이 지원한 이 두 가지 일에 대해 이야기할 때 유난히 흥분했다.

'물'이라는 글자 하나에 도대체 얼마나 큰 의미가 담겨 있는 것일까? 그 속에 얼마나 많은 고통과 행복이 담겨 있는지는 물을 금으로, 또 생명으로 여기는 시하이구 사람들만이 알 수 있을 것이다.

나는 물 부족으로 폐허가 된 마을을 본 적이 있는데 지금 그곳은 나무가 우거진 언덕이 되었다. 지역 간부들은 십수 년 전에 인촨 옆 황허 관개 지역으로 '조장' 이민을 떠났다고 말해주었다. 하지만 이주하기 전에는 물이 너무 부족해 마을 사람들 모두가 몇 리나 되는 산길을 걸어 이웃 마을의 옛사람들이 두고 간 깊은 우물에 가서 '물을 빌려서' 돌아오곤 했다. 이 때문에 두 마을 사이에 다툼이 끊이지 않았고 정부 지도자들이 두 마을 간의 갈등을 진정시키기 위해 나섰지만 전혀 효과가 없었다. 물 때문에 업신여김을 당하던 이 마을은 마을의 명예를 되찾기 위해 여기저기서 자금을 모아 마을에 깊은 우물을 파기도 했다. 하지만 돈을 다 쓰도록 물은 보이지 않았고 마을은 오히려 더 가난해졌다. 어느 마을 처녀도 물 한 모금 마시기 어려운 이 가난한 마을에 시집가려 하지 않아 청년들은 모두 노총각이 되었다. 가난할수록 생식 기능은 떨어지고 근친혼이 만연하면서 이 마을에는 지체장애자가 끊임없이 생겨났다.…… "그해 '조장' 이민을 가지 않았더라면 이런 마을의 빈곤과의 싸움은 더 힘들었을 것입니다." 닝샤의 빈곤 지원 간부들은 탄식하며 말했다.

그는 "푸젠성에서 2만 개의 우물과 물 저장고를 건설해 30만 명의 주민과 100만 마리의 가축의 물 문제를 한 번에 해결해 주었는데 이는 시하이구 등 물이 부족한 지역의 주민들에게는 정말 큰 은혜가 아닐 수 없습니다! 수십만 명의 사람들이 물을 마실 수 있게 되면서 그들의 운명까지도 달라졌는데 이 이야기를 글로 쓴다면 장편 소설 몇 권으로도 부족할 겁니다!"라고 말했다.

그리고 나는 나중에 푸젠성에서 평범한 닝샤 사람의 지극히 평범하지 않은 이야기를 만났는데, 역시 '물'과 그 가족들의 마음과 얼굴에 쓰인 이야기에 관한 것이다. 그가 책에서 자신과 아내의 실명을 밝히지 말아 달라고 요청했기 때문에 그들의 이름을 '수이건水根'과 '위에잉月英'이라고 부르도록 하겠다.

수이건과 위에잉은 중학교 동창으로 두 사람의 집은 산 하나를 사이에 두고 떨어져 있었다. 위에잉의 집은 산 동쪽에 있었고 마을은 가난했지만 물이 그리 부족한 편은 아니었기 때문에 위에잉은 고향 마을에서 예쁘고 생기가 넘치는 소녀였다. 이에 비해 산 서쪽에 있는 수이건의 집은 물이 매우 부족했다. 물이 부족한 곳에 사는 사람들의 삶은 매우 특별하다. 즉, 목욕을 좋아하지 않고 사람들과 잘 어울리지 않는다. 감자처럼 단단하게 생긴 수이건이 다른 사람들과 잘 어울리지 않는다는 점이 위에잉은 은근히 마음에 들었다. 남자아이들이 몰려다니면 함께 사고를 치거나 나쁜 일에 휘말리기 쉬운 데다가 나중에는 경박하고 뺀질뺀질한 사람이 되어버릴 수도 있다고 생각했기 때문이다.

산골 소년과 소녀가 사랑에 빠지는 데는 많은 이유나 복잡한 과정이 필요치 않다. 위에잉과 수이건이 좋아하게 된 것도 아주 단순한 이유에서였다. 둘 다 고등학교 진학에 실패한 날 집으로 돌아오는 길에 미래에 대해 이야기하던 중 수이건은 푸젠에 가서 일하고 싶다고 말했다.

"거기 사람은 어떻게 알아?" 위에잉이 물었다.

수이건은 "푸젠성에서 온 빈곤 구제 간부가 마을에 와서 그쪽에서 일하고 싶은 사람이 있는지 물어보더라고, 그래서 알게 됐어."

"거기 좋아?" 위에잉은 떨리는 마음으로 물었다.

"좋아. 한 달에 3, 4천 위안은 벌 수 있어." 수이건이 말했다.

위에잉의 가슴은 더 요동치기 시작했고 수이건을 옆으로 흘깃 쳐다보며 "나도 데려가 줄 수 있어?"라고 물었다.

"좋아, 너희 가족들이 허락한다면." 수이건은 흔쾌히 대답했다.

"그럼…… 우리 영원히 함께 하자!" 위에잉은 이렇게 말하며 갑자기 수이견을 꼭 끌어안았다.

수이건의 심장은 갑자기 빠르게 뛰기 시작했고 너무 세게 뛰어서 날아갈 것만 같았다. 갑자기 그는 위에잉을 밀어내려고 했지만 밀어내지 못했다.

"뭐 하는 거야?" 위에잉이 얼굴을 붉히며 물었다.

수이건도 얼굴이 빨개지며 "나한테 냄새나……"라고 중얼거렸다.

위에잉은 일부러 더 코를 여러 번 킁킁거리면서 냄새를 맡고는 눈살을 찌푸리며 "응, 진짜 냄새가 나네!"라고 말했다.

"나…… 우리 집에 물이 없어서…… 몇 달 동안 목욕을 못했어……" 수이건은 땅굴을 파고 들어가고 싶을 정도로 부끄러웠다.

"하지만 난 네 냄새가 좋아……" 뜻밖에도 위에잉은 그를 싫어하기는커녕 두 팔로 더 꼭 감싸안았고 풍만한 가슴이 몸에 닿자 수이건은 온몸이 뜨겁게 달아오르고 정신이 혼미했다.

산골 아이들은 늦게 학교에 가기 때문에 중학교 졸업생의 나이가 도시의 고등학생과 비슷하다. 그래서 수이건과 위에잉이 중학교를 졸업했을 때 그들은 이미 남녀 간의 육체적 욕망에 눈을 뜨기 시작했다.

21세기 초 시하이구 지역에서는 외지로 일하러 나가는 것이 비교적 흔한 일이었고, 많은 학부모들과 산간 지역 젊은이들이 고등학교에 진학했다고 해서 꼭 대학에 갈 수 있는 것은 아니었기 때문에 시간 낭비하지 말고 차라리 중학교를 졸업하고 바로 취업을 하는 것이 나을 수 있고, 3년 정도 지나면 장가갈 때 필요한 예물 비용도 모을 수 있기 때문에 고등학교에 합격한 경우에도 자진해서 진학을 포기하는 경우도 있었다.

외지로 나가서 일하겠다는 수이건과 위에잉의 계획도 바로 이런 '실속' 때문에 부모님들의 전폭적인 지지를 받았다. 원래 수이건이 푸젠성에 파견되어 근무하는 간부와 연락할 수 있도록 도와주기로 했던 간부는 건강상의 이유로 반년 넘게 만나지 못하고 있었다. "좋아요, 바로 연결해 드리겠습니다." 이 간부는 수이건과 그의 여자친구 웨이잉이 푸젠에 가서 일하고 싶어 한다는 이야기를 듣고 아주 열정적으로 푸톈의 한 회사와 연락할 수 있도록 도와주었다.

"이제 모든 준비가 끝났으니 짐을 챙겨 떠나기만 하면 됩니다.……" 이듬해 춘절 이후 푸젠성의 파견 간부가 수이건에게 통보했다.

"좋아요!" 수이건은 설레는 마음으로 사랑하는 사람에게 이 기쁜 소식을 전하고자 산 뒤에 있는 위에잉의 집으로 달려갔다.

"이 자식아! 뭐 하려고? 도망가게? 어림없지!" 수이건은 위에잉의 아버지가, 그것도 굵직한 각목을 들고 이렇게 나올 것이라고는 전혀 예상하지 못했다.

"아야!" 어쨌든 수이건은 젊었고 잘 피해서 심하게 얻어맞지는 않았다. 나중에서야 그는 어찌 된 일인지 알게 되었다. 위에잉의 아버지가 딸이 임신한 사실을 알게 되었던 것이었다.……

수이건은 처음에는 머리가 멍했지만 곧 정신을 차리고는 속으로 기뻐하며 다리를 비비적거렸다. 내가 아빠가 되는구나!

하지만 그와 위에잉은 아직 혼인 신고도 하지 않은 상태였다!

"바보야! 얼른 서둘러!" 마을 간부인 수이건의 사촌 형은 수이건의 어깨를 치며 기쁜 마음으로 말했다.

산골 사람들은 결혼증만으로는 안 되고 반드시 성대한 피로연을 열어야만 며느리를 들일 수 있다는 풍습이 있었기 때문에 수이건의 집안에서도 현지 관습에 따라 위에잉을 며느리로 맞았다.

신혼여행도 가기 전에 수이건은 푸젠 쪽 공장에서 출근을 재촉하고 있으며 다른 사람들은 이미 한 달 넘게 그곳에서 일하고 있어서 당장 가지 않으면 다시 다음 해 채용을 기다려야 한다고 말했다.

"가, 걱정하지 말고 가서 출근해! 아기 낳고 바로 그쪽으로 갈게." 위에잉은 수이건의 옷을 챙겨주며 다정하게 말했다.

젊은 부부의 이별은 아쉬움이 가득했다. 떨어져 지내는 시간은 사랑과 욕망의 불꽃이 타오르던 젊은 부부에게 강한 그리움을 안겨주었다. 3개월쯤 지났을 때 뜻밖의 일이 생겼다. 집에서 시부모를 도와 밭일을 하던 위에잉이 유산을 한 것이다.

"너무 마음 쓰지 마! 우린 아직 젊으니까 집에서 몸조리 잘하고 있으면 내가 돌아가서 다시 씨앗 심어줄게……" 수이건은 장거리 전화를 걸어와 장난스러운 말로 위에잉을 위로했다.

국경절 연휴에 수이건이 푸젠에서 돌아왔고 가족들은 기뻐했다. 특히 위에잉은 남편이 전보다 더 튼튼해지고 피부도 희고 부드러워진 것을 보고 놀랐다.…… 그에 비해 위에잉은 안색이 훨씬 누랬다.

"얼굴이 왜 이렇게 좋아졌어? 밖에서 여자 만나는 거 아냐?" 밤이 되자 위에잉은 침대 머리맡에서 질투하듯 물었다.

"무슨 생각을 하는 거야?" 수이건은 위에잉을 한쪽으로 밀치며 말했다.

"뭐야? 너 변했어?" 위에잉은 충격을 받았다. 잠자리에 들 때면 자신에게 '달라붙어' 일어나지 않으려고 하던 수이건인데 겨우 반년 만에 마음이 변했다고?!

위에잉은 화가 나서 발로 수이건을 옆으로 밀어내며 "내가 싫어? 여자가 있으면서 인정도 안 하네!"

"생각하는 거 하고는! 매일 밖에서 일하느라 힘들어 죽겠는데 그런 한가한 생각을 할 여유가 어디 있어……" 수이건은 벌떡 일어나며 위에잉에게 거칠게 말했다. "너 스스로 안 느껴져? 네 몸에서 나는 냄새 말이야. 소 세 마리도 죽일 수 있겠어."

"뭐? 내 몸에서 냄새가 난다고? 너…… 엉엉……" 위에잉은 극도의 슬픔에 울부짖으며 말했다. "너, 나한테 왜 냄새가 나는지 몰라? 너희 집에는 깨끗한 물 한 대야도 없어…… 친정에 가서 한번 씻고 온 거 말고는 시집 온 지 8~9개월 동안 너희 가족들은 나한테 물 한 대야도 아까워하는데 내 몸에서 냄새가 안날 수가 있어?"

"너……" 수이건은 뭔가 말하고 싶었지만 무슨 말을 해야 할지 몰랐다.

"엉엉……나한테 냄새가 난다고? 밖에 여자들은 그렇게 향기롭든? 너 변했어!"

"마음이 변하기는 망할!" 수이건은 불같이 화를 내며 의자를 들어 바닥에 내리쳤다.……위에잉도 만만치 않았다. 수이건의 집에 들어온 이후 하루도 편할 날이 없었던 그녀는 갑자기 마음속에 분노가 치밀어 올랐다. 두 사람은 대판 싸웠고 방 안에서는 날이 밝을 때까지 '쾅쾅' 소리가 끊이지 않았다.

다음날 수이건은 씩씩거리며 푸젠으로 돌아갔다. 위에잉도 참지 않고 친정으로 돌아가버렸다.

부부는 이렇게 몇 달 동안을 서로 양보하지 않았다. 어느 날 수이건의 어머니가 위에잉의 친정집으로 찾아와 집에 좋은 일이 생겼다며 위에잉을 다시 데려가고 싶다고 말했다.

"찢어지게 가난한데 무슨 좋은 일이 있겠어요?" 위에잉은 아직도 화가 나 있었다.

"좋은 일이다. 푸젠에서 사람이 와서 깊은 우물을 파 주었는데 물이 맑고 달콤하더구나. 이제 목욕도 매일 할 수 있단다!" 시어머니는 며느리에게 이렇게 말했다.

위에잉은 깜짝 놀라며 말했다. "정말요?"

수이건의 어머니는 웃으며 "내가 언제 너에게 거짓말한 적 있니?"라고 말했다.

위에잉은 그 말을 믿고 수이건의 집으로 돌아갔다.

돌아온 첫날밤 그녀는 깊은 우물에서 맑은 물 몇 통을 길어올려 밤새도록 몸을 깨끗이 씻었다. 그날 밤 손전등으로 몰래 자신의 몸을 위아래로 비춰보던 위에잉은 피부가 매끄럽고 탱탱한 것이 마치 다시 소녀 시절로 돌아간 것 같은 기분이 들었다.……

그 후 그녀는 매일 깨끗한 우물물로 몸을 씻기 시작했고 씻은 후에는 늘 보습제를 발랐다. 나중에 그녀는 자신의 몸이 매끄럽고 탱탱할 뿐만 아니라 은은한 향기가 나는 것을 느꼈다.

"어서 돌아와." 이때 위에잉은 자신감에 차서 푸젠에 있는 수이건에게 세 번이나 전화를 걸어 집으로 돌아오라고 재촉했다. "좋은 일이 기다리고 있어!" 그녀는 수이건에게 말했다.

수이건은 돌아왔고 돌아와서 아내를 처음 봤을 때 약간 놀랐다. "어떻게 된거야? 무슨 영양제라도 먹었어? 하얗고 보들보들해졌네!"

위에잉은 사랑스럽게 웃으며 "아무것도 안 먹었어. 그냥 매일 깨끗한 물로 목욕을 했을 뿐이야. 자, 맡아봐, 아직도 냄새나?"

수이건은 아내의 몸에 코를 대고 몇 시간이나 냄새를 맡더니 급기야는 "일하러 가기 싫어!"라고 말했다.

위에잉은 손가락으로 수이건의 이마를 쿡쿡 찌르면서 "감히!"라고 말하고는 킥킥 웃으며 "아들 하나 낳고 나도 따라서 푸젠성에 일하러 갈게."라고 말했다.

"응, 네 말대로 해!" 수이건은 순순히 대답하고는 밤새 위에잉을 괴롭혔다.

부부가 결혼한 이후 가장 행복하고 즐거운 밤이었다.

그날 밤 이후 위에잉은 두 번째 임신을 했고 건강한 사내아이를 낳았다. 그리고 2년 후 수이건에게는 딸도 하나 생겼다.

현재 수이건은 가족들을 데리고 푸젠에서 고향으로 돌아와 민닝 특산품을 전문적으로 취급하는 무역업을 시작했다. 위에잉은 서른다섯이 넘었지만 나이보다 젊어 보이고 아이들은 모두 중학교에 다니고 있으며 성적도 좋다. 수이건은 오늘의 행복한 삶에 대해 "물고기는 물을 떠나 살 수 없고 시하이구 사람들은 물의 촉촉함 없이는 살 수 없습니다"라고 말했다.

수이건 가족의 삶은 평범하고 안정적으로 흘러왔지만 푸젠성 사람들의 도움으로 뚫은 우물이 없었다면 이 평범하고 행복한 가족은 사막에서 시들어가는 마른 풀과 자갈 더미처럼 오래전에 사라졌을지도 모른다. 하지만 물, 그리고 물의 촉촉함은 이 여인의 삶을 풍요롭고 활기차게 만들고 한 가정의 행복과 단란함을 굳게 지켜주었다. 시하이구에는 수이건과 위에잉

시지현西吉縣 지창진吉强鎮 룽왕바촌龍王壩村의 계단식 논

과 같은 가정이 수도 없이 많은데 모두 민닝 맞춤 빈곤 구제 협력이 가져다 준 맑고 달콤한 물로 삶이 윤택해지고 운명이 달라졌다. 이들의 피 속에 깊은 사랑과 우정이 흐르고 있기에 시하이구와 닝샤 사람들은 푸젠성 사람들의 은혜를 영원히 잊지 못할 것이다.

그렇다, 물은 인류의 생명의 원천이다. 그것은 인류를 흥하게 할 수도 있고 망하게 할 수도 있다. 물은 또 농업과 토지의 생명줄이기도 하며 농업과 토지를 풍요롭고 번성하게 하여 인간이 이 땅에서 더 잘 생존하고 생

활할 수 있도록 한다.

물이 부족한 산간 지역의 경우에는 빈곤 구제와 지원에 있어 '생명 제일' 프로젝트에 역량을 집중해 '작은 힘으로 큰 힘을 제압'하도록 해야 한다.

물을 통해 여성들은 활력과 생식력을 회복하게 되는데, 이 거대한 변화가 시하이구에 얼마나 큰 영향을 미치는지는 수이건과 위에잉 부부의 운명에서 충분히 확인할 수 있다. 그리고 메마른 대지에 물이 생긴 후 무엇을 얻었는지는 시하이구에 가서 보면 절절히 느낄 수 있다. ——

"이제 이 산골짜기로 시집온 걸 후회하지 않아요!" 시지현의 한 여성은 이 같은 감회를 밝혔다. 그녀의 이름은 양후이친楊慧琴으로 지창진吉强鎮 룽왕바촌龍王壩村의 빈곤 가정에 살고 있다. 물론 지금 양후이친의 가족은 가난의 굴레에서 벗어났다. 앞뒤로 펼쳐진 푸른 산비탈의 계단식 밭을 바라보며 그녀는 "계단식 밭으로 바뀌기 전에는 비가 와도 물이 땅에 고이지 않고 전부 황토와 함께 쓸려가 버렸었어요!"라고 말했다.

"민닝 맞춤 빈곤 구제 협력이 시작된 후 처음 몇 년 동안 우물과 물 저장고를 만드는 동시에 수행된 또 다른 프로젝트는 경사면을 계단식으로 개조하여 예전에 경작하던 산비탈의 땅을 계단식 밭으로 만드는 것이었습니다. 해가 갈수록 수확은 더 많아졌고 산이 더 푸르러지고 도랑도 아름다워졌기 때문에 저는 이 펜션을 시작했습니다. 도시 사람들은 '이 펜션은 꼭 용왕님이 돌아온 것 같다'라고 말합니다!" 양후이친의 펜션의 정식 명칭은 그녀가 사는 마을 이름과 똑같은 룽왕바 펜션이다. 한여름에는 녹음이 우거진 이 펜션에 서북 지방의 특색인 토굴을 이용해 정교하고 색다른 숙박 시설을 설치하고 영민하고 손재주를 발휘해 양후이친은 지금 이 펜션의 카운터 일뿐만 아니라 본인 집에도 숙박 시설이 3개나 있어 부수입까지 더하면 연간 수입이 최소 4~5만 위안은 된다.

"사람은 마실 물이 있어야 피부와 몸이 촉촉해지고, 땅에 물이 있어야 풀이 자라고 나무가 무성해집니다. 게다가 지난 몇 년 동안 나라에서 경작지를 삼림으로 환원하자고 호소함에 따라 우리 룽왕바촌은 2011년부터 조금씩 양식업을 시작하고 단계적으로 마을의 물, 전기, 도로, 주택 등 기타 시설을 갖춰 나갔으며 농촌 관광을 발전시켜 주민들의 생활이 점점 윤택해지고 있고 '중국에서 가장 아름다운 휴양 마을' 금상을 수상하기도 했습니다. 작년 한 해 24만 명의 관광객이 마을을 찾았고 1,800만 위안이 넘는 수입을 올려 빈곤에서 완전히 벗어나게 되었습니다!" 룽왕바 펜션의 15호 '주인'인 양후이친은 예전에는 이런 가난한 곳에 시집온 것을 후회했지만 지금은 형편이 점점 나아지면서 소소한 행복을 느끼며 살고 있다. 그래서 이제 그녀는 앞서 말한 것처럼 '이제 이 산골짜기로 시집온 것을 후회하지 않는다'라고 말할 수 있게 된 것이다.

닝샤를 두 번째 방문했을 때 남쪽의 시하이구로 향하는 길에 첫 번째 목적지는 징위안현이었다. 그곳에서 울창한 산, 새가 지저귀고 꽃이 만개한 자연환경과 산등성이 사이로 흐르는 시냇물을 보며 "어떻게 이런 곳이 극도로 가난한 현일 수가 있죠? 가장 아름다운 곳이면 또 모를까!"라고 말했고 당시 현 당 위원회 부서기였던 치창祁强은 내 질문을 듣고 환하게 웃으며 징위안현은 류판산 동쪽 기슭에 위치하고 있으며 징위안이라는 이름은 징허涇河가 이곳에서 발원했기 때문에 붙여진 이름이라고 소개했다. 그는 "원래 이곳에는 물이 부족하지 않았지만 징허의 물은 징위안 땅을 적시지 않고 바로 하류로 흘러갔습니다. 또 과거 '산을 낀 곳에서는 산을 이용해서 먹고산다'라는 전통적인 농경 방식 때문에 원래도 메마른 산이 완전히 '민둥산'이 되어버렸고 사람들은 농사를 지을수록 점점 더 가난해졌습니다. 민닝 맞춤 빈곤 구제 협력 20여 년 동안 현 위원회, 현 정부는 주민들의 식수 문제와 삼림 녹화라는 이 두 가지 시급한 문제를 해 결하고자 지속적인 노력을 해 왔고, 그 결과 현재 징위안 전역의 생태 환경이 본질적인 변화가 나타났습니다. 현의 삼림 피복률이 51%까지 높아졌고 연간 강수량은 600~800mm이며 서리가 내리지 않는 기간도 132일이나 됩니다. 물이 풍부하면 땅이 푸르러지고, 땅이 푸르러지면 사람들도 살길이 생겨납니다. 이제 우리는 지역 전체를 아우르는 생태 관광이라는 새로운 경제 산업을 구축하고 있습니다"라고 말했다.

"어쩐지 아까 보니까 고속도로 옆에 굉장히 수준 높은 빨간색 레크리에이션 트랙이 있더라니!" 징위안에 처음 들어섰을 때 그 광경을 보고 나는 혼자 속으로만 중얼거렸더랬다. 이곳이 정말 국가급 빈곤 현이라는 그 시하이구가 맞나?

"우리 징위안은 2018년에 빈곤이라는 모자를 벗어 던졌습니다! 그리고 그 대신 2개의 영예의 왕관을 썼는데 바로 중국에서 가장 아름다운 생태 레저 관광 현이라는 것과 중국에서 가장 아름다운 레저 휴양 관광 현이라는 것입니다." 치창이 말했다.

그랬구나! "'닝샤 징위안에 가면 강남에 갈 필요가 없다'라는 말이 정말 빈말이 아니었네요!" 류판산의 주봉인 미창산米缸山을 따라 올라가면 징위안의 현청 소재지인 샹수이진香水鎮이 있다. 해발 2,900미터가 넘는 이 아름다운 마을에는 맑고 잔잔한 샹수이호가 흐르고 있고 푸른 하늘과 푸른 숲이 마을을 애틋하게 비춰주며 생동감 넘치는 한 편의 시와 같은 선경을 이루어 잊을 수 없는 매혹적인 광경을 선사한다.

사실 물 덕분에 아름다워지고 부자가 되는 모습은 오늘날 시하이구 어디에서나 볼 수 있다. 이러한 '철두철미'의 본질적인 변화로 시하이구 사람들의 고향에 대한 감정의 변화를 일으켰을 뿐 아니라 멀리서 온 수많은 푸젠 사람들도 이 땅을 사랑하게 되었다. 푸젠성에서 '최고의 채소 생산자'로 알려진 린슈이잉林水英은 어느 해 민닝 맞춤 빈곤 구제 합동 회의에 참석한 성 지도자를 따라 시하이구를 방문한 뒤 산 좋고 물 좋은 류판산과 징허위안을 향해 "이렇게 좋은 곳이 있다니, 채소 심으러 와야겠어요!"라고 소리쳤다.

이렇게 외친 그녀는 정말 시하이구에 2억 2,600만 위안을 투자해 토마토, 초당 옥수수, 샐러리 등을 재배하는 1만 무 규모의 채소 기지 3곳을 건설하고 연간 12만 톤의 채소를 가공할 수 있는 채소 심층 가공 생산 라인과 신선도 유지, 제빙, 물류, R&D센터를 구축했다. 현재 린슈이잉의 화린華林 닝샤 기지는 이 지역에서만 10,000명 이상의 직원을 고용했다.

물이 풍부한 곳은 물을 사랑하는 수많은 사람들이 물 만난 물고기처럼 사업을 번창시키고 풍요로운 삶을 살아갈 수 있도록 해준다. '물'을 가져다준 사람들은 시하이구를 오곡이 풍성하게 자라는 새로운 곳으로 변모시켰다.

물이 시하이구에 선사해 준 선물들을 말로 어찌 다 표현할 수 있겠는가?

3. '닝샤의 상징'—붉은 지붕 집

닝샤의 가난한 산간 지역인 시하이구의 변화를 한 가지로 설명하라고 한다면 나는 중국 농민들의 부를 상징하는 집을 꼽고 싶다. 옛말에 '평안하게 살면서 즐겁게 일한다安居樂業'는 말이 있는데, 사람은 살 곳이 있어야 안심하고 일할 수 있다는 뜻이다. 북서부, 특히 산간 지방에 사는 가난한 사람들은 조상 대대로 한 번도 이루지 못했거나 벗어나지 못한 일이 하나 있는데 그것은 바로 제대로 된 집이 없다는 것이었다.

사람은 돈이 없어도 자손을 낳아 대를 이을 수 있고, 땅이 없어도 구걸을 하거나 산나물을 캐고 산열매를 따서 목숨을 부지할 수 있으며, 지위가 없어도 산속에 칩거하거나 오래된 집에 머물며 그런대로 사람답게 살아갈 수 있다. 하지만 살 곳이 없어지면 사람은 모든 존엄성을 박탈당하고 부랑자 신세가 되어 결국에는 얼어 죽거나 굶어 죽게 될 수도 있다. 살 곳도 없는 데 가정을 이루고 독립하는 것은 더더욱 말이 안 되는 일이다.

예로부터 농민들이 돈이 생기면 반드시 하는 두 가지 일이 있었는데 그것은 땅을 사고 집을 짓는 것이다. 신중국 건국 이전 토지가 개인 소유였던 시기에는 돈이 많은 농민들은 가진 돈의 절반은 땅을 마련하는 데 쓰고 나머지 절반은 집을 짓는 데 쓸 수 있었다. 신중국 건국 이후 토지가 국유화되면서 농민들이 돈이 생기면 할 수 있는 일은 집을 짓는 일만 남았다. 동남부 해안 일대에서 볼 수 있는 부유한 농민들은 돈이 있어도 검소하게 살지만 집만큼은 그럴싸해야 한다고 생각해서 적어도 이웃과 비슷해야 하고 가급적이면 더 웅장하고 세련되게 지으려고 한다. 이것이 대다수 중국 농민들의 사고방식이다. 집은 편안한 보금자리이기도 하지만 가족의 존엄성을 상징하기도 한다. 집이 있느냐 없느냐는 빈곤과 부를 나누는 첫 번째 기준이다. 농민들에게 있어서 피할 수 없는 가장 큰 문제는 아내를 얻어 대를 잇는 것인데 집이 없고 변변한 보금자리가 없다면 어떻게 남의 집 귀한 딸을 데려올 수 있겠는가? 결혼을 할 때 먼저 제대로 된 집

이 있는지, 어떤 집인지를 확인해야 하는데 이것은 중국 농민들에게는 거의 반드시 넘어야만 하는 '결혼의 문턱'이라 할 수 있다. 그렇기 때문에 집의 중요성은 말할 것도 없고 어쩌면 전 세계 모든 사람들 중에서 집을 가장 중요하게 생각하는 것은 중국 농민들일지도 모른다.

서부 빈곤 지역을 조사하고 빈곤에서 벗어난 지역의 현황을 살펴볼 때 자연스럽게 가장 주목하게 되었던 부분은 그곳 농민들의 거주 여건이 현재 얼마나 개선되었는가 하는 것으로, 이것은 상징적인 의미도 있지만 그보다 구체적이고 현실적인 의미를 가지고 있는 동시에 근본적인 상징성을 띄고

룽더현隆德縣 관좡향觀莊鄉 전장촌前莊村의 새로운 모습

있다.

농민의 주거 여건이 근본적으로 바뀌거나 개선되지 않는 한 진정한 의미에서 빈곤에서 벗어나 부자가 되는 것을 이야기할 수 없다. 중국 농민들에게 집은 매우 중요하며, 시하이구처럼 절대적으로 빈곤한 산간 지역에서는 더욱 그렇다. 과거의 시하이구를 보면 많은 말을 할 것도 없이 지역 주민들이 사는 곳만 봐도 '고통苦'이라는 것이 어떤 것인지 알 수 있다.……남쪽 출신이라 그런지 나는 사람들이 토굴이나 흙 굴, 또는 토굴이라고 부르는 '굴' 속에 산다고 하면 원시인이나 다를 바 없지 않은가 하는 생각이 든다! 그리고 나는 시하이구와 시하이구의 광활한 농촌 지역에서는 20~30년 전까지도 대부분의 농민들이 여전히 그들 스스로가 '토굴'이라고 부르던 동굴에 살고 있었고 이러한 거주 여건과 환경이 수백 년, 수천 년 전 조상들이 살던 곳과 크게 다르지 않았다는 것을 알고 있다. 즉, 가장 가난한 아프리카 대륙을 포함한 전 세계 모든 지역에서 극적인 변화가 일어났지만 시하이구의 산간 지역에서는 수백만 명의 산간 농부들이 여전히 조상들이 남긴 토굴에서 살고 있었다.

하아, 동굴이라! 우리 모두는 동굴이 인류 최초의 거주지였다는 것을 알고 있다. 원시인들은 기본적인 생존 능력이나 언어 능력이 없었기 때문에 동굴에 살았으며 어떤 '시대의 변화'나 '문명의 충돌'을 경험하지 않았기 때문에 동굴 거주지는 석기 시대의 산물에 속한다. 당시 인간의 거주지는 비바람만 막을 수 있으면 그만이었는데, 동굴은 외부의 침입을 막아낼 수 있을 뿐만 아니라 원시인들이 종족 번식을 위한 행위를 할 때 부끄러움과 추위를 피할 수 있는 곳이기도 했다.

약 1만 년 전 인류는 동굴에서 살았다. 1만 년 후 인류의 역사는 얼마나 변화하고 진화했을까? 인간이 나무를 문질러 불씨를 얻던 것에서 하늘로 올라가고 땅속으로 들어갈 수 있는 경지에 오르게 된 것은 말할 것도 없고, 인류 발전의 기나긴 역사는 평생을 읽어도 다 읽지 못할 만큼 두꺼운 역사책에 빼곡히 기록되어 있다. 그러나 어떤 지역, 어떤 사람들, 어떤 땅 위의 생명체들은 머리 위에 기와 한 장, 발밑에 벽돌 한 장도 없이 아직도 동굴 속에서 살고 있다!

황토 고원 사람들은 아직도 그들의 '옛집'인 토굴을 그리워할지도 모른다. 물론 완전히 호텔화된 인테리어 차원의 토굴은 서민들이 일상적으로 거주하는 거주지로서의 토굴이 아니기 때문에 논외로 한다. 일반적인 산간 지방 농민들이 살던 토굴의 잔해와 원형은 오늘날에도 시하이구 곳곳에서 찾아볼 수 있다. 닝샤의 노인들이 그들의 새 집 옆 산벽에 있는 반쯤 무너져 내린 토굴을 가리키며 '여기가 바로 우리가 살던 곳'이라고 말하거나, 박사학위를 가진 현재 현 또는 시의 지도자가 '이곳이 제가 태어난 곳'이라고 말하는 것을 들을 때마다 나는 순간 마음이 무거워지고 마치 고통이 느껴지는 것 같아 '이게 사람이 살 수 있는 곳인가?'라고 스스로에게 물었다.

동굴(또는 토굴)은 확실히 사람이 살 곳이 아니다. 그 안은 어둡고 한 줄기 빛 도 없으며 통풍도 잘되지 않는데 수많은 사람들이 그 안에서 불을 피우고 밥을 짓고 겨울에는 온돌에 불까지 지피기까지 하는 데다 한 가족 몇 세대가 다 같이 같은 토굴 같은 온돌에서 생활하니 어떻게 살 수 있을까? 이렇다 할 방법이 떠오르지 않아 그저 한숨만 나왔다. '정말 고통스럽겠구나!'

토굴에서 살 수밖에 없는 사람들은 너무나도 고통스럽다! 토굴의 연기는 마땅히 가져야 할 사람들의 비전과 원대한 이상을 그을리고 가려버리고, 토굴의 진흙 벽은 힘을 내야 할 사람들의 열정과 지혜가 발휘되지 못하도록 막고 억누르며, 토굴의 온돌은 남자와 여자의 격정적인 본성을 완전히 억제한다.……이러한 가장 소중한 것들을 잃어버리게 되면 사람은 우매해지고 혼란스러워질 수밖에 없다. 그러나 우매와 혼란으로 이어지는 이러한 삶의 상식은 광활한 시하이구 지역에서 수천 년 동안 이어져 왔으며 오늘날 살아있는 사람들 중 최소 3분의 1은 토굴에서 태어나고 살았던 사람들이다.

이것이 중국의 빈곤 퇴치를 퇴로가 없는 '공방전'이라고 말하는 이유로, 그것은 수천 년, 심지어 수만 년 동안 계속해서 인류를 괴롭혀 온 빈곤과 낙후를 타파하려는 싸움이다.

우리는 늘 빈곤과 싸우고 있지만 빈곤에서 벗어나기 위해 우리가 해야 할 일은 빈곤층의 물질적 문제를 해결하는 것도 있겠지만 그보다 더 중요한 것은 장기적인 계획을 세우거나 신념을 가지고 의지를 다질 수 있도록 하는 것이다. 맞다, 서부 황토 고원에 가 본 사람들은 현지 사람들이 '겨울에는 따뜻하고 여름에는 시원하다'와 같은 토굴의 '장점'에 대해 이야기하는 것을 많이 들어보았을 것이다. 내가 생각해도 그럴 수 있겠다 싶다. 하지만 그것은 황야에서 노숙을 하는 것에 비해서 그렇다는 것이지 과연 토굴이 진짜 집보다 좋을 수 있을까? 온돌이 정말 솜 이불과 시몬스 침대보다 더 좋을까? 적어도 보통 사람들은 그런 말을 믿지 않을 것이다.

시하이구를 비롯한 황토 고원에는 산에 구멍을 판 것이 아니라 평지에 토굴 같은 모양으로 지은 동굴식 집도 있다. 나는 오랫동안 왜 제대로 된 집을 짓지 않고 '토굴'을 짓는지 이해할 수 없었는데 나중에 나의 글벗이자 닝샤 출신 작가 스수칭의 〈오래된 집老房子〉을 읽고 나서야 그 비밀과 닝샤 사람들의 마음속의 슬픔을 이해할 수 있었다. ——

……벽돌집이 아니라 이런 집을 짓는 이유는 아주 단순한데, 그것은 이런

집을 짓는 데는 벽돌도, 기와도, 긴 서까래나 들보도 필요하지 않기 때문이다. 한 마디로 이런 집을 짓는 데는 돈이 들지 않고 진흙, 짚, 그리고 힘만 있으면 된다. 이런 것들은 마을 사람들도 가지고 있는 것이었고, 이렇게 해서 천지간에 우뚝 솟은 사원 말고도 이렇게 거의 한 푼도 쓰지 않아도 되는 사람들의 거주지가 생겨났다.

토굴에 살아 본 사람이라면 겨울은 따뜻하고 여름은 시원해서 잠이 잘 온다 등등 토굴에 사는 것의 몇 가지 장점을 즐겁게 이야기할 수 있을 것이고, 만약 오래된 토굴이라고 한다면 꼭대기에는 바람을 따라 노래하는 잡초가 비죽비죽 빽빽하게 자라나 그 안에서는 참새가 파닥거리고 쥐가 출몰하는 등 말하자면 정말이지 흥미진진하고 시끌벅적하다고 할 수 있을 것이다.

토굴에 관해 나는 아주 기억에 남는 일이 하나 있다. 사진에서 보듯이 각 토굴의 이마에 '△' 모양의 구멍이 뚫려 있었는데, 마을 사람들은 이것을 '보초병의 눈'이라고 불렀다. 이름으로 봐서는 정찰을 용이하기 위한 것인 듯한데 왜 그렇게 높은 곳에 만들었는지 이해가 잘 가지 않았다. 그런데 우리 마을 사람 하나가 뜻밖에도 이 보초병의 눈에 줄을 걸어 목을 매 죽었다. 많은 사람들이 보러 갔고 그는 마당에 누워 있었다. 얼굴만 짧은 수건으로 가려져 있고 목은 그대로 드러나 있어 검붉은 밧줄 자국이 그대로 보였는데 마치 희미하게 피가 흘러나오는 것 같았다. 그의 한쪽 구두에는 신발 끈이 없었고 갑피가 마른 소의 혀처럼 양쪽으로 뒤집혀 있던 기억이 난다.……그 이후로 토굴에 가서 이마에 뚫린 그 검은 보초병의 눈을 볼 때마다 항상 으스스하고 왠지 모르게 무서웠다.

나는 그저 나의 첫 울음소리도 이 집에서 나왔고, 어머니의 넉넉하지 않은 젖을 찾았던 것도 바로 이 집에서였으며 나의 헤아릴 수 없을 정도로 많은 최고의 꿈들도 가만히 생각해 보면 모두 이 집에서 만들어진 것이었다고 말할 수 있을 뿐이다.

오직 이 집만이 내가 한때 정말 아기였고, 개구쟁이였던 시절이 있었다는 것을 증명할 수 있을 것 같고, 또 나의 아버지도 한때는 강하셨고 나의 어머니도 한때는 젊으셨다는 것을 증명할 수 있을 것 같다.……

나의 순수했던 시절과 꿈의 세계를 간직한 오래된 집이여.……

이제 나는 왜 스수칭을 비롯해 시하이구와 황토 고원에 사는 많은 사람들이 토굴이 좋다고 말하는지 그 이유를 알게 되었다. 그것은 그들의 생명이 이곳에서 잉태되었고 토굴과 함께 성장했기 때문이다. 이것은 떼려야 뗄 수 없는 감정으로 외지 사람들이 아무리 '나쁘다'거나 모자란다고 말한들 '스수칭'들에게는 아무 소용이 없는 것이다.

이런 말들은 그들이 토굴에서 완전히 벗어나 새로운 집에서 살면서 정말 좋다고 느낄 때에야 도움이 될 것이고 모든 것이 바뀔 것이다. 이것은 아마도 '스수칭'들의 후손들이 새 집에서 태어나는 날이 올 때까지 시작되지 않을 수 있다. 오래된 토굴에서 더 이상 새 생명이 태어나지 않게 된 후에야 비로소 진짜 집이 토굴보다 훨씬 더 따뜻하고 행복하다는 것을 깨닫게 될 것이기 때문이다. 그곳이야말로 사람이 사는 곳이고, 사람이 살아야 하는 곳이며 더 이상 '동굴'에서 살지 않아도 되는 삶이야말로 진정한 삶인 것이다.

민닝 맞춤 빈곤 구제 협력과 빈곤 퇴치의 주요 과제 중 하나는 닝샤와 광대한 빈곤 지역 주민들이 깊은 산속이나 위험한 주택에서 나와 추위와 지진에 강하고 1인 평균 샤오캉 수준에 부합하는 새 주택으로 이사할 수 있도록 하는 것이다.

모든 빈곤 가정의 주거 문제를 총체적으로 해결하고, 토굴과 위험한 집에 사는 모든 사람들이 새롭고 아름다운 집에서 살 수 있도록 하면서 동시에 1인 평균 샤오캉 수준에도 부합해야 했기 때문에 이는 매우 어려운 싸움이었다. 산과 들, 산과 골짜기 여기저기에 흩어져 있는 모든 '동굴 거주자'들을 한꺼번에 동굴 밖으로 나와 새 집으로 이주시키는 프로젝트가 과연 얼마나 큰지 한번 상상해 보라. 얼마나 많은 비용이 투입되어야 할 것인가? 과거에도 이런 결의가 있었던가? 그런 역량을 발휘한 적이 있었나? 실제로 행동에 옮긴 적이 있었나?

한 번도 없었다!

시진핑 동지를 중심으로 하는 당 중앙위원회의 결심과, 닝샤의 각급 당위원회와 정부의 전적인 헌신, 그리고 민닝 맞춤 빈곤 구제 협력에 참여한 푸젠 사람들의 전폭적인 지원으로 유례를 찾아볼 수 없는 위대한 민심 프로젝트가 시하이구에서 시작되었다.……

산은 기뻐하고, 탁상고원은 노래하고, 마을은 춤을 췄다.

당시 시진핑의 주도로 허란산 기슭에 있는 인촨시 남부 용닝현에 민닝촌이 건설되었고, 이후 민닝진으로 발전했는데 이 민닝진은 오늘날 언뜻 봐도 그 아름다운 경치와 현대화 수준에 매료될 정도로 현대화된 소도시가 되었다. 하지만 위험한 집에 살고 있는 가난한 산간 지역 주민들을 모두 토굴에서 나오게 하는 작업은 어떻게 진행되고 있는가? 어떻게 해야 더 효과적으로 진행할 수 있을 것인가? 민닝 빈곤 구제 협력 합동 회의에서 이러한 문제들이 제기되었다. 자치구와 푸젠성 지도자들은 신중한 연구와 세심한 설계 끝에 모방 가능하고 실제로 추진할 수 있는 방안을 신속하게 제시하였는데 그것은 시진핑 서기가 당시 결정하고 주도한 '민닝촌' 건설 모델에 따라 모든 빈곤 현 지역 전역에서 '민닝 시범촌' 프로젝트를 추진하고 실행하는 것이었다. 이 프로젝트의 특징은 푸젠성 관련 도시의 현이 시하이구와 전 지역의 지원 상대 마을에 표준화된 '민닝 시범촌'을 건설하는 것으로 명칭은 줄여서 '○○신촌'이라고 했다.……

"좋아요! 우리가 돈을 내서 닝샤 사돈댁에 새 집을 지어줍시다!" 푸젠성 당 위원회와 성 정부의 요청에 푸젠의 닝샤 맞춤 지원 시와 현이 화답했다

"돈이 관건입니다."

"하지만 돈이 유일한 열쇠는 아니죠."

"마음이 가장 기본입니다."

"인민을 사랑하고 위하는 것이야말로 근본 중의 근본입니다."

"근본 중의 근본의 궁극적인 목표는 가난한 사람들을 위험한 집에서 벗어나 좋은 집에서 살 수 있도록 하는 것입니다."

이것은 푸젠성 가족들의 소원이었는데 그 소원은 이루어졌을까? 나는 닝샤의 대지 위를 남쪽에서 북쪽으로 가로지르며 고되고 힘든 노력을 통해 푸젠 사람들의 소원이 거의 다 실현되었다는 것을 목도했다!

이 소원은 높은 류판산이 닝샤 사람들의 눈앞에 꿋꿋하게 서 있는 것 같기도 하고 허란산 기슭의 황허의 물이 마음을 적시는 것 같기도 했다.……

나는 비록 토굴을 떠나오는 사람들의 이별의 고통과 그 이주 현장을 직접 보지는 못했지만 다음과 같은 이야기는 많이 들었다.

마 씨 가족은 처음에는 토굴에서 이사하는 것을 꺼려 했지만 이웃들이 하나둘씩 이사하는 것을 보고 이제부터는 여러 개의 3~5개의 토굴을 가질 수 있지 않겠나 생각했다. 그런데 뜻밖에도 그해 보기 드문 폭우가 내렸고 산에서 물줄기가 고삐 풀린 사나운 말처럼 쏟아져 내려와 이웃들이 비운 토굴이 모두 무너져 내렸을 뿐만 아니라 하마터면 자신도 죽을뻔했다. 마 씨

는 아들이 수십 분 일찍 구해주지 못했더라면 '오래전에 이미 황토에 묻혔을 것'이라고 말했다.…… 마 씨는 현재 빨간 지붕의 새 집에서 매일 TV 드라마를 즐겨보고 재미있게 살고 있다. 새 마을이 건설된 후 그는 집에서 100m 거리에 있는 채소 창고에서 일하면서 한 달에 2,000위안을 벌고 있다.

사실 토굴에서 나와 새 집으로 이사하는 것은 단순한 이주가 아니라 물질적 측면과 정신적 측면에서 동시에 '빈곤의 뿌리를 뽑는' 행위이다. 민닝신촌 건설에서 나는 한 가지 보편적인 상황을 보고 깊은 인상을 받았는데 그것은 이렇게 건설되는 마을마다 푸젠 측에서 비용을 대 마을 주민들을 위한 대민 서비스센터를 구축했다는 것이다. 여기에는 넓은 마을 광장, 슈퍼, 은행 지점, 진료소, 당원 활동 센터, 노인 식당, 4시 반 교실(초등학교 저학년 학생들의 방과 후 활동), 빈곤 구제 작업장 등이 있어 거의 모든 마을 주민들이 일상생활에 필요한 모든 것을 '집 앞'에서 해결할 수 있었다! 심지어 마을 자체를 '집 앞 서비스센터'로 만든 신촌도 있었는데 그야말로 없는 것 없이 모든 서비스를 제공하고 있었다.

징위안현 류판산진 지메이촌에서 가장 먼저 내 눈에 들어온 것은 웅장한 마을 광장으로 그곳에는 문화의 벽, 마을 초등학교, 그리고 30개에 가까운 대민 서비스를 제공하는 '집 앞 서비스센터'가 있어 마을 주민들이 처리해야 하는 업무가 있으면 스캔 한 번이면 간편하게 해결이 가능했다. 그날은 마침 징위안현 당서기도 마을 광장에서 업무를 보고 있었는데 그는 나를 옆에 있는 두 집으로 안내하여 둘러보도록 해주었다. 그는 '마을 주민들이 새 집, 새 마당으로 이사한 후 한동안 넓은 마당을 어떻게 배치해야 할지 몰라 민닝 맞춤 빈곤 구제 협력을 담당하는 푸젠 파견 간부와 징위안현의 간부들과 협의하고 푸젠 커뮤니티 구축 경험을 도입해 새 마당에 작은 과수원과 채소밭을 만들었다'라고 말했다.

"보세요. —— 이제 이 작은 마당은 아름답고 실용적인 공간으로, 채소도 심고 신선한 과일도 먹을 수 있답니다.……" 현 당 위원회 서기는 농가 주인에게 과수원에서 신선한 살구를 따 달라고 부탁했고 나는 한입 맛을 보고는 "너무 맛있어요!'라고 외쳤다.

정말이지 닝샤의 과일은 천하일품이다!

마청후馬成虎라는 이름의 주인 마 씨는 멀리 산을 가리키며 "우리 가족은 저 산골짜기에 있는 토굴에 살았었는데 저는 70 평생을 더러운 빗물을 마시며 살았습니다. 작년에 샤먼 지메이구에서 이곳에 새 마을을 짓는 데 수백만 위안의 자금을 지원해 줘서 저를 포함한 5개 마을 주민 360명이 겨우 토굴이나 위험한 집을 떠나 이렇게 멋진 빨간 지붕 집으로 이사를 했답니다. 이렇게 달콤한 수돗물도 마시고 태양열 온수로 매일 샤워를 할 수 있게 될 줄은 꿈에도 몰랐어요"라고 말했다.

마 씨의 얼굴에 피어나는 미소는 진정 마음속에서 우러나오는 것이었다.

또 다른 마 씨의 집에 들어갔을 때 집주인은 약 30평방미터의 공간을 금붕어를 키우기 위한 온실로 사용하고 있었는데 실로 우아했다. 연못 속의 금붕어들은 즐겁게 헤엄치고 있었고 주인은 옆에서 여유롭게 차를 마시며 신문을 뒤적거리다가 내가 들어오는 것을 보고 금붕어 키우는 재미에 대해 이야기하기 시작했다.

어떻게 집에 금붕어 온실을 설치할 생각을 다 했나 궁금해서 물었더니 그는 "어려서부터 물을 좋아했는데 예전에 물이 부족해서 고생하며 살다가 넓은 새집으로 이사를 한 후 어릴 적 소원을 한번 이뤄보고 싶은 생각이 들어서 짓게 됐지요……"라고 말했다. 하, 알고 보니 이 마 씨는 이상을 추구하는 사람이었구나!

다시 마 씨네 집 마당을 둘러보니 채소밭과 과수원 외에도 전체적인 정원의 장식과 색채가 남다른 것이 우아하고 고상한 분위기를 풍기고 있었다.

"누가 디자인해 줬나요?" 나는 놀라움을 금치 못하며 이렇게 물었다.

"제 딸이 칭화대학교에 다니고 있는데 딸이 해줬어요!" 마 씨는 자랑스럽게 대답했다.

그랬구나!

새 집으로 이사한 후 마 씨 가족에게는 기쁜 일이 끊이지 않았다. 딸까지 명문대에 진학했으니 어찌 우아하게 살지 않을 수 있겠는가!

앞서 이야기한 두 마 씨 가족의 변화와 그들이 붉은 지붕집으로 이사 간 후 행복한 삶을 사는 것처럼 이와 비슷한 모습을 시하이구와 닝샤 곳곳에서 쉽게 찾아볼 수 있다. 나는 동행한 닝샤 친구들의 안내로 '푸톈莆田', '안시安溪', 취안강泉港'과 같은 푸젠성의 일부 지역과 이름이 같은 신촌에도 가봤는데 가는 곳마다 마을의 현대화 수준과 주민들의 행복한 삶에 감탄을 금할 수 없었다. 그리고 자치구 빈곤 구제 사무실 직원에게서 '시하이구와 자치구 전역의 빈곤 현과 시에 푸젠성 각지의 맞춤 지원 상대 지역으로부터 자금을 지원받아 건설된 '민닝 시범 신촌'이 수백 곳에 달한다'라는 이야기를 들었다. 바로 이러한 시범 신촌의 건설과 영향력, 그리고 중앙 정부의 지원에 힘입어 지역 전체의 빈곤 가정의 위험한 주택을 일괄적으로 보수하는 건설 프로젝트가 시작되었다. 2018년 초부터 2019년 말까지 이 지역 전체에서 위험 주택에 거주하는 주민들을 내진 및 방한 기능을 갖춘 1인당 면적 39m² 이상의 새 집으로 이주하도록 하는 문제를 기본적으로 해결했으며, 2020년 말까지 모든 위험 주택 거주 주민들을 새 주택으로 이전하도록 할 계획이다. "국민을 위한 이 프로젝트는 대상 범위가 넓고 막대한 자금이 투입되었으며 광범위한 영향을 미칩니다. 푸젠은 우리에게 큰 도움을 주었고 닝샤 주민들은 이 우정을 항상 기억할 것입니다." 자치구 빈곤 구제 사무실의 간부는 이렇게 말했다.

"왜 새로 지은 집 지붕이 모두 빨간색이죠? 무슨 의미가 있나요?" 이는 계속해서 머릿속에 맴돌던 질문이었다.

"닝샤의 토양은 주로 황토와 모래인데 이런 바탕색에 붉은색이 더해지면 미학적으로나 시각적으로 볼 때 대지와 조화를 이루면서 보다 활기차고 즐거운 느낌을 줍니다. 다른 한편으로는 빈곤에서 벗어난 닝샤 인민들이 푸젠성의 가족들과 시진핑 총서기, 당과 정부에 대한 감사의 마음을 부각시키고 동시에 이 감사하는 마음을 바탕으로 새로운 시하이구, 새로운 닝샤를 창조하고 건설하겠다는 자신감과 결의를 나타내고자 하는 것입니다! 어쨌든 뭔가 경사스러운 분위기가 묻어납니다.……"

그랬다, 붉은 지붕 집, 붉디 붉은색, 붉디 붉은 마음, 붉은색은 얼마나 많은 심오한 의미들을 담고 있는가!

붉은색은 사람들을 기쁘게 하고 열정을 일깨우고 잊을 수 없게 만든다.

시하이구의 붉은 집, 너에게 경의를 표한다!

4. 마이샹麦香들의 꿈 – '빈곤 구제 작업장'에서 세계의 공장'까지

마이샹麥香의 이름은 친마이샹秦麥香이다. 그녀는 올해 42세이지만 전혀 그렇게 보이지 않고 심지어 좀 더 꾸미고 더 세련되게 입고 나가면 그녀가 '결혼하려고 결혼 상대를 찾는다'라고 말한다고 해도 믿을 수 있을 정도이다. 그만큼 마이샹은 피부가 뽀얗고 여성스럽다.

"오해하지 마세요, 저 올해 42살이에요! 곧 할머니가 된다고요!" 마이샹은 우리가 그녀가 젊어 보인다고 하는 이야기를 듣고 얼굴을 붉혔는데 속으로는 기뻐하는 눈치였다.

마이샹은 "칭찬받는 걸 싫어하는 여자가 어디 있겠어요?"라고 말했다. 곧 할머니가 된다는 마이샹은 젊었을 때도 마을에서 '꽃'이라고 여겨질 정도로 예쁘기로 소문났었지만 안타깝게도 집이 가난하고 땅이 좁아 이 '꽃'은 '소똥'에 꽂혀 제대로 피지 못했다. 하지만 마이샹은 후회하지 않는다고 말한다. 그녀의 남편은 조금 아둔하지만 나쁜 사람은 아니라 푸젠성 등지에서 착실하게 '머슴살이'를 하며 돈을 벌어 그녀와 아이들을 부양했다.

42세의 마이샹은 곧 할머니가 되는데, 이런 일은 시하이구 일대에서는 흔한 일로 20대에 결혼하는 것은 당시 정책이나 지역 정책에도 위배되지 않았다. 그녀는 스무 살에 결혼했고 현재 큰 딸이 22세인데 딸도 결혼했으며 둘째 딸은 16살, 아들은 12살로 둘 다 중학교에 다니고 있다.

"당시 집안이 가난해서 큰딸은 공부를 많이 못 시키고 일찍 시집보냈는데 그게 조금 미안합니다." 마이샹이 지금 유일하게 큰딸에게 미안한 마음을 가지고 있지만 아직 젊은 마이샹이 곧 할머니가 되게 해준 것은 큰딸의 '공로'이기도 하다.

이것은 마이샹으로 하여금 마음속의 청춘과 젊은 여성의 에너지가 다시금 꿈틀거리는 것을 느끼게 해주었는데 이것은 욕망이 아니라 인생과 운명을 위한 것으로, 그녀는 시내에 집을 사서 자신의 가족을 위한 행복한 '작은 천국'을 일구고 싶었다.

"마이샹이 도시에 집을 산대요!" 이 소식은 날개 달린 새처럼 빠르고 높게 날아가 온 동네 사람들이 이 소식을 알게 되었고 마이샹은 가슴이 두근거렸다. 원래는 그냥 생각만 했던 것이었지만 이제는 '꼭 사야겠다'라고 마음먹었다!

시골 사람들은 도시에 가서 건물을 사거나 양옥에 살면 안 되는 것인가? 시하이구의 농민들은 도시에 가서 집을 사면 안 되나? 나는 돈이 있고 이 돈은 내가 일해서 번 것이고 열심히 일해서 번 것인데 내가 내 집을 사는데 무서울게 뭐야?! 내가 땀 흘려 일해서 번 돈으로 도시에 집을 사서 도시에 살면서 도시 사람들처럼 아침에 일어나서 공원에서 조깅을 하고 광장에서 엉덩이를 흔들면서 광장무를 추면 우리도 참 예쁘겠지. "하하……" 마이샹은 생각할수록 기분이 좋아져 혼자 웃기 시작했다.

마이샹은 현재 징위안현의 닝샤 취안샹 야외방직용품寧夏泉祥戶外紡織用品의 빈곤 구제 작업장에서 일하고 있다. 이 공장 외부에는 크고 눈에 띄는 '민닝 빈곤 퇴치 작업장'이라는 간판이 붙어 있으며, 이런 통일된 간판이 붙어 있는 빈곤 구제 작업장은 시하이구와 닝샤의 남쪽에서 북쪽까지 가난한 시골 마을 어디에서나 쉽게 찾아볼 수 있다. 이 역시 시진핑이 주창한 민닝 맞춤 빈곤 구제 협력을 통해 얻은 매우 중요한 경험이다. 이것은 작고 단순하며 지역 실정에 맞고 실용적이면서 멀리 일하러 갈 수는 없지만 좋은 노동력을 가지고 있는 사람들의 취업 문제를 그 자리에서 해결해 주는 것이 특징으로 마이샹과 같은 여성들이 바로 그 수혜자이다.

민닝 맞춤 빈곤 구제 협력의 초기 빈곤 구제 방법 중 하나는 푸젠 측의 아이디어로 시하이구 등 지역의 가난한 노동력을 푸젠의 해안 지역으로 유입시키는 것이었다. 해안 지역은 노동력은 부족하고 소득은 상대적으로 높기 때문에 이 방법은 오늘날에도 여전히 사용되고 있다. 빈곤 지역의 일반적인 가정에서 한 사람이 외지에 나가서 일을 하면 1년 수입이면 거의 가족을 먹여 살릴 수 있다. 이는 중국 북서부의 많은 빈곤 지역에서 노동력을 수출하는 관행으로, 사람들이 자발적으로 산에서 나와 일하러 가는 것과 빈곤 구제 맞춤 지원 업무상 조직적으로 노동력을 수출하는 방식이 있다. 민닝 빈곤 구제 협력에서의 노동력 수출의 이점은 자발적으로 외지로 일하러 나가는 것에 비해 훨씬 더 많다. 예를 들어, 닝샤 사람 하나가 푸젠으로 일하러 간다고 하면, 첫째로는 공장이 안정적이라 일자리를 잃어버리기가 쉽지 않고 본인이 안심하고 일하면 일자리가 보장되어 앞날을 걱정하지 않아도 된다는 장점이 있다. 또 다른 장점은 닝샤 사람들이 특별히 상당한 보조금을 받을 수 있다는 것으로 푸젠에서 반년 동안 일하면 민닝 빈곤 구제 협력을 통해 푸젠 측에서 매달 2,000위안의 보조금을 지급하는데 이는 상당한 추가 수입이 생기는 셈이다. "이것은 시하이구 사람들이 산에서 나와서 일도 하고 사고방식을 바꾸고 기술도 배우게 함으로써 나중에 고향에 돌아가 자리를 잡고 재산을 모을 수 있도록 장려하는 데 그 목적이 있습니다." 푸젠성 빈곤 구제 사무실의 동지들은 이렇게 말했다.

정말 속 깊은 배려가 아닐 수 없다!

"하지만 우리는 곧 문제를 발견했습니다.……" 푸젠 빈곤 구제 사무실의 동지들은 "외지에서 일하는 것은 젊은 사람들한테는 어렵지 않은 일로, 어디에서 사람을 모집하는지, 처우는 어떤지 통지하면 티켓을 사서 우리 푸젠으로 옵니다. 하지만 몇 년이 지나면 결혼하고 싶어 하는 사람들이 나오고, 특히 여성들은 결혼하면 아이를 낳아야 하는데 아이를 낳으면 적어도 1~2년 동안은 나올 수가 없습니다. 그리고 시하이구의 농촌 지역에서는 아이를 많이 낳기 때문에 하나를 낳고 2~3년이 채 지나지 않아 또 아이를 가집니다. 이렇게 되면 기본적으로 결혼한 여성들은 다시 일하러 나오기가 어렵게 됩니다! 그래서 우리는 푸젠의 기업이 직접 닝샤로 가서 집에 있는 닝샤 사람들이 공장에 가서 일하고 돈을 벌 수 있도록 할 수 있을까를 생각했고 이렇게 해서 빈곤 구제 작업장이 탄생한 것입니다!"라고 말했다.

왜 빈곤 구제 공장이라고 하지 않고 빈곤 구제 작업장이라고 하는 것일까? 나는 처음부터 이해가 가지 않았다.

"여기에는 이유가 있습니다." 푸젠성 빈곤 구제 사무실의 동지는 "작업장은 작고 단순해서 언제든지 옮길 수 있고 10~20명이 일하는 것도 작업장, 100~200명이 일하는 것도 작업장이라고 할 수 있습니다. 작업장은 상대적으로 분산되어 있을 수도, 분리되어 있을 수도 있습니다. 물론 소규모 공장들의 경우 공장들도 하나의 작업장일 수는 있습니다"라고 설명했다. 그리고 빈곤 구제 작업장 방안은 시하이구 같은 산간 마을의 경우 한 마을 또는 주변 3~5개 마을에 수십 명의 노동자, 특히 중장년 여성이나 장애인이 있을 수 있다는 사실에 근거하여 집 근처에 작업장을 설치할 것을 제안하고 추진하여 몇 분, 십몇 분 만에 귀가할 수 있도록 함으로써 교통 측면에서 시간과 비용 부담을 덜어주었다. 빈곤 구제 작업장은 보통 성과급제로 조퇴를 하든 늦게 오든 상관이 없고 일한 만큼 임금을 받는다. 출근하는 사람들은 일을 해서 수입을 얻을 수 있는 동시에 집에 가서 집안일을 처리하는 데에도 영향을 미치지 않아 여성들의 경우 집에 가서 아이들을 먹이고 집안일을 하는 데 지장이 없다.

'집 앞 근무'는 산골 마을의 가난한 가정, 특히 여성과 장애인에게는 큰 도움이 되는 일이었다.

마이샹도 그 수혜자 중 한 명으로 그녀와 비슷한 다른 여성들 역시 현재 빈곤 구제 작업장에서 일하며 매달 2~3천 위안을 벌고 있다. 집 가까운 곳에서 일하면서 2~3천 위안을 버는 것은 외지에 나가서 5~6천 위안을 버는 것보다 결코 못하지 않다.

"이제 매달 안정적으로 3,000위안씩 집에 가져올 수 있게 됐어요. 이 돈이면 두 아이들 교육비를 충당할 수 있고 남편이 외지에서 일하고 남은 돈으로는 집을 짓는다든지 중요한 가재도구를 장만하는 등 집안 대소사를 처리할 수 있어요. 딱히 더 쓸 일이 없다면 저축했다가 나중에 도시에 가서 집을 사면 되겠어요!" 마이샹은 미소를 지었다.

이제 모두가 그녀의 말을 믿는다. 그녀와 비슷한 경우가 적지 않고 빈곤 구제 작업장에 있는 여성들도 그녀와 가정 형편이 비슷하다. "오래오래 일해서 3년, 5년, 10년을 모으면 도시에 집을 살 수 있지 않겠어요? 히히, 우리가 농담하는 줄 아시나 봐!" 마이샹과 여성들이 우리를 향해 웃으며 말했다.

지금 그녀들의 생각은 결코 뒤처져 있지 않다. 도시에 집을 사려고 하는 이유는 도시 사람들과 같은 생활을 하고 쇼핑몰, 영화관, 광장무 등을 할 시간을 가질 수 있으며 무엇보다도 아이를 좋은 학교에 보낼 수 있기 때문이다.

자, 이것이 바로 오늘날의 시하이구 사람들로 생각하는 것이 도시 사람들과 크게 다르지 않지 않은가!

징위안현 류판산진 농민들이 스즈촌 취안샹 빈곤 구제 작업장에서 바쁘게 일하는 모습

사실 불과 몇 년 만에 시하이구 사람들이 자기 집 앞에서 공장에 가서 일할 수 있게 되었다는 것이 참 이상하게 들리지만 류판산의 수많은 산골짜기에서 나는 이러한 현실을 두 눈으로 직접 보았다.

2020년 6월 8일, 마 씨 부부는 빈곤 구제 작업장의 종이 상자 조립 라인에서 손으로 상자를 접는 단순 작업을 하고 있었다. 그들은 이날 TV에서 자주 보던 시진핑 총서기가 그들 앞에 나타나 악수를 나누고 일상생활에 대해 이야기를 나누게 될 것이라고는 꿈에도 생각지 못했다.……

마 씨 아주머니는 이제 사람들을 보기만 하면 웃으면서 그날 총서기와 어떻게 이야기를 나눴는지 이야기하곤 한다. "저한테 나이가 어떻게 되는지, 일은 힘들지 않은지, 생활은 어떻게 변했는지에 대해 물어봤어요. 제가 '지금 우리는 정말 행복합니다, 집에 없는 것이 없고 집 앞에서 돈도 벌 수 있으니까요'라고 말했더니 총서기님은 듣고 매우 기뻐하시면서 앞으로 더 좋은 날이 올 거라고 말씀하셨어요!"

나는 이틀 후 마 씨와 그의 가족이 일하는 민닝 빈곤 구제 작업장에 도착했다. 작업장은 비교적 큰 규모로 마당이 아주 넓고 생산 라인의 종이 상자 작업장에는 20~30명의 근로자가 일하고 있었다. 젊은 사람부터 마 씨 부부와 같이 나이가 많은 사람까지 다양한 연령대 사람들이 있었는데 모두 마을 농민들이었다.

작업장의 일은 단순하고 수입은 안정적이어서 교육 수준이 낮고 나이가 많은 사람들에게 매우 적합했다. 마 씨 부부는 60대로 한 번도 마을을 벗어나 멀리 가 본 적이 없고 평소에는 밭에 나가서 일하는 것 말고는 보통 집에서 집안일을 한다. 집안일이래봐야 별것 없다 보니 마을에 빈곤 지원 작업장이 지어진 후 두 사람에게 한 달에 600위안을 벌 수 있고 '더 많이 하면 1,000위안도 받을 수 있을걸요!'라며 마을 공장에서 일할 의향이 있는지 물었다.

"갈게요! 제 아내도 같이 갈게요!" 마 씨는 본인뿐 아니라 아내를 위한 자리까지 얻어냈고 그 이후로 노부부의 생활은 점점 더 좋아지고 있다. 마 씨 아주머니는 더더욱 하루 종일 허허 웃으며 마치 수십 년은 젊어진 듯 보인다. 총서기가 그녀에게 다가와 이야기를 나누는 장면이 CCTV 〈뉴스 연합 보도新聞聯播〉에 방영된 후 마음속에서 우러나온 듯한 그녀의 웃는 얼굴은 곧 '시하이구의 행복한 사람'의 홍보 대사가 되었다!

"총서기님을 만나서 기쁘셨죠?"

"네, 기뻤고 말고요!"

"행복하세요?"

"행복해요!"

"모레 베이징으로 돌아가는데 베이징과 총서기에게 전하실 말씀이 있으신가요?" 얼굴에 웃음꽃이 활짝 핀 아주머니를 보며 놀리듯 말했다.

그녀는 한바탕 웃더니 "총서기에게 말 좀 전해줘요, 여기는 점점 더 좋아질 거고, 우리 시하이구 주민들이 총서기와 당에 감사하고 있다고 말이야. 우리는 지금 매일이 행복해요. 다음 달에는 내 월급이 300위안 더 늘어날 거야!"

"하하……" 나와 일행은 모두 웃음을 터뜨렸다.

옆에 있던 마 씨가 아내의 옷깃을 잡아당기며 "지금 무슨 말을 하고 있는 거야!"라고 중얼거렸다.

마 씨 아주머니는 굴하지 않고 만면에 웃음을 띠고 "300원 더 받는다고! 공장 사장님이 수익성이 더 좋아졌다고 했어요"라고 말했다.

네, 네, 맞습니다! 사장님 만나서 확인했어요. 작업장에서는 또다시 한바탕 즐거운 웃음이 터져 나왔다.

실제로 닝샤에는 마 씨 아주머니처럼 빈곤 구제 작업장에서 뜻밖에 시진핑 총서기를 만나게 된 것을 기쁘고 영광스럽게 생각하는 사람들이 적지 않다. 1996년 시진핑 주석이 직접 민닝 맞춤 빈곤 구제 협력을 주재한 이후 네 차례 닝샤를 방문했는데, 특히 마지막 두 번은 빈곤 구제 작업장을 돌아보며 주민들과 대화를 나누고 공장을 운영하는 푸젠성 기업가들과 닝샤 간부들과도 이야기를 나누며 어떻게 하면 빈곤 지역 주민들이 집 앞 공장에서 일하며 고정 수입을 보장받을 수 있을지에 관심을 보였다. 해마다 지속적이고 순차적으로 빈곤 구제 작업장을 건설하면서 시하이구와 닝샤의 모든 가난한 마을에 빈곤 구제 작업장이 우후죽순 생겨났다.

어떤 사람들은 이 작은 작업장이 닝샤 산간 지역의 사람들을 높은 산과 먼 땅에서 공장으로, 수천 년간 이어진 농경 사회에서 산업 생산과 현대 사회로 '끌어당겼다'라고 말한다.…… 자세히 살펴보면 사람들의 이 말은 매우 적절하고 심오하다.

빈곤 구제 작업장은 원래 외지에 나가 일할 수 없고 가정 형편이 어려운 잉여 노동력이 집에서 일해서 소득을 창출할 수 있도록 하기 위해 설계되었다. 이처럼 학생들이 공부와 일을 동시에 하는 고학 방식과 다소 유사한 방식으로 별로 큰일이 아닌 것처럼 보일 수 있지만 이것이 농민들에게 가져다준 것은 단순한 생존 방식의 변화뿐만 아니라 행동 방식의 변화이다.

농민에서 노동자로의 신분 변화와 행동 방식의 변화는 인류 문명 과정에서의 큰 혁명 중 하나였으며, 서구 선진국의 발전사에 있어서도 엄청난 기세의 위대한 혁명으로, 목축업자와 농장주가 기계 생산과 산업 공정 및 도시 현대화에 서서히 적응하기까지는 1~2세기가 걸렸다.

많은 도시 사람들이 아직도 '촌놈'이라는 불쾌한 말을 자주 하는데 이는 농민들이 도시의 규칙을 이해하지 못하고 노동 규율과 규범을 준수하지 않는 것을 싫어한다는 뜻이다. 그들이 모르고 있었던 것은 소위 '도시 사람'이라고 불리는 그들의 조상들도 '도시인'이 되기 전에 '촌놈'들의 둔하고 시간을 준수하지 않는 등 농민과 유목민들의 산만한 생활 습관을 가지고 있었다는 것이다. 농민의 생활 방식과 행동 습관을 고치고 변화시키는 것은 결코 쉬운 일이 아니며, 때로는 가난한 사람을 부자로 바꾸는 것보다 훨씬 더 복잡하고 시간이 많이 걸린다.

그러나 중국의 빈곤 구제 및 빈곤과의 전쟁에서 시진핑 동지를 중심으로 한 중국 공산당은 민닝 맞춤 빈곤 구제 협력에서 빈곤 구제 작업장을 하나하나 정교하게 활용하여 이 문제를 정확하고 영민하게 해결했으며, 아주 짧은 시간에 농민 또는 한 세대의 농민을 '밭머리'에서 '공장 기업'으로 탈바꿈시켰다. 이것은 사소한 것처럼 보일 수 있지만 변화 과정은 사실 매우 힘들고 심지어 고통스럽기까지 하다.

"이 과정이 완성되면 찬란한 세상이 펼쳐집니다." 그날 하이위안현의 푸젠성 상업 기업이 건설한 '빈곤 퇴치 작업장'이 '세계 공장'으로 발전한 개발구를 방문했다. 이 큰 산골짜기에 '세계의 공장' 있다는 것은 솔직히 예상치 못한 일이었는데, 산간 지역의 가난한 사람들의 고용 문제를 해결하고, 지역 여건에 맞는 소규모 기업, 소규모 산업을 운영함으로써 농민들이 기본 또는 더 나은 수입을 얻을 수 있도록 하는 것은 내가 본 빈곤에서 벗어나 부자가 되기 위한 기본적인 방법과 조치이다. 하지만 닝샤의 시하이구에서 나를 놀라게 한 것은 일찍이 20~30년 전 선전과 기타 동남부 해안 지역에서 인기를 끌었던 공장 설립 광경이 이제 중국 서부의 외딴 산간 지역에 나타나기 시작했다는 것이다. 이 얼마나 역사적인 광경인가!

세계 경제와 노동력 구조가 움직이기 시작한 것일까? 대륙의 빙하 이동처럼 조용하고도 놀라운 변화가 일어나고 있는 것일까? 중국이 수년간 이야기해 온 서부 대개발이 정말 요란하고 극적인 변화와 함께 일어나고 있는 것일까? 중국의 광활한 서부에서도 새로운 공장 설립의 물결이 시작된 것일까? 이 모든 것들을 나는 눈앞에서 똑똑히 보았고 그 매력과 흐름을 느꼈다.

"1980년대 생인 푸젠성 장저우 출신의 잘생기고 성숙한 청년 왕젠후이王劍輝는 나와 죽이 잘 맞았는데 나중에 그는 뜻밖에도 그의 삼촌이 나와 같은 기관 출신이고 존경받는 유명한 문학 이론가라고 말했다.

눈앞의 이 산업 개발구는 2017년 민닝 맞춤 빈곤 구제 협력 요청에 따라 왕젠후이가 시하이구에 가서 건설한 것이다. 열정을 품고 시하이구에 온 왕젠후이는 이곳에서 사업을 운영하는 것이 단순히 돈을 투자해 공장을 짓고, 사람을 고용하고, 기계를 돌리는 것이 전부가 아니라는 생각을 하지 못했다.

"생각했던 것보다 일이 훨씬 더 복잡하고 어려웠는데, 주로 사람 때문이었습니다." 왕젠후이는 처음에 자신이 운영하고자 했던 것은 주로 여성 노동자를 모집해 의류를 만드는 빈곤 구제 작업장이었다고 설명했다. 그가 말하는 동안 우리는 그를 따라 의류 작업장으로 들어갔다. 다른 빈곤 구제 작업장에 비해 왕젠후이의 의류 작업장은 200~300m²로 꽤 큰 규모였고, 안에는 의류를 가공 중인 여성 노동자들로 가득 차 있었다.

"우리 제품은 모두 유럽으로 판매되고 이 제품은 러시아로 판매되며, 이탈리아 사람들은 이 스타일을 가장 좋아하고 프랑스 사람들은 이 디자인을 좋아합니다." 왕젠후이는 유럽 스타일의 옷에 대해 자신이 알고 있는 것들을 하나하나 막힘없이 소개해 주었다. 오늘날의 시하이구가 세계의 공장이 될 줄이야!

"맞아요. 지난 20~30년 동안 우리 푸젠성과 광둥성 연해 지역은 세계의 공장이었습니다! 최근 몇 년 사이 인건비 상승으로 인해 세계 공장의 지형도가 조금씩 변화하고 있으며 중국 서부 지역이 그 자리를 이어받아 가속화되고 있습니다. 닝샤는 이제 세계 공장의 일부가 되었고 이는 민닝 맞춤 빈곤 구제 협력 사업과 직접적인 관계가 있습니다. 이곳의 의류는 모두 수출됩니다." 왕젠후이가 말했다.

"많은 사람들이 세계의 공장이라는 것이 무엇을 의미하는지 모르고 외국인들이 우리의 값싼 노동력만 원한다고 생각합니다! 하지만 그것은 한 가지 측면에 불과합니다. 서방 국가의 사업가들은 우리에게 주문을 한 후 공장의 모든 것을 꼼꼼하게 확인하기 위해 직접 방문합니다. 마침 어제 막 독일 고객들을 배웅했습니다"라고 말했다. 그는 "그들은 우리 옷의 품질을 확인하는 것 외에도 주로 공장 내부 건설 상태를 살핍니다. 예를 들어 환경, 출퇴근 시 작업자들의 탈의 공간이 잘 갖추어져 있는지, 큰지 작은지, 화장실은 몇 개나 있는지, 내부가 청결한지 등을 포함한 작업장 여건을 확인하는데 상상할 수 없을 정도로 세세한 부분까지 점검합니다. 처음에는 이상하다고 생각했지만 나중에 보니 일리가 있었습니다. 의류 배치에 품질 문제가 있는지 없는지는 종합적인 문제이기 때문에 서구 선진국에서는 표준화가 매우 중요합니다. 이것은 아마도 세계의 공장의 기본 요건일 것입니다. 물론 근로자들의 출퇴근에 대해서도 통일된 규정을 마련해야 합니다. 하지만 이것은 우리가 빈곤 구제 작업장에서 가장 우선적으로 고려하는 문제와는 다르며 심지어 적지 않은 차이가 있습니다."라고 말했다.

왕젠후이의 기업 현장을 둘러보고 세계의 공장 개념에 대한 전혀 새로운 느낌을 받았다. 신경 써야 하는 것이 정말 많구나!

"처음 이곳에 왔을 때 가장 어려웠던 점이 두 가지 있었습니다. 하나는 물류 문제였는데 정말 만만치 않았어요! 제 공장은 푸젠성 장저우에 있는데, 장저우에서 샤먼으로 배송하는 화물 트럭 물류비용이 3만 위안입니다. 처음에는 화물 한 대를 세관 출구까지 운송하는 데 물류 운송비로만 수십만 위안을 지출해야 했습니다! 다른 하나는 노동 효율성 문제입니다. 저는 예전에 푸젠과 선저우에 공장이 있었고 조립 작업장이 있었는데 작업자 한 명이 하루 최대 15,000개 이상의 단추를 만들 수 있었습니다. 일반적으로 이런 공장은 성과급제를 적용하고 있어서 한 달에 5~6천 위안에서 7~8천 위안 또는 그보다 더 많은 임금을 받을 수도 있습니다. 하지만 이곳에서는 처음 몇 달 동안은 500개도 생산을 못해 이를 성과급제에 따라 계산하니 하루에 버는 돈이 5위안도 채 되지 않았습니다."

이렇게나 차이가 나다니! 알고 보니 사장님도 나름의 고충이 있었다! 이를 어쩌나?

"그러니까요, 어떻게 하면 될까요?" 왕젠후이가 말했다.

나는 대답을 할 수가 없었다. 그는 웃으며 "처음에는 도저히 방법이 생각나질 않아 포기하고 싶다는 생각도 들었어요. 하지만 현지 지도자들이 정말 대단했고 푸젠에서 온 빈곤 구제 간부들이 문제를 하나하나 해결하고 장애물을 제거해 준 덕분에 우리 공장이 오늘에 이르렀고 우리 제품은 진정 깊은 산속에서 나와 세계로 나아갈 수 있었습니다."

왕젠후이의 이야기는 서로 얽히고설키며 매우 '흥미진진한' 스토리를 엮어냈다.——

맨 처음에는 언어였다. 말이 통하지 않아 신입 직원들에게 직접 일하는 방법을 가르치는 것이 불가능했다. 왕젠후이가 공장을 운영하는 첫 단계는 새로 들어온 직원들에게 표준어를 배우게 하는 것이었다. 동시에 그와 그의 기업 팀도 현지 사투리를 배우기 시작했는데 그것은 마치 '외국어'를 배우는 것과 마찬가지로 쉽지 않았다.

두 번째 장애물은 근로자들이 출퇴근 규율과 작업 규범을 준수하도록 교육하는 것이었다. 왕젠후이의 의류 작업장은 생산 라인에서 몇 명의 근로자가 고정된 위치에 서서 질서정연하게 작업하는 조립 라인 방식이라 한 사람도 빠지면 안 되기 때문에 근로자들이 함께 출근하고 함께 퇴근해야 한다. "공장, 공장, 같은 장소에서 같은 시간에 일합니다." 왕젠후이는 가장 쉬운 말로 직원들을 교육했지만 처음 결과는 예상과는 전혀 달랐다. 여성 근로자들은 자신들이 해야 할 일이 있으면 그 일부터 했다! 예를 들어 8시 30분에 출근하라고 하면 '집에서 아기 젖을 먹여야 한다, 아기를 종일 울게 할 수는 없지 않으냐!'라고 한다거나 어떤 사람들은 8시 반이 너무 이르다고, 아침에 일어나서 밥을 하고 집안일을 하고 공장까지 걸어오면 너무 늦는다고 했다! 왕젠후이는 한발 양보해서 '그럼 9시에 출근하는 건 어떠냐' 라고 했더니 모두들 아무 말없이 잠자코 있었다. 하지만 정작 출근할 때는 여성 근로자의 3분의 1 정도가 시간을 지키지 못했다. 조립 라인 작업이다 보니 다른 사람들이 일찍 와도 공백이 생기면 일을 할 수가 없었다. '그럼 9시 30분으로 출근 시간을 미룰까요?'했더니 모두들 동의했다. 이번에는 성공이었다. 9시 30분에 기계가 가동되기 시작했을 때 모두 출근했고 라인은 정상적으로 작동했다. 하지만 얼마 지나지 않아 라인에 빈자리가 몇 개 생겼다. '다들 어디 갔지?' 하고 물었더니 한 사람이 '아무개는 집에 갔다'라고 말했다. '왜 집에 갔느냐'라고 물었더니 '아기 젖 먹이러 갔다'라고 했다! 왕젠후이는 그 말을 듣자마자 멍해져서 땅바닥에 털썩 주저앉았다.

"서두를 필요 없어요, 잘 조율해 봅시다." 현의 간부들이 나서서 공장에 들어온 근로자들에게 규칙과 도리를 가르칠 방법을 강구했다. 결국 부녀연합회 등 부서의 도움으로 근로자들 가정의 모든 문제들을 해결했다.

왕젠후이는 길게 한숨을 쉬며 속으로 '역시 제도는 우월하고 정부는 힘이 있구나!'라고 생각했다.

세 번째 새로운 문제는 이 젊은 사업가를 골치 아프게 했다. 바로 교육시간이 너무 오래 걸린다는 것이었다. 시간만 오래 걸린 것이 아니라 비용도 많이 들었다! "교육하는 데 1~2년이 걸렸고 이 교육으로 낭비된 옷감도 만만치 않았습니다!" 왕젠후이는 손가락 두 개를 펴 보이며 '2년 동안 거의 2,000만 위안'이 들었다고 했다!

"이것은 후회하지 않습니다. 이제 직원들의 기술력이 생산 작업 요구에 완전히 적응했고 우리 제품은 이미 유럽과 미국 등에서 인정을 받아 주문이 점점 늘어나고 있으니까요." 왕젠후이는 자랑스럽게 말했다.

네 번째 난관은 '성과급제 임금을 어떻게 계산할 것인가'하는 문제였다. "처음에는 계산이 불가능했습니다. 건수로 따지면 근로자들이 하루에 5~10위안도 벌지 못했습니다. 그들은 공장에 와서 하루에 30~50위안을 받을 것을 생각하고 있었는데 이 액수는 그들의 생각과는 너무 차이가 났습니다. 하지만 여기는 공장이니 효율을 생각하지 않을 수 없지 않습니까!" 왕젠후이는 근심 어린 표정으로 말했다.

갈등이 불거졌고 근로자들은 파업까지 불사할 정도로 첨예하게 대립했다. 왕젠후이는 골치가 아팠다.

"걱정 마세요, 저희가 조율해 보겠습니다." 현 지도자들이 다시 열정적으로 나서서 한 명 한 명 직원들의 의견을 구하고 그들의 생각을 들은 뒤 다시 와서 왕젠후이와 상의한 끝에 마침내 해결책을 내놓았는데 이에 왕젠후이는 감동하지 않을 수 없었다. 출근 초반에 작업 시간에 할당량을 채우지 못한 근로자들의 임금 일부를 정부에서 보조해 주겠다는 것이었다!

근로자들은 웃었고, 그러고 나자 더 의욕적으로 일하기 시작했으며 하던 일도 숙련되기 시작했다. 결국 그녀들은 정부 보조금을 전혀 원하지 않았다. "우리가 일한 것만으로도 충분히 벌 수 있어요!"

왕젠후이는 '누워서도' 임금이 어떻게 지급될지 걱정할 필요가 없었다. 곧 그는 근로자들이 자신이 맡은 작업을 빠르게 손에 익히면 성과급제에 따라 지급하는 임금이 배로 늘어났다는 사실을 알게 되었다. 물론 회사의 생산량도 따라서 배로 증가했다.

"임금 인상!", "보너스 지급!" 젊은 사장은 통이 컸다. 직원들은 위안화 뭉치를 들고 함박웃음을 지으며 집에 돌아갔다.

"왕 사장, 좋은 소식이 또 하나 있어요.——" 현 당 위원회 서기가 직접 왕젠후이를 찾아와 말했다.

"감사합니다. 서기님! 현 당 위원회 서기가 올 때마다 왕젠후이는 좋은 일이 올 것을 알았다. 아니나 다를까 현 당 위원회 서기가 이번에 전해온 좋은 소식은 전자 제품을 생산하는 선저우의 카드 큐브(Card Cube)에서 하이위안에 공장을 세우고 싶다는 것이었다. "그쪽에서 당신과 함께 일하고 싶다고 합니다. 현에서는 왕 사장이 앞장서서 공업 개발 단지를 조성하도록 요청하자고 결정했습니다." 서기가 말했다.

"제가요? 제가 주도해서 공업 개발 단지를 조성하라고요?" 왕젠후이는 믿을 수 없을 정도로 놀랐다.

현 당 위원회 서기는 고개를 끄덕이며, "그래요, 현에서 결정한 일인데 아직도 믿지 못하겠습니까?"라고 말하며 웃었다. 그런 다음 젊은 사업가의 어깨를 두드리며 "잘 해보세요, 우리 지역 경제 발전과 주민들의 행복에 도움이 되는 일이라면 팔을 걷어붙이고 나서 주십시오! 어려운 일이 있으면 저희가 도와드리겠습니다!"라고 말했다.

"아!" 오랜 세월 이리저리 뛰어다니며 고군분투해온 왕젠후이는 감동해 고개를 크게 끄덕이며 약속했다. 그 뒤에 있었던 일들을 통해 그는 오늘날 시하이구에서 벌어지고 있는 엄청난 변화를 더욱 분명하게 목격했다.

그전까지는 왕젠후이의 의류 회사 하나밖에 없었기 때문에 발송, 배송 비용이 매우 높았고 반드시 서부 산악 지대에서 수출 세관이 있는 곳까지 가야 했다. 곧 선저우의 카드 큐브와 칩을 취급하는 GEIL, 그리고 또 다른 자수 회사 한 곳이 왕젠후이의 빈곤 구제 작업장에 합류하면서 이제 단순한 작업장 개념이 아닌 수출 제품만 생산하는 거대하고 그럴듯한 대규모 공장이 되었다. "이렇게 4개 업체가 손잡고 물건을 팔게 되면서 공차율이 거의 제로에 가까워져 물류비용이 크게 절감되었습니다." 왕젠후이는 신이 나서 말했다.

하지만 그와 그의 세 '동맹' 회사는 모두 수출업체였지만 현지에는 외화 계좌가 있는 은행이 단 한곳도 없었다. 왕젠후이는 초조해져 식은땀이 났다. '이걸 어쩌지? 기껏 일해서 물건을 보냈는데 돈은 못 받는 격이잖아!' 급변하는 국제 시장에서 외화 환율은 며칠 사이에도 롤러코스터처럼 요동치는데 외화 결제를 해야 하는 왕젠후이가 마음이 급하지 않을 수 있겠는가?!

"바로 해결해 드리겠습니다! 제가 직접 조율해 보죠!" 현 당 위원회 서기가 또다시 직접 나섰다. 이 조율은 확실히 강력했고 가장 중요한 것은 닝샤의 금융 시스템이 특히 대단했다는 것이다. 금융 업계에서는 "민닝 맞춤 빈곤 구제 협력과 관련된 일은 '특수한 일인만큼 특수한 방법으로 해결'해야 하며, 다시 말해 시하이구 지역에 이미 큰 변화가 일어났는데 금융 서비스가 이를 따라갈 수 없다면 우리 업계의 직무유기입니다."라며 협조했다.

자, 보다시피 왕젠후이는 또 운이 좋았다.

한때 트랙터조차 몰지 못할 정도로 가난했던 시하이구의 산지에 이렇게 '세계의 공장'들이 하나 둘씩 속속 생겨났다.…… 내가 보기에 이것은 시하이구에서 가장 눈부신 광경으로, 그 의미가 황허의 물을 관개 지역에 끌어들인 것이나, 심지어 해방 초기 공산당이 농민에게 토지를 반환한 위대한 역사적 사건에 결코 뒤지지 않는다고 생각한다.

이곳의 '세계의 공장'의 경우 사실상 산업 가공 기업과 IT 기업이 동시에 등장했는데 이는 개혁개방 초기 선저우를 비롯한 연해 지역의 상황과는 또 다른 형태이다. 그것은 한걸음에 단계를 뛰어넘은 것으로, 전통적이고 단순한 산업과 최첨단 하이테크 산업이 동시에 시하이구 지역에 나타난 것이다. 예를 들어 왕젠후이가 현재 관리하는 기업에는 의류 가공뿐만 아니라 칩을 생산하는 IT 기업도 있으며, 심지어 내가 본 '카드 큐브'의 제품에는 내륙 도시에서도 찾아보기 어려운 최첨단 하이테크 제품도 포함되어 있었다. 이러한 기업과 공장이 노동력과 토지 자원이 풍부하며 자연환경이 좋은 서부 지역에 자리를 잡게 된다면 중국 동부 지역은 물론 동남아시아의 여러 국가들보다 훨씬 더 경쟁력이 있을 것이다.

이것은 특히 환영할 만한 현상으로 시진핑 총서기와 당 중앙위원회가 빈곤과의 전쟁과 서부대개발에 노력을 아끼지 않은 이유가 무엇인지를 점점 더 분명히 깨닫게 해주었으며 그 전략적 중요성은 우리가 상상했던 것보다 훨씬 더 풍부하고 다채로웠다!

하, 이것은 바로 위대한 민족의 부흥을 그린 한 편의 웅장한 서사시인 것이다!

그러나 필자는 시하이구와 같은 중국의 가장 빈곤한 낙후 지역에 등장한 세계의 공장들이 '처음에는 그다지 아름답게 보이지 않았지만 사실은 서부 사람들을 행복하게 해주었던' 작은 빈곤 구제 작업장에 의해 가능해졌다는 사실에 주목하고 싶다. 이것은 서양의 고전 경제학자들도 이해할 수 없는 일이며 중국의 많은 저명한 경제학자들의 저서와 논문에서도 거의 언급되지 않은 것이다. 이것이 바로 중국 스타일의 '갖은 고난을 무릅쓴 고군분투'가 이빨까지 무장한 제국주의를 물리칠 수 있었던 '비결'로, 중국 공산당의 능력 덕분이다. 그 핵심 요지는 '중국 사회의 현실에 비추어 실사구시實事求是를 추구하고 인민을 섬기며 최하위 계층 인민의 이익을 도모하는 길을 가자'라는 것이다.

빈곤 구제 작업장의 초기 설계는 복잡하지 않았다. 자체 가공 제품과 도구 또는 기계와 장비를 갖춘 푸젠성 중소기업인들이 닝샤 시하이구 지역으로 와서 민닝 빈곤 구제 협력 프로젝트의 자금을 사용하여 노동력은 풍부하나 산업 조건이 없는 일부 지역에서 작은 불씨와 같이, 마을에 붉은 깃발을 꽂듯이 크게는 수백 제곱미터, 작게는 수십 제곱미터 규모의 작업장을 하나씩 하나씩 건설해 나갔다. 그런 다음 여성 근로자를 위주로 지역 농민들을 모집했으며 작업 요건에 따라서는 60~70대 노인들도 단순 수작업 및 생산 조립 라인에서 일할 수 있도록 했다. 이러한 모델은 지역 주민들에게 큰 환영을 받았다. 우선 집 앞에서 '공장에 가서 일하고 임금을 받는' 것이 현지 주민들의 말에 따르면 '실수로 꿀단지에 빠진 같은' 느낌이라고 했다.……그렇다, 이런 생활 방식과 생산 방식은 처음으로 빈곤 지역 사람들에게 인간의 존엄성을 느낄 수 있게 해주었다. 둘째, 자유롭게 산발적으로 흩어져 있던 노동의 형태가 변화함에 따라 농민들은 시간을 의식하고 효율성과 규율 및 자의식을 중시하는 집단이 되었다. 셋째, 노동의 가치와 가치를 얻는 삶의 의미를 이해하게 되었다. 그리고 무엇보다 가장 크게 느낀 점은 생산에 참여하는 과정에서 사람들과 어울리는 법을 배우고 '외부 세계'가 어떤 것인지, 그리고 앞으로의 '내'가 어떻게 살아가야 하는지 알게 되었다는 것이다.

생활 환경과 생활 방식이 바뀐 사람들이 빈곤 구제 작업장에서 가지고 나온 것은 비단 임금뿐이 아니었다. 그들은 마음가짐, 희망, 지식을 얻고 새로운 삶을 이해하고 시작하게 되었다고 말한다.

또 다른 빈곤 구제 작업장의 푸젠성 출신 기업가 황수이하이黃水海(1980년대생)는 직원들에게 일당으로 임금을 지급하고 있다고 소개했다. 그는 작업장 전광판을 지나가는 데이터를 가리키며 "작업자마다 자신의 실시간 작업 완료 지수와 임금 데이터를 확인할 수 있습니다. 여기에는 개인 복장, 노동 규율 등과 같은 제품 품질 및 노동의 다른 요소들도 포함되며, 이런 요소들을 모두 전체 데이터에 포함시켜 통계를 냄으로써 '실제 지급 임금'을 최종 산출합니다"라고 말했다.

"이러한 관리 모델은 실제로 근로자와 관리자 간의 투명성을 실현할 수 있는 방법이자 근로자 스스로 자기 관리를 할 수 있도록 하는 방식입니다. 이 모델의 장점은 데이터를 통해 근로자가 자신의 다양한 능력을 조절하고 변화시켜 기업의 요구를 충족하는 완전하고 진취적이며 성숙한 사람으로 성장할 수 있다는 것입니다." 황수이하이는 '이러한 환경 속에서 기계라는 것을 한 번도 본 적이 없는 산간 지역의 농민이 불과 1년 만에 활동적이고 진취적이며 솜씨가 뛰어나고 감정이 풍부한 '현대화'된 사람으로 바뀔 수 있었다'라고 말했다!

과연 놀라운 변화가 아닐 수 없다. 이것이야말로 또 다른 종류의 '천지개벽'할 변화가 아닐까? 시하이구에 변하지 않는다면 그것이 오히려 이상한 일이다!

이렇게 환경이 변하고 사람이 변했는데 아직도 예전의 그 시하이구를 볼 수 있을까?

인류 역사상 가장 위대한 혁명인 산업혁명은 지난 3세기 동안 인류의 발전을 4천 년의 노예 사회와 봉건 사회를 합친 것보다 100배나 더 빠르게 이끌었다. 우리는 또한 작은 구제 작업장에서 빈곤 지역 주민들에게 가져온 변화를 볼 수 있으며, 중국 공산당이 선택한 빈곤 구제, 빈곤 퇴치의 길이 올바른 길이라는 것을 다시 한번 확인할 수 있다.

'빈곤 구제 작업장'과 '세계의 공장'의 경계는 명확하지 않으며, 규모는 작지만 한 푸젠성 기업주가 한 지역에 10개 이상의 빈곤 구제 작업장을 운영하는 경우도 많기 때문에 둘 사이의 경계가 모호한 경우도 많다. 작은 불씨에 한 번 불이 붙으면 활활 타오르는 '큰불'이 되듯, 빈곤 구제 작업장에서 나오는 대부분의 제품이 해외로 판매되기 때문에 산업과 제품이 연결되어 하나의 완전한, 심지어 거대한 세계 공장이 된다. 왕젠후이와 같은 규모가 비교적 큰 기업은 빈곤 구제 작업장 자체가 훌륭한 세계의 공장으로, 가장 발전된 지역의 소비자 그룹과 최첨단 하이테크 제품을 공략할 수 있는 위치에 있다.

룽더의 한 공업 개발구에서 우리는 진정한 의미의 '세계의 공장'을 보았는데, 이름하여 '닝샤룽더조화공예유한공사寧夏隆德人造花工藝有限公司'이다. 이 회사는 당시 구이위안 지역 최초의 수출 기업으로 유럽인들이 좋아하는 다양한 종류의 조화를 생산하고 있었다. 나와 자치구에서 온 일행 몇 명은 나름 다양한 세상을 접해본 사람들이라고 할 수 있지만, 이 '꽃의 세계'에 들어서는 순간 우리는 모두 실없이 웃고 있었다. 구매자가 상상하는 '꽃'의 모양대로 아주 빠르게 제작되는 꽃들 가운데는 지금까지 본 적 없는, 동화나 공상과학 소설에서만 볼 수 있는 '꽃'들도 많았는데 이런 꽃들이 너무나도 매력적이었기 때문이다.…… 직접 눈으로 보지 않았다면 이런 외딴 산골짜기에 그렇게 멋진 '꽃의 세계'가 '숨겨져' 있다는 것을 믿을 수 없었을 것이다.

기업주는 판원셴潘文賢이라는 이름의 푸젠 출신의 사업가로 현지에서 '큰손'으로 유명했는데, 그는 민닝 맞춤 빈곤 구제 협력에서 닝샤의 산악 지역에 과감히 큰돈을 투자한 사람들 중 한 명이었다. 판원셴은 '처음부터 시하이구를 좋게 봤고 결국 이곳에서 해낼 수 있을 것이라고 확신했으며, 지금은 손자들까지 통더로 데려왔다'고 말했다. 그는 "이 뜨거운 땅에 뿌리를 내리려는 것입니다"라고 말했다. 그날 그는 꽃을 만드는 작업장을 둘러보도록 안내하며 생산된 제품을 소개했다. 판원셴은 이곳에서 가장 오래된 '꽃'을 만들 수 있고, 인류가 보지 못한 '꽃'을 생산할 수 있으며 고객의 요구에 따라 고객이 원하는 '마음의 꽃'을 만들 수 있다고 말했다.

그는 "우리 직원들은 현지 사람들이고 중간 이하 경영진도 현지 사람들입니다. 저희 디자이너들은 해외 출신도 있고 현지 대학 졸업생도 있습니다. 이곳에 있는 장비들은 세계 최고 수준입니다"라고 말했고 마침 그 때 '3D' 프린팅 작업장이 보였다.

정말 신기했던 것은 회사의 '꽃 시즌 쇼룸'에서 보았던 조립할 수 있는 '꽃'으로, 꽃꽂이, 꽃바구니, 꽃 게이트와 꽃 화랑, 꽃 스크린과 꽃 벽걸이 등에 사용되는 족히 수백 가지는 넘는 각양각색의 꽃들이 있었다. 다시 말해 이름을 아는 꽃, 이름을 모르는 꽃이 모두 있었는데 가격은 몇 위안에서 몇 십 위안까지 그렇게 비싸지 않았다. 물론 고급스럽고 귀한 꽃은 가격이 수십만 위안에 달할 수도 있을 것이다.

판원셴의 '조화' 사업은 나와 일행들의 탄성을 자아냈다. 이 '꽃'들은 아름답고 우아했으며 손에 들고 블록 쌓기 하듯 조립하면 예상치 못한 다양한 색상의 꽃의 조합을 마음대로 만들어 낼 수 있어 아이들의 지적 발달과 가족의 일상생활을 아름답게 하는 데에도 큰 의미가 있었다!

판원셴은 웃으며 "이 제품은 해외 초·중·고교에서 선풍적인 인기를 끌고 있습니다. 중국의 초·중·고교에서도 시장이 열린다면 여기 이곳은 정말 '세계 꽃의 도시'가 될 것입니다! 그렇게 된다면 1년에 수십억, 수백억 위안의 생산액도 더 이상 꿈이 아닐 것입니다"라고 말했다.

자, 이제 여기에도 '세계의 공장' 있다는 것을 믿을 수 있겠는가!

"저는 이 공장이 있어서 너무 좋아요! 1년에 4~5만 위안은 너끈히 벌 수 있거든요. 지금 우리 가족 중에 3명이 여기에서 일하고 있는데, 남편은 공장에서 외근하고 시어머니는 꽃다발 만드는 일을 하셔서 우리 가족은 한 달에 거의 1만 위안을 벌고 있어요. 집에 작은 승용차도 한 대 있고 도시에 집을 사는 게 다음 목표인데 아마 더 이상 먼 얘기는 아닐 거예요! 내년이면 살 수 있을 테니까요." 이 공장에서 일하는 또 다른 '마이샹麥香'은 이같이 그녀의 가족의 현재 상황을 이야기해 주었다. 수년간의 빈곤 구제와 빈곤 퇴치가 그녀와 그녀 가족에게 가져온 가장 큰 변화가 무엇인지 묻자 이 '마이샹'은 "빈곤 퇴치 이전에는 우리 여자들은 호적에 이름은 있었지만 사실상 태어나자마자 부모님에게는 없는 것이나 마찬가지였어요. 하지만 빈곤에서 벗어나 부자가 된 후에는 우리 이름이 호적부 세대주 란에 적혔어요. 우리가 공장에서 벌어온 돈으로 새 집을 산 거라 애 아빠가 저더러 세대주를 하라고 해서요, 하하……"

말을 마친 '마이샹'의 입가에 미소가 떠올랐다. 이 미소는 원래도 예쁜 그녀의 얼굴을 한층 더 아름답게 만들었다.

시지에서 처음 인터뷰를 할 때 빈곤 구제 작업장에서 40대로 보이는 매우 아름다운 '마이샹'을 만난 적이 있다. 그녀는 같은 마을에서 온 50~60명의 여성 근로자들을 인솔해 아랍 국가로 수출하는 제품을 만드는 작업장의 책임자였다. 너무 예쁘고 고상해서 나는 농담 반 진담 반으로

"좀 더 일찍 만나서 베이징 민속 무용단 같은 데 소개해 줬으면 스타가 될 수 있었을 텐데요……"라고 말했다.

'마이샹'은 예쁜 눈을 깜빡이며 "한 달에 얼마예요?"라고 물었다.

나는 "여기 있는 것보다는 확실히 많을 거예요! 적어도 만 위안은 넘을 걸요!"라고 말했다.

그녀는 웃으면서 "남편도 데려가도 되나요?" 하고 물었다.

"그건…… 되겠죠!" 나는 약간 당황하며 대답했다.

'마이샹'은 다시 "두 사람 월급을 합치면 얼마나 될까요?"라고 물었다.

"그건……" 나는 말문이 막혀버렸다.

하, 그래, 시하이구야, 너의 지난날 가난하고, 오래되고, 낙후되고, 심지어 우매했던 풍경은 이미 역사의 뒤안길로 사라진지 오래고 새롭고, 아름답고, 현대적이고, 세련된 새로운 시하이구가 우리 앞에 우뚝 솟아나 수많은 '마이샹'들과 그들의 자녀, 남편, 그리고 건장한 말, 높은 산등성이, 파란 하늘, 푸른 초원과 넓은 도로, 그리고 더없이 아름다운 산천과 들판까지 내 마음을 설레게 하는구나.……

그렇다. 오늘날 시하이구 곳곳에 무수한 별들처럼 수많은 세계의 공장이 있다고 한다면, 즉 산업화가 이 오래된 땅에 새로운 물결을 일으키고 있다고 한다면 시하이구를 답사하는 동안 더욱 인상적이었던 것은 이 광활한 고산 지대에 시하이구 사람들이 특히 자랑스러워하는 "들판에 자라난 '세계의 공장'"들이 더 많다는 것이었다. 여기에는 기계의 윙윙거리는 소리도 없고 오염물도 없으며 많은 노동력을 투입해야 할 필요도 없다. 그것은 자연이고, 꽃이고, 묘목이고, 나무이며, 맑은 물이고, 흩날리는 갈대이며, 날아다니는 새이고 향기로운 과일이다.……그리고 이것은 의심할 여지없이 훨씬 더 가슴을 벅차오르게 하고 열정적이며 의미 있고 심오하다.――

그렇다, 이것이 바로 시하이구가 '빈곤 구제 작업장'에서 '세계의 공장'으로, 그리고 다시 지금 '자연 세계 공장'으로 발전하고 있는 시하이구의 오늘이다.

이것이 내가 시하이구에 대해 가지고 있는 또 다른 인식이다. 이러한 인식은 당시 구위안 시 당 위원회 서기였던 장주張柱가 식사 자리에서 당당하면서도 차분한 어조로 했던 이야기에서 비롯된 것이다.

"구위안의 발전은 더 이상 연해 지방과 내륙의 발전 모델을 그대로 답습하는 것이 아닙니다. 우리는 산간 지역의 특성에 맞고 환경 보호, 생태 문명 및 산업 문명을 동시에 추진할 수 있는 발전 아이디어를 찾아야 합니다. 즉, 생태 건설과 빈곤 퇴치 및 인민 부강을 긴밀하게 연계하여 삼림 녹화와 인민 부강을 동시에 달성하고 생태적 아름다움과 인민 부강의 유기적 통합을 실현해야 합니다. 저는 구위안 지역 간부들에게 발전 문제에 있어서 반드시 왼쪽 어깨와 오른쪽 어깨가 나란해야지 어느 한쪽이 높고 어느 한쪽은 낮아서는 안 된다, 즉 산업 현대화의 '금산과 은산'뿐만 아니라 생태 및 자연의 '푸른 물과 푸른 산'도 중요하다고 강조했습니다."

"이를 위해 구 위안시 당 위원회와 시 정부의 지도하에 2017년부터 구위안시 전체에서 '네 가지 일四個一' 삼림 수풀 산업 프로젝트를 추진하고 있습니다. 여기에는 농민들의 부 축적을 위해 넓은 면적에 과일과 채소 숲을 심는 '나무 한 그루', 지역 기후 특성에 따라 넓은 면적에 시장 전망이 밝고 류판산의 특색 있는 묘목을 심는 '묘목 한 그루', 아름다운 시골 경관에 맞춰 조경용 화훼를 대규모로 심는 '꽃 한 송이', 넓은 면적에 경제 가치와 관상 가치가 있으면서 목초 산업과 연계가 가능하고 지역 관광 산업과도 연계할 수 있는 지피식물을 심는 '풀 한 포기'가 포함됩니다. 구위안시의 '네 가지 일' 삼림 수풀 산업 시범 단지의 '네 가지 일'은 '전면 상점, 후면 농장+기지+농가'의 모델을 구현하고 농민들이 토지 출자, 노동력 투입 등의 방식으로 참여할 것을 장려하여 류판산 일대에 녹색 빈곤 구제 작업장이 성황을 이루도록 했습니다."

구위안은 '네 가지 일' 프로젝트를 실시하는 과정에서 민닝 맞춤 빈곤 구제 협력의 경험을 충분히 요약하고 홍보했으며, 푸젠 농림대학, 푸젠 농업 과학원, 시베이 농림과기대학, 닝샤 농림 과학원 등 대학 및 기관과 연계하여 '네 가지 일' 생태 프로젝트 전문가 팀을 구성해 향진 간부, 협동조합 관리자 및 마을 주민들을 대상으로 단계적인 기술 교육을 실시함으로써 기술과 인재 병목 문제를 해결하고 이 같은 방식을 통해 더 많은 부 축적의 달인들을 양성하고 친환경적인 부 창출 산업이 농가에 뿌리내릴 수 있도록 했습니다. 지역별로 과학적 계획과 다 지점 배치, 나무가 유리하면 나무를, 풀이 유리하면 풀을 심는다는 원칙에 따라 현(구), 진, 촌에서 각자의 고유한 특색을 살린 생태 경제 발전을 추진했습니다. 위안저우구 터우잉진頭營鎮에서는 현지에서 도입한 왜성 밀식 재배 사과의 생존율이 높아 일부는 이미 열매를 맺기 시작했고 기술 인력들은 탈빈곤 가구인 마쥔馬軍의 사과 과수원에서 농민들에게 재배 기술을 설명했습니다. 과거에 재배했던 사과나무는 수확량이 적고 병충해에 약하며 식감도 좋지 않아 높은 가격에 팔 수 없었는데 왜성 밀식 재배를 통해 과일 나무그루를 낮게 만듦으로써 과수 농가에서 자루 씌우기, 수확하기가 쉬워져 인건비를 크게 절감할 수 있으며, 동시에 토지 이용률을 높이고 1무당 수확량을 높이며 품질을 개선하고 투입량을 줄이고 과일을 빠르게 성숙시켜 시장에 내놓을 수 있습니다. 일반적으로 파종 후 2~4년이 지나면 열매를 맺기 시작하고 4~5년이면 수확 단계에 들어가게 됩니다. 결실기의 왜성 밀식 재배 사과나무는 1묘당 3,000kg 이상의 사과를 생산할 수 있으며, 잘 관리할 경우 4,000~6,000kg

까지도 생산이 가능한데 현지 시장의 소매가인 1kg당 4위안으로 계산하면 과수 농가의 1무당 최고 소득은 거의 3만 위안에 달합니다. 현지에서는 물이 많고 아삭한 배, 홍매실 살구, 황관배 등 기타 품종도 재배하고 있습니다. 시지현 펜청향偏城鄉 위무거우榆木溝 순화 테스트 시범 단지를 도입해 큰 과일 헤이즐넛, 체리 등 기타 수종을 심었고, 펑양현彭陽縣 바이양진白陽鎮 재배 시범 단지에서는 거의 천 무에 달하는 면적에 다홍파오 화자오大紅袍花椒를 심었으며 징위안현에서는 흑과마가목黑果花楸, 복엽축複葉槭 등을 들여왔습니다. 시하이구 지역의 서늘한 기후와 긴 개화기, 남쪽과의 계절적 차이로 인해 이러한 빈곤 구제 작업장의 꽃은 농부들에게 부를 안겨주는 산업이 되었습니다. 예를 들어, 월계화月季花는 다른 곳에서는 5월에 꽃이 지는데 구위안은 7~8월에도 꽃이 피기 때문에 구위안의 꽃이 전국 각지에서 날개 돋친 듯 팔려 나갑니다. 또 류판산 묘목은 추위에 강하고 생명력이 강해 북서쪽에서 점차 브랜드를 형성했습니다. 구위안의 '네 가지 일' 프로젝트는 풍경을 심고, 산업을 심고, 부富도 심어 주었습니다.

녹색 굴기綠色崛起의 기세가 심상치 않다. 그동안 빈곤 구제 사업 메커니즘은 투자유치, 빈곤 구제 기금 프로젝트 연계, 토지 양도, 금융 할인 대출 등 다양한 경로를 통해 자금, 토지, 노동력 등의 문제를 해결했으며 이러한 실용적인 조치들은 빈곤 구제 작업장의 성장과 확장에 유리한 조건을 마련해 주었다. 종자 도입 테스트 확정을 시작으로 구위안은 그해 39개의 테스트 시범 단지를 조성했는데 총면적 21,000무의 토지에 149개 수종, 269개 품종을 도입해 순화 재배 테스트를 진행한 결과 95% 이상의 생존율을 보였다. 또 2019년에는 86개 품종을 지속적으로 도입 및 보급하여 163만 6,000무에 달하는 임업 및 목초 산업을 발전시켰다. 들판을 배경으로 하는 이 빈곤 구제 작업장들은 날로 번창하고 묘목도 잘 자라는 등 뚜렷한 시범 효과를 거두어 이곳에서 재배하여 옮겨 심은 화초와 수목이 이미 류판산 땅 전체에 널리 퍼졌고 민둥산이 푸른 산으로 변모하였으며 도시의 삼림 피복률은 28.4%, 삼림 및 목초 피복률은 73%에 이른다. 이 지역의 도시와 농촌 곳곳에 아름다운 풍경이 자리하게 되었고 공원 내 초목이 무성해졌으며 아름다운 환경과 기능 시설을 모두 갖춰 전국 각지의 관광객들이 이곳을 찾고 있다. 이 얼마나 큰 도약이자 변화인가! 우리는 이곳이 한때 '세계 최고의 빈곤 지역'으로 불리며 우리를 뒷걸음치게 하고 두려움에 떨게 했던 시하이구라는 것을 기억해야 한다!

'아름다운 생태'에서 '아름다운 경제'에 이르기까지 구위안은 감동적이고 장엄한 개선가를 썼다. 이 '장엄한 개선가'는 구위안의 작가 왕융웨이王永瑋가 쓴 〈마지막 '고산高山'을 넘어 —— 구위안 빈곤 퇴치 연대기翻越最後一座"高山" —— 固原脫貧攻堅紀事〉라는 책을 통해 새로운 시하이구의 '사기史記'가 되었다.

CHAPTER 06

정은 금처럼 귀하고 시는 강산이라

1. '가족'이라는 이름에 흐르는 뜨거운 눈물

24년 전인 1996년 어느 날, 빈곤 구제 사무실의 린웨찬은 팔에 서류를 끼고 당시 성위원회 부서기였던 시진핑의 사무실로 바쁘게 걸어 들어갔다. 이 날 그녀는 중요한 건의사항을 보고해야 했다.

린웨찬은 보고하러 가기 전 빈곤 구제 사무실 동료에게 닝샤 실종 아동과 여성 건강, 장애인에 대한 자료 정리를 부탁했다. 그 자료를 받아 든 린웨찬은 아이들이 교육을 받지 못 하는 환경과 엄마들의 부담감, 열악한 양육 환경, 많은 장애인 숫자를 접하고 닝샤 지역 사람들의 어려움을 알게 됐고 자리에 앉아 있을 수 없었다.

빈곤 문제만 해결하고 아이들의 교육 문제와 여성들의 출산·양육·보건 환경, 장애인의 생존 문제를 해결하지 않으면 반쪽짜리 빈곤 구제 밖에 되지 않아! 린웨찬은 가만히 두고 볼 수 없었다. "같은 여자로서 닝샤 여성과 아이, 장애인에 대해 더 관심을 가져야 한다고 생각했습니다. 민닝간 협력에 반드시 교육, 보건 방면의 빈곤 구제를 추가해야 한다는 생각을 시 서기에게 보고했죠." 린웨찬은 인터뷰에서 "이건 저의 '발명'이라고 할 수 있습니다. 시 서기는 그 자리에서 제 생각을 지지하고 성 교육청과 보건청 담당자에게 직접 전화를 걸어 빈곤 구제 계획을 마련하도록 지시했어요. 그 때부터 매 해 푸 에서는 빈곤 구제 간부보다 많은 규모의 교육, 위생 지원 선생님들과 의사를 닝샤로 파견하게 됐고 닝샤에서는 선생님과 의사들을 구성해 푸 에서 연수를 받을 수 있게 했습니다……"라고 자랑스럽게 말했다.

아이들의 취학 문제만큼 학부모들이 신경쓰는 일도 없을 것이다. 그러나 어려운 가정 형편과 경제적으로 낙후된 상황에서 공부는 해 봤자 '쓸모

없는' 것인데 어떻게 학부모와 아이들이 즐거운 마음으로 학교에 가서 시간을 '낭비'하게 할 수 있을까?

배우지 못한 인간은 생존하기 위해 육체에 의지한다. 그리하여 인간은 가장 원시적이고, 본능적으로 노동력에 의지하는 시대로 되돌아간 것과 같이 된다. 일 할 힘이 있으면 '성인'이 되고, 장가도 가고 자손도 낳을 수 있다. 이것이 바로 당신의 인생이다.

여자 아이에서 여자가 되는 과정도 원시로 돌아간다. 어머니가 당신을 낳고, 당신은 다시 자녀를 낳고 대를 잇는다. 이러한 과정은 교육을 필요로 하지 않는다. 당신은 그저 집안일을 하고 남자를 대신해 아이를 낳는 '도구'일 뿐이다. 물론 시간 여유가 있을 때면 밭에 나가 감자를 캐고 나물을 뜯고 소와 말도 키워야 한다.……

교육을 받지 못한 남자와 여자는 별반 다를 게 없다.

교육을 받지 못했기 때문에 고향의 모습이나 집안의 경제는 영원히 바뀔 것 같지 않다. 그래서 젊은 사람들은 고향을 떠나 먼 곳으로 일을 하러 갈 수밖에 없다. 어쩌면 이는 빈곤 지역 젊은이들에게 가장 좋은 출구일지도 모른다.

하지만 교육을 받지 못했기 때문에 외지에서 일을 하더라도 가장 간단하고 힘든 노동을 통해 가장 낮은 임금을 벌 수밖에 없게 된다. 이런 생활을 오래 한 젊은이들은 고향으로 돌아가 결혼을 하고 아이를 낳는다.…… 그렇게 태어난 아이들은 부모의 인생을 그대로 답습하며 또 다음 세대로 이어지고 점점 더 악화된다.

시간이 지날수록 빈곤은 더욱 가중되고 결국에는 결혼에 필요한 토굴집과 아궁이도 만들 수 없게 된다. 그래서 나중에는 가족 수를 셀 때 여자 아이는 포함시키지 않게 됐다. "하지만 아들이 결혼하기 위해 신부집에 주는 예물은 그 집안의 딸이 결혼하기 전 받은 예물에 의해 정해지기 때문에 딸은 가정 형편을 바꿀 수 있는 중요한 요소입니다'라고 닝샤 사람은 그들의 생활 모습을 알려주었다.

많은 가정의 아이들이 학교를 다니지 못하고 교육을 받지 못하며 배워봤자 필요 없다고 생각하기 때문에 장가도 못 가게 되고 근친 결혼이 갈수록 빈번해지고 있다. 그 결과 선천성 지적장애 등을 가진 장애아가 늘어나고 있다.……

교육을 받지 못했어도 어떤 가정은 다른 가정보다 형편이 낫고 심지어는 자동차를 구매할 수 있을 정도로 좋지만 안하무인의 거만한 자세, 제멋대로인 태도로 좌충우돌 행태를 부려 다른 사람을 치거나 자신을 곤경에 빠뜨려.……팔, 다리가 없는 사람이 또 많아졌다.

예전에 들은 바에 따르면 인구 십 몇만 명의 현에 지적장애 등 장애인의 비율이 1/10에 달한다고 한다!

이러한 상황에서 어떻게 가난에서 벗어나 부유해질 수 있단 말인가! 하늘이 도와주지 않는 것이 아니라 이렇게 궁핍한 곳, 궁핍한 산골을 도대체 어떻게 할 지 괴로워서 말할 수 없는 것이다.

근심 어린 하늘은 이미 목이 쉬었고, 강물도 따라서 흐느끼네.……

"시진핑 총서기께서 매우 관심을 기울이는 닝샤 교육 문제에 빈곤 구제 간부들이 더 염두에 두길 바랍니다." 린웨찬은 당시 닝샤로 파견된 간부들에게 이렇게 당부했다. 간부들도 닝샤 교육 사업을 매우 중요시했다. 스스시石嘴市에서 퉁신현으로 파견된 황수이위안黃水源은 그러한 간부들 중 전형적으로 교육 빈곤 구제를 매우 중시한 사람이다.

황수이위안은 1997년 4월 퉁신현 부현장으로 임명됐고 같은 달 시진핑은 민닝 빈곤 구제 협력 푸젠성 지도자로서 처음 닝샤 퉁신현 허시진을 방문해 마을 건설을 시찰했다. 황수이위안도 현장에서 닝샤의 교육 문제에 대한 시진핑의 지시를 경청했다. '빈곤 구제 시 빈곤 가정 아이들의 취학 문제를 잊어서는 안 된다'는 시진핑의 말과 당부로 인해 아이들의 교육 문제는 향후 2년 간 이어진 황수이위안의 빈곤 구제 활동 중 핵심 사항이 되었다.

퉁신현은 혁명 지역으로 당시 홍군은 장정 도중 이 곳을 경유하였고 여기서 첫 후이족 지방 공산 정권을 수립하였다. 그러나 이 곳 대부분 지역은 깊은 산과 협곡으로 이루어진 곳이어서 학교가 부족하고 학업을 중단한 아이들이 매우 많았다. 황수이위안은 현의 교육 자원을 파악하기 위해 모든 마을과 학교를 방문했다. 깊은 산속에 위치한 열악한 초등학교에는 선생님 한 명과 학생 몇 명만 있는 곳도 있었고 산을 넘고 고개를 넘어야 갈 수 있었다. 현에서는 특별히 황수이위안에게 지프차를 제공했는데 험한 산길을 넘어 다니다 보니 항상 위험한 상황이 끊이지 않았다. 길이 너무 위험해 현지인도 다니지 않았던 길도 있었기 때문에 어떤 사람은 황수이위안에게 "굳히 일일히 찾아다닐 필요가 있냐"고 말하기도 했다. 그러면 황수위위안은 웃으며 "직접 가 보지 않으면 상황이 어떤지 모르죠"라고 말했다.

1998년 여름 방학 기간 동안 교사였던 황수이위안의 아내는 딸을 데리고 남편을 보러 퉁신현으로 왔다가 호기심에 이끌려 황수이위안을 따라 산속에 있는 학교를 보러 갔다. 자동차는 현을 떠나 산 속으로 진입했고 가파른 낭떠러지가 있는 험한 산길을 달리자 순간 좌우로 흔들렸다. 잠시라도 방심하면 언제라도 낭떠러지 밑으로 떨어질 수 있는 상황이었다.……

"돌아가요! 돌아가자구요" 황수이위안의 아내는 한 손으로 딸의 손을 꼭 잡고 다른 한 손으론 남편을 붙잡으며 말했다.

"방금 출발했는데 어떻게 돌아가요?" 황수이위안이 말했다.

"이렇게 위험한 길을 매일 다니는 거였어요?" 아내가 물었다.

"꼭 그런건 아닌데 거의 그렇소." 황수이위안은 아무렇지 않은 듯 말했다.

"이게 빈곤 구제하는 거예요? 당신은 우리 모녀가 죽길 바래요?" 마음이 급해진 아내는 핸들을 잡고 "우리랑 돌아가요!"라고 황수이위안에게 말했다.

황수이위안은 "임기 만료까지 아직 시간이 많이 남았소. 아직 빈곤 지역에 학교를 다 짓지 못했는데.……"

"아직 몇 개나 더 지어야 되는지 말해봐요! 내가 집에 있는 돈을 다 긁어 모아서 기부할게요. 그래도 모자라면 어떻게 해서든 구해올 테니까…… 우리랑 돌아가요! 알겠어요? 흑흑……"아내는 말하면서 눈물을 흘렸다.

딸도 놀라 덩달아 울었다.

황수이위안의 눈가도 순간 붉어졌다.……아내와 딸을 달래고 진정되길 기다린 후 "나를 걱정하는 마음은 잘 알지만 여기 아이들이 학교를 못 다니고 제대로 된 교육을 받지 못 하는 걸 알게 됐는데 푸젠으로 돌아간다 해도 어떻게 마음을 놓을 수 있겠소! 나한테 시간을 좀 주면 빨리 학교를 짓고 아이들이 교실로 돌아갈 수 있게 하겠소. 그래야 돌아가도 내 마음이 편할 거요.……"

황수이위안은 이런 마음을 품고 퉁신현에 남아 산간지역 '교육 구제'를 계속하였다.……2년 후 임기가 다 됐을 때 그의 성적표에는 '황수이위안은 재임 기간 동안 퉁신현에 스스진과 황스촌을 만들고 스스 직업중학교와 스스시 향진(동사무소 포함)이름으로 된 초등학교 7곳을 세웠으며 많은 희망초등학교를 개축, 지원하며 수십 개의 구제 활동을 펼쳐 수천 명의 아동이 학교로 돌아올 수 있도록 했다'고 기록되어 있었다. 현재 이 푸젠 간부의 성적표는 「퉁신현지」에 실려 있다. 이 같은 푸젠 간부의 성적표는 닝샤 각지 지서에서 찾아볼 수 있다.

황수이위안이 떠난 후 푸젠 스스石獅는 또 지원 간부를 파견했고 그 중 한 명은 통신현 제2중학교에서 깊은 감동을 받아 그날 느낀 것들을 기록했다.

교장 선생님께서 학급을 돌아다니며 학교 현황을 소개해 주셨다. 나는 교실에 들어서는 순간 교실을 가득 메운 아이들과 일반 책상 한 개를 아이 3명이 같이 사용하는 모습에 놀라움을 금치 못했다. 학생들은 몸을 움츠리고 앉아 있었고 글씨를 쓸 때에는 서로 붙어있다시피 했다. 어떤 학생은 아예 책상 옆면에 앉았고 통로에 부대끼며 앉아있기도 했다. 선생님이 학급 사이를 순찰하려면 몸을 옆으로 돌려 아이들 사이를 비집고 지나가야 했다. 나는 쉬는 시간에 중학교 1학년 7반의 학생수는 91명인데 이것보다 학생이 더 많은 반도 있고 학생이 가장 많은 반은 110명이라는 것을 듣고 놀라지 않을 수 없었다. 그럼 학생들은 어떻게 앉아서 공부하지?

교실 건물 뒤쪽으로는 쓰레기 장이 있는 공터가 있었다. 바람이 불면 흙먼지와 종이 조각이 날렸다. 오래된 농구 골대와 아직 철거되지 않은 담벼락에 그려진 운동 표시가 아니었다면 그 곳이 제2중학교 운동장이라는 것을 절대 알아차리지 못 할 것이다. 농구장과 탁구대가 없었고 체육시설도 완벽히 갖추고 있지 않았다. 학생들은 체육시간에 건물 세 개 가운데에 있는 시멘트 바닥에서 게임을 하며 놀았다.

나는 체육 선생님께 "이렇게 환경이 열악한데 수업을 어떻게 하나요?" 라고 물었다. 체육 선생님은 어쩔 수 없다는 듯 고개를 저으며 "상황이 이러한데 어쩌겠어요!"라며 학교가 원래는 세 개의 건물로 둘러싸인 곳에서 이만큼 확장한 것이라고 알려주었다.

통신현 제2중학교의 많은 학생들은 시골에서 왔는데 학생들의 부모님이 통신현에서 일을 하게 되면서 아이들을 데려온 것이다. 학교에는 기숙사가 없었기 때문에 학생들은 집을 얻어서 살 수밖에 없었다. 아주 작은 방은 아이들로 가득했고 너무나 초라한 침대와 솜이불은 보기만 해도 추워 보였다. 방 가운데 놓여 있는 난로는 석탄으로 불을 지펴야 했고 석탄을 태울 때 나오는 석탄가스와 일부 흡입할 수 있는 작은 가루들이 사방으로 날려 매우 불쾌했다. 학생들은 매주 한 번씩 집으로 돌아가 마른 음식을 챙겨와 먹었다. 마른 음식은 밀가루로 만든 과자 같은 것이었다. 너무 딱딱해 입에 맞지 않았다. 집이 먼 학생들은 집에 자주 돌아가지 않고 보통 어른들이 주기적으로 마른 음식을 가져다 주었다. 부모님과 함께 사는 아이들은 가끔 밀가루로 만든 음식이나 기장밥 같은 다른 음식을 먹을 수 있다. 혼자 현으로 올라와 공부하는 학생은 거의 밀가루 과자가 주식이었으며 가끔 학교 앞에서 파는 1원짜리 음식(봉지에 쌀밥이 들어 있고 그 위에 고추가루로 양념한 무나 배추가 올려져 있다)을 사 먹었다. 통신현에는 지하수가 뚫렸지만 관공서나 여관, 규모가 큰 단지에만 공급이 돼서 사람들은 우물물을 마셨다. 나는 지하수를 끓여 마셨는데 물을 끓이고 나면 냄비 바닥에 하얀 가루가 침전돼 있었다. 물은 거의 아무 맛도 없었다. 지하수도 이 정도인데 우물물은 더 말할 나위도 없다. 진찬金蟬은 1학년 7반 학생으로 시골에서 공부하기 위해 올라온 학생 중 한 명이다. 진찬의 담임 선생님은 진찬의 가정 형편이 나쁘지 않고 학교에서 멀지 않은 딩탕진丁塘鎮 장자탄촌張家灘村에 살고 있다고 했다. 나는 진찬 집에 가정방문을 갈 계획을 하고 지역별 풍습이 다르기 때문에 먼저 진찬에게 의견을 물어본 후 집에 전화해 부모님께 여쭤보라고 했다. 진찬은 집에 전화가 없기 때문에 같은 촌에 살고 있는 친척에게 전화해 부모님께 전달해 달라고 했다. 진찬 부모님의 동의를 얻은 후 나는 교육 지원대 동료, 그리고 진찬과 함께 학교를 나섰다.

우리는 한참을 기다린 후에야 진찬이 살고 있는 곳으로 가는 유일한 버스를 탈 수 있었다. 버스는 1.5위안으로 비싸지 않았지만 울퉁불퉁한 진흙길을 두 시간쯤 달린 후 장자탄촌에 도착했다. 버스에서 내려 한참을 걸어 드디어 진찬 집에 도착했다. 집 마당은 꽤 넓었고 주위는 낮은 흙 벽으로 둘러져 있었는데 마당에는 대문이 없었고 낮은 두 벽 사이의 공간을 지나야 마당으로 들어갈 수 있었다. 주인의 뜨거운 환대를 받으며 마당의 크기를 가늠해봤다. 마당과 가까운 곳에 방이 두 칸 있었고 마당과 방의 높이가 달라 넓은 계단이 있었다. 집 주인이 내가 올 것을 알고 미리 집 옆의 황토 바닥을 깨끗하게 쓴 것이 눈에 띄었다. 마당 오른쪽, 그러니까 입구 쪽에는 일가족이 생활하는데 필요한 물을 저장하는 저장고가 있었고 그 주변에는 석탄 화로에 불을 지피거나 온돌을 데울 때 쓰는 옥수수 심이 널려 있었다. 저장고 주위는 시멘트나 벽돌로 메우지 않아 수질 상태가 어떨지 짐작할 수 있었다. 마당 한 가운데에는 마른 옥수수대가 쌓여 있었고 옥수수대 더미와 물 저장고 사이에 누워 뿌리를 드러낸 이름을 알 수 없는 고목은 생명의 무기력함을 나타냈다. 마당의 왼쪽은 화장실이었고 바로 옆에 양우리가 있었는데 그 중 몇 마리 양은 호기심이 많은 우리가 신기하다는냥 우리를 향해 눈인사를 했다.

집 주인의 부름에 우리는 방 안으로 들어갔다. 방 안은 온돌 하나, 부뚜막 하나, 탁자 두개 밖에 없어 매우 초라했다. 우리는 온돌에 앉았고 집 주인은 우리가 가져온 과일과 밀가루 과자를 내오며 꼭 먹어보라고 권했다. 조금 뒤 뜨거운 김이 모락모락 나는 수제비가 나왔다. 집 주인이 우리를 대접하기 위해 많이 준비한 것 같았다. 우리는 점심을 먹은 지 얼마되지 않아 밀가루 과자만 먹고 수제비는 먹지 않았다. 지금 생각해보니 너무나 죄송스럽다.

우리는 진찬 아버지와 얘기를 나누면서 이 가족에 대해 조금 더 알게 됐다. 진찬네 집은 1남 5녀를 두었으며 집으로 돌아오지 않은 큰 오빠는 고등학교에 다니고 있고 여동생 5명은 중학교나 초등학교에 다니고 있었다. 진찬네 가족은 아버지가 네이멍구에서 일을 하고 번 돈과 여름에 구기자를 따고 가을, 겨울에 네이멍구에서 발채를 가져와 판 돈으로 생계를 유지했다. 진찬 아버지는 네이멍구에서 보름동안 발채를 캐고 오늘 막 집으로 돌아와서 우리에게 발채를 보여줬다. 마대자루에 들어 있는 발채는 2~2.5kg 정도 됐는데 400~500위안에 팔 수 있을 거라고 했다. 옆에 있던 진찬의 작은 어머니는 나에게 진찬 아버지가 이번에 네이멍구에서 큰 병을 앓아 집에 돌아오지 못할 뻔했다고 알려주었다. 이러한 얘기를 듣노라니 마음 한 켠이 씁쓸했다.……

닝샤 산간지역의 열악한 교육 환경과 아이들이 학교에 다니기 어려운 상황은 푸젠성 천만 민심을 뒤흔들었다.

"제가 갈래요."

"등록하겠습니다."

"계속 여기 남고 싶어요.……"

"학생들이 여기 있는 한 떠날 수 없어요.……"

"여기 아픈 사람들이 저를 필요로 하는데 어떻게 못 본 척할 수 있겠어요!"

푸젠성의 우수한 인재들이 그들의 익숙하고 풍족하고 아름다운 고향을 떠나 심지어는 승진을 코앞에 두고 사랑하는 사람과 아이들, 부모님을 뒤로 하고 닝샤라는 이름만 아는 먼 곳으로 향했다.

"여러분은 당과 국가의 부름의 받아 빈곤을 구제하러 가는 겁니다. 그곳으로 가서 주민들과 함께 빈곤을 퇴치하고 삶의 질을 향상시켜 주세요. 그 곳은 상황이 열악하기 때문에 여러분과 같이 우수한 분들을 파견하는 겁니다. 여러분은 푸젠 인민과 푸젠 청년, 푸젠 교사들을 대표하며 역사적 사명을 짊어지고 있습니다. 빈곤 구제와 빈곤 퇴치라는 중임을 짊어지고 있으므로 고생할 각오를 해야 합니다!" 떠나기 전 간부들의 당부와 가족들 부탁, 아이들의 눈물과 기대가 '먼 곳'으로 향하는 빈곤 구제 대원들과 학교 교사, 의료진의 감정과 뒤섞였다.

그들의 출발 맹세는 민장강과 바다 끝에서 파도를 일으켜 허란산과 류판산 사이의 광활한 천지에 메아리쳤다.……

잉즈英子 선생님은 푸젠에서 닝샤로 파견된 교사 중 한 명으로 그녀의 이야기는 자치구 지도자에게 전해졌다. 잉즈 선생님은 "저는 그 중에서 가장 평범한 사람일 뿐이에요……"라며 자신의 이야기가 동료들에겐 지루할 것이라고 말했다.

평범하지만 귀한 이야기가 산천을 감동시킬 수 있는 것은 평범함 속에 고귀한 것이 빛을 발하고 있기 때문이다.

잉즈는 집을 멀리 떠나 본 적 없는 여자였다. 30세가 채 되지 않은 그녀는 산아 제한을 엄격히 실시하던 시대에 태어나 형제가 없었다. 사범대를 졸업한 후 일을 하면서 석사 학위를 취득했고 한 중학교에서 교편을 잡으며 서서히 학교에서 중요한 역할을 맡게 됐다. 잉즈는 시 교육국에서 추천하는 핵심 교사 중 한 명으로 민닝 빈곤 구제 협력에 지원하였다. 닝샤로 파견되는 모든 교사들은 반드시 푸젠의 핵심 교사들이어야 했다. "시진핑 총서기께서 푸젠에서 내린 지시에 따라 우리는 가장 우수한 교사들을 파견해 산간지역의 아이들이 좋은 교육을 받을 수 있도록 해야 합니다"라고 푸젠성 교육청 지도자는 말했다.

잉즈는 그렇게 구위안과 시지로 가게 되었다. 시지는 산 속에 있는 가난한 현이었다. 잉즈는 "이왕 왔으니 가장 힘든 곳으로 보내주세요"라며 산 속에 있는 시골 중학교에 가서 학생들을 가르치겠다고 했다. 그녀의 결심과 열정은 시지 교육부처 지도자들을 감동시켰지만 현실을 고려하여 중간 단계로 낙후된 곳의 중학교로 배정했다.

'중간 단계 낙후'란 무엇인가? 향진 1급 중학교에 반 마다 30~40명의 학생이 있고 기숙을 하는 것을 말한다. 학생들은 십 리 이상 떨어진 곳에 살기 때문에 매일 등하교 하는 것이 불가능해 반드시 학교에서 생활해야 한다. 2010년 이전 구위안은 가난하여 빈곤을 탈출하는 것이 힘들었다. 빈곤 구제와 빈곤 탈출은 두 가지 다른 형태의 탈 빈곤 단계로 전자는 기본적인 생존 문제를 해결하는 것이고 후자는 안락한 삶을 추구하는 것이다. 잉즈가 구위안으로 갔을 때 그 곳은 아직 가난해 산으로 통하는 도로는 공사조차 시작하지 않았고 대부분이 흙길이어서 향진에서 산 밖으로 나가는 교통은 여전히 불편했다. 잉즈는 현에 한 번 나갔다 오는 것이 쉬운 일이 아니라고 생각했다. 학교로 발령이 난 후 잉즈는 3개월 동안 그 곳을 벗어나지 않았다. 하지만 3개월 동안 목욕을 못 했던 잉즈는 더 이상 목욕을 안 하면 고향으로 돌아가지 못할 것 같아 어쩔 수 없이 현에 나갔다 왔다. 꼴이 너무 그랬다. 그녀가 수줍어서 말하지 않은 그것은 어떤 병이 아니라 스스로 맡을 수 있을 정도로 몸에서 쉰내가 났던 것이다. 여자 몸에서 일단 그런 냄새가 나면 스스로도 혐오감을 느끼게 된다.

잉즈는 바다와 물이 있는 아름다운 바닷가 도시에서 자랐다. 사람들은 종종 여자는 물로 만들어졌다고 하는데 바닷가의 여자는 더 말할 나위도 없다. 잉즈는 태어난 날부터 물을 떠난 적이 없다. 어릴 때부터 물을 좋아했다. 목욕통에서 물놀이하던 것을 시작으로 커서는 남자 아이들과 해변에서 수영을 하며 놀았다. 파도와 싸웠던 즐거운 추억은 잉즈로 하여금 물을 두려워하지 않고 물을 떠날 수 없는 용감한 정신을 갖게 했다.

학창시절 잉즈는 언제나 아마추어 수영팀의 에이스였다. 직장에 다니고 결혼을 한 뒤에도 언제나 물을 가까이 했다. 매일 외출 전 어떤 상황이라도 뜨거운 물로 샤워를 했는데 성인이 된 후 그녀의 어머니가 당부한 '여자 아이는 샤워를 자주해야 한단다. 특히 매일 아침, 저녁 아랫부분을 씻어야 한다'는 말 때문이었다. 여자는 아랫부분을 특히 청결하게 해야 한다. 어머니의 말씀은 일리가 있고 남쪽 바닷가에 사는 여자라면 모두 아는 것이었다. 도시에 사는 사람은 더 잘 알거니와 농촌 여자도 안다. 물이 부족한 곳의 여자들도 사실 알고 있지만 방법이 없고, 방법이 없게 된 후 점차 어떤 여자들을 그러한 사실을 모르게 됐다. 그런 여자들은 종종 병에 걸려 아이를 낳고 그 아이들은 고통을 받게 되었다.……물이 부족한 산간지역에는 부인과 질환을 앓는 여자들이 매우 많았다. 물이 없어 목욕을 하지 못하기 때문이다. 그 곳에는 샤워할 수 있는 물 자체가 없었다.

물이 어디에 있지? 산속 학교에 도착하고 첫 아침을 맞은 잉즈는 일어나 이불을 걷고 화장실을 다녀온 후 가장 먼저 세수와 양치질을 하고 싶었다. "물은 어디에 있나요?"라고 묻고 싶었지만 감히 물어볼 수 없었다. 어제 저녁에 교장 선생님 심부름으로 학생들이 새로 온 잉즈에게 뜨거운 물 한 병을 가져다 주었기 때문이다. 잉즈는 잠자리에 들기 전 목이 말라 물 한 모금을 마시려다 하마터면 창자가 튀어나올 뻔했다. 물은 악취로 가득했다. 학생들이 잘못 가져다 준 줄 알았던 잉즈는 한 여학생에게 어디에서 떠 온 물인지 물었다. 학생은 학교 입구에 뚜껑으로 덮어 놓은 저장고를 가리키며 저기서 떠 온 것이라고 말했다.

"저장고 안의 물은 어디에서 오는 거니?" 잉즈가 물었다.

학생들은 하늘을 가리키며 "비요"

"그럼 비는 언제 내리니?" 잉즈는 다시 물었다.

학생들은 하늘을 올려다보며 "그건 몰라요. 어떨 때는 몇 개월 동안 한 방울도 내리지 않아요"라고 말했다.

"그럼 비가 안 내리면 너네는 뭘 마시니?"

학생들은 침묵했다. 그리고 한 학생이 말했다. "먼 곳까지 가서 물을 길어 와야 돼요."

잉즈는 더 이상 묻지 않았다. 첫 수업 때 잉즈는 흥분에 휩싸여 지식을 갈구하는 학생들에게 집중했다. 산간지역 아이들은 배우는 것을 좋아해 푸젠 모교에서 쌓은 경험을 바탕으로 학생들을 가르쳤고 학생들도 호기심과 흥분이 가득한 모습으로 열심히 수업에 참여했다.……잉즈는 하루 종일 목이 바싹 말랐지만 학생들이 건낸 물을 마시고 하마터면 창자까지 토해낼 뻔했다.

하루 종일 고생하고 저녁이 되어 기숙사로 돌아온 그녀는 샤워할 시간이 됐음을 감지했다. 잠들기 전 샤워하는 습관은 어릴때부터 이어져 온 것으로 그녀의 몸은 "샤워하고 싶어!"라고 외쳤다.

씻어야겠어! 잉즈는 혼잣말을 중얼거렸다.

"선생님, 여기 물이요.……"한 여학생이 누르스름한 물이 반쯤 담긴 세숫대야를 잉즈 선생님 앞에 두고 살그머니 문을 닫고 나갔다.

잉즈는 세숫대야 앞에서 얼어붙었다. 이렇게 조금인 물로 어떻게 씻지? 누런 물로 어떻게 씻으란 거지? 다른 물은 없나? 조급해진 그녀는 방안의 모든 물건을 뒤졌지만 물은 없었다. 사실 다른 물건도 없었다. 유일한 물건은 푸젠에서 가져온 라면 몇 봉지뿐이었다. 하지만 라면도 뜨거운 물로 끓여야 먹을 수 있었다.

세숫대야의 물은 라면을 끓일 수 없을뿐더러 몸을 씻을 수도 없었다. 그저.……그저 고양이 세수밖에 할 수 없었다. 잉즈의 고운 얼굴에 그 더러운 물이 닿자 마치 모래에 쓸리는 느낌이 들었다.

이 물로 세수를 하느니 차라리 안 씻는게 더 낫겠다라고 생각한 잉즈는 태어나서 처음으로 세수와 샤워를 안 하고 잠자리에 들었다. 그날 밤 그녀는 너무 찝찝했고 깊은 산 속의 밤은 너무나 조용해 무서울 정도였으며 먼 곳에서 들려오는 개 짖는 소리는 청천벽력과도 같이 크게 들렸다.……

둘째 날 수업 시간 때 잉즈는 온 몸에 벌레가 기어다니는 것 같은 불쾌한 느낌이 들었다. 정말로 벌레가 기어다닌건 아니었고 물을 좋아하는 몸이 보내는 생리반응일 뿐이었다.

그날 그녀는 무슨 일이 있어도 샤워를 해야겠다고 결심했다. 하지만 그날 밤 학생들은 푸젠에서 온 선생님과 사랑에 빠진 것 마냥 몇몇 여학생들이 저녁 식사 후 개인 지도를 받으러 기숙사로 찾아왔다. 잉즈는 이렇게 열심히 공부하는 학생들을 보고 지체없이 학생들과 '야근'을 했다. '과외 수업'은 10시가 되어서야 끝났다. 나중에는 학생들도 지쳤고 잉즈도 피곤했다.……

피곤에 지친 그녀는 샤워를 하고 싶었지만 온돌 위로 쓰러져 쿨쿨 잠이 들었다.……날이 밝자 그녀는 어제 밤 샤워를 못 한 것이 후회됐다. 어쩔 수 없이 태어나서 두 번째로 목욕을 하지 못한 날이었다.

셋째 날 몸에서 보내는 생리반응은 더 격해졌다. 심지어 연달아 수업을 하는 것도 힘들 정도였다.……온몸이 불편했고 수시로 구석구석을 긁어 난처할 정도였다.

그날 저녁 아무리 바빠도 샤워를 꼭 해야겠다고 마음먹었다.……푸젠에서 가져온 새 수건을 물에 넣은 후 다시 집어 들어 몸을 닦으려 할 때 그녀의 두 손은 허공에서 십여 분간 멈췄다. 왜? 그녀는 왜 깨끗했던 하얀 수건이 '걸레'가 되었는지 알지 못했다. 이 물로 몸을 닦아도 될까?

그녀는 울었다. 그날 밤 잉즈는 눈물을 흘리며 이불 속으로 들어갔다.……그날 밤 온몸이 벌레에 물린 것처럼 괴로워 잠에 들 수 없었다. 날이 밝자 갑자기 몸이 아프지 않았고 잉즈는 이상한 느낌에 자세히 들여다 봤다. 맙소사, 온몸이 부어올랐어! 벌겋게 부었네!

"알레르기네요! 알레르기예요!" 학교의 다른 여자 선생님이 알레르기약을 찾아 잉즈에게 발라줬다.

넷째 날, 다섯째 날이 되자 잉즈는 '샤워'에 대한 신념과 의욕을 완전히 잃어버렸다. 무엇보다 그 노란 물에는 감히 손을 댈 수 없었다. 그녀는 목이 말라 도저히 어쩔 수 없을 때 토굴에서 가져온 물을 입에 머금었다. 그것은 생명을 유지하고 학생들에게 수업을 계속하기 위해서였다. 샤워와 교사는 큰 관계가 없다는걸 알고 있었다. 하지만 잉즈에게 있어 샤워를 하지 못하는 것은 감옥살이를 하는 것보다 더 고통스러웠다.

시하이구로 교육 지원을 온 후 잉즈에게 있어 샤워는 커다란 사치가 되었다. 엄청난 사치였다! 남방지역 사람에게 있어 샤워란 우선 깨끗한 물이 있어야 하고 물은 무제한으로 공급되어야 한다. 다시 말해 만족할 때까지 계속 씻어야 한다.

약을 바르자 잉즈는 몸에서 보내는 무감각이라는 또 다른 생리반응을 느꼈고 점차 바깥의 모래바람과 건조함에 민감하지 않게 되었다.……그녀는 이상하다고 느꼈다.

너네 평소에 샤워하니? 찝찝하지 않니? 몸에서 냄새가 나도 안 　니? 잉즈는 여학생들에게 조심스럽게 물었다.

부끄러워하는 학생도, 고개를 흔드는 학생도 있었고 어떤 학생은 선생님이 왜 이런 질문을 하는지 모르겠어하는 학생도 있었다.

잉즈는 이곳 여자들은 오랫동안 씻지 않아 피부가 거칠어지고 둔해졌다라는 사실을 점차 깨닫게 되었다.……

나는 절대 그렇게 되면 안 돼! 여기까지 생각이 미치자 잉즈는 속으로 눈물을 흘렸다. 둘째 주 일요일 수업이 없는 날 학생들은 먹을 것과 생활 용품을 가지러 집으로 돌아가고 선생님들도 자유 시간을 보낼 수 있다.

그날 잉즈는 현에 있는 목욕탕에 가서 묵은 때를 다 벗겨내야겠다고 결심했다.……

이른 아침 그녀는 한 학부모가 현에 가축을 팔러 간다는 소식을 듣고 차를 얻 어 타고 현으로 향했다.

현에 도착해서 목욕탕을 찾았지만 아무리 찾아도 목욕탕이란 곳을 찾을 수 없었다. 그녀는 초조해졌다. 어떡하지? 내가 살던 곳은 목욕탕이 넘쳐났는데 여긴 왜 한 곳도 없는 거지?

잉즈는 여기저기 수소문 한 끝에 어떤 호텔에 씻을 수 있는 곳이 있을 거라는 이야기를 듣고 어렵게 호텔을 찾아 갔지만 돌아오는 대답은 목욕탕은 진작에 운영하지 않는다는 것이었다!

“그럼 여기서 목욕을 할 수 있을까요?” 잉즈가 물었다.

호텔 직원은 그녀를 위아래로 한참동안 훑어보며 본 지방 사람과 말투가 다른 것을 듣고 잉즈가 푸젠에서 교육 지원을 하러 온 선생님인 것을 알아차렸다. “샤워를 하고 싶으면 호텔에서 하루 묵으시면 돼요. 좋은 방엔 태양열 온수가 있긴 한데.……”

잉즈가 물었다. “그런데요?”

그 사람은 미안하다는 듯 “숙박 등록을 하셔야 돼요……”라고 말했다.

잉즈는 신분증과 돈을 꺼냈다.

잉즈는 150위안을 내고 샤워를 했지만 그녀는 그날 이후 다시는 현에 씻으러 가지 않았다. 비누로 몸을 닦으려 할 때 태양열 온수기에서 물이 나오지 않았던 것이다.……잉즈는 호텔에서 ‘도망쳐’나왔다.

잉즈는 트랙터를 타고 학교로 돌아오는 길 내내 눈물을 흘렸다.……학부형이 "선생님 무슨 일이예요? 누가 괴롭혔습니까?"라고 여러 번 물었지만 그녀는 눈물만 흘릴 뿐 아무런 대답도 하지 않았다.

다음 날 잉즈는 평소처럼 수업을 했지만 얼굴에는 갓 이곳을 왔을 때의 열정과 웃음이 보이지 않았다.……

그 뒤 그녀의 얼굴에는 열정과 웃음이 다시 살아났다. 열심히 공부하는 학생들과 산속 맑은 바람은 그녀를 이 곳 생활과 샤워를 하지 않는 습관에 적응하게 했다. 생리반응도 '닝샤화'되기 시작했다. 그녀가 가족에게 보낸 편지의 표현을 빌리면 "산 사람이 다 됐어요……"라고 했다.

말을 몰며 장검을 차고 소관으로 진격하여(驅馬擊長劍, 行役至蕭關)

드넓은 벌판에서 관허를 바라보네(悠悠五原上, 永眺關河前)

삼 십만 북쪽 오랑캐 중 누군가 현을 뜯으니(北虜三十万, 此中常控弦)

진秦나라는 우주와 같이 이어지고 한漢나라 깃발을 정리하네(秦城亘宇宙, 漢帝理旌旃)

…………

고원에 울려 퍼지는 책 읽는 소리 속에는 잉즈 선생님의 쉰 목소리와 아이들과 닝샤를 향한 영원불변한 마음이 담겨있었다. 시간은 처음 왔을 때보다 몇 배는 빨리 흐르는 것 같았다. 잉즈의 생각과 음식, 몸 등 모든 것이 익숙해졌을 무렵 교육 지원 파견 임무가 끝났고 같이 파견 왔던 선생님들과 함께 성 교육청 지도자들에 의해 그 곳을 떠나게 됐다. 구위안에 있는 교사들은 하루 앞당겨 구위안 시내로 가서 차를 타고 인촨銀川으로 간 다음 같이 비행기를 타고 푸젠으로 돌아가기로 하였다.

떠날 때가 되었다. 늘 함께하던 학생들과 이별해야 될 때가 되자 잉즈는 갑자기 몸이 아픈 것 같았다. 어떻게 된 거지?

떠나기 전날 밤 또 잠을 제대로 못 잤고 몸이 아팠지만 잉즈는 샤워를 못 해서 그런 것이 아니라는 것을 알고 있었다.

대지는 잉즈의 몸을 부르며 '아이들을 떠나지마요'. '닝샤를 떠나지 마세요'라고 부르짖었다.……

잉즈의 눈물이 이불을 적셨다.

다음날 아침 멀리서 닭 우는 소리가 그녀를 깨웠다. 잉즈는 일어나 짐을 싸서 산 아래로 향했다. 학교는 산언덕에 있었기 때문에 터미널로 가려면 한참을 걸어야 했다. 학생들은 선생님들이 곧 떠나는 것을 알고 아침 일찍부터 산언덕에 서서 배웅했다.

여학생들은 울기 시작했다.

잉즈는 돌아보지 못하고 신발 끝만 쳐다보며 산 아래로 걸었다.……그녀는 빨리 걷고 싶어서 발걸음에 속도를 내었다. 하지만 빨리 걸으면 걸을수록 뒤에서 점점 더 많은 발자국 소리가 그녀를 향해 다가오는 것이 들렸다. 그녀는 어쩔 수 없이 뒤를 돌아보았다.……그리고 잉즈의 두 발은 얼어붙었다. 세상에! 열 몇 명의 여학생들이 울고 소리치며 그녀를 쫓아와 겹겹이 에워 쌓다.

"선생님"

"선생님, 가지 마세요"

"가지 마세요"

어떤 학생은 그녀의 두 다리를 끌어안았고 어떤 학생은 무릎을 꿇었으며 어떤 학생은 팔로 얼굴을 감싸고 울었다.……

"애들아……애들아……이러지마……선생님은……선생님은……" 이런 광경을 보고 잉즈는 어쩔 줄 모르며 중얼거렸지만 아이들을 어떻게 설득해야 할지 몰랐다. 결국 그녀는 학생들과 같이 울기 시작했다.

잉즈와 학생들은 서로 껴안고 어깨를 들썩일 정도로 울었다. 잉즈는 눈물을 닦고 두 손을 뿌리치며 하늘을 향해 한숨을 쉬었다. "아이고 내가 닝샤와 인연이 깊네!" 그리고는 고개를 돌려 학생들에게 "걱정마렴! 선생님은 여기서 계속 너희를 가르칠거야!"라고 말했다.

"와~ 선생님 만세!"

"선생님 만세!"

선생님은 정말 위대하다. 그들은 마치 만물에 햇빛이 비치고 자상한 어머니가 자식을 사랑하듯 항상 자신의 숭고한 정신으로 대대손손 우리를 가르치고 끊임없이 성장하고 발전할 수 있도록 하기 때문이다. 그들의 헌신은 모두로 하여금 그들을 존경하게 한다. 민닝 맞춤 빈곤 구제 협력에 참여한 모든 지원 교사들은 닝샤의 가난한 산간지역과 빈곤 가정의 아이들에게 햇살과 같은 따듯함과 봄날 이슬의 부드러움을 남겼고 이런 따뜻함과 이슬은 한 포기 한 포기 메마른 영혼과 새싹을 다시 살아나게 하고 건강하게 자라게 한다.

"선생님 만세!" 나는 류판산과 허란산에 울려 퍼진 환호와 함성은 한 번이 아니라 들을 때마다 마음이 요동칠 것이다.……

룽더현에서 교육을 지원하는 교사 리단李丹은 푸젠시 제18중학교의 젊은 교사로 2006년 룽더현 제2중학교로 파견되었다. 오랜 세월동안 그녀의 몸에는 생각지 못했던 변화가 생겼다. 리단은 자신의 몸이 새로운 환경에 적응하지 못하는 것이라 생각하며 크게 개의치 않고 낮에는 교실에서 수업을, 밤에는 기숙사에서 학생들의 숙제를 도왔다.

"선생님, 너무 무리하지 마세요! 먼저 쉬세요! 내일 다시 물어볼게요.……" 어느 저녁, 학생들은 리단 선생님이 숙제를 봐줄 때 가슴을 부여

잡고 기침을 하며 안색이 창백한 것을 보고 뜨거운 물을 건네며 일찍 쉬도록 했다.

"괜찮아, 괜찮아. 내일 모레 기말고사가 있으니 오늘 밤 한 번 더 연습문제를 풀어보자.……" 리단은 뜨거운 물을 한 모금 마시고 빨개진 얼굴로 숨을 크게 몇 번 쉬고난 후 다시 몸을 숙여 학생들을 지도했다.

드디어 어느 날 룽더현 제2중학교 선생님과 학생은 가녀린 리단 선생님을 배웅했다.……그 후 학생들은 리단이 푸저우로 돌아간 후 얼마 되지 않아 백혈병에 걸렸다는 안타까운 소식을 듣게 되었다.

"아직 27세 밖에 안 됐고 부모님 눈에는 아직 어린 아이일텐데……우리 아이들을 위해 그렇게 떠났습니다.……" 룽더현 제2중학교 교장이었던 쉬즈모는 리단을 떠올리며 눈물을 참지 못했다. "리단 선생님은 이 곳에서 1년 동안 아이들을 가르치고 지도하는 것 뿐 아니라 학생들의 집을 수십 번 방문하기도 했고 가난한 학생 6명에게 금전적으로 지원도 해주었습니다. 푸젠으로 돌아간 뒤에는 이곳 저곳을 돌아다니며 가난한 아이들의 생활비를 마련해 주기도 했었죠.……"

"더 이상 저를 위해 돈을 낭비하지 말고 나머지 약값은 닝샤 아이들에게 기부해주세요." 이는 임종 전 먼 곳에 있는 닝샤의 교육과 아이들에 대한 리단 선생님의 마지막 사랑과 선물이었다.……"

"리단 선생님"

"리단 선생님이 다시 오셨다"

리단 선생님이 떠난 후 두 번째, 세 번째 '리단'이 돌아왔다.……그들의 모습은 달랐지만 닝샤와 닝샤 사람들에 대한 정은 마치 한 사람 같았다.

푸톈 해엽 직업 중등학교莆田海海峽職業中專學 영어 교사 양밍楊明도 잉즈와 리단과 같은 여자 교사였다. 양밍은 지원 교육을 한 5년 동안 닝샤와

'끊을 수 없는 정'이 생겼다며 교육 지원 사업에 감사했다.

"원래 우리 나이 정도의 여자들은 아이를 다 키우고 나면 직장과 가정 생활이 안정적이라 젊었을 때 같은 열정은 없죠. 하지만 닝샤에서 아이들, 선생님과 같이 지낸 후 열정에 다시 불이 지펴진 것 같은 느낌이 들었어요.……" 양밍은 '닝샤 세월'을 이렇게 묘사했다.

양밍은 시지 중학교에서 지원 교육을 시작했다. 시지 중학교는 구위안에서 비교적 큰 중학교로 약 4,000~5,000명의 학생들이 있었지만 영어선생님이 부족했다. 원래부터 교원이 부족했던 시지 중학교는 여자 선생님 몇 명이 '둘째'를 낳아 수업을 할 수 없게 됐고 양밍은 혼자 세 명 분의 수업을 감당해야 했다.

"고1과 고2를 동시에 가르쳤죠.……" 양밍은 강인한 여성인듯 눈물이 없었다. "저는 아들이 대학교에 다닐 때 신장으로 가서 교육 지원을 했었어요. 아들이 대학교를 졸업한후 직장을 다니고 저는 또 닝샤로 왔죠.…… 교육 지원은 제가 가장 동경하는 것으로 특히 민닝 맞춤 빈곤 구제 협력에서 교육 지원에 참여하며 저는 제 자신의 가치가 더 높은 위치에 올랐다고 생각했기 때문에 자신을 잊을 정도로 더 많은 열정을 쏟아부었어요."

시원시원한 성격의 양밍도 어려움에 맞닥뜨린 적이 있었으나 그때마다 닝샤와 닝샤 아이들에 대한 열정으로 소화했다.

"5년간 닝샤에서 교육 지원을 하면서 많이 단련되었어요." 양밍은 푸젠에 있을 때에는 가족들이 저를 챙겨줬다고 말했다. 그리고 "닝샤에서는 수업이 많아도 혼자만의 시간이 많았고 시장을 보고 밥을 하는 것도 일상이 되었으며 닝샤 음식을 푸젠 스타일로 바꾸어 '특허 발명권'도 취득해 학생과 선생님들이 모두 좋아했었어요!"라고 말했다. 명랑 쾌활한 여자 교사에게 지도를 받은 학생들도 모두 햇살처럼 밝았다.

왕나나王娜娜는 공부를 좋아하지만 가정형편이 어려워 학교를 계속 다니기 어려웠고 고2때 학업을 포기하고 집으로 돌아가 농사일을 도왔다. 이 사실을 알게 된 양밍은 급한 마음에 익숙지 않은 산길을 십여 리나 걸어 학생 집으로 가 먹고 자며 집안일과 농사일을 도운 끝에 왕나나를 학교로 데려올 수 있었다.……

"학생 한 명이 적어지면 제 직업도 의미를 잃게 되죠. 저는 고향을 떠날 때 상사에게 저는 교육 지원 경력이 많은 교사입니다. 닝샤에서 교육 지원을 가장 오랫동안하고 가르친 학생이 제일 많고 뛰어난 학생이 가장 많은 선생님이란 기록을 세우고 싶어요라고 말했었어요." 양밍은 스스로 목표를 세우로 말한대로 실행했다.

나중에 왕나나는 양밍의 '수양딸'이 되었다.

"저는 그 곳 아이들이 모두 나를 '엄마'라고 불러줬으면 좋겠어요. 그러면 저는 그 아이들의 일생을 사랑하고 평생 돌봐줄 수 있자나요.……" 양밍의 박애정신은 많은 사람들을 감동시켰다. 그러나 그녀는 가족과 직장의 지원으로 닝샤와 '끊을 수 없는 정'이 생겼다며 그들에게 가장 감사하다고 말했다.

민닝 맞춤 빈곤 구제 협력 중 교육 지원은 잊을 수 없는 경험이기 때문에 잉즈, 리단, 양밍처럼 닝샤와 '끊을 수 없는 정'을 가진 사람들은 부지기수였고 닝샤에서 교육 지원을 했던 푸젠 교사들은 모두가 그러했다. 그들이 닝샤에서 지내는 동안 극복해야 했던 어려움은 글로 표현하기 어렵다. 여러 남자 선생님들의 말에 따르면 푸젠과 닝샤의 온도차만으로도 충분히 사람을 단련시킨다고 했다.

"푸젠에서는 가장 추울 때에도 15, 16도 이하로 떨어지지 않는데 같은 계절이라도 닝샤에서는 기온이 영하 15,16도로 떨어져 30도나 차이나기 때문에 버티기 힘듭니다. 적응하기 힘들지만 적응해야만 하죠. 일도 해야 하고 빈곤 지역에서 교육 지원도 해야 하니까요. 어떤 것들은 겪어보지 않고는 상상할 수도 없답니다." 푸젠에서 온 천 선생님은 자신의 이름을 책에 쓰지 말아 달라고 부탁했다. 남자지만 가끔은 양밍, 잉즈, 리단 같은 여교사들보다 의지가 약했기 때문이다. 그는 시하이구에 도착한 후 때로 외로움과 무력함을 느꼈으며 "푸젠에서는 상상조차 할 수 없는 생활 속 어려움이 이 곳에서는 우리를 줄곧 따라다닙니다.……"

천 선생님은 그 당시를 회상하며 말했다. "우리가 찾아간 때는 2000년 전후였는데 그때 닝샤의 빈곤 구제는 아직 초급단계에 있었고 시골학교는 물론 현과 성의 중학교까지도 모두 매우 낡았었습니다. 수업 조건이 나쁜 것은 말할 것도 없고 생활만 하더라도 개혁개방이후 다년간 발전해 온 푸젠성과 비교할 때 많은 면에서 천양지차라고 할 수 있습니다. 다른 건 차치하고 먹는 것만 봐도 푸젠은 해산물과 맑은 국을 먹는데 닝샤는 감자와 옥수수가 주식이라 먹으면 배가 부르고 배가 부르면 속이 불편하고….화장실에 가기 힘들어져요! 이런 고통은 또 말로 표현하기 어려운데 특히 수업시간에 더 하죠! 웃어도 할 수 없지만 처음 몇 달 동안 얼마나 많은 우스운 꼴을 보였는지 몰라요! 교단에 섰는데 배가 아파서 화장실로 달려가면 안 나오고, 그렇게 여러 번 반복하다 보니 1교시에 화장실을 3, 4번 왔다 갔다 한 적도 있어요. 생각해 보세요, 괴롭지 않겠어요?"

천 선생님의 '고통'은 결코 우스갯소리가 아니다. 남방 사람들은 감자를 많이 먹거나 연속해서 감자를 먹으면 그렇게 된다. 천 선생님의 '일상 속 작은 사건'은 사실 꽤나 고통스러운 일이다. 푸젠에서 교육이나 의료 지원, 빈곤 구제를 위해 갔던 간부들은 꺼내지 못할 난처한 일을 모두 겪었을 것이다.

천 선생님은 이런 이야기를 들려주었다. 그 보다 먼저 지원을 나갔던 선생님이 그 곳에 가면 맥주를 많이 준비해가라고 알려줬었다. 천 선생님은 처음에 잘 모르고 술도 잘 안 마시는데 그럴 필요가 있어요? 라고 말했고 그 선생님은 씩 웃으며 처음 몇 달 동안은 물을 마시면 설사를 하는데 맥주를 마시면 괜찮다는 '비밀'을 알려주었다.

"이 방법은 후임 지원 교사들도 써먹었던 방법인데 몇 년 후에는 그 곳 수질도 좋아져 우리가 겪었던 난처한 일은 더 이상 일어나지 않았죠"라고 천 선생님은 말했다.

생활속에서 생기는 난처한 일은 '작은 문제'이다. 천 선생님은 교육 지원에서 만나는 가장 큰 어려운 점은 자신이 가진 경험을 어떻게 이용해 도움을 주는지가 핵심이자 관건이라고 말했다. "이건 푸젠 교육전선에 있는 모든 교육 지원 교원들이 가장 염려하는 일로 닝샤로 온 후 닝샤에서 온갖 고생을 다 할지라도 교육 지원 업무에 있어서 조금이라도 소홀함이 있어서는 안 된다고 마음속으로 생각하고 있던 것이었습니다." 천 선생님의 말은 푸젠 교육 지원 교원의 마음을 대표하고 있었다.

"20여년 간 닝샤로 교육 지원을 온 모든 분들이 그렇게 했습니다" 이 말은 닝샤 교육 담당자가 나에게 한 말이다. "한 분 한 분! 교육 지원을 하러 온 선생님들은 푸젠 교육부처에서 선발한 우수한 선생님들로 낙후된 낯선 곳으로 와서 어려움을 뒤로하고 몸과 마음을 다해 아이들의 교육을 위해 노력하셨습니다.……" 자치구 지도자는 감탄의 목소리로 말하며 "매번 민심을 알기 위해 방문할 때마다 많은 감동적인 이야기를 안고 돌아가게 됩니다!"

이 지도자는 예전에 어떤 지원 교사가 중학교 진학 시험장에서 과로로 쓰러져 누군가에 의해 병원에 실려가는 것도 봤으며 시골 초등학교 조사를 나갔을 때 푸젠 선생님이 학생을 업고 위태롭게 걸으며 집으로 바래다주는 모습도 보았는데 거의 땅에 붙은 것 같은 두 사람의 그림자가 마치 조각같이 뇌리에 각인됐다고 말했다.……

"닝샤의 모든 초,중학교를 보시면 교원, 학교, 시설 모두 현대화 된 것을 보실 수 있으실 겁니다. 이런 변화는 시대를 초월한 것이라고 할 수 있죠. 이러한 변화는 푸젠 주민들과 푸젠 선생님들의 무조건적인 도움이 있었기 때문에 이룰 수 있었고 그 분들의 도움을 영원히 저희 고향 땅에 새길 것입니다." 구위안 마을 출신인 자치구 지도자는 이렇게 말했다.

오늘날 닝샤의 모든 시골학교는 물론이고 현, 시 초, 중학교의 환경과 운동장, 교실, 도서관, 원격 네트워크 시설, 학생 기숙사 등은 비교적 발전한 지역의 초, 중학교 보다 더 완벽하고 넓으며 아름답고 선진화 되어있다. 아마 나도 직접 보지 않았다면 이러한 현실을 믿을 수 없었을 것이다. 사실이 이러했다. 적어도 내가 가봤던 10여 개 이상의 학교와 지나가면서 봤던 수십 개의 학교 모두 그러했다. 특히 산 속 깊숙이 위치한 초, 중학교는 더욱 놀랍다. 내가 방문했던 학교는 거의 대부분 푸젠의 유명한 학교와 원격 네트워크가 형성되어 닝샤 산골지역 아이들은 푸젠에서 멀리 떨어진 닝샤에서 푸젠 학생과 같은 선생님과 학교 수업을 받을 수 있었다. 또 하나 상상할 수 없는 건 지난날 빈곤지역에 있던 학교에 지금은 현지 민족의 특색을 지닌 무형문화유산 학습장과 학생들의 작품 전시장이 있어 학생들은 자신이 좋아하고 자신만의 취미에 해당하는 공간이 있기 때문에 여기에서 많이 활동하고 몰입한다. 그리고 각 학교는 이를 통해 학교 고유의 브랜드를 만들고 닝샤 고유의 스타일이 담긴 문화와 아이들이 동경하는 미래를 창조하고 있다.

"이 모든 건 푸젠 교육부처와 선생님들의 지원과 도움 덕분입니다. 그

분들의 진심으로 인해 넝샤 학교가 안팎으로 전면적인 개선과 발전을 이룰 수 있었으며 특히 교육 철학과 방향에서 큰 도약을 이뤄낼 수 있었습니다." 지즈린姬志林 평양현 직업중학교 교장의 개인 소감이다.

그날 평양현 직업중학교 새 캠퍼스에 방문했을 때 지교장은 매우 흥분한 모습으로 십여 년간 자신이 몸 담은 직업중학교가 처음에는 13묘에서 30묘로 확장됐고, 지금은 100묘의 새 캠퍼스에 이르기까지 3단계 도약했으며 이건 모두 민닝 맞춤 빈곤 구제 협력 덕분이라고 말했다. 지교장은 부임 후 몇 년 간 선생님과 학생 간부들을 인솔해 진장 직업중학교로 가서 관계를 다졌다. 즉 서로를 가족같이 여기고 상호간 경험을 나누고 배우는 것이었다. 지교장은 진장 직업중학교가 현지에서 유명한 학교이고 학교 운영 경험이 있으므로 평양현 직업중학교가 10년, 20년간 배울 점이 있다고 여겼다. "진장은 1980년대 전국적으로 유명할 정도로 경제 발전을 이뤘으며 많은 산업은 전세계에서도 유명합니다. 진강 직업중학교는 현지 경제 사회와 함께 발전했습니다. 현지 사회가 40년간 빠른 발전을 이루면서 중등 직업 인재를 양성하는 경험을 제공했고 우리는 그것을 모방하며 지름길을 걸었습니다. 현재의 빈곤 퇴치를 위해서도 필요하고 빠르게 발전하는 평양의 미래를 위한 인재 투입을 위해 이렇게 무임승차하는 것은 우리에게 있어 너무나 실용적이었습니다!" 지교장은 진강 직업중학교와의 교류를 얘기하며 얼굴에 행복한 미소를 띄웠다. "보시다시피 저희의 하드웨어나 소프트웨어가 베이징, 상하이보다 뒤떨어지지 않죠? 솔직히 말하면 우리의 가족인 진강 직업중학교의 실력이 뛰어나고 전국 일류이므로 우리한테 문제가 생기면 바로 솔루션을 제공해 줍니다. 그렇게 몇 년 동안 저희 학교는 교육 수준이나 전공이나 모두 비할 바 없이 좋아졌죠! 예를 들면 예전 저희 학교는 전공이 사회에서 요구하는 것과 일치하지 않아 현지 경제와 사회 발전 수요에 따라가지 못 했습니다. 항상 바꾸기만 하다 보니 결과는 더욱 혼란스러웠고 질서가 없게 됐죠. 그 후 진장 학교의 도움을 통해 전공을 개설했고 농산물 보관과 가공, 건축 인테리어 등 새로 신설한 핵심 전공을 함께 운영하며 빠르게 효과를 볼 수 있었습니다. 과거 우리는 학생 모집이 어렵고 취업이 어려운 문제에 직면했었으나 현재는 매년 학생 모집을 확대하고 있으며 졸업생 취업률은 100%에 이릅니다. 저는 최근 몇 년 동안 576명의 학생들이 푸젠으로 취업을 했고 평양에 남은 학생들은 각 분야에서 우수한 기술자가 된 것이 가장 기쁩니다!"

안팎으로 우수한 직업전문 학교가 당당한 모습으로 류판산 봉우리 중에 우뚝 솟아 있으니 정말로 대단하지 않을 수 없었다!

"저희 학교에 대해 쓰지 않으셔도 되지만 푸젠 분들에 대한 저희들의 감사하는 마음은 반드시 써 주셔야 합니다.……" 룽더현 제2소학교의 젊은 여교장 치쥐안齊娟은 내가 다른 취재 장소로 바삐 이동하려는 것을 보고 나의 손을 잡아 끌며 '푸젠 가족들'의 이야기를 들려주겠다고 했다.

"저는 푸젠 민허우의 린교장님하고 친자매같아요. 일주일 동안 전화 한 통도 못 하면 서로 걱정할 정도의 사이랍니다! 린교장님과 학교가 보내준 도움은 하늘과 땅으로 비교해도 부족할 정도예요! 지난 겨울만해도 린교장님은 여기 겨울이 추운 걸 아시고 학교 학생들을 보내 '따뜻한 겨울 보내기' 활동을 했었습니다. 저희 빈곤 가정 아이들이 따뜻한 이불을 덮고 따뜻한 새 옷을 입을 수 있도록 돈과 물품을 지원해 주기도 하셨죠. 몇 년 전에는 저희 학교를 방문하신 후 많은 학생들의 부모님이 외지로 돈을 벌러 나가서 오후에 돌봐 줄 사람이 없는 것을 아시고 푸젠 지역 사회와 구축한 '4시 반 수업' 경험을 전수해 주셔서 학부모님들의 걱정을 해결해 주셨습니다.……"

어쩐지 농촌과 동네를 방문할 때마다 주민들의 생활 공간에서 '4시 반 수업'을 자주 볼 수 있었던 것도 민닝 맞춤 빈곤 구제 협력의 성과였구나!

"푸젠 분들은 항상 저희 아이들과 학교를 위해 생각합니다. 린교장님은 산에 사는 아이들에게 바깥 세상을 구경하게 해 주기 위해 매 년 한 번씩 자금을 동원해 '산을 벗어나 바다를 보러 가자'라는 활동을 진행하세요. 이 활동에 참가하는 학생들은 처음 비행기를 타고 산을 벗어나 바다를 보러 가는 것에 많이 기뻐합니다.…… 바다를 보는 순간 아이들은 미친 듯이 뛰고, 울고, 웃었는데 그 장면은 어린 아이들의 마음에 영원히 기억될 거예요." 다정한 치교장은 이 말을 하면서 눈물을 글썽였다.

치교장은 "한 여학생이 바다를 보고 돌아오며 쓴 짧은 글을 국기 게양식 때 낭독했는데 온 운동장에 있던 아이들이 일제히 환호성을 질렀었어요. '우리도 바다 보러 가고 싶어요!', '우리도 갈매기처럼 날고 싶어요!'…… 그 장면을 생각해보시면 눈물이 날 거예요. 얼마나 감동적인지 몰라요!"

"저와 아이들이 푸젠 분들께 감사하게 생각하지 않을 수 없겠죠?"

그렇다. 멀리 있는 친구가 인생에서 가장 없어서는 안 될 존재가 되고 영원히 걱정해 주는 가족보다 인간이 가진 큰 사랑이 더 대단하다. 시진핑 총서기께서 직접 지원하고 오랫동안 관심을 기울인 민닝 맞춤 빈곤 구제 협력은 많은 업적을 남겼지만 그중 가장 뛰어난 업적은 두 성의 청소년 사이에 깊은 정을 갖게 한 것이다.

2. 허란산 포도에 취한 마음

닝샤에는 '잘생긴 산'이 하나 있는데 그 산의 이름은 허란산이다. '중화인민공화국 지도집'에는 '멀리 보이는 산맥이 준마와 같다는 문구가 써 있는데 허란산은 몽골어로 '준마'라는 뜻을 가지고 있다." 허란산은 중국 서북쪽 네이멍구와 가까운 드넓은 대지에 있으며 아주 멋있고 건강한 '준마'와 같음을 알 수 있다.

지리적으로 보았을 때 허란산은 중국의 중요한 자연 지리 경계선으로 인촨 평원이 '새북강남'으로 발전하는데 혁혁한 공로를 세웠으며, 하천의 내류와 외류를 구분하는 분수령이자 동시에 계절풍 기후 지역과 비계절풍 기후 지역의 분계선이다. 허란산의 독특한 산세는 북서쪽 한랭 기류의 동쪽 이동과 습한 남동 계절풍의 서쪽 이동을 막아주고 텅거리 사막의 동쪽 이동을 억제한다. 허란산은 동, 서쪽의 기온 차이가 매우 분명하다. 닝샤와 네이멍구 접경 지역에 위치하고 있는 허란산은 평균 해발이 2,000~3,000m

우뚝 솟은 허란산賀蘭山

이기 때문에 중국의 초원과 사막의 분계선이라고 할 수 있다.

"허란산 아래 과수원이 있고 장성 이북은 옛 명성이라." 허란산은 바로 이러한 지리적 독특함으로 인해 옛날에는 서로 쟁탈하고 싶어하는 전략적 요지였다. 위에페이岳飛 장군의 '성난 머리칼은 관을 뚫는데怒髮衝冠', '눈을 들어 하늘을 바라보며 길게 울부 짖으며 장쾌한 심정을 품네擡望眼, 仰天長嘯, 壯懷激烈'의 여음이 아직도 남아있다.

장성 이북의 땅에 발을 디디고 높이 솟은 허란산을 우러러 볼 때면 역사의 메아리가 마음속 깊은 곳에서 솟구쳐 나올 것이다. 허란산은 남북으로 200여 km, 너비가 30km에 달하는 거대한 산으로 서북부 대지에 우뚝 솟아 있어 자연적으로 중국의 중요한 지리적 경계선이 되었다. 산의 동쪽은 우람하게 우뚝 솟아 있고 산봉우리가 겹쳐 있으며 매우 험준하여 동쪽을 바라보면 닝샤 평원과 오르도스 고원을 한 눈에 담을 수 있다. 허란산 서쪽 지세는 완만하고 아라산 고원 안으로 들어가 있다.……인촨 서북쪽 주봉인 아오바오꺼다는 해발 3,556m로 닝샤에서 가장 높은 봉우리이다. 허란산 식물은 수직대 변화가 두드러지며 고산 관목 목초지, 낙엽 활엽수림, 침활엽 혼교림, 칭하이 가문비나무림, 유송림, 산지 초원 등 다양항 종류가 있다. 그 중 해발 2,400~3,100m 햇볕이 들지 않는 산비탈에 분포하는 칭하이 가문비나무림 지대는 매우 울창하고 갱신이 잘 되어 허란산에서 가장 중요한 숲 지대이다. 허란산은 서식하는 동물도 매우 다양한데 고라니, 노루, 큰뿔 양, 골든 재규어, 돌담비, 푸른귀 꿩 등 180여 종이 있다. 1988년 중국 국무원은 허산란 자연보호구역을 국가 보호구역으로 정하였고 그 면적은 6.1만 헥타르에 달한다.

서북 지역에서 웅장한 자태를 뽐내는 허란산은 서북의 내류 지역과 외류 지역을 가르고 경계가 뚜렷하며 동부 내쪽의 인촨 평원 생태 환경을 마치 '아버지'처럼 보호하고 있어 인촨 평원의 '아버지 산'으로 불린다.

물론 허란산에는 아름답기로 유명한 허란산 바위 그림이 있다. 이 그림은 고대 유목 민족이 큰 산의 바위 위에 남긴 예술품이자 천년의 시간동안 유지된 천연 화랑으로 세계적으로도 유일무이하다. 고대 허란산 일대는 흉노, 선비, 돌궐, 회후, 토번, 당항 등 북방 소수민족이 목축업과 수렵을 하며 생활한 곳이다. 남북으로 200여 km에 달하는 산에는 20여 개 이상의 바위 그림이 남아 있으며 그 중 가장 대표적인 바위 그림은 허란구 바위 그림이다. 6,000여 개의 신비롭고 오래된 고대 바위 그림은 골짜기 양 쪽에 분포하고 있으며 상고 인류의 유목, 수렵, 제사, 전쟁, 오락, 춤 등 생산과 생활 모습을 생생하게 기록하고 있어 상고 인류의 문화사와 원시 예술사를 연구하는데 필요한 문화 보고가 되었다. 이 다채로운 바위 그림은 우리로 하여금 허란산이 아버지의 산으로서 이 땅에 준 자애로운 정을 느낄 수 있게 한다.

허란산賀蘭山 암벽화

"허란산의 황금색 벼와 살찐 양고기, 기름진 고기를 맘껏 즐기고 열매가 가득한 가지는 불처럼 붉으며 가을 국화의 향기가 그득하다". 허란산 포도는 오늘날 닝샤 사람들이 가장 자부심을 갖는 '허란 여성'이라고 할 수 있으며 '허란산 포도주'는 향긋한 향기와 마음을 취하게 한다.……

오늘날 '허란산 포도주'가 얼마나 있는지는 모르겠다. 현지인들도 웃으며 나에게 말하길 '셀 수 없을 정도죠!"라고 했다.

확실히 인촨에 도착한 후 허란산 동쪽의 110번 국도를 따라 달리면 포도 농장이 너무 많아 눈을 떼지 못하게 된다. 물론 가장 웅장하고 마음을 상쾌하게 하는 것은 수백 리에 걸쳐 이어진 포도밭과 공기 중에 가득한 포도향기다. 그것을 보고 맡으면 당신은 취하게 될 수도 있고 취해서 그 곳에 머무르고 싶어질 것이며 공기를 깊게 들여 마시고 싶어질 것이다.

유명한 민닝진을 방문했을 때 나는 그렇게 발걸음이 멈췄었으며 그 곳을 떠난 지 벌써 1년이 넘었지만 아직도 가끔 그 곳의 공기가 떠오른다. 2019년 7월 19일 닝샤를 취재하기 위해 방문했을 때 나는 코를 찌르는 와인 향기를 맡았다.

민닝진 광장 바로 옆에는 '민닝 와인거리'가 있다. 이렇게 작은 지역에도 '와인 거리'가 있다니 전혀 예상하지 못했다. 융닝현 위서기 주젠朱劍은 웃으며 "우리 닝샤 허란산 와인은 민닝 맞춤 빈곤 구제 협력의 대표적인 성과물이라고 할 수 있습니다. 세계 최고 수준의 와인색과 부드러운 맛은 한 모금 마시면 3시간 동안 입 안에 향기가 남아있죠"라고 말했다.

"말씀을 들으니 저도 한번 마셔보고 싶네요!" 술을 못 하는 나도 주서기의 말에 현혹되었다!

"맞아요! 맞아요! 정말 다르다니까요! 와인거리의 한 직원이 모든 방문객에게 '허란 와인'을 한 잔씩 나눠주었다. 그 자리에 있던 사람들은 와인을 마시고 나서 모두 감탄했으며 술을 마시지 않는 나도 맛을 보았다. 맛이 정말 독특하고 부드럽고 향기롭기 그지없었다. 중요한 것은 다 마시고 난 후에도 입 안에 와인향이 계속 머물며 콧가에 맴돌았다.……신기했다!

"우리 닝샤 허란산 동쪽 기슭은 세계적으로 포도를 재배하고 고급 포도주를 생산하기에 가장 적합한 황금지대 중 하나로 와인업계의 인증을 받았으며 2002년 국가지리표시제품 보호구역으로 지정되었습니다. 12개 현(시, 구)의 19개 향진과 11개 국유 농장으로 구성된 총 20만 헥타르의 생산 면적은 포도를 재배하고 와인을 생산하는 진정한 황금지대입니다!" 와인 박물관에 들어서자 젊은 기술자가 자랑스럽게 소개했다. 그는 허란산의 포도 재배 역사는 매우 오래 되었으며 기원전 138년에 장첸張騫이 서역으로 갔을 때 포도 씨앗을 가져와 신장과 간쑤성 허시의 주랑을 거쳐 닝샤 허란산 일대로 왔다고 했다. 사서에 기재된 내용에 따르면 당시 실크로드를 왕래

허란산賀蘭山 기슭의 표준화된 포도 기지

하던 상인들은 닝샤를 지날 때 이미 포도를 먹을 수 있었다고 한다. 그러나 허란산 동쪽 기슭에 포도 산업이 형성된 것은 30년 정도 밖에 되지 않았다. 산업의 형태가 갖춰진 것은 공산당 18대 회의 이후로 민닝 맞춤 빈곤 구제 협력이 계속 확대된 몇 년 동안 포도 산업은 빠른 발전을 이룰 수 있었다. 오늘날 허란산 포도 산업은 닝샤의 독특한 '와인색 명함'이 되었다. 2017년 현재 닝샤 전 지역의 포도 재배 면적은 3억 9천만 m^2로 전국 재배 면적의 1/4을 차지하고 있으며 중국에서 가장 큰 포도주 생산 지역으로 연간 약 1.2억 병을 생산하며 종합 생산 가치가 200억 위안을 넘어선다. "2017년 허란산 동쪽 기슭의 포도주 브랜드 가치는 271.44억 위안에 달하며 중국 지리표시제품 지역 브랜드 순위 14위에 올랐습니다."

"저희 허란산 포도 산업은 시진핑 총서기께서 여러 번 칭찬한 민닝 맞춤 빈곤 구제 협력의 결과물입니다. 이 산업은 지역 전체의 빈곤 이민자에게 최소 12만 개의 일자리를 제공했습니다. 2016년 시총서기는 닝샤를 시찰하고 '중국 와인 시장은 잠재력이 큽니다. 허란산 동쪽 기슭의 와인은 품질이 매우 우수하고 닝샤 와인 시장은 잠재력이 크니 와인산업을 개발하는 것은 올바른 선택입니다. 포기하지 말고 끝까지 발전시켜야 합니다'라고 지시했다. 지금 우리는 시총서기의 지시에 따라 포도산업이라는 길을 따라가고 있으며 점차 더 크게 확장시킬 것입니다.……"

그 젊은이가 말한 것은 사실이다. 2020년 6월 9일 시진핑 총서기는 다시 한 번 닝샤 허란산 포도단지를 방문했다. 시진핑은 무성한 포도밭에 서서 빈곤에서 벗어난 포도 재배자들에게 국민들의 생활 수준이 높아지면서 포도주 산업의 전망이 밝다고 하였다.

그렇다. 포도는 닝샤와 허란산 현지 주민들이 부유하고 행복한 생활을 할 수 있도록 해주는 황금 길이다.

"여기만 해도 십여 개의 유명한 와이너리가 있고 대다수의 와이너리 주인은 민닝 맞춤 빈곤 구제 협력 과정에서 이 곳에 투자한 푸젠 상인들입니다. 그들은 우리 닝샤의 와인을 세계적인 수준으로 올려 놓았으며 중국 와인에 대한 전세계 와인 업종의 인식을 철저히 바꾸어 놓았습니다." 그날 점심, 우리가 민닝진에 있는 작은 식당에서 밥을 먹고 있을 때 주젠 서기가 자랑스럽고 격앙된 모습으로 "오늘의 허란산 와인 산업이 있기까지 가장 중요한 역할을 한 것은 민닝 맞춤 빈곤 구제 협력이라고 다시 한번 말씀드리고 싶습니다……"라고 내게 말했다.

주서기의 말은 마치 채찍질 하듯 내 두 발을 재촉했다.

"주젠 상인 천더치陳德啓의 10만 묘의 포도밭과 '허란신神'이 근처에 있습니다.……"

"그거 정말 잘 됐군요! 어서 가 봐요" 나는 기뻐하며 말했다.

그리하여 우리 일행은 차를 타고 선선한 바람을 맞으며 산기슭 아래에 있는 평야를 향해 달렸다.……

평야로 가는 길 내내 포도밭에 대한 여러 가지 화면이 내 머리속에 떠올랐다. 예전에 봤던 포도밭은 몇 묘 정도였거나 커 봤자 몇 백 묘 밖에 되지 않았었다! 그러나 진정으로 나를 매료시킨 포도밭은 사실 유럽의 옛 영화에서나 보았던 것처럼 끝없이 펼쳐진 포도밭이다. 프랑스 보르도 산지의 포도밭처럼 항상 가슴을 설레게 했다. 포도밭과 와인은 실제로 중세와 르네상스 시대의 유럽 상류 사회의 단면을 대표하기도 했다. 괴테, 발자크 등 위대한 작가의 작품속에 언제나 존재하는 다채로운 감정은 신비로운 포도밭과 기괴하기 그지없는 와인 속에 녹아 들었으며 왕족이나 귀족들의 사랑과 의도, 심지어는 농장주 딸을 유혹하여 음모를 꾸미려던 가난한 청년이 만든 계략도 언제나 포도밭에서 일어났다.……포도밭과 와인은 서양 귀족과 서양문화에 속해 있었다. 귀한 와인을 얻기 위해 가장 중요한 것은 특별한 기후와 지리적 조건이다.

중국에 과연 그런 곳이 있을까? 나는 생각했다.

"도착했습니다! 여기예요." 우리가 타고 온 차는 키가 큰 백양나무로 둘러 쌓인 밭에 멈춰 섰고 어떤 사람은 벌써 흥분하며 큰 소리로 외치기 시작했다.

나는 다시 현실로 돌아왔다. 한 편의 시와 그림 같이 아름다운 포도밭이었다. 푸른 포도밭은 허란산 자락과 연결되어 있었고 크기를 가늠하기 어려운 네모 반듯한 포도밭 주변은 우뚝 솟은 백양나무가 에워싸고 있었다.……백양나무는 마치 보초를 서고 있는 것 마냥 포도밭을 지키고 있어 감탄이 절로 나왔다. 포도밭의 포도는 이미 콩 만한 열매를 주렁주렁 맺기 시작했다. 포도밭 가운데서 우리를 맞이한 청년은 앞으로 한, 두 달만 지나면 포도를 수확할 계절이 된다고 말했다. 주변을 둘러싸고 있는 백양나무는 포도밭을 보호하는 역할을 한다. "정방형 모양의 땅은 모두 500묘인데 주위에 적어도 몇 천 그루의 백양나무가 포도나무를 지키고 있습니다! 저희 포도밭은 10만 묘로 이런 포도밭 200개가 이어져 '허란신' 와이너리가 만들어 졌습니다.……"

200여 개의 네모 반듯한 땅은 허란산 동쪽으로 연결되어 장관을 이뤘다! 눈을 감고 상상해 보면 감탄이 절도 나온다. 그리고 그 높고 곧은 백양나무들을 보고 있자면 포도밭 '농장주'에 탄복하지 않을 수 없게 된다.

"원래 이 곳은 모래와 돌이 휘날리던 고비 사막이었습니다. 저희 천사장님이 사막을 푸른 포도밭으로 완전히 바꾸어 놓으셨죠.……몇 년 전만에도 상상조차 할 수 없던 일이었는데 민닝 맞춤 빈곤 구제 협력 하에 모든 일이 현실이 되는 꿈 같은 일이 일어났습니다!"

그렇다. 포도밭은 꿈을 그리고 꿈을 이루는 곳이다. 어느 작가가 로맨스 소설에서 한 말이다. 산뜻한 바람을 맞으며 포도밭을 감상하고 있을 때 어떤 사람이 '천사장님이 오셨습니다'라고 말했다. 그리하여 나는 포도밭에서 눈길을 거두고 지프차에서 내리는 작지만 단단한 중년을 보았다.

그 사람은 바로 10만 묘 와이너리 주인이자 푸젠 기업가 천더치 씨였다. 나는 닝샤에 투자하여 기업을 운영하는 푸젠 상인들 모두 성실하며 얼굴에 그들의 우수함이 드러나지 않는 것을 발견했다. 다른 지역의 상인들과 가장 다른 부분이었다. 나는 처음에는 도대체 무엇 때문인지 몰랐지만 닝샤에서 취재를 하 면서 그 안에 숨겨진 '비밀'을 알게 되었다.……

"우리는 빈곤 구제를 지원하기 위해 닝샤에 왔습니다. 사업적으로 손해를 보려고 온 것은 아니지만 염두에 둔 것은 기업을 만들고 사업을 잘 해서 현지 주민들이 혜택을 받을 수 있도록 닝샤 경제 발전을 위해 최선을 다 하는 것입니다. 이것은 우리 푸젠 상인들의 가장 큰 소망입니다." 구위안에 있을 때 그 곳에서 공장을 운영하던 푸젠 상인이 상황의 미묘함을 드러낸 것 같았다. 감정이 본질을 바꿀 수 있구나! 비즈니스에서 이런 놀라운 일이 일어날 수 있다는 것에 놀라웠다.

"제가 처음 이곳에 왔을 때 이 곳은 온통 돌 투성이 황무지였습니다. ……걸을 때마다 발에 돌이 걸렸고 자동차도 운전하지 어려웠어요!" 포도밭 끝자락에 이 와이너리의 거대한 광고판이 세워져 있었다. 천더치 씨는 감격에 겨운 표정으로 돌아본 후 이어 말했다. "그 때 제가 허란산 자락 아래에 있는 황무지에 포도를 재배하기로 결정했을 때 많은 비즈니스 친구들이 그런 바보 같은 짓은 하지 말라고 말렸었습니다. 하지만 저는 포기하지 않았어요. 왜냐하면 민닝 맞춤 빈곤 구제 협력은 시진핑 총서기께서 지지하고 관심을 갖고 있는 사안이기 때문입니다. 시 서기님께서는 푸젠성 성

위원회 부서기 시절 항상 푸젠 기업인에게 닝샤에 투자를 하고 빈곤 퇴치를 지원하도록 장려했습니다. 저는 2007년에 이 곳에 기업을 만들겠다고 결심했고 눈 깜짝할 새 12~13년이 지났네요. 저는 고비 사막에서 가장 먼저 포도를 재배한 사람입니다.……"

"이것 좀 보세요. 그 당시 이 곳은 돌무더기로 가득한 황무지였다니까요!" 천더치는 광고판에 있는 옛날 사진 몇 장을 가리키며 말했다.

정말 놀라웠다! 그 옛날 고비 사막이었던 허란산 자락이 지금은 끝없이 펼쳐진 푸른 바다와 푸른 파도가 아름다운 포도밭이 되었다니.……

"어떻게 이 곳에서 포도를 재배할 수 있고 와인을 만들 수 있다고 믿으셨죠?" 허란산의 달라진 모습을 보고 있노라니 이렇게 물어볼 수밖에 없었다.

"저는 예전에 줄곧 외지에서 사업을 했습니다. 장쑤성 식품공장을 운영하고 산동에서 부동산 사업을 했었습니다. 사업은 아주 잘 되었죠. 민닝 맞춤 빈곤 구제를 위해 협력하기로 한 후 푸젠성에서는 저희가 닝샤를 방문해 투자 의향을 논의할 수 있도록 주선했습니다. 2007년 저는 처음 닝샤를 방문했는데 임업청 관계자분이 저희에게 숲을 보여줬습니다. 저는 식품 사업을 했었기 때문에 프랑스에 가서 포도 재배에 관한 것을 배웠었죠. 그래서 닝샤를 방문한 후 이 곳의 토양이 매우 독특하고 포도를 재배하기에 적합하겠다고 생각한거죠. 후에 닝샤를 시찰 참관 하는 동안 융닝현永寧縣의 현장은 제가 이곳에 투자할 의향이 있는 것을 아시곤 매우 기뻐하며 지도를 꺼내 저에게 이렇게 말씀하셨습니다. "천 선생님, 이곳은 천지가 땅이니 마음에 드시는 땅이 있으면 드리겠습니다! 10여만 무의 땅도 있어요." 그 당시 현장이 가리킨 곳이 바로 이 포도밭입니다. 총 13만 무에 달하는 큰 땅이었죠. 제가 사는 푸젠이든 사업을 했었던 장쑤, 산둥이든 어느 곳에서 사업을 하라고 이렇게 넓은 땅을 줄 수 있겠습니까! 그날 저는 현장과 같이 황무지 땅을 한 바퀴 돌았어요. 비록 땅은 돌덩어리들로 가득하고 잡초가 가득했지만 저는 너무 기뻤습니다. 그래서 현장에게 이 땅을 달라고 했어요. 저는 이 땅이 마음에 들었어요. 저희는 그렇게 돌아오는 차 안에서 거래를 성사시켰고 다음날 바로 토지 사용권 계약서에 사인을 했습니다.……"

"일사천리였네요!"

"그 때 저는 이 땅이 너무 마음에 들었어요." 천더치 씨는 "저는 토양 샘플을 들고 파리로 날아가 포도 재배 토양 전문가에게 분석을 의뢰했고 전 세계적으로 포도 재배에 가장 적합한 토질이라는 분석 결과를 받았습니다. 그래서 저는 여기서 포도를 재배하기로 결정했어요! 그리고 벌써 13년이 지났네요……"라고 말했다.

천더치 씨는 현장에서 맨흙을 보여주며 이 포도밭 토양의 우수성, 특히 천연 미네랄이 풍부한 자갈과 모래로 이루어진 토양의 우수성에 대해 여러 가지 말을 했다. 여긴 프랑스 포도밭과 같은 위도에 있으며 토양이 프랑스 포도 재배지보다 우수합니다." 프랑스는 오랜 포도 재배 역사를 가지고 있지만 토양의 유기 미네랄 함량은 우리와 비교할 수 없습니다. 그리고 와인은 숙성 기간이 중요한데 이것은 물과 관련이 깊어 비가 많이 내린 해에 만든 와인보다 비가 적게 내린 해에 만들어진 와인의 품질이 뛰어납니다. 여기는 일년 내내 강수량이 매우 적어 와인이 항상 좋은 품질을 유지합니다. 그리고 또 다른 이유는 낮 기온이 30℃, 밤 기온이 15℃ 이하로 떨어져 낮과 밤의 기온차가 크기 때문에 이러한 와인은 무엇도 대체할 수 없게 되죠! 그래서 허란산에서 재배한 포도는 세계 최상일 수밖에 없습니다. 포도의 왕국 프랑스의 전문가가 제공한 정보를 바탕으로 저는 이곳에서 포도를 재배하고 와인을 만들기로 결심했습니다." 천더치 씨는 여기까지 말하고 "민닝 맞춤 빈곤 구제 협력에 맞춰 허란산에 오게 된 것이죠!"

허란산에서 포도를 재배하고 와인을 만드는 일은 천더치 씨에게 결코 쉬운 일이 아니다. 고향인 푸젠 진장에서의 생활과 허란산 황무지에서의 생활은 비교할 수조차 없고 돌 투성이의 고비 사막을 귀한 포도를 재배할 수 있는 땅으로 변모시키는 과정과 어려움은 생각만 해도 숨이 멎을 정도이다. 10만 무라니! 지도에서만 봐도 매우 광활하고 넓은 땅이다. 당시 천더치는 '500무'의 자갈 땅을 개간하기 위해 인촨에서 동원할 수 있는 거의 모든 기계를 동원했었다.

"그 광경은 정말 장관이었어요. 마치 허란산까지 우리를 응원하는 것 같았습니다." 천더치 씨와 함께 온 푸젠 직원은 나에게 "파쇄기와 분쇄기, 굴착기가 밭에 100대 이상은 있었어요.…… 그 기계들이 외치는 장면과 소리로 땅이 흔들릴 정도였어요! 허란산도 부르짖고 있는 것 같았어요!"

지금은 과일이 가득한 푸른 포도밭이지만 사업 초창기 이 땅의 모습이 어땠을지 상상해보면 흥분하지 않을 수 없게 된다!

나는 천더치 씨가 10만 무의 고비 사막을 탈바꿈하기 위해 투입한 비용과 노력 또한 엄청나다는 것을 잘 알고 있었다. 돌멩이와 모래로 뒤섞인 토양은 미네랄 함량이 높아 프랑스 포도밭 토양보다 뛰어나지만 10만 무의 고비 사막을 포도를 재배할 수 있는 땅으로 바꾼다는 것은 쇠막대로 바늘을 만드는 것과 같이 많은 노력을 기울여야 한다는 것은 말하지 않아도 알 수 있다. 그 시간 동안 얼마나 많은 심혈을 기울였는지는 오직 천더치 씨만 알 수 있다.

"돌멩이를 파쇄하기 위해서는 힘과 정신력이 필요하지만 포도를 재배하려면 우수한 토양도 필요합니다. 이 고비 사막에는 좋은 흙이 없기 때문에 저희는 다른 곳에서 흙은 운반해 와야 했습니다. 10만 무의 포도밭에 얼마나 많은 양질의 흙이 필요한지 알고 계십니까?"

"얼마나 필요하가요?"

"정확히 계산할 수는 없지만 처음 500무의 땅에 사용된 새 흙은 몇 십 리 떨어진 곳에서 1,000번 운송해 와야 했던 것으로 기억합니다.……" 천더치 씨는 "고비 사막에 포도를 재배하기 위한 사전 준비는 '천군만마'가 필요한 전투와도 같습니다"라고 말했다.

고비 사막에는 어떠한 식물도 자라지 않으며 현재의 무성한 포도나무는 물이 절대적으로 필요하다.

"물은 어떻게 해결하시나요?" 나는 포도밭의 '생명의 근원'에 관심이 생겼다.

"가장 중요한 문제를 물어보셨네요!" 천더치 씨는 나를 보고 웃으며 "고비 사막에는 물이 없습니다. 하지만 포도를 재배하기 위해서는 반드시 물이 필요하죠. 다른 농작물처럼 많은 물을 필요로 하지는 않지만 물이 없으면 열매를 맺지 못하고 와인 품질도 떨어지게 됩니다"라고 말했다.

"저기 작은 집을 보세요.……" 천더치 씨는 몇 백 미터 밖에 떨어진 나무들 사이에 있는 작은 집을 가리키며 "저 집은 원래 물을 긷는 곳이었습니다. 옛날 저수지가 없었을 때 저희는 저 작은 집에 의지해 물을 공급했었죠. 우물은 한 번에 200~300m 깊이로 파야 됐고 한 번 팔 때마다 수백 개의 우물을 파야 합니다.……그 후 관개 운하를 도입하면서 포도밭 주변에 4개의 저수지를 만들어 10만 무의 땅에 있는 모든 식물과 와인을 만드는데 필요한 물을 공급할 수 있게 됐습니다."

"이 나무들 보셨나요? 지금은 키가 이렇게 크지만 처음 심었을 때는 그렇게 크지 않았습니다. 나무가 순전히 묘목이라면 500무 주위에 다 심어도 포도밭을 보호하는데 큰 도움이 되지 않을 것입니다. 그래서 나무를 심을 때 어느 정도 수령이 있는 나무를 심었었죠. 하지만 3~4년 된 나무를 고비 사막으로 옮겨와 자라게 한다는 것 또한 쉬운 일이 아닙니다. 온 정성을 다 해야 하는 일이죠. 이곳은 북쪽 지역이기 때문에 나무를 심는 목적은 포도밭의 포도를 바람과 모래로부터 보호하기 위한 것입니다. 하지만 이곳에 작은 나무를 막 심었을 때에는 나무를 바람과 모래로부터 보해해야 합니다. 이런 점들이 어려운 점이며 이것을 이해하기 전에는 그 이유를 알 수 없습니다." 천더치 씨는 "10만 무의 포도밭을 에워싸고 있는 백양나무는 이미 10살이 넘었습니다"라고 말했다.

"수백만 그루의 나무는 저처럼 허란산 자락에 뿌리를 내렸습니다! 진정한 포도의 '수호신'이 된 것이죠!" 천더치는 한 줄로 직사각형 대형을 이룬 나무를 가리키며 자랑스럽게 말했다.

그 순간 내 마음 속에는 눈 앞의 나보다 키가 머리 반 개 정도는 작은 푸젠 기업가를 존경하는 마음이 생겼다.

"포도를 재배하는 것은 쉬운 일이 아닙니다. 해발 1,000~2,000m의 적절한 기후에서 재배해야 하는데 이 곳 해발이 바로 1,500~1,600m입니다. 포도를 심으면 열매를 맺기까지 4년의 기간이 필요하고 또 다시 2년 정도를 키워야 하며 수확한 포도를 와인으로 만들기까지 저장고에서 2년을 숙성해야 하기 때문에 포도를 재배해서 와인을 만들려면 사업 시작과 소득이 없는 기간을 8년 정도 보내야 합니다.……그렇기 때문에 포도를 재배하고 와인을 만드는 사람은 반드시 인내심이 있어야 하며 많은 투자를 해야 합니다." 천더치 씨는 내게 허란산 자락에 있는 이 땅에 벌써 13년이라는 시간(2019년 인터뷰 당시)과 20억 위안을 투자했다고 알려주며 "2,000만 m^2의 관광시설을 더하면 총 투자금액은 50억위안 정도가 될 겁니다"라고 말했다.

이것은 민닝 맞춤 빈곤 구제 협력을 위해 온 몸을 바치고 허란산 자락에 뿌리내린 푸젠 기업가의 소감이다.

"좋은 술은 잘 빚어야 하지만 좋은 술을 잘 빚기 위해서는 좋은 포도를 재배해야 합니다. 그렇기 때문에 저는 포도 재배에 온 노력과 마음을 쏟아붓습니다.……" 천더치 씨는 열매가 가득 열린 포도밭으로 나를 데려가 포도를 쓰다듬으며 애정을 담아 말했다. 10년 넘게 모래 바람을 맞으며 살아온 천더치 씨의 얼굴에는 세월의 풍파가 가득했지만 항상 밝은 미소를 띠고 있었다. 그는 나에게 "제가 왜 '허란신'을 와이너리와 와인 브랜드 이름으로 정했는지 아십니까?"라고 물었다.

나는 딱히 생각이 나지 않았다.

그는 몸을 돌려 포도밭 지형도를 가리키며 "무엇처럼 보이시나요?"라고 말했다.

무엇을 닮았을까? 나는 자세히 들여다봤다.……아, 그리스 신화에 나오는 신을 닮았구나.

"작가는 작가네요" 천더치 씨는 "저것은 제 지문인데 그리스 신화 속의 신과 합성해 저희 와이너리 브랜드 로고로 만들었죠"라고 즐거워하며 말했다.

1956년에 태어난 천더치 씨는 개혁개방 초기인 1980년 태국으로 건너가 사업을 시작했고 많은 돈을 번 후 고국으로 돌아와 장쑤성 북부에 6,000 달러 이상을 투자해 식품 공장을 설립했다. 십여 년 동안 열심히 고생한 끝에 어느 정도 부를 축적한 그는 산둥성 등에서 부동산 사업을 했다. 그와 그의 딸, 아들이 사업을 성공적으로 발전시키고 있을 때 민닝 맞춤 빈곤 구제 협력의 요청이 울려 퍼졌고 천더치 씨는 즉시 자녀들에게 사업을 물려준 후 홀로 가방을 메고 닝샤 허란산 자락에 있는 황무지 고비 사막으로 와서 십여 년을 보냈다.……

"누군가 저에게 이렇게 황량한 곳에서 창업을 하는 이유가 무엇이냐고 물었습니다. 이미 수억 위안의 자산을 가졌는데 굳이 창업을 해야 하나요? 닝샤의 가난한 산지보다 중동부 지역에서 돈을 버는 게 훨씬 쉬운데 도대체 무엇을 하고 싶은 건가요? 가족들도 처음에는 이해하지 못했습니다. 함께 열심히 번 돈을 제가 닝샤 고비 사막에 투자했고 얼마나 투자할 지 알지 못했거든요. 저는 가족과 친구들에게 너희들은 혼자서 가난한 생활을 하는 것과 빈곤한 사람들과 함께 빈곤한 생활을 하는 것이 어떤지 모른다고 알려줬습니다. 제 나이 정도의 사람들은 힘든 삶을 살았고 저희 푸젠 사람들도 힘들고 가난한 삶을 살았으며 저도 태국에서 사업을 할 때 가난했었습니다. 가난한 사람은 존엄이 없습니다. 가난한 곳은 누구도 좋아하지 않죠. 저는 지금 돈도 있고 능력도 있는데 닝샤의 빈곤한 사람들을 도와야 하지 않을까요? 저는 그렇게 이 곳으로 오게 됐습니다.……"

천더치 씨는 의인의 정신으로 닝샤에 정착했다. 이 푸젠 남성은 '억만장자'의 모습을 버리고 매일 흙먼지와 함께 5년 동안 넓은 공사 현장에서 10km에 달하는 고비 사막을 푸른 포도밭으로 바꾸어 놓았으니, 이것은 어떤 용기와 정신일까?

"용기라고 말하긴 그렇습니다. 저는 그저 농사꾼이 된 것 같다고 생각할 뿐입니다.……" 천더치 씨는 수줍게 말했다.

민닝 맞춤 빈곤 구제 협력은 닝샤 주민들이 빈곤을 탈출할 수 있도록 했으며 가장 근본적으로 필요한 것은 산업을 지원하고 도와 현대화와 규모화를 실현해 닝샤 지역의 경제를 발전시키는 것입니다. 현대화 공업 기업과 하이테크 기업 등 경제를 풍요롭게 만드는 기업을 만드는 것이 가장 근본입니다. 천더치 씨의 이 같은 말에 나는 더욱 감동받았다.

천더치는 이러한 '근본'을 가장 완벽하게 실현했다고 할 수 있다.

우선 10만 무에 달하는 포도밭은 매 해 2,000~3,000명의 인력이 필요하다. "주변 마을에 사는 농민들은 모두 여기서 일을 하며 매년 3~4만 위안을 법니다." 천더치 씨가 말했다. 나는 그에게 장, 단기 프로젝트가 많이 있으며 '허란신' 산업은 단순한 포도밭이 아니라 현지 만 명 이상의 노동력을 흡수할 수 있는 산업단지인 것을 알고 있다. 푸젠 사람 한 명이 만 명을 부양하고 취업을 보장하는 빈곤 구제와 퇴치야 말로 오래가는 것이다. 나는 진정한 최고의 포도밭과 세계적으로 유명한 와인을 만드는 기지는 '백년기업'이 될 수 있다고 믿는다. 나는 천더치 씨의 얼굴에서 바로 이러한 뜻을 읽을 수 있었다. 어쩌면 그의 포부는 이보다 더 큰 것일 수도 있다.

그의 '허란신' 와이너리와 와인 저장고에 들어선 후 나는 천더치 씨가 가난한 사람들을 돕고 빈곤을 퇴치하는데 희망을 주는 두 번째 이유를 알 수 있었다. 그는 단순히 닝샤 농민들에게 옷 몇 벌을 팔거나 농산물 몇 봉지를 사주는 것이 아니라 옛 고비 사막에 세계 최고 수준의 와인 성을 지은 것이다. 그는 처음부터 '세계 1위'의 프랑스 와인을 타겟으로 했다고 말했다. "저는 토양이 우수한 곳을 선택했고 세계에서 제일 좋은 포도 묘을 도입했습니다. 320만 개의 포도 묘목을 도입하고 프랑스 전문가 팀에게 요청해 접목, 번식, 재배를 해서 현재 '허란신' 포도는 세계 최고의 포도 종자이자 중국 최고의 자생 포도로 자리잡았습니다. 저희 와인 제조 설비는 모두 외국에서 들여온 최첨단 설비입니다.……저희가 와인을 보관하는 오크통을 보세요. 좋은 오크통만이 최고의 와인을 만들어 낼 수 있기 때문에 모두 최상품을 사용하였으며 개당 만 위안 정도입니다." 천더치는 나에게 '허란신'의 핵심 장소인 와인 저장고를 보여줬다. 나는 부드러운 와인 향이 진동하는 오크통이 정해진 위치에 줄지어 서 있는 것을 보고 그제야 비로소 고급 와인을 제대로 느낄 수 있었다. 오크는 특별한 향기를 가지고 있는데 와인을 오크통에 채우고 10~12개월 동안 숙성하면 그 향이 자연스럽게 와인에 스며들게 된다. 그리고 오크는 타닌, 오크락톤 등의 물질을 가지고 있어 와인에 스며들어 와인 고유의 향과 결합하여 매력적이고 독특한 향을 만들어 내고 와인의 수명을 연장하는 역할을 한다.

"'허란신'을 맛보세요!" 천더치 씨는 나와 동행한 친구들에게 프랑스 파리 국제 와인 대회에서 '블랙 골드상'을 받은 지존 공주를 따라주며 맛을 보라고 했다.

"정말 맛있어요! 맛있어요!" 주변에서 바로 감탄사가 터져 나왔다. 술에 대해 전혀 모르는 나조차 '허란신'을 한 모금 마신 후 입 안과 목구멍에 특유의 부드러운 맛이 가득했고 입가에는 긴 여운이 남았다.

"좋은 와인이란 바로 이런 거군요." 일행 중 한 명이 조용히 말하더니 연신 고개를 끄덕이며 "정말 맛있어요!"라고 말했다. 우리는 '허란신' 전시장에서 각종 상장과 증명서를 보았다. "예전에는 프랑스 와인을 비싸게 샀지만 지금은 닝샤 와인으로 국제 대회에 참가하고 항상 금상이나 블랙 골드상을 수상합니다.……" 천더치 씨는 매 해 파리 전시회에 참가하는데 와인이 전시되면 와인을 맛보려는 프랑스인들이 길게 줄을 선다고 말했다.

"줄이 몇 백 미터, 심지어 몇 천 미터일 때도 종종 있습니다.……" 이 때 천더치의 얼굴에는 자부심으로 가득했다.

"고비 사막에서 와인을 만들어 낼 수 있는 곳은 전 세계에서 오직 허란산뿐이기 때문에 이러한 자부심은 저뿐만 아니라 닝샤 사람들의 자부심이기도 합니다. 저는 민닝 맞춤 빈곤 구제 협력이 아니었다면 이 황무지 땅이 몇 백 년, 심지어 몇 천 년 동안 잠들어 있었을지도 모른다는 사실이 자랑스럽습니다. 불모지 땅을 일깨워 최고의 포도밭과 와인을 생산하는 곳으로 만들었다는 것이 제가 가장 자랑스럽게 생각하는 일입니다.……" 천더치 씨의 말을 듣고 나는 그에게 다가가 꽉 안아주었다.

민닝 맞춤 빈곤 구제 협력의 의미에 대해 이보다 더 잘 설명할 수 있는 것이 있을까? 민닝 맞춤 빈곤 구제 협력의 현실과 미래를 이보다 더 잘 보여줄 수 있는 것이 있을까?

"저는 이미 수익을 실현하는 시기에 접어 들었고 올 해 500만 병의 와인을 판매할 예정입니다!" 천더치 씨는 "좋은 포도는 10년차부터 수확할 수 있고 포도밭은 2, 30년간 최고의 상태를 유지하다가 서서히 퇴화하기 시작합니다……"라고 말했다.

나는 그의 말을 듣고 허란산 포도사업은 이제 막 발걸음을 내딛었으며 가장 먼저 시장에 진출한 천더치 씨의 '허란신'은 이제 막 찬란산 '포도의 황금빛 길'을 걷기 시작했다는 것을 깨닫게 되었다.

천더치, 그가 걸어온 민닝 맞춤 빈곤 구제 협력의 여정은 그의 이름처럼 완벽하게 '덕을 펼치는' 인생 궤적이다. 시진핑 총서기께서 지지하고 시작한 민닝 맞춤 빈곤 구제는 그 자체로 위대한 '덕치德啓' 사업이며 닝샤 주민들이 과거의 빈곤을 벗어나 새로운 길을 갈 수 있는 길을 열어주고, 척박한 땅에서 번영과 번성의 행복의 길을 걷도록 해준다.

만약 10~20년 전 이와 같은 원대한 뜻을 밝히면 누구도 믿지 않았을 것이다. 하지만 오늘날에는 허란산 동쪽 기슭을 방문하게 된다면 이 모든 것이 현실이 되었다는 것을 실감할 수 있을 것이다.

그렇다. 이 곳에 천더치식의 '허란신'이 나타난 후, 고비 사막에 아름다운 포도밭이 탄생한 후, 부드러운 향기가 백 리, 천 리 너머로 퍼져 나간 후, 억만 년 동안 잠들어 있던 허란산이 깨어났고 지금과 같은 대규모 닝샤 포도 산업이 빠르게 형성되어 수천 명의 닝샤 주민들을 풍요롭게 하였으며 '아버지 산'의 두 날개를 아름답게 장식하여 도처에 향기가 진동케 했다.……

허란산 포도는 마음을 취하게 한다. 허란산 와인은 해외로 진출했다. 그리고 나는 천더치 씨처럼 닝샤 주민들을 위해 일하는 푸젠 사람들이 거의 10만 명에 달하며 그 중 상당수는 자신의 목숨을 걸고 일하는 기업가라는 것을 알고 있다. 그들은 열정과 지혜, 사업적 재능을 바탕으로 이 척박한 땅에 새로운 피를 수혈하고 오래된 땅에 젊음과 활력, 생명과 희망을 불어넣고 있다.

2019년 여름 닝샤를 처음 방문한 다음 날 나는 현지인들에 이끌려 시하이구 지역의 구위안시 위안저우구 허촨향으로 갔다. 황리핑黃麗萍 여성 향장은 빈곤층으로 분류됐던 1,627가구가 2018년에 모두 빈곤에서 벗어났고 현재는 1인당 연간 소득이 8,876위안(탈빈곤 전 연 소득 3,000위안)이라고 매우 기뻐하며 말했던 것을 기억한다.

"이곳 주민들에게 있어 빈곤 퇴치는 천지개벽 같은 일입니다. 우리 모두 시진핑 총서기와 당 중앙위원회에 감사를 표하며 특히 민닝 맞춤 빈곤 구제 협력에서 푸젠성 주민들이 보내준 도움, 특히 산업에 준 도움에 감사드립니다. 저희 향에는 푸젠 출신의 린씨 가족이 살고 있는데 그 분들은 만 묘의 황무지 언덕에 모란을 심어 반경 10리의 농민들에게 부유해질 수 있다는 희망과 안정적인 산업을 갖게 해 주었습니다.……" 아름답고 활발한 황리핑 향장은 "피곤하지 않으시다면 언덕에 올라가 보지 않겠어요?!"라고 물었다.

"가보죠!" 나는 바로 몸을 일으켰다.

방금 인터뷰를 끝낸 허촨향 자이와마을에서 저 멀리 산속의 모란 기지까지 산을 굽이 돌아 꽤 먼 길을 갔다. 이 곳은 류판산맥의 산줄기로 봉우리가 높지는 않지만 차에 앉아 도로를 따라 멀리 바라보니 첩첩이 겹쳐진 산봉우리만 보였고 그 깊이가 끝이 보이지 않았다. 용감하고 지혜로운 사람이 아니면 어느 누가 이러한 곳에 자리를 잡고 황무지를 개발할 수 있을까? 상상조차 되지 않았다. 하지만 멀리 떨어진 푸젠에서 이 곳으로 온 사람도 있었고 심지어 이 깊은 산 속으로 집까지 옮겨온 사람도 있었다.…… 이 얼마나 많은 감동과 용기가 필요한 일인가!

내가 이런 생각에 빠져 있을 때 황향장은 첩첩산중의 꽃나무가 무성하고 녹음이 우거진 곳을 가리키며 말했다. "'천국'에 도착했습니다!"

깊은 산 속에 천국이라고?! 우리 일행이 의문에 빠져 있는 동안 황향장은 우리를 이끌고 산으로 들어갔다.……와, 우리의 첫 반응은 산 속 깊은 곳에 이렇게 신기하고 꽃의 세계, 놀이의 세계, 행복의 세계와 같은 또 다른 세계가 숨겨져 있었구나하는 것이었다.

어떻게 말해야 할까?

깊은 산골에서 사방을 둘러보면 계단식 모란 재배 기지는 겹겹이 쌓여 끝이 보이지 않고 아름다운 계단식 들판만이 햇빛아래 겹겹이 윤곽을 드러냈기 때문에 '꽃의 세계'라고 표현하는 것이 가장 정확할 것 같다. 주인은 모란은 관목 식물로 야생 모란은 간수성, 스촨성, 윈난성 북부에 분포하며 자반 모란이 주를 이루고, 산시성과 산둥성 허저, 허난성 뤄양 등지에 있는 모란은 풍단 모란이라고 소개했다. 모란은 새롭게 떠오르는 목본 유지 작물로 높은 수확량(5년간 묘당 생산량 300kg, 1묘당 종합 수익 만 위안), 높은 오일 함량(종자 오일 함량 22%), 고품질(불포화지방산 함량 92%), 낮은 원가의 특징을 가지고 있다. 모란은 가뭄과 불모지에 잘 견디기 때문에 척박한 땅과 숲에 재배하기 적합하며 1년 동안 심으면 100년 동안 수익을 얻을 수 있다. 닝샤 시하이구 류판산 일대는 목란을 재배하기에 적합한 곳이다. 그래서 푸젠 사람들은 닝샤 주민들이 빈곤을 벗어나 부유해질 수 있도록 돕기 위해 이 작물을 선택했다. 관상용 관점에서 봤을 때 매년 만 묘의 땅에 가득한 모란이 만개하면 수천 명의 관광객을 끌어들일 수 있을 것이다.

'꽃'의 바다가 무엇이냐고 물어본다면 아마도 여기가 바로 그곳일 것이다. 아니다, 이 곳은 '꽃의 산'이라고 해야 한다! '꽃의 산'은 '꽃의 바다'보다 더 멋있고 장관일 것이다.

"맞아요! 몇 년 뒤 모란을 다 심고 나면 이 곳은 전세계에서 가장 큰 모란 세상이 될 거예요. 중국인뿐만 아니라 전 세계 관광객이 인촨을 방문할 겁니다!" 젊은 향장은 환호하며 우리를 '모란의 세계'로 안내했다.

"여기는 놀이동산입니다." 향장은 산을 지나면서 산의 위, 아래를 가리키며 말했다.

산 정상에 레이싱 코스라니?! 믿을 수 없는 일이 벌어지고 있었다. 처음에는 깊은 산 속에서 창업을 한 푸젠 사람이 너무 심심한 나머지 만든 것 인줄 알았다. 향장이 '아이고', '아이고'라고 외치며 연거푸 '저희를 얕보지 마세요!"라고 말 할 줄 어찌 알았겠는가.

"여러분들이 오시기 두 달 전에 저희는 여기서 4개 성, 1개 구가 참가한 산 정상 레이싱을 개최했습니다!" 여향장은 우리가 믿지 않을까봐 우리를 산 정상 레이싱장으로 데리고 갔다.

정말 독특하고 멋졌다. 여기서 레이싱을 하면 선수들은 완전히 새로운 느낌을 받고 관중들은 더 많이 흥분할 것이다. 구름을 만지고 산봉우리를 바라보며 빠르게 달리는 자동차를 보는 것……술에 취하지 않아도 그 재미가 엄청날 것이다. 이 푸젠 기업가는 멀리 내다볼 줄 아는 사람이다. 언젠가 온 산에 뒤덮인 모란꽃이 '제2의 뤄양'이 되었을 때 꽃을 감상하고 산 정상에서 짜릿한 레이싱을 즐기는 것은 잊지 못할 관광이 되지 않을까?

"아래를 보세요" 자동차 경주장에서 가장 높은 절벽에 함께 서 있던 향장은 산 아래 거울 같은 연못을 가리키며 "저 곳은 낚시와 수영을 하는 곳입니다……"라고 말했다.

정말 놀라웠다! 이렇게 멀고 건조한 곳에 관광지를 만들 생각을 하다니 푸젠 기업가는 정말 대담하고 낭만적이었다!

우리는 자동차 경주장에서 푸젠 린씨 가족이 만든 닝샤 루이단위안 모란산업 유한공사寧夏瑞丹苑油牡丹產業有限公司 사무실까지 가는 길에 다양한 꽃으로 엮은 '꽃길'을 지난 후 향장은 나에게 이곳에 살았던 주민들의 농가를 보여줬다.

"예전에 여기에 살던 농민들은 적어도 수백 년 동안 이런 토굴집에서 살았습니다. 신중국 건국 이후에도 바뀌지 않았죠. 대대손손 땅을 파서 만든 동굴 '집'에서 살아왔습니다.……" 향장은 풀이 무성하게 자란 황무지를 지나면서 가시덤불과 돌 등을 조심하라고 알려주었고 우리는 들쭉날쭉한 옛 토굴집을 발견했다. 집 주인은 이미 오래전에 이 곳을 떠났으며 남겨진 울타리와 맷돌 등 농기구를 통해 가난하고 허름했던 그들의 생활을 볼 수 있었다.

"저희는 앞으로 생활이 윤택해진 농민들이 고향을 떠올리고, 그 분들의 후손이 조상들이 어떻게 산을 떠나 빈곤에서 벗어나 행복한 삶을 살게 됐는지 알 수 있도록 하기 위해 농가를 보존하기로 푸젠분들과 결정하였습니다." 향장의 이러한 생각은 매우 소중하다.

우리는 옛 토굴집에서 멀지 않은 곳에서 누군가 새로운 정원식 새 토굴집을 짓고 있는 것을 보았다. 안으로 들어서자 마지 세련된 '시골집' 같았다! 토굴안에는 침대뿐 아니라 개별 화장실, 보일러, 컴퓨터 등이 모두 갖춰져 있었다. 작지 않은 정원에는 꽃밭, 채소밭, 과일나무가 있어 순수하면서도 편안한 서북지역의 현대식 농가였다.

"여긴 저희가 만들고 있는 모란 시골집입니다.……작가님 한번 보시겠어요?" 말하는 사이 푸젠 억양을 가진 마른 남성이 내 곁으로 다가왔다. 향장은 그를 루이단위안 모란 기지 부사장이자 린씨 가족기업의 대표인 린치진林其進 씨라고 소개했다.

"너무 멋있습니다! 서북부 농촌의 스타일을 가지고 있으면서 현대식 시설을 갖춘데다 산 꼭대기 모란꽃밭 속에 위치하고 있으니 세련되면서도 낭만적이고, 따뜻하면서도 경제적인 것이 정말 마음에 드네요." "작가님들이 이곳에 오면 더 머물고 싶어질 거예요. 여기서 살면서 자연도 느끼고 영감도 얻으면서 창작을 할 수 있으니까요.……사업이 더욱 번창할 겁니다!" 나는 진심을 담아 말했다.

린치진씨는 이 말을 듣고 입이 귀에 걸릴 정도로 좋아하며 "좋은 말씀 감사합니다"라고 말했다.

린치진은 사무실에서 이사장인 린진원이 일처리를 위해 푸젠으로 돌아가 혼자 이 곳을 책임지고 있다고 말했다. "저흰 푸젠 창러長樂 사람입니다. 옛날에도 전국 각지에서 사업을 했죠.……"린치진은 2002년 시하이구로 온 후 가장 먼저 금속품 무역을 했다고 했다. 린진원도 같은 시기에 닝샤로 와서 화학 공장을 운영하다 몽골로 이주해 탄광을 개발했다. 린씨 형제는 민닝 맞춤 빈곤 구제 협력 기간 동안 닝샤에서 사업을 시작한 초창기 기업가에 속한다.

"린진원은 사업을 크게 했어요. 석탄을 캐내면 일부는 멍구 사람에게 주고 일부는 가져와 팔았죠. 사업은 매우 힘들었지만 그만큼 돈도 많이 벌 수 있었습니다. 하지만 2008년 이후 국내 석탄 가격이 급락하면서 사업을 계속하기 어렵게 됐습니다. 마침 그때 저희 고향에서 민닝 맞춤 빈곤 구제 협력에 참여할 기업가를 모집했고 나라에서 목본 유지 산업을 지원한다는 소식을 듣게 됐습니다. 그래서 2014년에 구위안을 돌아본 후 토지 자원이 너무 풍부하고 정부에서 정책 지원을 하고 있으며 더 중요한 것은 막대한 노동 자원이 있다는 것을 발견했습니다. 저희 형제들은 어려서부터 농촌에서 자랐고 고생도 해봤기 때문에 가난이 어떤 것인지 알고 있었습니다. 그래서 저희는 상의를 한 후 허촨향에 와서 황량한 산지……수십 리에 달하는 매우 넓은 크기였어요! 저희 고향에서는 생각조차 할 수 없던 일이었죠" 린치진은 다시 웃으며 "이제 저희는 '대지주'가 되었습니다"라고 말했다.

신중국 건국 이전 남방 지역과 동부 연해지역 대지주라도 수십 리에 달하는 이렇게 넓은 땅을 소유할 수 없었을 것이다.

구위안시固原市 원저우구原州區의 기름용 모란 생산기지에서 꽃 농가 사람들이 모란씨를 따고 있다.

'새 지주' 린씨 형제는 2014년부터 모든 사업을 접고 이 황량한 산을 화원으로 변모시키겠다는 꿈을 안고 온 가족과 함께 깊은 산속에 보금자리를 마련하며 힘들지만 아름다운 '모란꿈'을 꾸기 시작했다.……

사람들이 음식의 질과 건강에 대해 점차 인식하게 되면서 중국 정부도 '황금 액체'라 불리는 모란씨유를 중요하게 여겼다. 2011년 3월 위생부 관리감독국은『식품안전법』규정에 따라 신자원 식품 평가 전문가위원회의 심사 및 승인을 받은 후 모란씨유 등을 신자원 식용유로 비준했으며 이로써 모란씨유는 공식적으로 중국 식용유 중 하나가 되었다. 이 새로운 식용유는 앞으로 중국 식용유 소비 구조를 바꿀 수 있다는 점에서 특별한 의미가 있다. 중국 임업과학원에서 압축한 모란씨유를 분석한 것에 따르면 모란씨를 압축, 정제하여 만든 황금빛 투명 기름은 불포화지방산 함량이 92% 이상이며 그 중 42%가 α-리놀렌산으로 많은 지표가 '황금 액체'라 불리는 또다른 기름인 올리브유를 능가했다고 한다. 중국 임업과학원 연구원은 "이 기름은 세상에서 가장 좋은 식용유입니다!"라며 놀라움을 금치 못했다. 모란씨는 매끄럽지 않은 원형으로 콩보다 약간 크며 검고 딱딱하고 쓴 맛이 난다. 봉단 모란과 자반 모란 품종은 씨가 많고 빨리 자라 약용으로 적합합니다. 생산능력 시험에서 모란씨는 묘당 990kg의 기름을 생산하며 현재 일반 봉단 모란씨는 묘당 400~500kg을 생산할 수 있다. 일반 콩의 경우 1묘당 150kg 정도를 생산할 수 있는 것과 비교했을 때 모란씨의 기름 생산량은 콩의 3배이다. 이것은 모란이 씨앗을 맺는 동시에 모란 뿌리 껍질을 생산하는 능력은 포함하지 않은 것이다. 모란 암술을 모란차와 다른 건강 식품을 생산하는데 재사용 하게 되면다면 봉단 모란의 경제적 가치는 콩과 다른 작물을 훨씬 뛰어넘으며 생산 가치는 10,000위안에 달한다. 모란은 다년생 목본식물로 콩처럼 매년 파종을 하지 않아도 되며 처음

3년을 제외하고는 30~60년 동안 안정적으로 생산할 수 있다.

"우리가 여기서 재배하고 키우는 모란은 고부가가치 작물로 황량한 산을 지역 경제를 활성화하고 많은 노동력을 흡수할 수 있는 산업으로 탈바꿈시키는 것은 물론 관광 명소가 될 수도 있기 때문에 사활을 걸고 이 일을 하고 있습니다……" 겉보기에는 약해 보이는 린치진씨는 사실 내면이 매우 강한 사람이었다. 나는 '루이단위안' 이사장 린진윈의 아들이 위안저우에서 태어났고 올해 17살이 된 그는 닝샤에서 고등학교를 다니고 있다고 들었다. "제 아들도 여기서 태어났습니다. 푸저우 말은 못하고 오리지널 닝샤 말을 합니다.……" 린치진은 말을 하면서 자신의 아들이 '닝샤인'이 된 것에 즐거워했다.

"모란 나무 한 그루의 수명은 30~60년으로 우리 린씨 형제에게 남은 시간보다 더 길기 때문에 우리는 이 땅에 의지하고 있습니다.……" 린치진의 말은 매우 감동적이었다.

천더치와 같이 허란산 10만 묘 땅에 포도를 재배하고 포도밭을 만들어 닝샤 포도 산업을 빠르게 발전시키고 닝샤 대지의 절반과 백만 주민의 생활을 풍족하게 하는 빈곤 구제와 탈출이야 말로 '영원한 행복'이다. 린씨 형제는 시하이구 깊은 산 속에 '모란 정원'을 만들어 모란을 닝샤의 또 다른 중요한 산업으로 만들었다. 앞으로 닝샤는 북쪽에는 포도밭이 남쪽에는 모란 정원이 조성되어 아름다운 풍경을 만들어 낼 것이다.

"저희가 처음 이 곳에 왔을 때 주변 산은 풀과 나무가 거의 없는 민둥산이었지만 수 년에 걸쳐 정부와 현지 주민이 생태 보호를 하고 특히 저희처럼 모란을 심은 후 작은 생태 환경이 형성되면서 지형과 토질이 변하기 시작했습니다. 우리가 왔을 때 풀이 자라지 않았던 것에서 지금은 초목이 걷잡을 수 없이 크게 변하였습니다." 린치진은 이런 광경을 볼 때마다 아들이 시험에서 높은 점수를 받는 것보다 더 신난다고 말했다.

그저께 저는 산둥에서 온 제초 사장님을 보내 드렸습니다. 모란 정원에 마구잡이로 자라는 풀을 어떻게 제거해야 하는지 요청하기 위해 모셔왔었죠.……" 린치진씨는 성공의 기쁨으로 가득 찬 얼굴로 말했다.

"저희 허촨향 주민들은 린사장님과 함께 산으로 이어지는 도로, 전력공급선, 송수관 등 인프라를 구축하기 위한 모란 산업사슬 구축에 참여하고 있습니다.…… 이 노선을 따라 인프라가 건설되면서 마을과 사람들의 생활환경이 개선되었습니다. 특히 산에서 꽃을 구경하는 관광 활동이 시작된 후 처음에는 분기마다 한 가지 꽃, 다음에는 한 달에 한 가지 꽃, 마지막으로 일년 내내 꽃 축제를 하는 관광 프로그램을 만들었고 그렇게 해서 향의 1/3에 달하는 노동력과 가정이 꽃으로 인해 부자가 될 수 있었습니다." 모란 나무는 향장의 마음에 기쁨의 꽃을 피웠다.

그날 산 속' 모란 정원'을 떠날 때쯤 날은 이미 저물고 어둠에 쌓인 산은 조용했다. 고개를 돌려 모란이 있는 곳을 바라보니 산 속에 또 다른 삶이 곧 시작될 것임을 알리는 듯 별빛처럼 밝게 빛나는 등불만이 보였다. 대도시에서나 볼 수 있었던 이런 풍경이 머나먼 닝샤의 류판산 산골짜기에서 벌어지고 있다니.…… 어떻게 기쁘지 않을 수 있을까?!

사실 나의 진정한 소원은 언젠가 인촨향의 산 속으로 돌아가 모란이 만개한 계절에 온 산에 가득 핀 모란을 보는 것이다. 그것은 얼마나 황홀한 광경일까!

그날 밤 시내로 돌아오는 길에 보이는 것은 아무것도 없었지만 굽이굽이 산을 따라 내려가는 산길 리듬에 내 귓가에는 이런 소리가 계속 울려 퍼졌다.

"빈곤을 퇴치하는 근본적인 방법은 산업을 발전시키는 것입니다. 지역 상황에 맞게 산업을 육성하는 것을 빈곤 퇴치의 근본적인 방법으로 삼아야 합니다."

"발전만이 빈곤이라는 꼬리표를 떼어버릴 수 있습니다. 빈곤 지역 상황에 따라 무엇을 심고, 무엇을 키우고 어디서 소득을 늘릴 수 있는지 파악하여 주민들이 빈곤에서 벗어나 부자가 될 수 있는 길을 찾을 수 있도록 도와야 합니다.……"

뿐만 아니라 시진핑 총서기는 닝샤 주민들의 집에 들어갈 때마다 온돌에 앉아 농민들과 손가락을 움직이며 소득을 계산하고 무엇이 부를 창출할 수 있는지 근본적인 방법을 알려주었다.……

그 때 내 머리속에는 2019년 7월 말 인터뷰를 위해 처음 닝샤를 방문했을 때 닝샤 친구들이 어느날 갑자기 닝샤 구기자를 봐야한다며 붉은 밭으로 데려갔던 잊을 수 없는 기억이 여러 번 떠올랐다.

세상에, 이것이 닝샤 구기자구나!

내 눈이 닿는 모든 '지구'상의 공간이 붉게 익은 구기자로 가득했다.…… 그 많은 구기자 나무가 이루는 광경은 장관이었으며 내 인생에서 처음 보는 장면이었다. 중요한 것은 모든 구기자 나무에는 수확을 기다리는 붉은 구기자가 가득했고 신선한 구기자는 작은 등불과 붉은 진주처럼 매우 크다는 것이다.…… 가장 사람을 빠져들게 하는 것은 햇빛을 받은 구기자는 수줍은 소녀의 얼굴처럼 투명하고 밝아 맛보고 싶은 강한 욕구를 불러일으킨다는 것이다.

"드셔 보세요! 따서 드셔 보셔도 돼요……신선한 구기자는 영양가도 맛도 가장 좋답니다!" 이 만 묘의 구기자 밭 주인인 류궈민劉國民은 구기자 밭에 있는 유난히 키가 큰 구기자 나무 옆으로 나를 이끌고 가 구기자를 따서 주었다.

정말 맛있었다! 처음 먹어보는 신선한 구기자는 정말 달고 향긋했다.

사실 당시 가장 놀라고 설 던 것은 처음 본 구기자 수확 모습이다. 들판에는 다양한 복장을 한 수백, 수천 명의 사람들이 신선한 구기자 열매를 가득 따고 줄을 서서 무게를 잰 후 삯을 받기 위해 기다리고 있었다. 무게를 재고 차에 싣는 사람은 돈을 세기도 하고 나눠 주기도 했으며 구기자를 가득 실은 차를 몰고 떠나기도 했다.…… 어쨌든 이렇게 붉은 색으로 가득한 장면은 처음 본 것이었다. 붉은 구기자 열매를 한데 모아 연결하면 마치 불이 타오르는 것 같기도 하고 감정이 밀려오는 것 같기도 한 시각적 충격을 받고, 또 너무나 붉어 물처럼 떨어지는 모습에 감탄이 절로 나며 멈추고 싶은 욕구가 생긴다.

"민닝 맞춤 빈곤 구제 협력 이후 푸젠성 기업가들은 저희에게 많은 산업과 재배 아이디어를 가져다 주었고 저는 그들로부터 많은 경험과 대담함을 배웠습니다. 저는 2012년부터 부동산 사업을 그만두고 인촨을 떠나 퉁신국화대로 와서 만 묘의 황량한 땅에 구기자를 심었습니다. 지금은 수확할 시기로 매일 3000~4000여 명이 이 곳에서 일을 합니다!" "구기자 왕"이란 이름은 정말로 명불허전이었다! 류궈민은 이 구기자 밭은 1년에 7번 수확을 하며 매번 수확할 때마다 7일이 걸리고 평소 밭을 관리하는 것까지 포함하면 만 묘는 매년 약 40여 만 명의 노동자가 필요하다고 말했다. "4000여 명 정도가 여기서 일하며 1인간 연간 2,000위안을 법니다. 이렇게 많은 농민들이 문 앞에서 발전한 산업을 통해 이익을 얻을 수 있게 되어 저도 매우 기쁩니다.……" 붉은 구기자밭 사이에서 까맣게 그을린 류궈민은 "부모님께서 궈민國民이란 이름을 지어 주셨는데 지금 생각하면 할수록 다른 사람의 행복을 위한 '국민國民'이 되는 것은 매우 영광스러운 것이라는 생각이 듭니다"라고 말했다.

어퀀지 구기자 밭에 다가가자 달콤한 포도향과 싱그러운 향기가 물씬 풍겨왔다.……

3. 산과 바다의 사랑 황허黄河는 끓어오르고

지금까지 언급한 민닝 맞춤 빈곤 협력 과정에서 있었던 수많은 행복한 사건들 가운데 닝샤의 각 민족들을 가장 기쁘게 했던 것은 시진핑 총서기가 항상 마음에 품고 있었던 민닝 맞춤 빈곤 협력을 점검하기 위해 4년 만에 다시 한번 닝샤를 방문한 것이었다.……

2020년 6월 8일, 내가 닝샤에 도착한 날 시진핑 총서기는 항상 깊은 애정을 가지고 그리워했던 '새북강남' 땅을 다시 밟았다. 그 후 사흘 동안 총서기는 황허 관개 지구를 시찰하고 홍쓰바오의 가난에서 벗어난 주민들과 빈곤 구제 작업장을 방문했다.…… 그 며칠 동안 나는 총서기의 발자취를 따라 여러 곳을 방문했고 닝샤 땅 곳곳이 행복의 물결로 넘쳐나고 있다는 것을 알 수 있었다. 사람들 사이에서는 '총서기가 우리 곁에 오니 행복이 넘쳐난다'라는 가슴에서 우러나온 말이 유행어처럼 돌아다니고 있었다.

그렇다, 빈곤에서 벗어난 닝샤 인민들과 빈곤에서 벗어나기 위해 엄청난 노력을 기울인 수많은 간부들에게는 총서기가 그들에게 다가오는 것보다 더 큰 행복은 없으며, 그의 보살핌 아래 지역의 빈곤과의 전쟁에서 진정으로 전면적인 승리를 거두는 것보다 더 행복한 일은 없을 것이다!

닝샤 사람들이 시진핑 총서기에 대해 갖는 애정은 다른 지역 사람들은 거의 느끼기 어려운 것으로 이는 시진핑이 24년 전에 직접 주도해 24년 동안 이어온 민닝 맞춤 빈곤 구제 협력에서 비롯된 것이라고 할 수 있다. 또한 거의 4분의 1세기에 걸친 이 위대한 프로젝트와 두 성 및 지역 간의 진실한 우정이 있었기에 이 '산과 바다의 사랑'은 더욱 웅장하고 격정적으로 발전할 수 있었다. ——

서로 2,000km 떨어진

닝샤와 푸젠,

한때 아주 멀리 떨어져 있었던 우리가 지금 이렇게 가까워진 것은,

24년간 산과 바다를 넘나들며 서로를 지켜주고 도와준 덕분이다.……

그렇다, 위대한 시대가 시작되지 않았더라면, 중국 공산당의 엄숙한 약속이 아니었더라면, 시진핑 총서기의 24년에 걸친 꾸준한 관심이 없었더라면, 이 '산'과 '바다'가 지금처럼 다정하게 서로 호응하며 서로 사랑할 수 있었을까?

그렇다, '바다'의 아량과 '바다'의 관대함이 아니었다면, '산'이 지금처럼 이렇게 푸르고 이렇게 꽃과 나무가 무성할 수 있었을까? '바다'의 열정과 몰아치는 파도가 없었다면 '산'이 오늘처럼 열려 하늘을 올려다 보려는 생각을 가질 수 있었을까? '바다'가 그토록 끈질기게 따뜻한 바람을 불어 주지 않았더라면 '산'이 어떻게 거대한 팔을 뻗어 바다를 품에 안을 수 있었겠는가?

산과 바다는 본래 형과 동생, 언니와 동생이다. 산과 바다가 서로 도우면 천지가 함께 번영하고, 바다가 산을 품으면 우주가 빛난다. 민닝 맞춤 빈곤 구제 협력이 지역과 지역 간의 맞춤형 지원의 모델이 될 수 있었던 것은 이들 '사이좋은 형제'가 원래부터 '몸집이 컸다'거나 수많은 '큰 형, 큰

언니' 중에 특별히 눈에 띄지 않는 파트너였음에도 '산'과 '바다'는 24년 동안 서로에 대한 진정한 사랑과 애정으로 인류 발전 역사에 서사적 의미를 가진 진정한 사랑의 서사시를 썼기 때문이다.……

무엇이 '산'과 '바다'를 이렇게 하도록 했을까? 사회학자가 이것을 연구하고 분석한다면 많은 시간이 필요할 것이다. 그러나 나는 개인적으로 이 '산'과 '바다'의 고전적인 협력은 그 가운데 지고지순한 무언가가 존재하기 때문이라고 생각하는데 그것은 바로 정, 또는 조국과 인민, 지도자와 인민, 인민과 인민 사이의 정이라고 생각한다.

사람에게는 정이 필요하다. 정이 없는 사람은 지위가 아무리 높고 재산이 아무리 많고 외모가 아무리 출중하다고 해도 이 세상을 떠난 후에는 아무것도 남기지 못할 것이고 심지어 그의 '상징'인 이름마저도 금세 잊힐 것이다.

정이 있는 사람은 고상하고 고귀한 사람이며, 정이 있는 사람은 비록 가난하고 문맹일지라도 그의 정신과 도덕성은 성스러운 제단 위에 우뚝 설 것이다.

정이 있는 사람은 타인, 약자, 조국, 민족, 가족과 친구, 현실과 미래를 위해 소중하고 존경할 만한 가치가 있는 것을 남길 것이다. 그가 다른 사람을 위해 장작 한 조각만 집어 들어도 따스한 불길이 타오를 것이고, 그가 지식인이나 과학자라면 아이디어의 횃불과 인류 발전의 엔진에 불을 붙일 것이며 그가 간부나 정치가라면 팀, 사회 전체 또는 민족을 위해 빛나고 행복한 시대의 빛을 가져다 줄 것이다.……

정은 시와 같고 정은 곧 시이다.

빈곤 완화와 빈곤 퇴치의 여정에서 정책 결정, 조치, 방안, 계획, 행동과 같은 문제는 어느 것 하나 빠질 수 없는 것들이다. 그러나 이 모든 것

중에서 의사 결정자, 지도자, 실무자와 이 위대한 전투에 참여하는 모든 사람들의 정만이 가장 중요하고 가장 근본적이며 가장 가치있는 것이다.

중국이 손을 잡고 탈빈곤과 샤오캉小康으로 달려가면서 '하나라도 없으면 안 된다', '56개 민족 중 누구도 뒤처져서는 안 된다'라고 했던 것이 바로 시진핑 총서기의 정서이자 현대 중국 공산당의 정서이다. 민닝 맞춤 빈곤 구제 협력은 '장성에 오르지 않으면 대장부가 아니다'라는 결심과 자신감으로 '닝샤 빈곤 지역을 하루빨리 빈곤에서 벗어나게 하고 푸젠과 닝샤의 지속 가능하고 신속하며 건강한 경제 및 사회 발전을 촉진한다'라는 결의를 담고 있었다. 이는 시진핑 총서기 주도하에 푸젠과 닝샤 두 지역 간부들과 대중들이 20여 년 동안 만들어낸 산과 바다의 정으로 그것은 마치 황허의 물처럼 연원이 깊고, 마치 우이산武夷山처럼 영원히 동쪽에 우뚝 솟아 있다.

이 정이 곧 이 시의 장엄한 정서이다.

푸젠과 닝샤는 원래 멀리 떨어져 만나기 어려웠다. 그러나 한 시대의 바람과 구름, 정당의 역사적 사명, 시진핑 총서기의 정이 이 서로 멀리 떨어져 있던 두 지역을 산과 물, 하늘과 땅처럼 하나로 이어 거리와 시공간, 민족을 초월한 위대한 시를 완성한 것이다. 오늘날 닝샤 땅에서는 남쪽에서 북쪽으로, 동쪽에서 서쪽으로, 류판산에서 허란산에 이르기까지 '푸젠'의 존재와 '푸젠' 사람들의 그림자를 느낄 수 있다.

어떤 사람은 닝샤에 푸젠성 출신 사업가가 10만 명에 달한다고 하고 또 어떤 사람은 '민閩'이라는 글자가 들어간 공장과 기업이 1만 개가 넘는다고도 하고, 또 어떤 사람은 닝샤 사람들에게 자신과 혈연관계에 있는 친인척이나 절친을 제외하고 가장 가까운 사람을 하나 꼽으라고 하면 열에 아홉은 푸젠 사람이라고 말한다는 사람도 있다. "푸젠 사람들은 우리의 가족이다." —— 나는 자치구 간부들이 이렇게 말하는 것을 들은 적이 있고 닝샤의 가난한 지역에 사는 많은 대중들이 더 애정이 넘치는 목소리로 이렇게 말하는 것을 들은 적이 있다. 물론 푸젠성에서 일했었고 지금도 일하고 있는 닝샤 사람들에게 '푸젠성 가족들'에 대해 이야기해 달라고 요청한다면 눈물겨운 사연들이 끝도 없이 쏟아져 나올 것이다.

내 기억에 혈연관계가 아닌 사람들을 가족이라고 부르는 경우는 인민대중이 인민 해방군을 그렇게 부르는 것이 거의 유일한 것 같다. 민닝 맞춤 빈곤 구제 협력은 이러한 깊은 '인간관계'를 낳았으며 이는 중국 빈곤구제와 빈곤 퇴치 역사에 있어 매우 눈부시고 가슴 따뜻한 일로 아마도 그것은 산에서 나와 빈곤에서 벗어난 산간 지역 사람들이 현실에서 소 한 마리가 더 생기고, 10묘의 땅이 더 많아지는 것보다 더 귀하고 값진 것이다.

우정은 값을 매길 수 없으며 그 의미는 여기에 있다.

푸젠성에서 취재를 할 때 푸젠성에 상주하는 시지의 인사 간부 동청비董成璧씨를 만났는데 그는 자신이 당시 푸젠성 임시 간부의 주선으로 시지 출신의 젊은 여성 97명을 처음 푸젠성으로 인솔해 일하도록 했던 '노동역장(동청비 스스로 부여한 직책이다)'이라고 말했다.

"시하이구를 떠나 이곳 바다로 온 첫 번째 처녀들은 보통 열일곱-여덟 살이었고 가장 나이가 많은 사람도 스무다섯 살을 넘지 않았습니다. 당시 저도 겨우 스무 살이었고 설립된 지 얼마 안 ₩된 현 빈곤 구제 사무실 직원이었는데 학교를 졸업하고 갓 출근한 신입이라 표준어를 할 수 있다는 이유로 팀을 인솔하게 된 것이 벌써 20년이 넘었네요.……" 동청비보다 더 '산과 바다의 사랑'의 깊은 뜻을 잘 아는 사람은 없을 것이다. 그는 자신이 직접 푸젠에서 인솔해 온 고향 사람만 6~7만 명에 달한다고 했다.

"제가 이름을 말할 수 있는 '데릴사위'만 170명이 넘어요. 푸톈으로 시집온 처녀들만 200명 정도 되는데 그들의 이름은 물론 남편 이름, 심지어 아이들 이름까지 줄줄 외울 수 있어요!" 이것은 동청비가 가장 자랑스러워 하는 일이다.

푸톈의 해변에 서 있던 동청비는 내 앞에서 긴 한숨을 내쉬며 "당시 사람들을 데려올 때 고속도로가 없어서 7일 밤낮을 꼬박 와야 했어요.……막 이곳에 도착했을 때 소녀들은 낮에는 일하고 밤에는 이불 속에서 울었는데 하나는 집이 그리워서였고 다른 하나는 표준어를 못해서였지요. 저는 이 문제를 해결하기 위해 토끼처럼 뛰어다녔고 처음 한 달 동안 체중이 6킬로그램이나 줄었답니다.……사실 포기할까 하는 생각도 들었지만 처음 천 위안의 월급을 받았을 때 소녀들의 모습을 보고, 저……저는 더 이상 돌아가고 싶다는 생각이 들지 않았고 평생을 우리 가난한 산골 아이들이 더 많은 돈을 벌고 한 번이라도 바다를 보고 바다에서 수영을 하고 즐겁게 맥도날드와 해산물을 먹고 매일 뜨거운 물로 목욕을 할 수 있도록 해주고 싶다는 생각이 들었어요.……"

여기까지 말한 동청비의 얼굴은 이미 눈물 범벅이었다.

"나중에 저는 제가 또 여기에 계속 머물러야만 한다는 것을 알게 되었는데……그것은 우리 쪽에서 온 사람들이 돈을 벌 수 있을 뿐만 아니라 여기에 몇 달, 몇 년 동안 머물면서 소녀들은 점점 더 예뻐지고 소년들은 더 활기차게 변했기 때문이었습니다. 그 모습을 보면서 저는 더 기쁘고 놀라웠습니다! 알고 보니 우리 닝샤 산간 지역 사람들도 바보가 아니었어요! 연해 지역 사람들처럼 잘 살 수 있고 더 발전적인 삶을 살 수 있었던 것이었어요!"

동청비는 점점 더 흥분해서는 "아시는지 모르겠지만 지금 저희 가족뿐만 아니라 저희 형제들도 모두 이곳 푸젠에 있답니다. 저처럼 온 가족이 이곳에 남아 있는 닝샤 사람들이 벌써 수천 명이나 됩니다.……"

"다시 닝샤로 갈 수도 있나요?" 나는 동청비에게 물었다.

"저요? 지금은 생각해 본 적이 없어요.……" 그는 어리둥절해하며 대답했다.

"왜요?"

"고향도 지금은 많이 좋아졌지만 여전히 이곳에 제가 필요하거든요. 민닝 맞춤 빈곤 구제 협력 이후 여전히 많은 고향 사람들이 외지로 일하러 나오고 있고 현재 푸톈 한 곳에만도 수천 명이나 있습니다. 저는 이 인력들의 역장이기 때문에 모두가 저를 필요로 합니다.……" 동청비는 웃으며 "제 월급과 인사 관계는 여전히 시지에 있지만요!"라고 덧붙였다.

아, 사실 동청비와 같은 '산과 바다'에 걸쳐 살아가고 있는 사람이 어디 한둘이겠는가? 그들에게는 유난히 짙은 산과 바다의 정이 베어 있다. 이런 정은 보통 유형의 물질과 숭고한 정신을 단련시켜 수천 개의 산과 강을 사이에 두고 떨어져 있는 두 지역이 공동의 번영을 위해 손잡고 나아갈 수 있도록 한다.

나는 민닝 맞춤 빈곤 구제 협력을 통해 쌓아온 '산과 바다의 사랑'이 만리장성만큼이나 굳건하고 위대한 정으로 뭉쳐졌음을 또 한 번 느낄 수 있었다.

이 정은 사람을 초연하게 하고 뼈에 사무치게 하며, 더욱 용감히 앞으로 나아가 기적을 만들어 내도록 한다.……

푸젠과 닝샤 사이의 산과 바다의 정을 논함에 있어 가장 전형적이고 대표적인 인물을 꼽자면 현재 닝샤 푸젠 상공회 회장이자 닝샤 MYFUN麥爾樂 식품 유한공사 회장인 황톈진黃添進이라고 할 수 있을 것이다.

'70년 대생'인 황톈진은 이제 50이 다 되어 간다. 하지만 32년 전 3,000위안을 품에 넣고 인촨에 막 도착했을 때 그의 나이는 겨우 18세였다. 당시 그는 시詩를 알지 못했고 시가 어떤 의미인지도 알지 못했다. 그의 마음 속에는 오로지 가난한 산골을 벗어나 먼 곳으로 가서 자신의 신분을 잊고 존엄하게 살 수 있는 무언가를 이루고야 말겠다는 꿈만이 자리 잡고 있었다!

사실 이것은 바로 황톈진처럼 제대로 교육을 받지 못한 푸젠 사람이 쓴 '시'이다. 당시 황톈진의 '시'는 씁쓸하고 낭만이라고는 조금도 없었으며 오로지 쓰라린 눈물만 홀로 삼키는 그런 것이었다.……

"당시 우리 푸젠의 산간 지역도 부유하지 않았지만 저에게는 떡을 만드는 기술이 있었습니다. 저는 '이미 잘 사는 지역에서는 내 솜씨로는 어림없을 테니 우리보다 가난한 닝샤로 가야겠다'라고 생각했습니다. 그렇게 해서 온 것이 벌써 32년이나 되었고 이제 저도 '바다' 사람에서 '산 '사람이 되었습니다." 황톈진은 감회에 젖어 '산과 바다' 사이의 시적인 정취를 한껏 드러냈다.

18살에 혼자서 아는 사람도 하나 없는 인촨에 왔을 때 그는 이곳 사람들이 쌀이나 찹쌀로 만든 떡을 거의 먹지 못할 뿐 아니라 특히 본토 사람들이 즐겨 먹는 녹두떡이나 '류다구언驢打滾' 같은 것을 이곳 국영 식품점에서는 전혀 구경조차 할 수도 없다는 사실을 알게 되었다. 그래서 황톈진은 인촨 기차역 옆에 작은 생산 작업장 겸 숙소로 쓸 작은 집을 빌려 후난湖南에서 배운 떡 만드는 기술을 활용하기 시작했고 이렇게 해서 그는 당시 인촨 최초의 제과업자이자 최초의 푸젠성 출신 식품 기업의 사장이 되었다. 사업이 초창기부터 늘 순탄했던 것은 아니었다. 차를 끌고 다니며 하루 종일 역에서 소리쳐 팔아 100위안 정도를 벌었지만 생산비와 임대료를 제하고 나면 남는 것이 거의 없었다. 황톈진에게 가장 기억에 남는 것은 돈을 못 벌거나 적게 벌어도 버틸 수 있지만 남방 사람들은 건조한 장성 이북 지역의 생활에 적응하기가 어려워 코피와 변비에 시달리는데 황톈진 역시 거의 매일 고통의 연속이었다. "나중에 친절한 현지 아저씨 한 분이 자신만의 비법으로 코피를 멎게 하고 막힌 장을 뚫어준 덕분에 계속 인촨에 머물 수 있었습니다." 황텐진은 닝샤에서 32년 동안 살면서 자신을 도와준 아저씨, 아주머니, 형제자매가 셀 수 없이 많다며 갑자기 아파서 병원에 실려갔을 때 생면부지의 사람들이 과일이나 밀크티를 보내주기도 했다고 말했다.

"제가 닝샤와 가까워진 것은 닝샤 사람들이 먼저 저에게 친하게 대해주었기 때문입니다.……" 제과업자 출신인 황텐진은 많이 배운 사람은 아니었지만 닝샤와 닝샤 사람들에 대해 이야기할 때는 청산유수로 생동감 있게 묘사했다. "그들은 진솔한 사람들로 그들이 당신을 가족처럼 대하기 때문에 당신도 그들을 가족처럼 대할 수밖에 없습니다.……그렇게 시간이 지나면 자신 스스로 이 땅의 일원이라고 생각하게 되고 장사를 하더라도 진실하게, 모두를 위해 봉사하는 것에 대해 더 많이 생각하고, 모든 고객을 가족처럼 생각하고 맛있는 것을 대접하고 싶다고 생각해야 합니다."

'MYFUN'은 황텐진의 회사 브랜드로 현재 닝샤에서 인지도가 높다. "즐겁게 팔아라, 행복하게 팔아라, 이것이 우리 식품의 이름에 담긴 의미이며 실제로 닝샤에서 식품 사업을 하는 저의 마음가짐이기도 합니다.……" 황텐진은 자신의 식품 브랜드가 무슨 뜻인지 물을 때마다 늘 이렇게 설명하곤 한다.

황텐진이 '행복하게 팔도록' 한 닝샤 사람들 덕분에 그의 사업은 점점 더 잘되고 규모가 커져 2006년 황텐진의 'MYFUN'은 인촨에 첫 번째 제과점을 열었고 그 뒤 몇 년 지나지 않아 체인점이 40개 이상으로 늘어났으며 본사 공장에서 생산해서 배송하는 것과 매장에서 직접 구운 제품을 함께 파는 운영 모델을 완벽히 구현했다. 2013년 황텐진은 새로운 사업 기회를 포착하고 1억 3천만 위안을 투자해 인촨 더성德勝 산업단지에 국내 일류 생산 라인을 갖춘 현대식 무균 식품 가공 공장을 건설해 여러 종류의 월병, 쫑즈, 탕위안, 빵, 케이크 등 200여 가지 제품을 생산 및 운영하고 있으며 연간 생산액이 1억 위안이 넘는다.

당시 3,000위안을 가지고 닝샤로 갔던 푸젠성 산간 지방의 가난한 소년은 이제 억만장자가 되었다. 2015년 황톈진은 닝샤 푸젠 상공회의 회장이 되어 민닝 맞춤 빈곤 지원 협력 과정에서 푸젠성 출신 기업가들을 이끄는 리더 역할을 하고 있다.

"닝샤 푸젠 상공회의 총 회원 수는 초기 50여 명에서 현재 1,800여 명으로 증가해 닝샤 소재 5,000개 기업과 8만여 개 상가를 대표하고 있으며, 5년간 닝샤에 20억 위안 이상을 투자했습니다. 우리 모두 닝샤를 고향처럼 생각하고 고향 사람들을 위해 일하고 있기 때문에 더 의욕이 커지고 정도 깊어지고 있습니다."

나는 30년 전인 1990년 황톈진이 가족들을 인촨으로 이주시킨 것으로 알고 있다. 당시 고향 사람들이 왜 그렇게 했는지 묻자 황톈진은 '닝샤 사람들이 나를 가족처럼 대해주고 가족이 그곳에 있으니 그곳으로 이사해야 한다'라고 말했다. 나중에 세 자녀가 인촨에서 태어났고 황톈진은 자신과 자녀의 호적을 인촨으로 옮겼다. 그 후 세 자녀가 모두 대학을 마쳤을 때 푸젠이나 연안 지방의 다른 도시에서 일할 수 있었지만 황톈진은 아이들을 다시 닝샤로 불렀다. 그는 아이들에게 '닝샤야말로 너희의 고향이고 너희는 많이 배웠으니 샤오캉을 향해 나아가는 고향을 위해 기여해야 한다'라고 말했다. 이제 황톈진의 두 딸도 가정을 이뤘는데 그 배우자들도 모두 닝샤 현지인들이다.

32년 전 푸젠성의 한 가난한 소년이 홀로 닝샤에 왔다. 이제 그의 가족은 4대 십여 식구가 닝샤에 살고 있어 진정한 닝샤 주민이 되었다.

황톈진의 인생 변주곡은 수많은 '산과 바다의 사랑'의 축소판이었고 닝샤에 대한 그의 사랑은 그와 그 가족의 핏줄에 스며들어 어떤 힘으로도 바꿀 수 없다. 그리고 이것이 바로 우리가 말하는 '시'__정으로 쓴 시이다.

산속의 구름은 바다의 파도이다.
바다의 파도는 산속의 바람이다.
산이 바다를 품고 있어야 바다가 넓고 끝이 없다.
바다가 산을 둘러싸야 산이 웅장하고 아름다워 보인다.
나는 산과 바다에서 노닐고 있다,
행복에 출렁이듯……

린샤오후이林小輝라는 이름을 들은 것은 린웨찬의 집에서였다. 그때 나는 린웨찬을 인터뷰하고 있었는데 그녀의 휴대폰으로 전화가 걸려왔고 린웨찬이 곧바로 흥분하며 전화기 너머 상대방과 다정하게 통화하는 것을 보았다. 나는 호기심이 발동했다.

"린샤오후이는 좋은 기업가에요. 평생을 닝샤에 헌신해 왔으니 꼭 인터뷰하셔야 해요.……제가 이쪽으로 오라고 할게요!" 린웨찬이 린샤오후이라는 사람에 대해 이야기할 때 신기하게도 아플 때처럼 끊기지 않았다. 이 린샤오후이라는 사람이 그녀의 마음속에서 남다른 무게를 가지고 있음이 분명했다.

마침 내가 푸저우에 있을 때 린샤오후이가 닝샤에서 푸젠으로 일을 보러 막 돌아와 그를 인터뷰할 기회가 생겼다.……

"룽더에 있는 민닝 공업단지에 가보시면 좋을 것 같습니다.……" 사업가 닿지 않게 말수가 적고 어수룩해 보이는 얼굴의 린샤오후이가 이렇게 말했다.

나는 승낙했고 1년 후인 2020년 6월 초 닝샤를 방문했을 때 룽더의 민닝 공업단지에서 그를 만났다. 현장에서 본 것은 푸저우에서 그에게 들었던 것보다 훨씬 생생하고 심오하며 다소 믿을 수 없기까지 했다. 아주 외딴 산과 협곡 사이의 평지에 가지런하고 깔끔한 새로운 공장과 건물이 줄지어 있고 넓은 도로와 오가는 자동차들로 분주한 광경이었다.……

"이곳이 우리 사무실 건물입니다." 린샤오후이는 나를 4층 건물로 안내하고 1층 산업 전시 구역부터 시작해서 4층 사무실까지 소개하며 린샤오후이의 '황토' 왕국의 위엄과 힘을 유감없이 보여주었다. "이 민닝 공업단지는 룽더현의 지원을 받고 제가 투자하여 조성했습니다. 2012년 8월 21일 주춧돌을 놓았고 현재 4단계 건설이 완료되었으며 면적은 3,000묘에 공장 건설 면적이 20만 평방미터 이상이며 인프라 구축에 6억 위안 이상을 투자했습니다. 단지 내 51개 기업을 유치했고 그중 약 3분의 1이 푸젠성 기업으로 6개 이상의 기업이 있으며 단지 전체의 연간 생산액은 5억 위안입니다. 2~3년 후 단지의 연간 생산액이 30억~50억에 달할 것으로 전망하고 있는데 이미 '상하이 제약' 유치에 성공했기 때문으로 내년 이 중국 제약업계 거물의 생산액은 20억 원에 달할 것으로 전망됩니다.……" 린샤오후이는 사무실 유리창 너머로 얼마 떨어지지 않은 새 공장을 가리키며 흥분된 목소리로 말했다.

"고향인 닝샤의 간부들이 저에게 찾아와 닝샤에 투자해 달라고 했을 때 처음에는 확신이 없었습니다. 하지만 몇 번 답사를 하고 나니 마음이 이끌렸고 그다음에는 영혼이 이끌렸습니다." 린샤오후이는 푸저우에 있을 때 처음에는 200만 위안을 들여 여러 전문가들에게 룽더에 공업단지를 건설

할 수 있는지 문의했고 결론은 '작은 투자는 가능하지만 큰 투자는 적합하지 않다'라는 것이었다. 하지만 린샤오후이는 "한번 뿌리면 끝이죠……"라고 말했다.

"왜요?" 나는 웃으며 물었다.

"정들어서요." 그는 "지난 몇 년 동안 제가 여기 뿌린 돈만 5~6억이거든요……"라고 말했다.

"후회하시나요?"

"아니요!" 린샤오후이는 내 질문을 듣자마자 서둘러 진심을 밝히며 "저는 지금 이곳에 거의 제 생명과 영혼을 갈아 넣었습니다.…… 왜 그런지 물어보신다면 이유는 간단합니다. 이곳과 사랑에 빠졌거든요! 이곳은 이제 제 집이자 제 사업이 있는 곳입니다!"라고 말했다.

"보세요, 2012년에 이곳에 왔을 때는 집 한 칸 없이 온통 황무지였습니다. 그런데 지금 이 땅은 이 지역을 위해 매년 수 억, 수십 억의 생산 가치를 창출할 수 있고 2,000명이 넘는 현지 주민들이 이곳에서 일하고 있으며 머지않아 단지 전체가 연간 100억 위안의 생산액을 달성하고 5만 명이 이곳에서 일하게 될 것입니다. 이것은 룽더현 절반과 맞먹는 규모입니다!" 린샤오후이가 자랑스럽게 목소리를 높이며 말했다.

"이것이 당신이 꿈꾸는 '황토 땅黃土地'입니까?" 나는 그의 기업명이 생각나서 이렇게 물었다.

"네. 당시 이 '황토지黃土地'라는 이름을 지을 때 이 땅을 좋아하게 되었고, 또 이 땅을 금과 은을 생산하는 부귀한 땅으로 만들고 싶다는 포부를 가지고 있었거든요.……좀 시적이지 않나요?" 린샤오후이의 말을 듣고 그가 사실은 로맨틱한 사람이라는 것을 단번에 느낄 수 있었다.

하지만 나는 린샤오후이의 이 로맨틱함이 피와 땀방울로 이루어졌다는 것을 알고 있다. "처음 이곳에 왔을 때는 30대였고 집안에 이미 수십 억 위안의 자산을 가지고 있었습니다. 하지만 이곳의 제 또래의 사람들은 결혼 상대조차 찾을 수 없을 정도로 가난하다는 것을 알았습니다. 그래서 그들을 위해 뭔가를 해야겠다고 생각했고 그들이 배우자를 찾고 가정을 꾸릴 수 있도록 도와주어야겠다는 생각을 하게 됐습니다. 그래서 민닝 맞춤 빈곤 구제 협력을 통해 이 땅의 사람들이 진정으로 부유해질 수 있는 일을 하고 싶어 공업단지를 건설하게 되었습니다. 이 소원을 향해 저는 과거에 번 돈과 70~80명의 사람들을 데리고 푸젠에서 이 산간 오지에 와서 오늘에 이르렀습니다.……" 푸젠성 푸톈 출신의 이 사업가는 닝샤 땅에 두 발을 디딘 순간 세심하고 실용적인 일을 하고 머리를 써서 사업을 하는 푸젠 사람들의 자질을 보여주었고 마음속에 그리는 '공업단지'를 위해 온 마음을 쏟았다.

"우리는 가난한 산간 지역입니다. 최대한 많이 도와주십시오.……"

"'황토지'는 확실히 빛나지는 않지만 실속이 있습니다. 알아서 가격을 매겨주십시오.——"

린샤오후이는 몇 년 동안 외부에서 투자를 유치하든 물건을 판매하든 위의 두 마디 말을 가장 많이 했고 심지어 '불쌍하게' 들리기까지 하지만 그는 마음속에 옳고 그름을 판단할 수 있는 저울을 가지고 있다. 그는 "제 노력으로 산간 지역 사람들이 가난에서 벗어나 가정을 꾸리고 부자가 될 수만 있다면 단지에 와서 기업을 운영하고 우리의 물건을 사주는 사람들에게 감사할 것입니다"라고 말했다.

이것이 바로 내가 아는 린샤오후이이고 그가 걸어온 '민닝의 부를 창출하는 길'로, 이것은 한 편의 시이다.

그의 공업 단지는 바로 이 대지 위에서 '발표'된 시로 지금도 이미 아름답고 아름다우며, 내일, 그리고 미래에는 더욱 아름다울 것이다.

닝샤에서 인터뷰를 하는 동안 본의 아니게 많은 학교와 빈곤 구제 작업장, 장애인을 위한 창업 기지를 방문했는데, 그중 많은 프로젝트들이 린샤오후이가 자금을 지원하거나 기부한 것이라는 이야기를 듣고 놀랐고, 닝샤 땅에 대한 그의 사랑에 깊은 경의를 표했다.

린샤오후이에게 몇 년 동안 그가 닝샤를 위해 한 '좋은 일'에 대해 알려 달라고 요청하자, 그는 담담한 목소리로 "저는 칭찬받을 만한 일을 한 것이 없고, 닝샤에 애착을 갖고 온 간부들이야말로 선전할 자격이 있습니다. 그들의 영향력이 없었다면 우리는 이 땅을 알 기회도 없었을 것이고 집과 사업장을 이곳으로 옮길 기회도 없었을 것입니다! 솔직히 말해서 예전에 저는 그저 장사치일 뿐 아무것도 몰랐는데 룽더 빈곤 구제 공업단지에 와서 몇 년 동안 일하면서 돈 버는 것보다 더 소중한 가치를 깨닫게 되었고, 그래서 이곳에 제 모든 삶과 목숨을 기꺼이 바칠 수 있게 되었습니다……"라고 말했다.

나는 린샤오후이의 말을 오랫동안 곱씹어 보았다. 원래 억만장자였던 사람이 그 먼 길을 마다 않고 산간 지방에 와서 가난한 사람들을 잘 살게 하기 위해 기꺼이 수 억, 수십 억 위안을 '버린' 것은 사업을 넘어서는 어떤 특별한 감정 때문이 아니겠는가? 나는 린샤오후이 같은 푸젠성 출신 기업가들이 닝샤에 이미 10만 명 가까이 있고 그들 중에 상당수가 '민상閩商'에서 '닝상寧商'으로 신분이 바뀌었으며 심지어 그들의 후손들 사이에서 '민닝'이라는 이름이 속속 등장하고 있다는 것을 알고 있다.……이것이 산과 바다의 사랑을 노래한 시가 아니면 무엇이란 말인가?

그렇다, 이것은 시이다, 우리 시대의 가장 아름다운 시이다.

그리고 '산과 바다의 사랑'이 이러한 시를 탄생시킬 수 있었던 것에 대해 우리는 이 시를 쓰기 위해 '종이를 깔고 먹을 간' 닝샤 지원 파견 간부들에게 각별한 경의를 표하지 않을 수 없다. 민닝 맞춤 빈곤 구제 협력이 24년 동안이나 꾸준히 지속되어 올 수 있었던 것은 바로 이러한 비상과 '산과 바다' 사이를 넘나드는 시대의 본보기들 덕분으로, 오늘날 닝샤의 대지에 천지가 개벽하고 그림처럼 아름다운 거대한 변화가 일어나고 인민들이 행복한 삶을 살 수 있게 된 것은 모두 이들이 있었기 때문이다.

2020년 7월 3일, 중국 선전부는 클라우드 발표를 통해 민닝 맞춤 빈곤 구제 협력 지원 단체에 '시대의 본보기'라는 칭호를 수여한다고 전국적으로 발표했다. 중국 공산당 창건 99년을 축하하고 전면적인 샤오캉 사회를 건설하고 빈곤 퇴치를 위한 총력전을 벌이는 단계에서 중국 선전부가 민닝 맞춤 빈곤 구제 협력 지원 단체에 '시대의 본보기'이라는 칭호를 수여한 것은 그 의미가 사뭇 남다른데, 첫째는 시기적으로, 둘째는 숫자적으로, 셋째는 '시대의 본보기'의 서열상으로 모두 의미가 깊다. 그리고 알아두어야 할 것은 중국 선전부가 지금까지 개인과 단체에 수여한 '시대의 본보기'는 정확히 100개였다는 사실이다. 101번째 칭호를 민닝 맞춤 빈곤 지원 협력 지원 단체에 수여한 것은 시진핑 총서기가 24년 동안 관심을 가지고 주목해 온 이 맞춤형 빈곤 구제 모델이 중국 빈곤 지원, 빈곤 퇴치의 역사에 기록될 것임을 의미한다. 영예로운 칭호를 수여하는 기자회견문에는 "1996년부터 '민닝 맞춤 빈곤 지원 협력 지원 단체'는 '상호 보완, 호혜 상생, 장기 협력, 공동 발전'의 방침에 따라 닝샤를 빈곤에서 벗어나도록 맞춤형 지원을 제공하는 역사적 사명을 스스로 맡아 11차 180여 명의 푸젠성 간부들이 릴레이로 임무를 수행하고 2,000여 명의 교육 지원, 의료 지원, 농업 지원 자원봉사자들과 전문가 및 원사, 서부 계획 지원자들의 과감한 희생으로 일방적 빈곤 지원을 두 성(구) 간의 전방위적이고 다층적이며 전 영역을 아우르는 심층 협력으로 확대하여 닝샤 인민들과 함께 지혜와 땀으로 동부와 서부의 맞춤 빈곤 지원 협력을 위한 '푸젠-닝샤 모델'을 만들어 빈곤이라는 창룡蒼龍을 사로잡았다. '민닝 경험'을 창조하고 이에 큰 공헌을 한 본보기는 관련 인원이 많고 범위가 광범위해 이전 100개의 '시대적 본보기' 중 전례가 없다. 사실상 중앙 정부가 이번에 수여하는 영예의 대상에는 180여 명의 푸젠성 닝샤 파견 간부와 2,000여 명의 교육 지원, 의료 지원, 농업 지원 인력과 자원봉사자뿐만 아니라 지난 24년간 지칠 줄 모르는 노력과 사심 없는 헌신, 고군분투로 닝샤의 역사적 변화를 이끈 린샤오흐이, 옌궈셩, 린수이잉, 천더치, 황톈진과 같은 수많은 민닝 기업가들도 포함된다. '18차 당대회 이후 닝샤는 빈곤 인구를 93만 7000명 감소시켰고 빈곤 발생률은 2012년의 22.9%에서 2019년의 0.47%로 떨어졌으며, 빈곤 지역 농민의 1인당 가처분 소득은 2012년 4,856위안에서 2019년 10,415위안으로 증가해 닝샤의 모든 소수민족들이 성취감과 행복감을 느끼고 있다"라고 언급했다.

'101'의 순서에는 어쩌면 특별한 의미가 없을지도 모르지만, 그와 그녀, 그리고 그들처럼 '민닝 경험'을 창조하기 위해 시를 쓴 푸젠의 가족들(닝샤 사람들은 그들을 이렇게 불렀다)은 바로 특별한 사명을 가진 시대의 본보기로, 그들은 '진정으로 헌신하고 오랫동안 공을 세웠으며', '시진핑 총서기가 직접 개척한 민닝 맞춤 빈곤 구제 협력 사업의 확고한 실천자이며, 동서부 빈곤 구제 협력을 계승한 투쟁자이고, 사회 빈곤 구제 혁신 발전의 선구자이며, 전 세계 빈곤 퇴치 거버넌스에서의 중국식 지혜의 적극적인 탐구자'이다.

'실천자', '투쟁자', '선구자', '탐구자' —— 아, '101호의 시대적 본보기, 당신들은 이러한 영예와 칭호를 받을 자격이 있다. 고귀하고 결연한 사명감으로 시진핑 총서기가 직접 시작한 위대한 대의를 24년 동안 인내하며 조금의 일탈도 없이 이 대의를 완벽하게 마무리한 것은 바로 당신들이다. 당신들은 자신을 희생하고 남을 위해 헌신하는 정신으로 마지막 질주까지 바통을 이어받아 끝까지 달렸고, 인내와 지혜로 산마다 길을 열고 물마다 다리를 놓았으며, 빈곤 구제와 빈곤과의 전쟁에서 전사가 되어 수많은 기적을 창조한, 중국식 지혜의 실천자이자 탐구자이자 성취자이다.

산은 봉우리와 바위에 당신들의 명성을 새겼고, 바다는 당신들의 위대한 공적을 물결치는 파도마다 에워쌌다.……

그럼에도 불구하고 나는 이 책에 그들 중 대표적인 인물들의 사적을 장엄하게 기록해야 한다. 비록 수만 명의 사람들 중에 그들은 작은 점에 불과할지도 모르지만 설령 그럴지라도 내 개인적으로 수집한 이 '흩어져 있는' 음표들만으로도 '민닝 경험'의 시대적 협주곡이 산과 강을 삼킬 듯한 장엄한 기세로 울려 퍼지도록 하기에 충분할 것이라 믿는다.——

린웨찬의 이름은 닝샤의 대지에서 금처럼 반짝반짝 빛나고 있다. 이제부터 이야기하려고 하는 이 '마 씨'는 린웨찬의 뒤를 이어 푸젠성 빈곤 구제 사무실의 주임으로 취임한 마궈린馬國林이다. 내가 마궈린을 인터뷰했을 당시 그는 이미 3년 전에 은퇴했지만 그는 그가 지금도 민닝 맞춤 빈곤 구제 협력의 '그런 일들'을 위해 바쁘게 일하고 있다고 말했다.…… "사실 모든 것이 엄청난 기세로 무언가 큰 것을 만들어 내는 것이라고 할 수는 없고 사소한 일에서부터 차곡차곡 공을 쌓아 비로소 만리장성처럼 대단해 보이는 위업을 이룰 수 있었던 것입니다." 마궈린이 말했다.

1999년, 첫 번째 파견 간부들이 닝샤에서 임무를 마친 후 마궈린이 린웨찬의 뒤를 이어 성 빈곤 구제 사무실 책임자로 왔을 때 푸젠성으로 8명의 간부들을 데리러 갔다. "당시에는 우리가 파견한 간부들을 이끌 리더가 없었기 때문에 성 당 위원회 조직 부서와 닝샤 현지에서 2차부터는 인솔자가 있으면 간부들의 적극성을 발휘하고 조율하는 데 더 도움이 될 것이라고 제안했습니다. 그 결과 2차로 닝샤에 파견되는 간부들의 리더를 뽑을 때 제가 리더로 선정되었습니다. 이로 인해 저는 닝샤와 함께하게 되었고 20년 동안 푸젠과 닝샤를 100번 이상 왕복했습니다. 린웨찬 주임은 저더러 산과 바다 사이를 오가는 새 같다고 했고 저는 린 주임에게 제가 바로 그녀의 뒤를 이은 새로운 새라고 말했습니다.……"

마귀린은 나중에 구위안 지역의 농업 및 빈곤 구제 업무를 담당하는 상무 부청장이 되었다. 마귀린은 첫 농촌 방문에 대해 "그날 간부 몇 명과 하루 종일 산길을 걸었더니 입이 마를 지경이었습니다. 한 마을에 이르니 산 중턱에 집이 있길래 들어가 물 한 그릇을 달라고 부탁했습니다. 사람들은 나에게 물 한 그릇을 건네주었는데 당시 그릇 속의 물을 보았을 때 저는 순간 얼어붙고 말았습니다. 누렇고 탁한 물에서 비린내가 올라왔기 때문입니다.……푸젠에서 그런 일이 있었다면 고의로 장난을 치는 것이라고 생각했겠지만 닝샤의 산에서는 그런 물 한 그릇이 바로 현지 사람들의 최고의 예우였습니다!" 당시 이 물을 마신 마귀린의 두 눈에는 눈물이 가득 고였다.

"첫째로 그 물은 정말 너무 마시기가 어려웠고, 둘째로 마음이 개운치 않았기 때문입니다. 당시 푸젠성에서는 농민들도 생수를 마시고 있었는데 닝샤 산간 지방 사람들은 아직도 이렇게 더럽고 악취가 나는 물을 마시고 있었습니다. 게다가 그런 더러운 물을 마치 보물처럼 낭비하면 안 된다고 생각하고 있었으니 마음이 편할 수가 있었겠습니까!"

이 가슴 아픈 일로 장신의 마귀린은 닝샤와 고비 사막의 산간 지역 주민들의 식수 문제를 해결할 방법을 생각하게 되었다. "그때부터 저는 산과 바다 양쪽을 뛰어다녔고, 특히 푸젠으로 돌아갈 때마다 사람들에게 '도와주세요, 닝샤 사람들에게 깨끗한 물 한 모금만 마시게 해주세요!'라고 말하고 또 설명했고 모두들 제가 닝샤와 고비 사막의 산간 지역에서 물을 마실 수 없고, 깨끗한 물을 마시지 못하는 사람들을 위한 우물을 짓기 위해 자금을 마련하고 있다는 것을 알게 되었습니다. 그래서 대부분의 요구를 다 들어 주었습니다.……" 덕분에 마궈린의 체면이 섰다.

우물 시추는 민닝 맞춤 빈곤 구제 협력 합동 회의에서도 확정되었다. "시진핑 서기가 회의에서 인민을 위한 우물 건설과 같은 일은 최우선 과제로 삼아 신속히, 끝까지 완수해야 한다고 강조했던 기억이 생생합니다!" 마궈린은 이 문제의 구체적인 실행자이자 리더였다.

2000년, 춘절이 지난 후에도 류판산에는 여전히 눈이 쌓여 있었고, 간청향甘城鄉의 깊은 우물을 파기 위한 전투는 이미 시작되어 우렁찬 굴착 소리가 온 산골짜기 마을 주민들을 뒤흔들고 있었다. 사람들은 마궈린과 시추 장비 주위에 모여 땅에서 단물이 나오기를 멍하니 기다렸다. '간청甘城'이라는 이름이 붙은 이래 이곳에 사는 사람들은 단물이 무엇인지 본 적이 없었기 때문이다.……

80여 일이 지난 6월 26일, 갑자기 수 미터 높이의 우물 바닥에서 맑은 단물이 솟아났다.……

"단물이다!"

"간청향에 단물이 생겼다!"

마궈린은 물이 나오는 장면을 전에는 본 적이 없다고 말했다. 그는 "향鄉 전체가 떠들썩했고 현성 사람들조차도 물을 보러 왔습니다.……한 후이족 노인은 깨끗한 우물물을 처음 한 입 마시고 눈물을 흘리며 떨리는 두 손으로 내 손을 꼭 잡고 울면서 '감사합니다, 공산당 감사합니다. 감사합니다, 좋은 간부들'이라고 힘주어 말했습니다. 그 당시 저는 한 마디도 할 수가 없었고 그저 노인의 손을 잡고 그와 함께 오랫동안 울었습니다……"라고 회상했다.

이후 마궈린은 점점 더 많은 일을 했고, 그 기수의 파견 간부와 그 뒤에 닝샤에 온 파견 간부까지 두 기수의 간부들을 이끌고 현지에 15,000개 이상의 우물과 물 저장고를 건설하고 10만 묘 이상의 물, 토양 및 비료를 보존하기 위한 '경사면을 계단식 밭으로 개조'하는 프로젝트의 현지 완공을 돕고 환경을 개선하며 농민들의 소득을 보장했다. 그는 "지금 생각해 보면 가장 보람을 느꼈던 일 중 하나는 제 손으로 시하이구에서 3만여 명의 노동자를 푸젠으로 데리고 와서 일하고 기술을 배우도록 했는데 그들 중 일부는 나중에 푸젠에 남았고, 일부는 고향으로 돌아와 창업하여 빈곤에서 벗어나 부의 리더가 된 것입니다……"라고 말했다.

"보세요, 제 휴대폰에는 수백 명의 사람들이 보낸 메시지로 가득 차 있어요. 지금도 마찬가지예요. 매일 연락하는 사람들이 있어요. 예전에는 주로 문제 해결을 위해 제 도움을 받고 싶어서 연락을 했었는데 지금은 저에게 좋은 소식을 전해주고 싶다고 연락을 해요. 하지만 사실은 그저 '산과 바다의 사랑'의 중매쟁이인 저를 기쁘게 해주고 싶은 거랍니다!" 예순이 넘은 그녀는 자신의 '의무 빈곤 구제 사무실'에서 편지와 신문 더미를 꺼내 들고 자신과 함께 닝샤에 갔던 간부들의 잊지 못할 '민닝의 과거'에 대한 이야기를 하기 시작했다. "한 무리 또 한 무리, 24년 동안 쉬지 않고 이어진 릴레이였는데 일부는 돌아오지 않았어요.……" 마궈린은 여기까지 이야기하고는 목이 메었다.

"더 많은 사람들이 레이펑雷鋒과 자오위루焦裕祿처럼 한마음 한 뜻으로 지역 주민들의 빈곤 퇴치를 위한 실질적인 일을 하는 데 전념하고 있으며, 지역 주민들의 마음속에서 애틋한 가족이나 공산당의 대표적인 이미지로 자리 잡았습니다." 마궈린은 오늘날 닝샤의 많은 현과 시 정부가 〈민닝 빈곤 구제 협력 기사閩寧扶貧協作紀事〉를 편찬했다면서, "이는 24년 민닝 맞춤 빈곤 구제 협력을 기록한 역사서로 민닝 맞춤 빈곤 구제 협력 과정에서 이뤄진 모든 일들을 상세히 기록하고 있으며, 더 감동적인 것은 과거 빈곤 구제를 위해 파견되었던 우리 푸젠성의 간부들과 교육 지원, 의료 지원, 농업 지원 자원봉사자들 하나하나의 이름이 모두 '영웅' 명단에 올라 있어 시진핑 총서기가 직접 주도한 '민닝 체험'에 참여한 모든 직원들에게 숭고한 영예를 안겨 주고 있다는 점입니다." 그러나 나는 오늘날 닝샤 땅에 새겨진 것이 이러한 간단한 이름들뿐만이 아니라는 것을 알고 있다. 닝샤의 여러 지역을 조금만 다녀보면 많은 푸젠 지명들이 닝샤의 마을, 읍내, 학교, 병원 등의 이름이 되어 있다는 것을 발견할 수 있다.……내가 호기심에 메모해 본 퉁신현에만도 '스스진石獅鎮', '스스 직업 중학교石獅職業中學', '후이안신촌惠安新村', '후이안 입원 병동惠安住院大樓', '난안 실험 초등학교南安實驗小學', '난안촌南安村', '난안 커뮤니티南安社區', '안시 중학교安溪中學', '안시 양로원安溪敬老院' 등 수십 개가 푸젠성 취안저우시 관할 지역의 명칭들이다. 확인 결과, 모두 퉁신현을 지원하는 취안저우시에서 자금을 지원해서 지어진 것으로 밝혀졌다. 인촨, 구위안, 우중, 중웨이의 많은 현과 구에는 푸젠의 여러 도시와 현의 이름을 딴 새로운 마을, 새로운 도시, 새로운 학교와 커뮤니티, 병원 및 기타 기관들이 있는데, 이는 모두 푸젠과 닝샤의 빈곤 퇴치 협력의 산물이며 '산과 바다 사이의 사랑'의 결정체이며, 각각의 명칭 뒤에는 감동적인 이야기들이 숨어있다.

예를 들어, 퉁신현 스스진의 건설의 경우 푸젠과 닝샤의 지도자들이 몇 번이고 협상, 회담하고 계획을 결정하는 것은 말할 것도 없고, 스스시와 퉁신현에서 이 문제를 구체적으로 시행하는 양측 간부들 사이에 얼마나 많은 '악수'가 오갔는지 알 수 없다. 듣자 하니 스스 측의 황위안수이(시 당 위원회 부서기)와 황수이위안(퉁신 파견 상무위원)과 퉁신 측의 왕유카이(현 당 위원회 서기) 등 지도자 간의 '악수'와 '거래'에서 훙미로운 '연정'이 전해졌다. 스스 양쪽의 '수원水源'이, '유차이有才'에서 모여 스스진이 생겼다. 나중에 스스 측에서 허징시何敬錫와 린톈후林天虎라는 두 명의 인재를 연달아 퉁신으로 파견했고 이 한 쌍의 '헌신적인(허징시) 티안후(린티안후)'는 다양한 노력을 통해 스스 화교 마을의 장점을 최대한 활용해 퉁신현 희망 초등학교, 병원, 진 청사, 농민 양식 기지, 노동 훈련 센터 등 공공시설을 잇달아 건설했다. 퉁신 사람들은 말로 표현할 수 없는 감동을 받았고, 푸젠성에서 멀리 떨어진 퉁신에 '스스石獅(돌사자)'의 이름을 딴 새로운 로고가 탄생했으며 이는 민닝 맞춤 빈곤 구제 협력과 산과 바다의 사랑을 가장 잘 보여주는 예이다. 이후 당국은 이러한 이름을 홍보하는 것을 중단했지만 오늘날 닝샤 땅에 남아있는 '푸젠성의 이름들'은 푸젠과 닝샤 두 지역 사람들 사이에 여러 세대에 걸친 가족의 정과 혈연의 끈을 이어주기에 충분했다.……

그렇다, 정과 우정이 핏줄에 녹아들면 그것은 끊어낼 수 없는 진심으로 승화된다. 그리고 진심을 자아내는 것은 바로 살아있는 사람들의 구체적인 행동과 감정이며, 인간의 행위와 감정은 사람들의 내면의 느낌과 경험 이후에 분출되는 에너지이다.

중국 선전부가 치하한 닝샤의 민닝 맞춤 빈곤 구제 협력 지원 단체 중에는 교육 지원, 의료 지원, 농업 지원 자원봉사자도 포함되어 있었으며 그들의 모습과 정신은 우뚝 세워진 기념비보다 더 닝샤 사람들의 마음속에 그리움과 기억으로 남았다.

나는 푸웬차오傅文超라는 선생님이 쓴 글 한 구절을 읽은 적이 있다.

교육을 지원하는 시간은 금세 지나갔고 푸젠으로 돌아온 날, 나를 배웅하러 자발적으로 기차역에 찾아온 학생들의 눈물이 내 마음을 적셨고, 그 울음소리와 외침은 오랫동안 내 마음속에 선명하고 깊게 새겨져 지울 수 없었다. 학생들의 소박하고 진실한 감정은 어떤 것과도 비교할 수 없으며 내 인생의 어떤 영광과도 견줄 수 없는 값진 재산이다. 이 영예 증서는 그저 자신에 대한 긍정일 뿐, 진정 나를 퉁신에 교육 지원을 하기 위해 닝샤 땅에 두 번이나 발을 들여놓게 했던 것은 지식에 대한 간절한 눈빛, 해 질 무렵 듣는 매미 소리, 교육의 즐거움을 누림과 동시에 변하지 않는 교육의 꿈, 그리고 한 번도 변한 적이 없는 교육 사업에 대한 집착이었다.……

푸웬차오처럼 두 번째, 심지어 세 번째 또는 네 번째로 닝샤에 가서 교육 지원, 의료 지원, 농업 지원을 하는 푸젠 사람들은 몇 명, 몇 십 명이 아니고 수 백, 수 천 명이고 누군가는 가서 1~2년을 머물고 심지어 영원히 닝

양 사육사들이 양 농장에서 만든 트랙에서 면양을 쫓으며 '달리기 운동'을 한다.

샤에 남고 싶어 하는 사람도 있다.……왜 그런가? 이런 질문을 그들에게 던지면 그들은 '우리가 닝샤와 사랑에 빠졌기 때문이다, 이곳이 우리의 새로운 고향이기 때문이다'라고 솔직하고도 애정 어린 대답을 할 것이다.……

당신은 이것에 대해 다시 물어볼 면목이 없을 것이다. 그저 그들에게 경의를 표하고 예찬할 뿐.

마궈린은 또한 나에게 닝샤에는 감자, 구기자, 양고기라는 세 가지 현지 특산품이 있다고 말했다. 이 '세 가지 보물'은 전에도 어느 정도 유명했지만 본토 시장에서는 그다지 많이 알려지지 않았고, 심지어 본토 사람들 중에 이 '세 가지 보물'이 간쑤성이나 산시성에서 온 것이라고 알고 있는 사람들도 많았다! "하지만 우리 파견 간부들이 생긴 이후로 '닝샤의 세 가지 보물'의 명성이 최근 몇 년 사이 중국 전역에 퍼졌는데, 느껴지시나요?"

그러고 보니 정말 그랬다. 마궈린의 이 말에 최근 몇 년 사이 베이징 시장에서 닝샤 특산품이 급증했다는 강렬한 인상이 떠올랐다.

"옌츠鹽池의 양고기는 그야말로 일품입니다!" 옌츠에 취재를 하러 갔을 때 순수 면양 고기는 평소 양고기를 좋아하지 않는 나 같은 사람도 양고기에 중독되게 만들었다. 고기의 맛과 육질은 한 입 베어 물면 멈출 수 없는 느낌이 들게 해 그 뒤로 양고기에 대한 생각이 바뀌었다. 그리고 퉁신의 한 주민의 집에서 마을 사람이 손수 끓여준 구기자차 한 잔은 나를 한참 동안이나 그 '신이 내린 차'에 도취시켰다!

옌츠의 면양은 과거 마리 당 2~3백 위안에서 지금은 3~4천 위안에 팔리고 있으며 가격과 브랜드 영향력이 하늘로 날아오르는 로켓처럼 천정부지로 치솟고 있다고 알고 있는데, 이것은 푸젠성 파견 간부들의 필사적인 '외침'과 무관하지 않다. 지금까지도 옌츠 사람들은 가오궈푸高國富, 장쉐용張學勇 등 '푸젠성 현장'들의 이름을 또렷하게 기억하고 있으며 이들 현장들이 옌츠 면양 고기를 홍보하기 위해 어떻게 그들을 데리고 베이징, 푸젠, 선저우로 갔었는지는 더욱 생생하게 기억하고 있다. 한때 샤먼 거리의 면양 고기를 취급하는 식당에서 양고기 한 그릇을 먹기 위해 3시간 동안 줄을 서야 하는 진풍경이 벌어진 적이 있었다. "좋은 음식은 기다리는 것이 두렵지 않고 먹으면 신선이 된다." 샤먼 사람들이 옌츠 면양 고기를 그렇게 높이 평가하는 것은 앞서 언급한 파견 간부들의 끊임없는 홍보와 관련이 있다.

사실 닝샤에서 면양 고기가 옌츠에만 있는 것은 아니다. 퉁신의 면양 고기도 옌츠에 전혀 뒤지지 않는데 그것은 퉁신현의 딩 현장이 내가 '옌츠의 면양 고기'는 정말 최고라고 몇 번이나 칭찬하는 것을 듣고 '퉁신 면양 고기'를 꼭 한번 맛보게 해주고 싶다며 나를 끌고 면양 고기 생산 농가 몇 군데를 방문했기 때문이다. "목장의 풀과 양 떼가 마시는 물을 한번 보세요.—— 오염되지 않은 청정 자연환경에서 광천수를 마시고 허브를 먹고 자란 양들로 고비 사막 해발 1,500m 안팎의 고산지대에 있어 '퉁신현 양고기의 품질은 천하제일'입니다!" 딩 현장은 신이 나서 이 말은 그가 지어낸 것이 아니라 푸젠성 동지가 한 말이라고 설명했다.

푸젠에서 퉁신에 온 파견 간부는 마궈린과 함께 온 허징시何敬錫부터 나중에 린톈후林天虎, 양수칭楊樹青, 차이룽칭蔡榮清, 푸즈핑傅子評, 쉐젠민薛建民, 천젠빈陳劍賓, 린위웨이林育偉까지……이들은 자신의 고향에서 같은 직위에 있지 않았지만 퉁신으로 잇달아 파견 간부로 온 후 너 나 할 것 없이 모두 '퉁신 면양 고기'와 '퉁신 구기자'를 홍보하는 것을 자신의 임무로 생각하고 최선을 다해 산과 바다와 전국 각지를 누볐다. "솔직히 말해서 우리 지역 간부들은 예전에는 밭을 가는 소가 쟁기질을 하듯 느긋하게 일을 했습니다. 푸젠성 간부들이 도착해 우리와 한 팀이 된 후 해안 지역 간부들의 활기차고 바람처럼 신속한 일 처리 스타일은 닝샤 간부들에게도 큰 영향을 주어 우리 닝샤 간부들의 업무 태도에 변화가 생기기 시작했습니다." 딩 현장이 나를 마을로 초대해 식사를 대접했을 때 여러 향진 간부들도 함께 참석했는데, 이 주제에 대한 이야기가 나오자 현지 간부들은 감개무량했다. "전에는 연해 지역이 빠르게 발전하는 것이 교통이 발달하고 정보가 빠르기 때문이라고 생각했고, 우리가 뒤처진 것은 이러한 여건이 갖춰지지 않았기 때문이라고 생각했습니다. 하지만 푸젠성 간부들과 함께 일하면서 깨달은 것은 우리와 연안 지역 간부들의 차이는 관념과 이념 측면에서 뒤처지는 것 외에도 우리의 업무 스타일과 의욕이 연안 지역 간부들보다 훨씬 떨어진다는 데 있다는 것이었습니다. 그들은 하루에 할 수 있는 일을 절대 다음날, 그 다음 날로 미루지 않았으며 심지어 다음 날이나 그 다음 날 할 일까지 미리 해놓기도 합니다. 우리는 과거에 그렇지 않았고 강요하거나 재촉하지 않으면 계속 미루다가 발등에 불이 떨어져서야 조급해지기 시작했습니다. 지금은 달라졌는데 주위에 롤 모델 삼을 수 있는 푸젠성 간부가 있고 빈곤 퇴치를 위한 임무 지표가 있으니 생각을 바꾸고 스타일을 바꿔 성심성의껏 일해야 합니다.……"

화즈민滑志敏은 현재 옌츠현 당 위원회 서기이다. 원숭이 띠인 이 퉁신현 토박이 닝샤 간부의 가족들은 닝샤의 어려운 지역에서 학교에 다녀 인재가 된 몇 안 되는 가족 중 하나이다. 그의 형을 제외한 8명의 형제자매가 모두 학교에 다녔고 대부분 간부가 되었다. 화즈민은 구위안 사범 고등전문학교를 졸업하고 중국어 문학을 전공했지만 졸업 후 재정국에서 일하게 되었다. "가난한 산간 지역의 재정 업무 중 절반은 국가에서 주는 돈으로 가난한 마을과 인민을 위한 업무에 그 돈을 제공하는 것이었습니다. 현급 재정 자체가 수입이 별로 없기 때문에 일단 업무에 참여하면 기본적으로 빈곤 구제 업무를 접하게 됩니다. 훙쓰바오를 개발할 때 그곳에 가서 사업을 시작하고 몇 년 동안 일했습니다. 나중에 우중시 재정부 국장을 거쳐 옌츠현에서 현장으로 일하다 1년 반 후인 2015년에 서기로 자리를 옮기면서 본격적인 빈곤과의 전쟁을 시작했습니다. 그 후 몇 년 동안 많은 것을 경험했는데 그중 하나는 푸젠 간부들로부터 배운 것과 옌츠의 빈곤 퇴치 및 빈곤 지원의 실제 업무 과정에서 총결산한 것으로 즉, 사람들이 인식 측면에서 빈곤에서 벗어나 부자가 되는 것에 대한 개념을 바꾸고 대중의 빈곤 퇴치를 중시해야 한다는 것이었습니다. 다시 말해 "우리 옌츠의 간부와 대중들이 스스로 빈곤에서 벗어날 수 있는 동기와 능력을 갖도록 해야 한다는 것입니다."

화즈민은 농촌 출신으로 농업에 익숙하고 농민들과 관계가 좋으며 옌츠의 빈곤 퇴치 공방전에서 다양한 새로운 경험들을 창출했는데 특히 생태현, 산업 빈곤 퇴치 등의 사업을 통해 뚜렷한 빈곤 퇴치 효과를 얻었다.

"하지만 아무리 중요한 일이라도 사람을 잡는 것보다 더 중요한 일은 없으며, 인재를 잡고 사람의 능력을 향상시키는 일보다 더 중요한 일은 없습니다! 화즈민은 말했다. 사실 그 자신이 특히 '사람'을 잘 잡는 능력이 있는 사람이었으며 동시에 남보다 먼저 스스로 하는 하는 사람이었다. 옌츠 면양이 오늘날과 같은 영향력을 발휘하고 지역 농가 소득의 80% 이상을 차지할 수 있는 것인 화즈민이 앞장서 면양 판로를 개척하고 27개의 표준화된 생산 기술 사양을 개발했으며 면양 산업의 '진입 관문'을 통일하고 가격 안정화에 앞장서 온 것과 직접적인 관련이 있다. 빈곤에서 벗어난 지역 주민들이 그를 '면양들의 비서'라고 부르는 것을 보면 아마도 명성이 헛되이 퍼진 것은 아닌 듯하다.

2017년 남아프리카 공화국과 다른 아프리카 국가들은 원래 일주일 동안 엔츠의 전형적인 빈곤 퇴치 마을에서 연구 및 조사를 수행하기 위해 대학 대학원생 그룹을 조직했다. 그러나 첫날 견학을 마친 후 학생들은 모두 떠나고 싶어 했고, 그 이유를 묻자 "우리는 당신들의 방법을 배울 수 없습니다. 중국 특색의 사회주의는 중국 공산당이 만든 기적이며, 당신들의 사회주의 체제와 메커니즘 하에서 인간의 능력과 관념, 이념은 우리 아프리카 국가의 기존 제도 하에서는 달성할 수 없는 것입니다"라고 말했다.

"사실 우리 엔츠의 빈곤 퇴치 경험에서 중요한 점은 푸젠성 간부들이 남긴 해방 정신, 열린 사고, 과감한 창의성을 배우는 것입니다." 화즈민은 말했다. 훗날 그는 민닝 맞춤 구제 협력 사업에서 푸젠 측에 "여러분이 얼마를 줄지는 더 이상 말할 필요 없이 간부들을 더 많이 훈련시켜 주십시오. 이것이 저와 엔츠 사람들이 가장 기뻐하는 일입니다"라고 말했다. 바로 이러한 정신과 능력에 있어서의 '굶주림'으로(화즈민의 말을 빌자면) 엔츠는 많은 간부, 기업주, 산업 발전에 관심이 있는 사람들을 푸젠성으로 보내 공부하고 교육을 받도록 이끌었다. 공부를 마치고 돌아온 사람들은 나중에 각 전선에서 중추적인 역할을 하며 부를 창출하는 선두주자가 되었다. 중국 공산당 19차 당 대표 대의원이자 엔츠현 왕러징향王樂井鄉 쩡지판촌曾記畔村의 주위궈朱玉國가 그 대표적 인물 중 한 명이다.

처음 쩡지판촌에 갔을 때 가서 앉자마자 주위궈가 마을 상황을 소개하는 것을 거의 한 시간 가까이 들었는데, 그야말로 완벽한 '당내 교육과정'이었다. 주위궈의 언변은 '닝샤의 보물'이라고 해야 할 정도였는데 나는 일개 농민이 이렇게 높은 수준으로 말을 잘할 수 있다는 사실에 정말 깊은 감명을 받았다.

주위궈의 마을은 2016년 빈곤에서 벗어났다. 그는 푸젠성에서 파견 온 간부들로부터 몸소 배우고 푸젠성이 재정을 바탕으로 농촌 지역의 확실한 빈곤 퇴치를 달성하는 방법을 배운 결과 빠르게 큰 성과를 거두어 빈곤 퇴치와 번영을 향한 새로운 길을 개척했다. "저는 마을 사람들에게 꿈이라는 것이 무엇인지 자주 묻곤 합니다. 꿈이란 우리 각자가 추구하는 것, 바라는 것, 목표로 하는 것, 이것이 바로 꿈입니다! 좀 더 구체적으로는 우리 농민들이 머릿속에 있는 꿈은 우리 모두가 추구해야 할 목표, 부자가 되고픈 소망, 부자가 되는 것과 목표를 추구하는 방법을 가지고 있다는 것입니다. 과거에 우리의 빈곤 구제는 대부분 수혈 방식이었는데, 확실히 노약자, 장애인 및 기타 취약 계층에게는 약간의 효과가 있었지만 젊은 사람들이나 마을의 장기적인 발전을 위해서는 역할을 발휘하지 못했으며 심지어 일부 사람들을 게으르게 만들기도 했습니다. 민닝 맞춤 빈곤 구제 협력을 위해 푸젠에서 간부들이 파견되어 왔고 우리 현에서는 핵심 간부들을 푸젠으로 파견하여 학습 훈련을 시켰고 차츰 우리는 푸젠 사람들이 부유해질 수 있었던 것은 모든 사람이 추구하고, 소망하고, 목표가 있고, 두뇌를 활용한 방법들이 많다는 것을 알게 되었습니다. 방법이 많아지면 성공할 수 있는 기회가 찾아온다는 것을 알게 되었습니다!"

쩡지판촌의 741가구 중 3분의 1에 가까운 가구가 빈곤층이었다. 주위궈의 말을 빌리자면, 이 마을은 '식수원이 없어 살기 힘들다. 3년에 2번 가뭄이 들어 주머니 사정이 좋지 않다'라는 가난하고 낙후된 마을이다. 2007년부터 푸젠성 간부들과 현 재정 부서의 도움과 지원으로 주위궈는 빈곤 완화 및 퇴치를 위한 '신용 건설-산업 기반-금융 지원' 접근 방식을 개발했다. 즉 당 지부의 지도하에 당원, 핵심 간부로 구성된 촌민 상호 협동조합의 신용 조직을 구성하고 마을 자체의 면양, 한약재, 잡곡, 목초 등 4대 산업을 바탕으로 산업 빈곤 완화를 위한 기금을 조성해 창업 의지와 산업 프로젝트를 가진 빈곤 가구와 마을 주민들이 대출을 받아 자신의 산업 프로젝트와 창업 프로젝트를 추진할 수 있도록 지원하는 것이다. 공제 협동조합은 또한 신용 평가 등의 방법을 통해 창업자와 산업 개발자의 투자 효율성을 높이고 신용도를 높이기 위해 인센티브를 제공하는 등의 조치를 강화해 마을의 창업과 산업 개발이 눈덩이처럼 성장하도록 함으로써 빈곤 가정들이 차례로 빈곤에서 벗어나 번영의 길에 오르고 전체 쩡지 츠 마을 사람들의 생활 수준과 행복도, 마을의 전망이 빠르게 개선되고 변화하고 있다.

"신용이 높을수록 산업은 더 커집니다. 산업이 커질수록 신용으로 받을 수 있는 금융 자금 지원이 커지고 이는 산업이 한 단계 도약할 수 있는 동기가 될 것입니다. 이로써 아름답고 행복한 마을을 건설하기가 점점 수월해질 것이며 이것이 바로 우리 쩡지판촌이 빈곤에서 벗어나 부자가 되는 모델입니다." 주위궈는 설득력 있게 말했다. 현재 그는 마을 당 위원회 서기일 뿐만 아니라 '옌츠 빈곤 퇴치 모델'의 선전가로 널리 알려져 있으며 매주 적지 않은 간부와 대중들이 배우러 찾아온다고 한다. "10년 전 저는 세 가지 꿈을 꾸었습니다. 첫 번째 꿈은 마을 사람들의 의료 문제를 해결하는 것이었습니다. 공제 협동조합 자금이 300만 위안에 도달하면 일부 자금을 마을 사람들을 위한 의료 보험 구입에 사용해 질병으로 인한 빈곤과 감당할 수 없는 치료비 문제를 피할 수 있도록 하는 것입니다. 두 번째 꿈은 노후에 관한 것이었습니다. 공제 협동조합 자금이 600만 위안에 도달하면 마을에서 자금을 지원해 모든 사람들이 연금 보험에 가입하도록 하는 것이었습니다. 세 번째 꿈은 교육입니다. 협동조합 자금이 800만 위안이 되면 마을에서 대학에 입학한 모든 가난한 학생에게 장학금을 지급해 경제적인 문제로 학업에 지장을 받지 않도록 하는 것이었습니다. 10년이 지난 지금, 저의 세 가지 꿈은 모두 실현되었는데, 이는 발상의 전환을 통한 것입니다." 주위궈는 말했다.

오늘날의 쩡지판촌은 현지에서 매우 유명한 부촌이 되었다. 아름다운 촌민 위원회에서 주위귀는 젠틀카드建檔立卡 빈곤 가정의 서류가 아닌 '부농카드富農卡' 더미를 보여주었다.

주위귀는 "하나의 수치만 봐도 우리 마을의 변화를 확실히 알 수 있는데, 과거에는 마을 전체에 낡은 자동차 한 대가 전부였지만 지금은 마을에 온갖 종류의 새 차가 300대가 넘는다는 것입니다……"라고 자랑스럽게 말했다.

그의 뒤에는 굽이치는 수천 개의 밀의 물결이 파도처럼 세차게 일었다. 그것은 마치 구랑위鼓浪嶼에서 바다를 바라보는 것처럼 느껴졌다.……그것은 상쾌함과 격정, 행복과 격동으로 밀 물결과 바다 물결의 경지의 융합은 민닝 맞춤 빈곤 구제 협력의 상호 작용, 통합, 노력의 '산과 바다의 사랑'이기 때문이며 두 지방이 함께 번영과 영광을 창조하도록 할 위대한 시대의 조류이다.

파도가 해안을 때리자 천 겹의 눈이 솟구친다. 대지에 눈이 녹고 강산에 녹음이 드리워진다.

"닝샤의 간부들은 또한 고향을 잘 건설해 주변 사람들이 잘 살도록 하려는 자존심과 정서를 가지고 있습니다. 바로 이런 토대 위에서 푸젠성 간부들이 등장해 경험을 전수해 주고, 일의 습득을 도와주며, 앞장서서 이끌고 나아가는 것은 우리 간부들에게 일종의 압박이면서 동기를 부여했으며, 초를 다투며 치열한 사업을 벌여 누군가에게 떳떳하려고 하는 필사적인 의욕을 느끼게 했습니다. 따라서 닝샤 시하이구 같은 극빈 지역이 질과 양을 모두 보장하고 총서기의 요구에 따라 빈곤과의 공방전에서 승리하는 것은 전적으로 사리에 맞는 일입니다." 그날 저녁 당시 구위안시 당 위원회 서기 장주는 이 말을 마친 후 다시 흥분해서는 최근 2년 동안 그의 주변 간부 몇 명이 빈곤 퇴치 공방전의 길에서 지쳐 쓰러졌다고 말했다. 구위안시 인민대표대회 상무위원회 주임은 심장 우회 수술을 했고, 시 위원회 비서장은 심근염에 걸렸고, 시지현과 징위안현의 주요 지도자들도 시골길에 쓰러져 다시는 돌아오지 못했으며 더 많은 향진 간부들이 영원히 우리 곁을 떠났다.……

그날 밤은 큰 비가 내렸다. 장주 서기가 빈곤과의 전쟁에서 있었던 감동적인 이야기들을 열거하는 것을 들으며 나는 마음이 무거우면서 또 한편으로는 유난히 고무되는 느낌이 들었다. 그는 "푸젠성 간부들과 우리 지역 간부들이 함께 힘을 합쳐 싸운 결과 오늘 하늘마저 감동해 대지를 촉촉하게 적셔주었습니다……"라고 말했다.

그렇다, 닝샤, 시하이구는 이제 완전히 달라졌다. "이번 코로나바이러스-19 사태 이전까지만 해도 시하이구에서 일하는 후베이성 사람들이 1만 명이 넘을 것이라고는 상상도 못했습니다! 우리의 방역 업무량이 늘어나긴 했지만 한편으로는 우리 구위안과 시하이구도 외지 인력이 유입되기 시작했다는 사실이 우리를 매우 흥분시켰습니다!" 장주 서기가 흥분한 데는 이유가 있었다.

"코로나 확산세가 주춤해진 후 본토의 많은 지역에서 노동력이 부족했고 특히 푸젠의 일부 기업들이 노동자를 필요로 한다는 소식을 듣고 우리는 즉시 11대의 비행기를 확보해 수천 명의 현지 노동자를 수송했습니다.……이러한 일은 불과 몇 년 전만 해도 믿을 수 없는 일이었겠지만 지금의 우리 닝샤에게는 더 이상 놀라운 일이 아닙니다!" 장주 서기는 이 말을 할 때 이미 목이 메어 있었는데 그의 다음 말은 더욱 깊은 감동을 주었다.

"예전에는 저를 포함해 모두가 빈곤 퇴치에 대한 확신이 없었습니다. 하지만 지난 몇 년 동안 시진핑 총서기가 몇 번이고 우리를 찾아와 격려하고 가르침을 주었고, 중앙 정부와 자치구는 정책 지원을 계속해서 확대했으며 푸젠 동지들의 온 힘을 다한 도움과 지원으로 우리는 일할수록 더 힘이 나고 일할수록 희망이 커지고 밝은 빛이 바로 내일, 우리 눈앞에 있다는 것을 느낍니다. 지금 이 순간, 우리 간부들 모두는 빈곤 퇴치와 부의 창출이라는 이 위대한 대의를 우리 손으로 완벽하고 멋지게 완성할 수 있을 것이라 믿고 있습니다!"

아, 이것이 바로 우리가 보고 싶은 정인 것이다! 위대한 시대가 낳은 정! 이런 정보다 더 인간의 잠재력과 힘을 북돋아 주고 동기를 부여하는 것은 없다! 이런 정보다 더 인간의 기적을 일으킬 수 있는 것은 없다!

산은 웃고 있고 바다는 도약하고 있다. 산과 바다가 손을 맞잡고 기뻐하는 것은 중화민족의 위대한 부흥의 전주곡이자 인류 영광의 재현이다. 시진핑 총서기의 말처럼 "민닝진은 탄탄대로를 찾아냈다.……"

그렇지 않은가? 시진핑 총서기가 지난 24년 동안 직접 만들어 온 '민닝 체험'이 이제 우리 눈앞에 펼쳐 놓은 것은 사회주의 현대화 발전의 탄탄대로, 세계적인 난제, 빈곤에서 벗어나 부유함으로 나아가는 탄탄대로, 중국공산당이 또 한 번 인류 문명사에 기여한 정신과 지혜의 탄탄대로인 것이다.……

산과 바다가 위대한 과업의 성공적인 완성을 축하하는 가운데 나는 벌써 황허가 끓어오르는 것을 보았다!

끓어오르는 황허는 허란산과 류판산을 다시금 중화민족의 여러 봉우리 가운데 우뚝 세워 당당히 노래하게 할 것이다!

2020년 6월 탈고

2020년11월 원고 수정 완료

중국학총서
23

시는 먼 곳에
"민닝 경험"기사

초판 1쇄 발행 2024년 6월 28일

지은이 허젠밍何建明
옮긴이 류웨이상劉維尚 · 이경미李京美

주간 조승연
편집·디자인 오경희 · 조정화 · 오성현
신나래 · 정성희
관리 박정대

펴낸이 홍종화
펴낸곳 민속원
창업 홍기원
출판등록 제1990-000045호
주소 서울시 마포구 토정로 25길 41(대흥동 337-25)
전화 02) 804-3320, 805-3320, 806-3320(代)
팩스 02) 802-3346
이메일 minsokwon@naver.com
홈페이지 www.minsokwon.com

ISBN 978-89-285-2007-7 94820
SET 978-89-285-1595-0